HISTÓRIA DE ANTÔNIO VIEIRA

História de Antônio Vieira

Tomo I

João Lúcio de Azevedo

copyright © 2008 Alameda Casa Editorial

Edição: Joana Monteleone

Editor-assistente e capa: Guilherme Kroll Domingues

Assistente editorial: Marília Chaves

Projeto gráfico e diagramação: Clarissa Boraschi Maria

Revisão: Vivian Miwa Matsushita

Assistente de produção: Gustavo Teruo Fujimoto

Assistente de produção e índice de nomes: Luciana Santoni

Imagem da capa: Retrato de Padre Antônio Vieira, por Arnold van Westerhout (1651-1725), "Vera efigies celeberrini P. Antonii Vieyra..."

CIP-Brasil. Catalogação-na-Fonte
Sindicato Nacional dos Editores de Livros, RJ

A986h
v.1

Azevedo, J. Lúcio de (João Lúcio de), 1855-1933
    História de Antônio Vieira, tomo I / João Lúcio de Azevedo. - São Paulo :
Alameda, 2008.

    Apêndice
    ISBN 978-85-98325-61-3

    1. Vieira, Antonio, 1608-1697. 2. Jesuítas - Portugal - Biografia. I. Título.

08-0390.   CDD: 922.2   CDU: 929:271.5

07.02.08   07.02.08   005145

[2008]

Todos os direitos reservados à

ALAMEDA CASA EDITORIAL

Rua Iperoig, 351 - Perdizes

05016-000 São Paulo – SP

Tel/Fax (11) 3862-0850

www.alamedaeditorial.com.br

Índice

Prefácio   1

Explicação prévia   7

Nota à segunda edição   13

Primeiro período
O religioso   17

Segundo período
O político   73

Terceiro período
O missionário   229

Apêndice   419

Prefácio

Neste ano, são 400 do nascimento de Antônio Vieira. Na opinião de seu primeiro biógrafo, André de Barros, no dia seis de fevereiro de 1608 vinha ao mundo "um dos maiores homens de Portugal". Opinião excessiva para alguns, ainda mais na época em que foi publicada a *Vida do Apostolico Padre Antonio Vieyra* (1746). Passados os anos, a idéia de que este seria talvez um dos maiores que Portugal "deu ao Mundo" foi, por um ou por outro, confirmada. Nos nossos tempos, certamente reconhecida em alguma dimensão. Apóstolo dos índios, pregador extraordinário, audacioso em seus sermões, vassalo zeloso del-rei, embaixador comprometido, político ardiloso, amigo dos cristãos-novos, defensor da liberdade dos índios e da escravidão dos africanos, intérprete dos profetas e arauto do Quinto Império. São vários os epítetos que foram usados para adjetivar sua vida e sua obra. Contudo, nenhum supera o fato de que este é um monumento da literatura e da língua portuguesa. Fernando Pessoa foi um dos grandes defensores desta opinião. Para o autor de *Mensagem*, Antônio Vieira, que "foi-nos um céu também", é certamente o "imperador da língua portuguesa".

Nascido em Lisboa, veio pequeno para a Bahia. Seguindo os passos do pai, que avançava na carreira como pequeno burocrata ao serviço da monarquia. Ali o jovem Antônio estudou, tornou-se religioso e iniciou sua fama de pregador. Voltou ao Reino, por ocasião da crise que tornou o duque de Bragança rei de Portugal. Reconhecido na Corte, por seus dotes e qualidades intelectuais, Vieira teria uma longa carreira na Europa, como confessor do monarca, pregador e diplomata. Fez amigos, ganhou favores do rei, mas também conquistou numerosos inimigos. Por duas vezes voltou ao Brasil, na verdade, ao Maranhão, para cuidar da sua vocação de missionário. Para ajudar na conversão dos indígenas. De volta ao Reino, se viu envolvido nas malhas da Inquisição. Maltratado, questionado, prisioneiro, não hesitou em responder e defender seu entendimento do que seriam as profecias, os caminhos da cristandade e a idéia do Quinto Império, no qual Portugal teria um papel decisivo. Apesar de livre das acusações, sentindo-se derrotado, retorna à Bahia em 1681 ("tratando-me em tudo como morto e sepultado") para meditar, ruminar seus desencantos e redigir sua obra. Além de trabalhar na preparação e edição dos seus sermões, pode dedicar-se a sua *Clavis Prophetarum* (Chave dos Profetas). Vieira tinha agora 73 anos. Na Quinta do Tanque, que os jesuítas mantinham ao largo da cidade (hoje Arquivo do Estado) viveu seus últimos anos e faleceu, em 18 de julho de 1697. Nestes anos cuidou de exercer sua vocação, de refinar seus talentos, de proteger e fazer crescer sua casa – atento aos projetos dos irmãos, sobretudo de Bernardo Vieira Ravasco, feito secretário do Estado do Brasil, e grande favorecido das mercês obtidas pelo irmão no seu longo serviço à Monarquia portuguesa.

Tendo vivido praticamente o século, ninguém poderá negar – como esclarecia José Barbosa, cronista da Casa de Bragança – que foi Antônio Vieira um homem de tão alta esfera, que bastou para honrar dois mundos: "o antigo como oriente da vida, o novo com o ocaso desta mesma vida". A projeção de sua personagem, na Europa metropolitana, ou na América colonial, se fará notória. Dando vez a disputas descabidas, quando da separação da literatura brasileira do tronco português. Alguns o querem brasileiro; em Portugal, mais corretamente, o têm por luso. Ora, tal discussão é inútil, uma vez que o Brasil, no Seiscentos, era parte de Portugal. Ou melhor, do Império português. Sendo assim, tudo que cabe na história do que se convencionou

HISTÓRIA DE ANTÔNIO VIEIRA V

chamar Brasil Colonial é na verdade parte da história comum que temos com os portugueses. Não obstante, há graça em pensar Vieira, apesar dos longos anos passados no Reino, como alguém mais desta metade do mundo. Podemos, assim, ler com malícia uma das saborosas anedotas que André de Barros registrou. Ainda menino, já se notava sua vivacidade e inteligência. Certa feita, quando um cônego o encontrou no adro da antiga Sé de Lisboa, lhe perguntou: "De quem sois meu menino?". Antônio, rápido, respondeu-lhe: "Sou de Vossa Mercê pois me chama seu". Outro que passava perguntou ao menino de onde ele era. Antônio: "Vossa Mercê não me conhece". "Eu (tornou o curioso) conheço metade do Mundo". "Pois eu, Senhor, (respondeu o menino) sou da outra metade"[1].

Muitas são as biografias de Vieira. O leitor, agora, se depara com a mais erudita, bem construída e, certamente, a mais saborosa. Digo em termos literários. Poderá acompanhar, com elegante prosa, a vida do religioso, do missionário, do político e do literato. Julgamento pouco freqüente nos dias que correm, quando se quer elogiar a escrita mais deleitosa de um historiador. É que vivemos, infelizmente, ainda na sombra da dura linguagem das ciências sociais, que fizeram aos poucos os historiadores deixarem de perceber que a História é, antes de tudo, Literatura. Não é esse o caso de João Lúcio. Autor de diversos livros, ainda que de desigual natureza, sempre correto na narração e atento ao rigor do método[2].

---

[1] Padre André de Barros, *Vida do Apostolico Padre Antonio Vieyra*. Lisboa: Officina Sylviana, 1746. p. 5. Outra tradição nos dá versão mais elaborada. Segundo a informação que restou de uma carta manuscrita de Panchy, na Índia, datada de 1738, o fato teria se passado na Bahia. Quando se apresentou ao seu professor, este lhe repetiu a pergunta. O menino Antônio então respondeu: "Vossa Paternidade diz me que sou seu, e pergunta-me de quem sou!"

[2] Com variações deste, evidentemente. Mais ao fim da sua produção, João Lúcio aproximou-se de um materialismo que o tornou o primeiro autor de uma verdadeira história econômica de Portugal. Inventor, neste sentido, de uma teoria dos ciclos (centrados num produto principal, o açúcar, o ouro etc), que ainda hoje anda assombrando nossos manuais de escola. Note que este materialismo, defendido nesta sua obra seminal, *Épocas de Portugal econômico* (...), é na

Entre as histórias de Antônio Vieira, a mais afamada é certamente a primeira, publicada em 1746[3]. Logo que a notícia da morte do religioso chegou a Portugal, já se pensava que sua vida prestava-se ao registro da história. Neste momento, foram propostos ao Padre Geral da Companhia de Jesus três nomes competentes para escrever as suas façanhas. O padre Leopoldo Fuéz, confessor da rainha, o padre Antônio Maria Bonucci, auxiliar de Vieira nos seus últimos anos de vida, e o padre Luiz Severim, amigo de Vieira. Não obstante, um quarto nome se impôs. Passados anos, a encomenda da composição de uma biografia acabou não resultando. Quem seria este fracassado biógrafo, André de Barros prefere não dizer. No ano de 1734, o padre Francisco da Fonseca[4] publicou um resumo da vida de Vieira, como introdução às suas obras, publicadas em Barcelona em quatro tomos. Apesar de escrito em português, este pequeno estudo biográfico apareceu apenas em tradução castelhana. Trata-se de uma obra, na visão do próprio autor, um pouco exagerada e escrita sem muita atenção. Tal juízo autorizava plenamente André de Barros a compor uma extensa e fundamentada narrativa dos fatos e da vida de Vieira. Consultando os próprios escritos do jesuíta, cujos originais ainda se deixavam ver, textos impressos (os sermões ainda estavam sendo publicados), e conversando com testemunhas, que conheceram o padre ainda vivo, o cronista redigiu um volume de quase setecentas páginas que traduz, para os leitores, grande parte da sua atribulada carreira. *A Vida do*

---

verdade distante do pensamento de Marx. Pelo contrário, João Lúcio, nesta época, aproximou-se de um grupo de intelectuais portugueses que, apesar de críticos de Salazar, afinavam-se perfeitamente com o integralismo e as teses mais reacionárias em vigor.

[3] *A Vida do apostolico Padre Antonio Vieira* (n.º 298) foi reimpressa na Bahia, e dedicada ao então arcebispo metropolitano D. Romualdo de Seixas, na Typ. do Diario, 1837. 8.º gr. 2 tomos, com o retrato do Padre Vieira.

[4] Padre Francisco da Fonseca, *Breve resumen de la vida del Venerable Padre Antonio Vieyre, de la Compañia de Jesus. Sacada de las obras que se imprimieron en Barcelona en el año de 1734*, Barcelona: Maria Marti, 1734.

Apostolico Padre Antonio Vieyra é certamente uma obra essencial. Descontada a dimensão panegírica e a complacência do coleguismo, tirando o fato de que tal escrito passou necessariamente pela censura do Santo Ofício, que não queria ver ali esmiuçada toda a contenda travada com Vieira, o livro tornou-se fonte primária para o estudo da vida do jesuíta, ao lado dos textos e da correspondência do próprio.

Outras biografias de Vieira foram compostas no século XIX. Destaca-se em Portugal a *Memória*[5] publicada por D. Francisco Alexandre Lobo, o bispo de Vizeu, em 1823. Deste lado do Atlântico, o historiador do Maranhão, João Francisco Lisboa, dedica-se a uma biografia que não vê completa. Publicada no quarto volume de suas Obras Póstumas, no ano de 1865, sua *Vida do Padre Vieira* ficaria mais conhecida a partir da edição na coleção dos clássicos da Jackson, no Rio de Janeiro, em 1948[6]. Trata-se de um esforço inacabado que se revela parcial e com algumas críticas ao jesuíta que, posteriormente, foram creditadas como mesquinhas. Com efeito, ao avaliar a vida de Vieira, que o jesuíta prejudicava era o grande homem. O nosso maranhense, como se sabe, brilhante e jovem, tinha a polêmica nas veias. Desventurado, morreu cedo.

Em 1879, o abade Ernest Carel, professor de retórica do Collège de Juilly (tradicional escola mantida pelos oratorianos franceses), publicou, em Paris, uma nova biografia de Vieira. Religioso, estudioso da literatura, acaba repercutindo a apologia de André de Barros e Francisco Lobo[7]. Seu livro é notadamente elogioso e compromissado ("nous aimons notre sujet, et

---

[5] D. Francisco Alexandre Lobo, *Discurso histórico e crítico acerca do padre Antônio Vieira e das suas obras*. Coimbra: Imprensa da Universidade, 1897.

[6] João Francisco Lisboa, *Vida do Padre Vieira*. Obras de João Francisco Lisboa... *precedidas de uma notícia biographica pelo dr. Antonio Henriques Leal*. São Luiz: Luiz Carlos Pereira de Castro e A. Henriques Leal, 1864-1865, vol. 4, e *Vida do Padre Vieira*. Rio de Janeiro: Jackson, 1948.

[7] Ernest Carel, *Vieira, sa vie et sés ouevres*. Paris: Gaume et Cie, 1879.

VIII   João Lúcio de Azevedo

et c'est parce que nous l'aimons que nous l'avons choisi") e culmina com um julgamento elevado do homem e do literato. *Vieira, sa vie et sés ouevres* é apresentado, no ano seguinte, como tese de estado na Universidade de Paris. Traduzida para o português por Augusto Silva, o livro foi publicado no Brasil apenas em 1937[8].

Passados alguns anos, outros documentos surgiram. A obra de Vieira, ela mesma, veio quase toda à lume; manuscritos mutilados e expurgados – pelas paixões das crenças e dos medos das instituições, que produzem tantas violências – foram descobertos e publicados. Entre estes, as cartas ganham grande importância. Há, como já foi notado, um aproveitamento mais intenso dos *Sermões* na biografia de João Lúcio do que em seus predecessores. Mais ainda, a leitura atenta da correspondência, seja a publicada (desde o século XVIII), mas sobretudo daquela ainda inédita, permitiram ao historiador ter instrumentos para construir uma visão mais concreta e humana do religioso e do político que foi Antônio Vieira. Como resultado de sua pesquisa, o historiador português publicou, entre 1925 e 1928, três volumes com as cartas do jesuíta, anotadas e organizadas cronologicamente[9].

Não se pode deixar de perceber que a empreitada de João Lúcio reflete uma enorme simpatia e um interesse pessoal com a vida do biografado. Ele mesmo um homem de Portugal e do Brasil, das duas metades deste nosso mundo, vivenciou muitas das paisagens e sensações aqui descritas. Basta o leitor estar atento ao fato de que João Lúcio passou quase trinta anos no Pará, para entender a força da descrição que faz da natureza, dos horizontes,

---

[8] Ernest Carel, *Vida do Padre Antonio Vieira*. São Paulo: trad. port., Cultura Brasileira, 1937. Nesta edição, foi suprimido o prefácio.

[9] Cf. *Cartas do Padre Antônio Vieira*. Coimbra: Imprensa da Universidade, três tomos, 1925-1928. As notas explicativas são extremamente úteis e revelam a grande erudição e o preparo de João Lúcio. Recentemente, João Adolfo Hansen organizou uma edição das *Cartas do Brasil* (São Paulo: Hedra, 2003) de Antônio Vieira. Vale, sobretudo, pelo alentado estudo introdutório.

dos rios e estuários amazônicos. Quando veio ao Brasil, não passava dos dezoito anos. Deixou-se ficar em Belém, empregou-se numa livraria e tornou-se comerciante. Interessado pelos estudos históricos, escreveu alguns trabalhos e, próximo de José Veríssimo, acabou sócio do Instituto Histórico e Geográfico Brasileiro. Quando voltou para Portugal, em 1900, já tinha recursos para se dedicar exclusivamente à carreira de historiador[10]. Como Vieira, João Lúcio era um luso-brasileiro. Ao ponto que Sacramento Blake, no seu *Diccionario Bibliographico Brazileiro*, enganar-se e o ter por um escritor paraense[11].

Foi em Lisboa que João Lúcio tomou a decisão de escrever uma alentada biografia de Antônio Vieira. Seu interesse na atuação dos jesuítas no Pará e no Maranhão já se via nos *Estudos da História Paraense*, seu primeiro livro publicado em 1893. A história seiscentista da Amazônia tinha em Vieira seu personagem mais luzidio. A fascinação exercida, aliada ao desejo de ampliar os conhecimentos até então assentados, o levou ao estudo de "vagarosa execução". Antes de publicar o livro, João Lúcio deu a ler os primeiros capítulos, na forma de artigos, publicados na *Revista de História*[12]. Esperando

---

[10] Sua biografia aparece no *Dicionário da História de Portugal* de Joel Serrão. Lisboa: Iniciativas Editoriais 1963, vol. 1, pp. 264-265 e no estudo introdutório que Jorge Borges de Macedo fez para uma coletânea das contribuições de João Lúcio para a chamada *História de Portugal* de Barcelos, dirigida por Damião Peres. Cf. Jorge Borges de Macedo, "João Lúcio de Azevedo e o seu tempo", *Elementos para a história econômica de Portugal (séculos XII a XVII)*, Lisboa: Gabinete de Investigações Econômicas do Instituto Superior de Ciências Econômicas e Financeiras, 1967, pp. III-XLIV. Interessante, também ver o prefácio que Francisco José Calazans Falcon escreveu à edição brasileira de *O Marquês de Pombal e sua época* (São Paulo: Alameda, 2004), parte integrante desta Coleção.

[11] Devemos desculpar o erro do erudito baiano – afinal, na época (o primeiro volume do *Diccionario* é de 1883), João Lúcio era naturalmente muito pouco conhecido na república das letras.

[12] Órgão da Sociedade Portuguesa de Estudos Históricos, fundada em 1911 por Fidelino de Figueiredo. Funcionou de 1912 a 1928.

X   João Lúcio de Azevedo

comentários e críticas, para assentar de forma segura os tijolos deste seu livro, o historiador não se furtou de um longo trabalho preparatório[13].

Temos notícias de seu esforço, a partir da correspondência com o historiador brasileiro João Capistrano de Abreu[14]. Apresentados pelo amigo comum, José Veríssimo, os dois historiadores tornaram-se confidentes nas letras, nunca tendo se encontrado pessoalmente. A profunda amizade resultou, como se sabe, na dedicatória que João Lúcio fez de seu *Épocas de Portugal econômico* (1929) à memória de Capistrano de Abreu e a de Manuel de Oliveira Lima. Na carta de 7 de fevereiro de 1916, em meio ao lamentar da morte de José Veríssimo, Capistrano trata justamente de felicitar o colega português pela empreitada que iniciava: redigir a biografia do jesuíta. Solícito, Capistrano diz que tomará providências para obter uma cópia da extensa bibliografia preparada por Jansen do Paço, na Biblioteca Nacional do Rio de Janeiro. No fim do ano, em 15 de novembro, Capistrano comenta o plano da obra que lhe

---

[13] Cf. "Primeiro período da vida de Antônio Vieira. O Religioso, 1608-1640", *Revista de História*. Lisboa, V; 233-247, 289-306, 1916 e "Segundo período da vida de Antônio Vieira. O político", *Revista de História*. Lisboa, VI; 89-104, 224 -248; VII;165-176, 1917-1918. Além destes capítulos, João Lúcio havia já publicado outros textos sobre Vieira nas páginas do *Boletim de 2ª classe da Academia das Ciências*, em Lisboa: "Os Jesuítas e a Inquisição em conflito no século XVII", vol. V, 1912; "Os processos da Inquisição como documentos da História", vol. XIII, 1910; "Nota sobre as duas missões diplomáticas do Padre Antônio Vieira a França e à Holanda", vol. VI, Lisboa, 1913; "Alguns escritos apócrifos, inéditos e menos conhecidos do Padre Antônio Vieira" e "Subsídios para uma edição comentada das cartas do Padre Antônio Vieira", vol. IX, 1915; "Dezenove cartas inéditas do Padre Antônio Vieira", vol. X, 1916; "Bandarra e o Sebastianismo", vol. XI, 1918; "Notícia bibliográfica sobre a Clavis Prophetarum do Padre Antônio Vieira", vol. XIII, 1920.

[14] As cartas de Capistrano de Abreu a João Lúcio de Azevedo foram oferecidas por este à Biblioteca Nacional do Rio de Janeiro. Menos de um ano passado da morte do cearense, Azevedo resolve que a correspondência que com ele manteve por quase doze anos, iniciada em 1916, teria mais interesse se guardada no Brasil. Desde então, diversas dificuldades foram colocadas aos que pretendiam consultar este importante material. Apenas em 1954, José Honório Rodrigues conseguiu publicá-las. José Honório Rodrigues (editor e organizador), *Correspondência de Capistrano de Abreu*, Rio de Janeiro: MEC-INL, 1954, vol. II, pp. 9-385.

havia sido revelado por João Lúcio: dar à vida do padre Vieira um tom mais ou menos autobiográfico. Na opinião do nosso erudito historiador, "o confronto da correspondência, dos sermões e das encomendas deve dar resultados golpeantes". O capítulo final, "de psicologia analítica, desmontando – valerá, e longe do bem e do mal – aquele maniqueísmo curioso, coroará dignamente o conjunto". Já avançado o trabalho de João Lúcio, Capistrano insiste que "a biografia de Vieira não poderá caber num volume". Desde março de 1917, nosso catão cearense passa a finalizar todas as cartas ao amigo com a frase: "*Ceterum censeo*: a vida de Vieira não cabe num só volume".

Com efeito, diante da dimensão da narrativa, da profundidade do estudo, o livro teve de ser publicado em dois volumes: em 1918 e 1921, pela casa de A. M. Teixeira, a Livraria Clássica Editora de Lisboa. Atento aos movimentos de sua trajetória, João Lúcio divide a biografia de Vieira em seis "períodos", cada qual correspondente a um contexto muito particular. No primeiro ("O religioso", 1608-1640), aborda a formação do jesuíta em Salvador, na Bahia, e suas primeiras relações com a esfera da política no bojo das invasões holandesas. Em seguida ("O político", 1641-50), João Lúcio retrata a acolhida por D. João IV e o destacado serviço prestado por Vieira à causa bragantina. Seu desempenho como orador, seu envolvimento na política e nas embaixadas na Holanda, na França e em Roma. No terceiro período ("O missionário", 1651-61) é onde encontramos Vieira desconsolado da política, agora no Maranhão, onde se envolve na evangelização dos indígenas e na política local. No quarto período ("O vidente", 1661-1668), acompanhamos o jesuíta novamente no Reino, às voltas com a Inquisição. Remido das suas penas, Vieira procura a absolvição e parte para Roma. No quinto período ("O revoltado", 1669-1680), o historiador retrata a angústia vivida por Vieira no governo de D. Pedro, preterido na corte, criticado por setores da sociedade. O último período ("O vencido", 1681-1697) revela o final de sua vida na Bahia, entre a redação e acomodação de sua obra, o ruminar de suas derrotas e o envolvimento nas questões da luta política em Salvador.

Esta divisão da vida de Vieira em períodos ou fases foi, posteriormente, criticada por compartimentar, em certa medida, uma trajetória múltipla mas coerente. Notado inicialmente por Raymond Cantel[15], esse entendimento foi melhor apresentado por Alcir Pécora, para quem teria sido essa divisão de João Lúcio responsável por estabilizar "o engano do Vieira multifacetado e simultaneamente compartimentalizado"[16]. Não podemos deixar de concordar com tal crítica, em busca de uma unidade de perspectiva que revele, neste sentido, um caminho mais coeso e conexo. Atenta às continuidades, mais do que às rupturas. Contudo, acredito que não restará ao leitor, que chegar ao fim destes dois volumes, uma visão de uma vida marcada por "etapas bem definidas e aparentemente irreconciliáveis". Algo que nos faça julgar Vieira como um personagem "agudamente esquizofrênico". Nesta revisão e crítica, tão cheia de verdade, não haveria também certo exagero? Algum anacronismo? O livro de João Lúcio é, ele mesmo, retrato de uma época e de uma maneira de fazer história. Um texto apaixonado, envolvente e judicioso. Por vezes, pode-se perceber a mão do biógrafo. Ela está lá e se deixa notar. Mas não será sempre assim?

A presente edição, que o leitor tem em mãos, reproduz o texto da segunda, revista pelo autor e publicada em Lisboa no ano de 1931. As correções, como nota João Lúcio, são na maior parte "miudezas de imprensa". Algumas alterações na redação foram feitas para ajudar o leitor e, no geral, poucas construções novas foram incorporadas. Como João Lúcio faleceu em 1933, esta é, portanto, a edição definitiva. Em Portugal, foi feita uma terceira no ano de 1992[17]. No Brasil, devemos à iniciativa da Cátedra Jaime Cortesão (da

---

[15] Raymond Cantel, *Prophétisme et messianisme dans l'ouvre Prophétisme et messianisme dans l'ouvre du père Antonio Vieira.* Paris: Hispano Americanas, 1960.

[16] Alcir Pécora, Cf. *Teatro do Sacramento. A unidade teológica-retórica-política dos sermões de Antonio Vieira.* São Paulo: Edusp/EdUnicamp, 1994, pp. 61 e ss.

[17] A terceira edição foi feita pela Livraria Clássica Editora, 1992, 2 volumes; na coleção de "Obras completas de João Lúcio de Azevedo".

Faculdade de Filosofia, Letras e Ciências Humanas da Universidade de São Paulo) e da Alameda Casa Editorial a oportunidade desta quarta edição, neste lado do mundo, da imprescindível *História de Antônio Vieira*.

Pedro Puntoni
professor de História do Brasil colonial da USP

Explicação prévia
(da primeira edição)

Muitas biografias de Antônio Vieira têm aparecido, desde a primeira, pelo padre João Antônio Andreoni, reitor do Colégio da Bahia, na carta em que deu notícia ao Geral Tirso Gonzales do falecimento do seu ilustre companheiro. As de maior vulto são: a *Vida*, pelo jesuíta André de Barros, que saiu à luz em 1746; o *Discurso histórico e crítico*, do bispo de Vizeu D. Francisco Alexandre Lobo, publicado em 1826; e outra *Vida*, obra póstuma de João Francisco Lisboa, dada à imprensa em 1865. Cada uma dessas obras possui seus méritos; mas a primeira tem o achaque da parcialidade, nada estranhável no religioso, que de outro religioso, seu consócio, escrevia; a segunda ressente-se da forma condensada de memória histórica que lhe deu o seu autor; a terceira peca pela parcialidade, em sentido contrário à de André de Barros, e ficou além disso incompleta: todas têm contra si o defeito da idade, que as torna, para o critério de hoje, antiquadas.

Trabalho estimável, e digno igualmente de menção, é o que publicou em francês o dr. Carel, *Vieira sa vie et ses oeuvres*, no qual, todavia, o autor considera o assunto principalmente sob o ponto de vista literário; por isso, e por ser fundado nas obras de seus predecessores, nenhum elemento novo traz à biografia.

Até João Francisco Lisboa, a fonte de toda informação era o livro de André de Barros, composto segundo os documentos da Companhia de Jesus, e particularmente sobre apontamentos originais de Vieira, hoje ao que parece irremediavelmente perdidos. Lisboa alargou as investigações, pesquisando nos arquivos, de onde extraiu notícias interessantes, não só sobre a pessoa de Vieira, senão também para a história nacional. Mas, desde o tempo dele até hoje, a maneira de considerar o sentido dos acontecimentos alterou-se; outra crítica ilumina as investigações, e aparecem facultados aos estudiosos documentos novos, que permitem levar muito adiante a enumeração e certeza dos fatos. Por tais razões se abalou o autor deste livro a uma empresa, temerária para as suas forças, mas a que o arrastou a fascinação de uma personalidade, única, pela variedade e originalidade de seus aspectos, na história portuguesa, assim como a esperança de contribuir para o conhecimento cabal de uma época notável dessa mesma história.

O período de preparação foi de anos; vagarosa a execução. Pontos de particular relevância tinham ficado alheios à curiosidade dos biógrafos. Entre esses, dois fatos históricos, o sebastianismo e o criptojudaismo, grandes questões nacionais por espaço de séculos, e que justamente no tempo de Vieira, e pela ação dele, atingiram a fase de crise. Foi necessário estudá-los de raiz, e da indagação resultaram trabalhos, que abrangem por inteiro a matéria e se publicaram à parte, em súmula no intervalo.

Para verificar se o método de exposição seguido seria o que o assunto demandava, deram-se a ler na *Revista de História* os primeiros capítulos, e o acolhimento do público especial dessa Revista animou o autor a prosseguir. É pois a presente uma obra de tateios e diligência aturada, e não um improviso feliz.

Se alguém se der à fútil tarefa de cotejar esses capítulos no texto atual com os da *Revista de História*, notará porventura a divergência que em certas partes se encontra: essa porém não alcança os fatos; fica em pontos de linguagem e circunstâncias da narrativa, que o autor contrái, alarga ou substitui em benefício da clareza; e ninguém poderá, dentro da eqüidade, levar-lhe a mal o esforço de melhorar, nos limites do possível, o seu trabalho.

Ser-lhe há também reparada a ousadia de interpolar na urdidura frases e trechos do insigne escritor que foi Vieira, com o que mais empalidece a sua prosa medíocre. A prática objectável serve de demonstrar a ausência de toda a pretensão literária: consideram-se as transcrições indispensáveis como esclarecimento dos fatos da biografia e modo de representar o indivíduo; e a personalidade de narrador desaparece ante o intuito que o move, o qual vem a ser dar quanto em seus meios caiba expressão à verdade.

Se pois conseguiu o autor retratar com alguma fidelidade esta grande figura, terá realizado uma ambição que o anima desde muito. Foi ele incitado a convertê-la em ato por José Veríssimo, o crítico e polígrafo, de que se honram as letras do Brasil; ajudou-o com atilados conselhos e preciosas indicações Capistrano de Abreu, o cultor exímio da ciência histórica em que é naquele país mestre acatado[1]: ambos interessados pelo trabalho relativo a um filho genial da raça lusa, singular em tudo e, pelo que de sua vida pertence ao Brasil, quase mais de lá que da pátria nativa. Assim não saía o livro de todo indigno do paládio desses dois nomes.

Lisboa, fevereiro de 1918

---

[1] O escritor ilustre faleceu em 1927, cercado da veneração pública, no Rio de Janeiro.

Nota à segunda edição

Depois que há mais de dez anos pela primeira vez foi publicada esta obra, o autor, continuando a ocupar-se da personalidade do seu biografado, encontrou fatos novos nas investigações a que procedia, e proporcionaram-lhe investigações alheias certos dados, com que alguns pontos de interesse se esclarecem, enriquecidos de pormenores apreciáveis. Ao número pertencem as do erudito Padre Francisco Rodrigues, da Companhia de Jesus, que nos arquivos da Sociedade compilou notas de importância, dando-as a lume no tomo 11 da *Revista de História*, em curioso artigo intitulado: "O padre Antônio Vieira, contradições e aplausos (à luz de documentação inédita)". Semelhante contribuição para o estudo da figura do grande orador e político do século XVII não podia deixar de ser aproveitado, e às informações aí colhidas correspondem na sua maior parte as alterações ao texto primitivo na presente edição. Alterações, convém dizer, quase só de redação, introduzidas para esclarecimento e melhor coordenação dos fatos, em cuja realidade não houve que bulir, mas que assim ganharam em desenvolvimento.

As restantes diferenças consistem em miudezas de imprensa. Suprime-se no segundo volume o nº 2 do Apêndice, contendo os trechos mutilados da correspondência de Vieira, quando em Roma, que se pode ver completa na edição das *Cartas* da Imprensa da Universidade, em Coimbra, posteriormente saída a público. À notícia bibliográfica, nº 8 do mesmo Apêndice, atualmente nº 7, deu-se forma nova, de mais acessível consulta ao comum dos leitores, que sem tédio excessivo a poderão compulsar. Por fim substituiu-se o índice analítico geral pelo sumário das matérias em cada um dos tomos, facultando ao imediato exame, em quadro sintético, o panorama da obra, de que a divisão adotada, em capítulos extensos, ou períodos, fazia sentir a falta.

O acolhimento benévolo do público em geral e da crítica, até da parte daqueles a quem certos tópicos poderiam parecer irreverentes, e suscitar reparos, certificou o autor de que o seu esforço pela verdade, na busca e na interpretação dos fatos, se lhe não negava, nem fora de todo vão. Houve contudo leitores meticulosos que lhe estranharam o ter-se valido do testemunho do conde Paulo de Hoensbroech, religioso saído por decisão própria da Companhia, nas referências ao regime interno dos jesuítas. À objeção responde-se que não basta acoimar de suspeito o depoimento pela qualidade da pessoa. O que importava era mostrar que, nos passos alegados, ele se encontra em desacordo com a verdade, o que não sucedeu. Não há portanto causa de submeter o texto primitivo a revisão nesta parte.

PRIMEIRO PERÍODO

O religioso
1608-1640

I. Nascimento e ascendência de Antônio Vieira. Partida para a Bahia. Fuga para os jesuítas. Noviciado. A vida religiosa na cidade. Os estudantes. A Companhia de Jesus no Brasil. Educação dos noviços. II. Tomada da Bahia pelos holandeses. Primeiros votos de Antônio Vieira. Professor em Olinda. Compõe a *Carta anua* de 1626 para o Geral. Continuação dos estudos. III. Primeiros trabalhos de missionário. Primeiros sermões. Sermão de S. Sebastião e alusões ao sebastianismo. Ordenação de presbítero. Segundo cerco da Bahia. Expedição do conde da Torre e sermão alusivo de Vieira. A Bahia novamente ameaçada. Sermão célebre contra os holandeses. Governo do marquês de Montalvão. A Restauração de 1640. Parte Vieira para a Europa.

"Aos 28 de 1641 chegamos a Peniche onde quiseram matar ao marechal. Aos 29 de 1641 me quiseram matar e me prenderam; e parti para Lisboa aos 30 de 1641; cheguei a Lisboa e vi a Sua Majestade."[1] Nestes termos algo enigmáticos pela precipitação da escrita, Antônio Vieira notou as peripécias do seu regresso à pátria, de onde saíra com menos de sete anos de idade, e aonde tornava aos trinta e três. Acontecimentos fatídicos esses. Escapara à morte de que o ameaçava o populacho em fúria, e logo após isso o via o rei. Estava fixado o seu destino, e se lhe patenteava uma carreira, sem dúvida de muito superior brilho ao daquela que lhe podia ter ambicionado a família, quando aos quinze anos lhe contrariou o propósito de se alistar na Companhia de Jesus.

Antônio Vieira nascera em Lisboa, de gente pouco abastada, em modesta casa da rua dos Cônegos, na vizinhança da Sé, aos 6 de fevereiro de 1608. Seu pai, Cristóvão Vieira Ravasco, era de Santarém, e de origem alentejano, de Moura; sua mãe, Maria de Azevedo, era natural de Lisboa. As pretensões à estirpe nobre que o padre André de Barros, seu biógrafo, lhe concede, por ele próprio enunciadas, não tinham fundamento. O avô e o pai de Vieira

---

[1] *Vida do padre Antônio Vieira*, pelo padre André de Barros. Lisboa, 1856, p. 12.

tinham sido – consta de informações do Santo Ofício – criados dos Condes de Unhão; e, tomando a palavra no sentido menos piorativo, para não tratarmos a um e outro de fâmulos, dependentes desses fidalgos e com certeza assalariados. *Fidalgo da casa de Sua Majestade*, como diz André de Barros[2], não era Cristóvam Ravasco quando o filho nasceu. Somente mais tarde, por graça feita àquele por D. João IV, lhe foi concedido o título que o aproximava da verdadeira fidalguia. *Meu moço da câmara* lhe chama o decreto que o nomeia escrivão dos agravos e apelações cíveis da Relação da Bahia, o que é diferente[3]; e esta mesma designação falta em um decreto, dois anos anterior, referente a outro emprego. O futuro fidalgo da Casa Real teve por mãe uma mulata ou índia – também houve quem dissesse mourisca, de toda a maneira mulher de cor – serviçal na casa dos condes, de onde com o galã, avô de Vieira, foi despedida, por não lhes levarem os amos a bem os amores, que o casamento em seguida consagrou. Não custa a crer tivesse vindo a bisavó de África, trazida por escrava a Portugal. Em negros e mulatos abundava a população do Reino nesse tempo; e o retrato de gravura, feito em Roma, presumivelmente cópia de outro, a que serviu de modelo o cadáver antes da inumação, como informa André de Barros, lembra muito nas feições essa espécie de mestiçagem.

Antônio Vieira ignorava, se é que não ocultava, essa ascendência e, rejeitava a dos Vieiras, gente boa de Moura, para reivindicar a dos Ravascos, família de mais nobreza, também de lá. Fosse o que fosse – e o mesmo nota outro biógrafo, o bispo de Vizeu D. Francisco Alexandre Lobo[4], – ninguém lembraria agora os Vieiras nem os Ravascos de Moura, se na história portuguesa do século em que viveu o jesuíta afamado não rutilasse o seu nome. Do lado materno sabe-se que a mulher de Cristóvão Ravasco era filha de

---

[2] *Vida*, p. 2.

[3] Arquivo Nacional da Torre do Tombo, Chancelaria de D. Filipe II, Liv. 23, fólio 92 v.

[4] *Obras*, t. 2, p. 178.

um Brás Fernandes, que foi armeiro da Casa Real, obtendo por isso carta de lembrança de um ofício de justiça ou fazenda para o homem com quem casasse, em virtude da qual ocorreu a nomeação para a Bahia, quando foi instituída a Relação[5]. A mãe fora padeira dos frades de São Francisco. Houve quem atribuísse ao padre a gafa de sangue hebraico, mas nunca tal se apurou. Seus desafetos no Maranhão infamavam-o de batizado em pé[6], e em todos os tempos foi contra ele explorada a calúnia. A Inquisição, quando o teve à sua conta, decidiu proceder como era usual com os réus cuja qualidade de sangue ao certo se não sabia. Por essa suspeita, e mais ainda pela mestiçagem da bisavó e da avó, criada da casa de Unhão, não lograram Bernardo Vieira Ravasco e Gonçalo Ravasco de Albuquerque, seu filho, ser recebidos na Ordem de Cristo, para que tiveram hábito, concedido a um, em 1663, por D. Afonso VI, e ao outro, vinte anos depois, por D. Pedro II. Consta isto da informação junta ao processo, na Mesa da Consciência, em que tinham de justificar a limpeza do sangue[7].

Antes de casar, Cristóvão Ravasco servira nas armadas e fora por dois anos escrivão das devassas dos pecados públicos da cidade de Lisboa[8]. Em 1609 partia para o Brasil a fim de exercitar na Relação o cargo que pelo casamento granjeara, voltando com licença ao Reino em 1612. A mulher e o filho ainda único viviam então na freguesia dos Mártires, perto das casas do conde de Vila Franca, que um processo célebre da Inquisição, à falta de ações grandes, havia de tornar famoso. Na ausência do marido Maria de Azevedo vivia muito recolhida, saindo raras vezes a não ser para a missa, toda consagrada

---

[5] Torre do Tombo, Livro da Chancel., cit.

[6] Carta ao bispo do Japão, transcrita em parte na *Vida*, p. 372.

[7] Documentos publicados pelo dr. Antônio Baião, no artigo "O sangue infecto do padre Antônio Vieira", em *O Instituto de Coimbra*, nº 1, de 1929. A informação relativa ao judaísmo acha-se junta ao processo do Santo Ofício.

[8] Torre do Tombo, Chancel. de Filipe II, Liv. 16, fol. 209 v.

ao filho, de quem foi a mestra de ler e escrever. Em 1614 partiram todos para a Bahia. Tinha Antônio Vieira nessa época seis anos.

A cidade era, como diziam, a corte do Brasil. A assistência do governador, do bispo e cabido, do ouvidor e juízes principais do Estado autorizava a denominação. No povoado e seu termo, que abrangia cerca de doze freguesias, havia cerca de 3 mil vizinhos portugueses, 8 mil índios e 3 a 4 mil escravos africanos[9]. Em 1583 trinta e seis engenhos de açúcar faziam a riqueza da colônia; é de crer que nos trinta anos decorridos acrescentassem ao número alguns mais.

O colégio dos jesuítas era o principal se não único foco da vida intelectual no Estado. Ali recebeu Antônio Vieira, chegada a idade própria, a instrução literária. Além da escola de primeiras letras para a infância, e do ensino teológico para os alunos já recebidos na Ordem, havia as classes preparatórias de artes e humanidades para os externos. Entre estes elegiam os padres os que por vocação, talento, fortuna, ou posição social julgavam aquisição valiosa; incutiam-lhes o amor da roupeta e a aspiração de algum dia a revestirem; captavam-lhes a vontade com os afagos; perturbavam-lhes a juvenil consciência com as névoas do misticismo. Um dia vinha o prosélito, muitas vezes a ocultas e contra as previsões da família, bater-lhes à portaria. Foi o que sucedeu com Antônio Vieira, que uma noite se evadiu de casa, para o colégio, onde de braços abertos o recebeu o reitor, padre Fernão Cardim; caso trivial, das tradições da Companhia, e dos que em todos os tempos têm levantado iras contra ela. Foi isto aos 5 de maio de 1623; tinha Vieira então quinze anos. No dia seguinte encetou o noviciado.

Cristóvão Ravasco morava nesse tempo em uma casa do arrabalde ao sul, "um pouco mais de um tiro de pedra fora do muro e porta da cidade", diz o mais antigo historiador do Brasil, frei Vicente do Salvador[10], sítio que pouco

---

[9] Padre Fernão Cardim, *Tratados da terra e gente do Brasil*, Rio de Janeiro, 1925, p. 288.

[10] *História do Brasil*. Liv. V, cap. 26.

distaria da atual praça de Castro Alves ou do teatro. O aluno dos jesuítas, indo diariamente ao pátio dos estudos, transpunha a porta de São Bento, e atravessava a maior parte do povoado, até ao Terreiro de Jesus, onde era o colégio, quase na outra extremidade. Pelo caminho mais direto passava à frente das casas do governador, à mão esquerda, detinha-se talvez adiante um momento, a ver os negros descarregarem os fardos do elevador, já então existente, por meio do qual se transferiam os pesos grandes do bairro da praia para a cidade alta; entrava depois na sé, ainda por acabar, a dar um lance de vista aos sete altares da Virgem[11], e fazer uma breve oração à mais venerada imagem, a da Senhora das Maravilhas, a que, sem dúvida por instigação materna, tinha devoção singular. Aí se deu com ele um caso prodigioso, dos em que abundam as crônicas monásticas, e acaso mais freqüentes nas dos jesuítas. Não foi Vieira, como podem supor muitos, um precoce gênio: nos primeiros tempos de estudante, compreendia mal, decorava a custo, fazia com dificuldade as composições; em tudo era aluno medíocre, com o que, já então pundonoroso, muitas vezes se afligia.

É de imaginar que orando à Virgem das Maravilhas lhe suplicasse a de o tornar mais hábil para os estudos. Em um de tais lances, no meio súplica, sentiu como estalar qualquer coisa no cérebro, com uma dor vivíssima, e pensou que morria; logo o que parecia obscuro e inacessível à memória, na lição que ia dar, se lhe volveu lúcido e fixo na retentiva. Dera-se-lhe na mente uma transformação de que tinha consciência. Chegado às classes pediu que o deixassem argumentar, e com pasmo dos mestres venceu a todos os condiscípulos. Daí por diante foi ele o primeiro e mais distinto em todas as disciplinas. Refere o caso o padre André de Barros, de uma testemunha que o ouviu a Vieira[12]; este se isso contava aos seus contemporâneos, não

---

[11] Cf. Santuário Mariano, 9º 12.

[12] *Vida*, p. 5.

deixou, em escrito conhecido, memória de um acontecimento, de que seria interessante encontrar a explicação na fisiologia.

Era o novo jesuíta, para o escrínio da Sociedade, gema de alto preço, pelo que a sua inteligência prometia. Iam agora mãos peritas, como nenhumas outras, dar-lhe o último brilho, convertê-la em jóia resplendente, de que se ufanassem um dia. Tinha concluído os estudos preparatórios, gramática e retórica, lastro indispensável para os de maior tomo, que mais tarde havia de principiar; e na latinidade a que ao todo consagrou quatro anos e meio, devia vir muito adiantado. Por enquanto suspendia-se a educação literária, a fim de no espaço de dois anos, que durava o noviciado, se fazer a educação da vontade, prepará-la para as supremas renúncias expressas nos três votos: obediência, pobreza e castidade; sobretudo a obediência como a conhecida frase dos estatutos a impõe: igual à do cadáver que não reage nunca, *perinde ad cadaver.*

Para melhor subtrair o adolescente às instâncias da família, que lhe combatia a vocação, transferiram-no os padres para a aldeia do Espírito Santo, a sete léguas da cidade, onde tinham um povoado de indígenas que doutrinavam; hoje vila de Abrantes, perto da margem esquerda do rio Joanes, a uma légua do mar. No princípio do século XIX, segundo Aires de Casal, ainda a maior parte da população era de índios. Aí se deparava a Vieira a obra dos jesuítas na sua feição mais grandiosa. Levar aos confins do mundo policiado a civilização cristã, defender o aborígene, inerme ante os recursos do homem branco, das violências com que este o escravizava, devassar páramos intransitados, lançar neles o primitivo alicerce de futuras cidades e nações; que mais nobre tarefa pode empreender uma alma forte e capaz de ações generosas?

Esse primeiro estágio da vida de noviço deixou nele impressão profunda e que jamais se havia de apagar. Pareceu-lhe a catequese a digna ocupação de quem como ele se sentia abrasado do amor divino e da sede de sacrifício. Trazer tantas almas perdidas, por errantes, ao refúgio onde a salvação as aguardava; instilar nos broncos intelectos, abertos às representações da mais grosseira materialidade, um átomo de idealismo; trocar para essas criaturas as violências da vida selvagem pelo carinho dos missionários, que como pais os dirigiam, ensinavam e socorriam; nada podia ser mais louvável perante os homens, nem mais agradável a Deus sobre a terra. Daí data o seu empenho de consagrar a existência ao trabalho das missões, o qual tantas vezes manifestou, e só em quadra adiantada da sua carreira de religioso, e por tempo relativamente curto, conseguiu realizar.

Na aldeia do Espírito Santo nesses primeiros dias de encanto místico, que eram o noivado do seu espírito com a vida devota, vendo os padres na tarefa, sentiu-se tocado da vocação. Tudo ali concorria a impressioná-lo vivamente: a novidade da existência, o espetáculo da natureza que lhe ofereciam as selvas ambientes, a rudeza inocente dos índios, medrosos ainda, no deslumbramento da sua civilização incipiente, a satisfação íntima dos padres, enfim a serena coragem com que estes na hora própria iriam de peito descoberto afrontar o ímpeto feroz do gentio bárbaro nas povoações hostis. Desde então começou a ensaiar na empresa as suas faculdades. Se as obrigações do noviciado lhe não permitiam dar-se exclusivamente a esse apetecido trabalho, foi aprendendo as línguas dos indígenas e a de Angola, e em todas chegou a ser perito. Muitos anos depois, no Amazonas, era seu prazer vivo colar o ouvido à boca do índio, recolher os mal articulados sons, e arrancar-lhe o segredo da rude linguagem, com o afã do sábio que explora ignotas terras, ou busca mundos novos na profundeza do céu misterioso[13]. Áspero labor ainda agora que a ciência resolve em fios tênues a complicada estriga do falar, e fixa cada modulação em seu domínio próprio no aparelho da voz.

O estudo das línguas em que tinham de se dirigir aos bárbaros, conversos e por converter, era especial tarefa dos noviços. O tupi-guarani, que chama-

---

[13] Cf. *Vida*, p. 341.

vam a língua geral do Brasil, e de que o grande Anchieta fizera a primeira gramática, usava-se comumente, como o latim, nas casas dos jesuítas. Falando desse tempo dizia Vieira que a nativa língua portuguesa não era entre eles mais geral que a brasílica[14].

Logo o princípio da sua carreira de religioso foi assinalado por um dos prodígios vulgares na Companhia. Mandado à aldeia sem guia, perdeu-se no caminho e, muito entrada a noite, achava pela frente um rio, o Joanes, ou algum dos confluentes que ao sul e oeste defendem o passo para a povoação. Não vendo meio de transpor o obstáculo pensou em retroceder; mas atemorizava-o a treva, e o dificultoso de buscar nela o trilho incerto da mata. Como recurso único encomendou-se ao anjo da guarda, e com poucas passadas, eis que lhe salta da escuridão um menino envolto em luz: era ele que baixava a acudir-lhe, e então caminhando adiante o conduziu à aldeia onde chegados desapareceu.

Ao cabo de algum tempo pôde o noviço voltar à cidade. A família resignava-se ao que não pudera evitar, e para isso contribuiu sem dúvida a intervenção do reitor Fernão Cardim, muito da casa, e interessado em desfazer a má impressão do ato em que, pela participação inevitável, lhe cabia a mácula, perante os pais de Vieira, de haver faltado às leis da amizade. Pode-se todavia crer que, mesmo sem a interferência do familiar da casa na resolução da fuga, não procederia de outro modo o adolescente. Na verdade poucos entre os alunos dos jesuítas, que estes tentavam trazer para si, escapavam à fascinação. Menos ainda em terra onde realçava o prestígio do hábito a fama do saber e das virtudes, o favor das autoridades e da coroa. Na Bahia, a par da soltura de costumes, achaque usual nas colônias, reinava mui vivaz o sentimento religioso, que irradiando das almas simples incitava

---

[14] *Sermões*, t. 9, p. 240. Sempre que se não faça menção especial, as citações das obras de Vieira referem-se para facilidade à edição de J. M. C. Seabra & T. Q. Antunes publicada de 1854 a 1856, conferidos os textos com os das edições *príncipes*. Excetuam-se as *Cartas*, para as quais se segue a edição mais recente, de Coimbra, Imprensa da Universidade, 1925 a 1928.

à credulidade. Em mais de um lugar, nas proximidades da cidade, se viam as pegadas deixadas por São Tomé, à beira-mar, quando depois de haver tentado converter os selvagens se librara aos ares, para ir criar as cristandades da Índia. Nas solenidades da Igreja não raro se intercalavam atos de penitência com ceremônias que revelavam a distante origem pagã. Aos templos iam grupos que faziam bailados, açoitando-se ao mesmo tempo rijamente os principais dançadores com disciplinas[15]. Os jesuítas exageravam o teatral do culto católico introduzindo nas suas festas cortejos que eram verdadeiras representações. Já se não exibiam mistérios e farsas no recinto da igreja, mas saíam em procissão as figuras, e fazia-se às portas o trabalho dos atores. Os estudantes do colégio tinham a seu cargo a festividade das onze mil virgens. Era costume ir na procissão um carro em forma de nau, e nela rapazes que figuravam Santa Úrsula e companheiras que a seguiam. Havia no trânsito discursos, recitações de poemas e tiros de arcabuz disparados do barco. À tarde simulava-se o martírio da santa e o enterro que os anjos vinham fazer. Ao espetáculo acudia o povo em multidão e o concurso era motivo para se realizarem atos de penitência e devoção em grande número.

Não admira impressionarem-se com isto as imaginações juvenis. Não menos com a vista das preciosidades sacras de que havia abundância no colégio: cabeças de três das onze mil virgens, fragmentos do Santo Lenho, relíquias de São Cristóvão, e muitas mais; tantas que foi preciso fazer para todas em uma capela acomodação composta de dezesseis armários[16]; e não

---

[15] Como exemplo ao que refere o padre Fernão Cardim: "Sexta-feira santa, ao desencerrar do Senhor, certos mancebos vieram à nossa igreja; traziam uma verónica de Cristo mui devota, em pano de linho pintado, dois deles que a tinham e juntamente com outros dois que se disciplinavam, fazendo seus trocados e mudanças. Como a dança se fazia ao som dos cruéis açoites, mostrando a verónica ensanguentada, não havia quem contivesse as lágrimas com tal espetáculo, pelo que foi notável a devoção que houve na gente". *Tratados da terra e gente do Brasil*, cit., p. 322.

[16] Ibidem, p. 324.

era a de menor valor o corpo do venerável José de Anchieta, apontado desde sua morte para a canonização. Os estudantes assistiam diariamente à missa e mais atos do culto, participavam neles como acólitos, confessavam-se e recebiam amiúde a comunhão: é o estilo dos estabelecimentos de ensino a cargo de religiosos. Haveria também para eles os *Exercícios Espirituais* de três dias, freqüentes nos internatos dos jesuítas, assim como a composição escrita sobre qual será a mais conveniente carreira, a de religioso ou a vida no século, sob o ponto de vista da salvação[17]. O terror do inferno de que se impregnavam os ânimos infantis devia ter efeito decisivo na solução do problema. É nítido o testemunho de Vieira, escrito de sua mão: "Aos 11 de março de 1623, ouvindo uma história do inferno, em uma pregação da tarde, do padre Manuel do Couto, me deu Deus a primeira inspiração eficaz de entrar religioso"[18]. O mesmo com outros sucederia.

Nas solenidades distribuíam-lhes contas bentas, relicários, imagens santas. As virtudes e a felicidade de que gozavam no empíreo os eleitos do Senhor eram-lhes referidas do púlpito de modo exaustivo. Da tribuna sagrada e nas aulas, a cada instante ouviam repetidos os prodígios com que Deus revelara o seu favor à Companhia, pelos tempos fora, nas pessoas de seus membros; desde o fundador Santo Inácio até os modestos coadjutores temporais, destituídos de letras, simples fâmulos a cuja humildade o céu se dignava de manifestar em sucessos raros a sua graça. No próprio colégio existia um desses, o irmão Antônio Fernandes, enfermeiro, que a todos edificava com sua caridade e virtudes – alguns lhe chamavam *anjo encarnado* – e às vezes surpreendia com atos que somente o impulso celeste poderia explicar. Na tradição do colégio, já recolhida em crônicas, havia a memória de ações sublimes de edificação praticadas pelos primeiros missionários; tal

---

[17] Cf. Hoensbroech, *14 Jahre Jesuit*, Lípsia, t. 1, p. 241.

[18] *Vida*, p. 6.

era o caso do padre Manuel de Paiva, oferecido em almoeda nas ruas, como escravo, por mortificação que lhe impunha o superior Manuel de Nóbrega; o do padre João Navarro, que uma vez se foi disciplinando publicamente até a casa do governador Tomé de Sousa, seu confessado. Mas de tantos varões santos, que haviam tido por mãe espiritual a Companhia, nenhum excedera o padre José de Anchieta, santificado em breve, assim se esperava, e cujos restos o colégio tinha a fortuna de possuir, como relíquia do maior preço. Em vida ali residira por vezes, coadjutor, padre professo e provincial; ali se tinha ordenado sacerdote. Deus premiara-lhe as virtudes com o dom da profecia. Sem conta eram as maravilhas por ele obradas, em revelações, curas repentinas, submissão inesperada de selvagens, que nunca vira, e até de animais bravios, uns e outros obedientes a seus acenos e à sua voz. Estando em oração, mais de uma vez o viram em êxtase, de joelhos, suspenso no ar. Certa ocasião, em uma praia, ao tempo que enchia a maré, detiveram-se as águas na frente dele, deixando o lugar onde se achava em seco até que se retirou. Na capitania de São Vicente, andando em viagem pelo sertão, ao transpor uma cachoeira voltou-se o barco, e caiu na água Anchieta, que não sabia nadar. Após diligências repetidas, conseguiram retirá-lo os índios, seus companheiros. Estava o padre em fundo de quatro a cinco braças, sentado na rocha, sem ter perdido o fôlego nem bebido água, sem nenhum incômodo mais que o ter-se molhado[19]. Nada melhor demonstrava seus méritos perante o Altíssimo que esse milagre. Nele tivera o Brasil o seu apóstolo, como a Índia o seu em São Francisco Xavier. Assim, pois, onde a Companhia tentava a catequese logo aparecia uma figura excelsa, a provar o muito que valia o instituto, e sinal certo da preferência do céu.

---

[19] "Vida do padre José de Anchieta" pelo padre Pedro Rodrigues, em *Anais da Biblioteca Nacional do Rio de Janeiro*, v. 19, p. 6.

O colégio era dos edifícios notáveis da cidade e *no melhor sítio dela* – diz o autor da *Corografia brasílica*, Aires de Casal[20] –; na parte alta e deitando sobre o mar, que os padres viam dos cubículos quebrar-se na praia em ressaca, e ao longe diluir-se, fundido com o céu, no horizonte sem fim. A cerca, pejada de árvores de fruto e plantas hortenses, da terra e da Europa, e onde, ao par do raso ananás e da copada bananeira, a vide em perpétuo verdor frutificava todo o ano, descia até ao mar, e tinha porta sobre ele pela qual, quando faziam viagem, saíam os padres a embarcar-se. A população era mais numerosa que em qualquer outra casa da Companhia no estado. A província contava em 1625, cerca de 190 religiosos, padres, coadjutores e estudantes, sem contar os noviços. Na Bahia 80, em Pernambuco 40, no Rio de Janeiro 35. Estes eram os colégios; o restante dispersava-se em pequenos grupos pelas chamadas residências[21].

À Bahia tinham ido os jesuítas com o primeiro governador, e ali abriram escola de ler e escrever, para as crianças, a primeira que houve no Brasil. A obrigatória aula de latim veio em seguida, mas só depois que em 1553 Anchieta, recém-chegado da Europa, iniciou em São Vicente o ensino dessa disciplina. Em 1573 principiou o curso de artes com dez alunos da Companhia e quatro de fora, e o de teologia para os futuros sacerdotes. Já então um padre prelecionava sobre casos de consciência[22]. Achava-se preparado o molde em que havia de formar-se o espírito de Antônio Vieira. Isto pelo que diz respeito à instrução. O restante era obra do ambiente social, e completa-lo-ia a parte educativa dos regulamentos a que, iniciado na Companhia de Jesus, teria de submeter-se.

Os dois anos de noviciado são de dura provação para os alunos; tudo durante esse tempo tende a abolir as relações existentes com o mundo exterior. O

---

[20] Tomo 2, p.119.

[21] Carta Anua, por Antônio Vieira, *Cartas*, Coimbra, 1925, t. 1, p. 4.

[22] "Historia de la fundasion del Collegio de la Baya de todo los Sanctos, y de sus residencias", *Anais da Biblioteca Nacional do Rio de Janeiro*, vol. 19, p. 93.

neófito pertence em corpo e alma à Companhia; nenhum ato que não esteja de antemão regulado pelos superiores, nenhum pensamento que não seja por eles sugerido ou prescrutado. O período é de extraordinária tensão moral para todos; e para alguns, os mais mimosos, e desses seria Vieira, que na casa paterna tinha conchego e servidores, de penoso esforço físico. Decerto os mais vivos entusiasmos alguma vez arrefecem durante esses dois anos. Toda a existência do noviço se acha regrada em programa, imutável como todas as leis da Sociedade, desde que o fundador há mais de três séculos as estabeleceu. Do romper do sol à hora do adormecer, todos os momentos têm sua ocupação prevista; nenhum para a recordação dos pais, dos amigos, dos interesses que até aí prendiam à vida comum o iniciado. Também nenhum tempo consagrado aos estudos literários; nada mais que a técnica da pregação, da catequese e da escola, os três ramos em que se divide a missão do jesuíta. Diariamente exercícios de memória, com textos decorados do Antigo e Novo Testamento; e os de declamação, que na língua da Companhia se denominam *repetição dos tons*, para as inflexões do púlpito. Instrução sobre o porte e ademanes, sobre o andar, o riso, a voz, a posição das mãos, a direção do olhar, o modo de compor o vestido. Os lábios não devem estar contraídos nem em demasia abertos. Evite-se o franzir da testa ou do nariz, pois cumpre se leia no rosto, espelho da alma, a serenidade do interior. Tudo isso se acha especificado em regras escritas, que o noviço tem de conhecer e praticar[23]. Até as conversações do recreio toca seu capítulo; o âmbito delas é limitado: a vida do Salvador, a morte, o céu, o inferno, os vícios, as virtudes, os mártires católicos, as heresias; assuntos que possam manter o espírito na contemplação das coisas da fé, e ser motivo de edificação[24]. Acima de tudo, pois, se cuida de formar o religioso, treinar o candidato à profissão na disciplina, que constitui o nervo da Companhia. À ciência, necessária ao sacerdote, fica reservado outro período.

---

[23] Hoensbroech, v.2, p. 87.

[24] Ibidem, p. 26.

Na Companhia de Jesus, como aliás em todas as ordens monásticas, é a obediência a suprema virtude. Nem podia ser menos no instituto que se apelida milícia da Igreja, e a que o fundador, como o próprio título indica, quis impor as características do ofício das armas, de onde ele procedia. "Em outras religiões", dizia ele em carta aos jesuítas de Portugal, "podemos sofrer que nos façam vantagens nas asperezas, que cada um santamente observa; porém na pureza da obediência desejo, irmãos caríssimos, que se assinalem os que nesta Companhia servem a Deus Nosso Senhor, e que nisto se conheçam os verdadeiros filhos dela". O trecho é aduzido em uma prática que Antônio Vieira, já provecto, fazia ao religiosos seus súditos, no mesmo colégio da Bahia, onde quase setenta anos antes fora noviço[25]. Na Província de Portugal lia-se a carta todos os meses em comunidade. Em seguimento, Inácio de Loyola explica o que sejam os três graus da obediência: no primeiro subordina-se a vontade individual à do superior; no segundo identifica-se com ela; no terceiro, e só esta obediência é perfeita, à identificação da vontade acompanha a identificação do pensar. O jesuíta – diz – não deve discorrer diversamente do superior[26]. É o que ensina o padre Afonso Rodrigues em livro que os noviços lêem todos os dias, o *Exercício de perfeição*: quem entra na Companhia seja como um corpo morto; este não vê, não fala; do mesmo modo o jesuíta não terá olhos para ver, nem voz para contradizer o que lhe prescreve a obediência[27]. Dessa arte o indivíduo abdica a sua personalidade e

---

[25] *Sermões*, t. 9, p. 76.

[26] Roma, 23 de maio de 1553. Transcrição. Hoensbroech, t. 2, p. 61 e 62.

[27] *Exercício de perfeição e doutrina espiritual para extinguir vícios e adquirir virtudes*. Tratado IV, capítulo II. São desse mesmo capítulo e do seguinte estas passagens: "A este grau (o terceiro) chamam os santos obediência cega, e nela consiste a perfeição desta virtude" (Da edição do Porto de 1869, p. 381). "Nenhum meio é tão eficaz para alcançar a perfeição e obediência como fazermos conta que Deus é o Superior e que Ele nos manda; e que obedecendo nós ao Superior não obedecemos a um homem senão a Deus" (p. 384). "Não há que reparar em se vos mandar o cozinheiro ou o Superior do convento, já que não obedeceis por ele senão por Deus" (p. 387).

se acha interior como exteriormente manietado. Qual cadáver que vai onde o queiram levar, ou bordão em mãos de velho que usa dele a seu talante; assim dizem os Estatutos. Obedecer a Deus em todos os mandamentos, a Santo Inácio em todas as regras, ao superior, *que é a voz de Deus*, em tudo o que dispuser, nisto compendia Vieira as obrigações do jesuíta[28].

A obediência nesse extremo decorre necessariamente da humildade. Ora, para essa virtude é escola excelente o confessionário. O homem entra em si, revolve o seu íntimo, pesa os seus atos, submete a um estranho o mais recôndito do seu pensamento; esse interroga, prescruta, aconselha, repreende; nas ações mais indiferentes, nas idéias mais cândidas, descobre-lhe às vezes uma transgressão da lei divina; se é noviço uma infração dos preceitos da Companhia. Então o confessado sente que ladeia um abismo; como caminhar por si só e sem o amparo de um guia espiritual? Isso todavia não basta. Além da confissão semanal, prescrita nas Constituições a todos os da Sociedade, cada um tem de prestar periodicamente contas do estado de sua consciência, *ratio conscientiae*, e confiar ao Superior quanto lhe vai na mente sem ser matéria de pecado; em particular o que respeita ao espiritual e preceitos da Ordem, à vocação, acatamento da regra, sacramentos, devoções, penitências, disposição para com os superiores etc.[29] Essa operação depuradora do pensamento realiza-se para os noviços todas as semanas, para os estudantes, grau a que ascendem em seguida, todos os meses, para os professos todos os anos. Mais perfeita e mortificante demonstração de humildade é a confissão pública de alguma falta no refeitório ou a prática denominada lapidação, *lapidatio*, em que, ajoelhado o noviço no meio dos companheiros, cada um lhe repreende um erro, lhe critica um defeito exterior: o andar, os gestos, o rir ou o chorar, a voracidade ou o fastio[30]. E isso com a crueza de ascetas

---

[28] *Sermões*, t. 9, p. 77.

[29] Hoensbroech, t. 2, p. 74.

[30] Ibidem p. 85 e 114.

jovens, empenhados na emenda do próximo, e a bárbara alegria da desforra de humilhações idênticas já passadas.

Cônscio do nada que é perante os superiores, a quem cegamente obedece, porque lhe representam Deus, o noviço acha-se apto a compreender a exata relação em que se encontra para com o Eterno, seu criador. Troca então o interesse das coisas terrenas pelo da vida espiritual e refugia-se delas no misticismo. Só assim será perfeito religioso. Os exercícios espirituais, que no primeiro ano do noviciado, período excepcional, se fazem completos no espaço de um mês, rematam-lhe a educação mística. Fazem-se sob a direção de um padre, seguindo o texto que, pela tradição antiga da Companhia, Inácio de Loyola escreveu a ditado da Virgem; obra maravilhosa de um soldado, que rematou em consumado psicólogo; de tal alcance que nunca depois, nem dentro da Sociedade de Jesus nem fora dela, mais adequado instrumento se encontrou, para submeter ao ideal místico a esquiva razão. Alheio ao mundo exterior, no isolamento, no silêncio de uma cela monástica, na obscuridade, para que nada o distraia de seus pensamentos, o exercitando medita no pecado: no primeiro pecado, o dos anjos, pelo qual se volviam demônios, no pecado do primeiro homem e nos seus próprios. Daí a idéia do castigo conduzi-lo a pensar no inferno; a imaginação entra em trabalho, evoca e faz-lhe ver as almas dos réprobos no eterno fogo, ouvir as blasfêmias que pronunciam, respirar os fumos que as sufocam, provar o travor das lágrimas que derramam, sentir na epiderme o calor que as abrasa[31]. Todos os sentidos

---

[31] "Prius praeludium hic habet compositionem loci, subjecta oculis imaginationis, inferni longitudine, latitudine ac profunditate. Punctum primum est spectare per imaginationem vasta inferorum incendia, et animas igneis quibusdam corporis, velut ergastulis inclusas. Secundum audire imaginariè planctus, ejulatus, vociferatíones atque blasphemias in Christum et Sanctos ejus, illic erumpentes. Tertium imaginariè etiam olfactu fumum, sulphur et sentinae cujusdem seu faecis atque putredinis graveolentiam persentire. Quartum gustare similiter res amarissimas, ut lacrymas rancorem, conscientiae que vermem. Quintum tangere quodammodo ignes illos, quorum tactu animae ipsae amburuntur", *Exercitia spiritualia S. P. Ignatii Loyolae*. Prima Hebd., Exerc. v.

toca a alucinação; nem uma só corda do instrumento humano que não vibre; só assim produzem seu efeito pleno os exercícios.

Na segunda semana a contemplação versa sobre Cristo, considerado em figura de rei, *dux et imperator*, que marcha à conquista das terras de infiéis e acena aos seus a que o sigam. Quem se deixa ficar e não obedece ao chamado é covarde *miles ignavus*. Nesse ponto e na parábola das duas bandeiras, uma de Cristo, a outra de Lucífer, que ambas convocam seus adeptos, se reflete a alma do homem de guerra, autor do livro dos *Exercícios*. A mente sempre ativa evoca depois a imagem do mestre divino em Jerusalém, ensinando aos homens a lei da humildade; a do caudilho da impiedade em Babilônia, raivoso, a despedir os demônios inferiores, que vão por toda a parte espargir o vício e o mal[32]. O seguinte período é consagrado à paixão, o quarto e último à ressurreição e ascensão do Salvador. A cada meditação corresponde o esforço pela representação sensível dos objetos – cenas, lugares e pessoas – a que se prende o pensamento. O efeito, segundo a teoria dos Exercícios, consiste em levar o indivíduo à eleição da vida que tem de seguir: o pecado e seus fatais atrativos; a salvação, pelo caminho árduo da renúncia e do sacrifício. É o repetir da história de Inácio de Loyola; as lutas da sua consciência no retiro de Manresa; a vitória do alado espírito sobre o homem físico, escravo do temperamento e alheio ao Deus que o remiu.

Para confirmar os noviços na obediência, e na santa virtude da humildade, manda o estatuto que todos os dias se ocupem algum tempo em lavores manuais. Por isso no jardim e horta cavam, plantam, semeiam, regam e colhem; dentro de casa alternadamente ajudam o irmão leigo cozinheiro, lavam as louças, são dispenseiros e moços na copa e refeitório, asseiam os dormi-

---

[32] "Puntum primum erit conspicari Christum in amoeno campo juxta Hierosolymam, etc... Punctum primum erit imaginari corum oculis meis, apud campum Babylonicum, ducem impiorum in cathedra ignea, et fumosa sedere horribilem figura vultuque terribilem". *Exerc. spirit.*, Sec. Hebd., 4º die.

tórios, salas e corredores. Se há obras de carpinteiro, pedreiro ou outras, dão serventia ao mestre do ofício, amassam a cal, levam-lhe os tijolos, seguram as tábuas, passam-lhe as ferramentas. Às vezes, ao sair do refeitório, deita-se um noviço ao través da porta, e toda a comunidade transpõe a viva barreira; outros têm por gosto comer de joelhos, ou durante o repasto beijar os pés aos companheiros[33], e o exemplo frutifica. Têm mais, provação obrigatória, de fazer uma jornada sem viático, a pé e mantendo-se de esmolas – no Brasil de caminho às povoações dos índios, mais trabalhoso e de privações que nas estradas da Europa – e de servir algum tempo nos hospitais. Enfim, tudo se dispõe a abater as presunções de sangue ou posição social, e a convencer o noviço do nulo das humanas vaidades.

Com a leitura diária da *Imitação de Cristo* e do *Exercício de perfeição* de Afonso Rodrigues, o espírito melhor se treina no ascetismo; do mesmo modo o corpo pelo uso do cilício e de disciplinas. Tal em nossos dias se prepara a alma do jesuíta; tal devia a de Antônio Vieira ser preparada no seu tempo.

Já então todavia perdera a regra um tanto da antiga aspereza, de quando os noviços apareceram na presença de D. João III, como diz o cronista "vestidos de pelotes, com mantéus curtos, com uma cana por bordão, e com alforje pendurado de um tiracolo de ourelo"; entre eles um fidalgo de grande linhagem, a cuja vista a irmã, dama da rainha, rompeu em choro dolorido[34]. O padre Antônio Correia, primeiro mestre de noviços que houve em Portugal, deixou nome de severo preceptor. Nunca ele poupou a seus alunos as práticas, às vezes as mais duras, de humildade e submissão, até que finalmente domados as tinham por deleite. Refere o padre Antônio Franco:

---

[33] Hoensbroech, t. 2, p. 114.

[34] B. Teles, *Crônica da Companhia de Jesus na Província de Portugal*. Liv. 1, cap. 38.

Era notável a alegria com que abraçavam a execução das coisas repugnantes à natureza, como era fazer a cama aos negros do colégio, e coisas semelhantes... Outras vezes iam estender a roupa dentro do colégio, outras a varrer e limpar as casas, outras a peneirar a farinha e a amassar o pão. Serviam na cozinha e em outros ministérios[...] Na mesa tinha o padre grande cuidado que tivesse mais alimento o espírito que o corpo[...] O que lia à mesa o havia de fazer pousado e devagar e com voz moderada; se naquele bom modo se destemperava, mandava o padre mestre que descesse do púlpito e lesse de joelhos no refeitório... Aos que de novo entravam, fazia logo o padre algumas mortificações. A quase todos no primeiro dia mandava pregar no púlpito do refeitório diante dos irmãos. Estando pregando os mandava descer fazendo-os naquele primeiro dia comer no chão, dando-se-lhe um pedaço de pão com pouco mais [...] Os que acabado o noviciado haviam de sair para o colégio tomavam à véspera, no refeitório, disciplina pública e pediam perdão de todos os escândalos que tinham dado nos dois anos[35].

Eis em epítome a vida dos candidatos à Companhia naquele tempo. Salvo algum abrandamento necessário para não escorraçar as vocações, não variou, como se vê, consideravelmente a escola em que se forma o jesuíta. As primeiras feições do método, imutáveis, as confirma o mesmo Vieira. Da obediência sabemos o que pensava. Os exercícios espirituais, a peregrinação, o serviço aos enfermos são pontos mencionados em prática sua aos noviços e estudantes, quando regia as missões da Bahia. A esses faz ver qual seja o destino do verdadeiro jesuíta, educado para o apostolado e para a humildade. Ensinar a padecer, diz ele, são os dois pólos em que todo o ministério de salvar almas se revolve[36]. Fora esse o seu objetivo nos dias saudosos do noviciado; esse apontava ainda aos que neles se encontravam

---

[35] *Imagem da virtude em o noviciado em Coimbra*, t. 1, p. 10 e ss.

[36] *Sermões*, t. 9, p. 261.

agora. De como o mister se aprendia na prática, temos de sua mão o seguinte quadrinho delicioso:

Saem três noviços do noviciado em Portugal, sem mais que o seu bordãozinho na mão e o seu alforje ao tiracolo debaixo das capas remendadas: e que fazem? Caminhando pelas estradas vão sempre a pé, e com os olhos baixos, pedindo esmola, e sustentando-se pobremente do que lhe dão, e mais pobremente do que lhe negam, recolhendo-se de noite aos hospitais, e onde os não há dormindo nos palheiros: para quê? Para que aprendam, se endureçam e se costumem a padecer. E que mais fazem? Entrando pelas vilas e lugares, convocam os meninos e gente rude, vão às igrejas ou ermidas, sobem ao púlpito; primeiro que tudo ensinam a doutrina cristã, logo falam temerosamente da morte, do juízo e do inferno, bradando com vozes ainda delgadas contra os pecados: e para quê? Para o que se experimenta comumente nos ouvintes; por que ouvindo-os daquela idade se enternecem, e eles os persuadem tanto com as suas palavras como com a sua modéstia e exemplo.

Em seguida anunciava-lhes o que havia de ser a vida de missionários, que empreendiam, comparando-a com a do Baptista na penúria do deserto. Andariam por bosques e matos, vestidos de algodão grosseiro, tinto nos tujucos, famintos e matando a sede no lodo dos charcos ou nas cacimbas das praias. "Para isto", concluía, "hão de sair e partir daqui, deixando as capelas douradas e os corredores azulejados, e os eirados de flores e vistas alegres; sem saudades, sem repugnâncias, sem temores, antes com júbilos de alegria e saltos de prazer"[37]. Tal era a vida do jesuíta no Brasil, a que esperava Antônio Vieira e que ele ambicionava, a de que o destino mimoso havia por muito tempo de desviá-lo.

---

[37] *Sermões*, t. 9, p. 263.

II

O curso sereno do noviciado foi no segundo ano interrompido por fatos graves exteriores. A 8 de maio de 1624 apareceu na costa a armada holandesa da Companhia Ocidental, sob comando de Jacob Willekens, que no dia seguinte se apossou da Bahia. A defesa foi miserável, o pânico da população extraordinário. Debalde o bispo D. Marcos Teixeira, capitaneando um grupo de clérigos armados, saíra, com o primeiro aviso de se aproximar o inimigo, a falar ao povo, e incutir ânimo à tropa miliciana, gente bisonha, mal apercebida à pressa pelo governador. Vieira, que então tinha dezesseis anos, notou os acontecimentos na *Carta anua* de 1626 para o Geral. A peça, se previamente composta em português, como parece da linguagem, tem já o cunho do escritor elegante e terso de anos mais cultos[38]. É excelente a descrição do primeiro assalto.

Com a luz do dia seguinte apareceu a armada inimiga, que repartida em esquadras vinha entrando. Tocavam-se em todas as naus trombetas bastardas a som de guerra, que com o vermelho dos paveses vinham ao longe publicando sangue. Divisavam-se as bandeiras holandesas, flâmulas e estandartes, que ondeando das antenas e mastaréus mais altos desciam até varrer o mar com tanta majestade e graça que, a quem se não temera, podiam fazer uma alegre e formosa vista. Nesta ordem se vieram chegando muito a seu salvo, sem lho impedirem os fortes, porque, como o porto é tão largo, tinham lugar para se livrar dos tiros.

Tanto que emparelhou com a cidade, a almiranta a salvou sem bala, e despediu um batel com bandeira de paz. Mas à salva, e à embaixada, antes de a ouvirem, responderam os nossos com pelouros, o que vendo os inimigos se puseram todos a

---

[38] *Cartas*, t. 1, p. 3 a 74. Nos arquivos da Companhia de Jesus existem dois exemplares em língua latina, de redação mais breve, ambos autógrafos e datado um deles de 21 de novembro de 1626, o outro de 1º de dezembro. O manuscrito português, de que se conhecem várias cópias, não porém o original, tem a data de 30 de setembro, assinando Vieira por comissão do vice-provincial.

ponto de guerra. Viraram logo as naus enfiadas sobre a terra, e por onde iam passando descarregavam os costados na cidade, forte e navios que estavam abicados na praia; o que continuaram segunda e terceira vez até que, depois do meio-dia, puseram todos a proa em terra, e as três dianteiras, em determinação de abalroarem a fortaleza, mas, impedidas dos baixos, lançaram ferro e em árvores secas, como se foram todas de fogo e ferro, começaram a desfazer tanto nele que parecia pelejava nelas o inferno. E foi tal a tempestade de fogo e ferro, tal o estrondo e confusão que a muitos, principalmente aos pouco experimentados, causou perturbação e espanto, porque por uma parte os muitos relâmpagos fuzilando feriam os olhos, e com a nuvem espessa do fumo não havia quem se visse; por outra o contínuo trovão da artilharia tolhia o uso das línguas e orelhas, e tudo junto, de mistura com as trombetas e mais instrumentos bélicos, era terror de muitos e confusão de todos.

Iam respondendo, como podiam, o forte e as naus, e entretanto desembarcavam os holandeses um destacamento de quinhentos a seiscentos homens, perante os quais fugiram os nossos que guardavam a praia. Mas nem todos os defensores procederam de igual forma, e com alternativas de resistência e abandono das posições foi prosseguindo a luta até o dia findar. Com as trevas, porém, venceu o desânimo; soldados e população debandaram.

Era já nesse tempo alta noite, quando de improviso se ouviu por toda a cidade (sem se saber de onde teve princípio) uma voz: "Já entraram os inimigos; já entram, os inimigos já entram". E como, no meio deste sobressalto, viessem outros dizendo que já vinham por tal e tal porta, e acaso pela mesma se recolhesse neste tempo uma bandeira nossa com mechas caladas; como o medo é mui crédulo verificou-se esta temeridade, e assim pelejando a noite pela parte contrária ninguém se conhecia, fugiam uns dos outros, e quantos cada um via tantos holandeses se lhe representavam.

Insta entre tanta confusão o cansado e afligido governador nesta noite, como Enéas na do incêndio, juntando e animando os soldados a morrer antes com honra que a ter vida sem ela; mas não aproveitavam estas vozes, porque estavam já do medo e das trevas da noite tão cegos que, não vendo quanto se infamavam a si e a todo o Portugal, desampararam totalmente a cidade fugindo cada um por onde pôde, deixando todos suas casas e fazendas, e muitos para mais ligeireza as próprias armas[...]

Em curto espaço se achou deserta a cidade. Das autoridades ficou somente o governador, Diogo de Mendonça Furtado, que no dia seguinte os holandeses apreenderam, com um filho e os poucos homens que em palácio lhe faziam guarda. O bispo fugira durante a noite e após ele, depois de porem a salvo o mais precioso, relíquias, pratas e ornamentos de valor, os jesuítas. Detiveram-se estes na quinta que possuíam a curta distância da cidade, e de manhã, não havendo notícia que induzisse a confiança na defesa, continuaram a jornada para mais longe. Vieira descreve em traços vivos a agonia dos moradores em fuga.

Mas quem poderá explicar os trabalhos e lástimas desta noite? Não se ouviam por entre as matas senão ais sentidos e gemidos lastimosos das mulheres que iam fugindo; as crianças choravam pelas mães, elas pelos maridos, e todos, segundo a fortuna de cada um, lamentavam sua sorte miserável. Acrescentava-se a este outro trabalho não menor, que como forçadamente, para passarem avante, iam demandar um rio, a que chamavam rio Vermelho, aqui se viam no aperto em que se viram os filhos de Israel, quando fugiam de Faraó; porque o medo lhes representava os holandeses já nas costas, o rio lhes impedia a passagem, a noite dificultava tudo e o susto chegava a todos. Pelo que, vendo-se em tanto aperto e perplexidade, sem tomar conselho, tudo era romper em ais e gemidos, com que feriam o céu e os corações dos que os ouviam.

Eram, segundo a conta do cronista, dez ou doze mil almas, só dos portugueses, os que fugiam, "servindo de casa a uns as árvores agrestes, e a outros o céu, sem mais algum abrigo da calma, chuva e sereno na noite", pobres e ricos em igual miséria. Alguns se acolheram na aldeia do Espírito Santo, acomodando-se entre os índios, pupilos dos jesuítas, outros encontraram abrigo nas fazendas do interior, aos cem, duzentos e mais em cada uma, conforme a capacidade do lugar. Os padres mal podiam ficar nas casas que tinham ali, as quais, destinadas para quatro, alojavam então setenta. Passaram pois a outra aldeia, a de São João, distante uma légua, também habitada de índios da sua doutrina; e, como as habitações dos padres não estivessem concluídas, puseram mãos à obra os noviços, artífices inábeis, rematando até onde foi possível a construção.

No Espírito Santo ficava o bispo, que convocou a conselho os oficiais da câmara e desembargadores; por proposta sua elegeu-se capitão-mor, visto ser o governador prisioneiro dos holandeses, e tomaram-se as deliberações com que se deu princípio à resistência e se preparou a expulsão final do invasor. Iniciou-se a campanha com as forças que a energia do bispo conseguiu reunir, mil e quatrocentos brancos e duzentos e cinqüenta índios, a maior parte destes das aldeias dos jesuítas. Vieram socorros de Pernambuco e do Rio de Janeiro; chegou da metrópole em socorro D. Fradique de Toledo, com uma armada de cinqüenta e duas velas e tropas de desembarque; por mar e por terra se apertou o cerco aos holandeses que, afinal, a 30 de abril de 1625 capitularam, regressando à Europa. Logo em seguida voltaram à cidade os jesuítas.

A 5 de maio celebraram eles com festa solene na sua igreja a vitória dos portugueses. Cumpria Vieira nessa data os dois anos de noviço. A guerra com seus acidentes e perturbações inevitáveis não tinha alterado a vida interna da comunidade. No seguinte dia proferiu nas mãos do reitor os chamados votos simples de pobreza, obediência e castidade, fazendo promessa de entrar na Companhia e viver nela segundo a regra do fundador. Passava dessa arte ao grau de estudante, no qual tinha de permanecer alguns anos, até completar o curso teológico, indispensável para a profissão definitiva. Era também o momento de pronunciar a renúncia aos bens terrenos, *abdicatio bonorum*. Não foi o sacrifício pesado a Vieira. Poucos eram os percalços de escrivão dos agravos, e Cristóvão Ravasco, seu pai, não dispunha de outra renda. A casa, provavelmente a única propriedade, tinham-lha queimado os holandeses. Por *velho e pobre*, nos termos do decreto, alcançou do governo licença para em vida ou por morte passar o cargo a um dos filhos, ou a alguma filha, para o marido quando casasse[39].

Era toda a herança que deixava. Mas que fossem condados e minas e tesouros, tudo com a mesma indiferença Vieira teria abandonado.

Faz parte das obrigações dos jesuítas o ensino, e os professos ajuntam aos três votos essenciais a promessa de cuidarem da educação da mocidade. Nenhum filiado da classe, em que se achava Vieira, pode eximir-se à tarefa do ensino nas aulas de gramática e humanidades. O tirocínio é indispensável, da mesma forma que não pode entrar para o número dos professos quem não esteja apto para lecionar filosofia e teologia[40]. Foi assim que Vieira, em fins de 1626 ou começo de 1627, deixou a terra onde fizera os primeiros estudos, para ir reger a cadeira de retórica no colégio de Olinda. Já então os superiores lhe tinham posto à prova o talento literário, encarregando-lhe a composição do relatório que a província manda periodicamente ao Geral, sob o título de *Carta anua*. A de 1624 faltou, pelas inconveniências da guerra, e os acontecimentos desse ano e do seguinte foram mencionados em uma só carta, de 30 de setembro de 1626, que Vieira assinou por comissão do vice-provincial. Vê-se pois um moço de dezoito anos, novo na Sociedade, atrasado ainda nos estudos, substituindo o superior da província, e preferido aos padres de mais letras para corresponder com a dignidade mais alta da sua corporação. Sem dúvida por ser o mais perito latinista, como em manejar o vernáculo

---

[39] Decreto de 15 de novembro de 1623. Torre do Tombo, Chancel. de D. Filipe III, Liv. 9, fol. 315.

[40] Ratio studiorum, Reg. Provincialis, p. 17, 19.

a todos se avantajava. Nem o Geral estranharia a substituição quando, pelas informações que reitores e mestres de noviços periodicamente enviam a Roma, sabia que estrela despontava na Companhia, e que o dar-lhe ensejo a manifestar-se a estimulava a mais vivas irradiações. O proceder era louvável e corrente em toda a parte; como não havia de o ser entre os jesuítas, tão experientes em descobrir e aproveitar as vocações?

É presumível que do tempo decorrido entre o período do noviciado e a saída para o norte, parte passasse Vieira nas aldeias da doutrina, e ao trato freqüente dos índios se lhe avivasse o gosto pela vida de missionário. O caso é que, concluído o prazo usual do magistério, ou talvez antes, declarou o intento de não prosseguir nos estudos e entrar logo no trabalho das missões. Não convinha à Sociedade que sujeito de tais dotes se desviasse da carreira que tanto prometia ilustrar, para se perder na obscuridade de uma tarefa em que a boa vontade supre, sem nenhuma falta, o talento. Interveio o preceito da santa obediência e, com grande mágoa do postulante, o mandaram regressar à sede da província e iniciar o estudo da filosofia.

Nada em particular se sabe da vida de Vieira, nos oito anos decorridos, até se ordenar sacerdote, em dezembro de 1634[41]. Da falta de notícias se conclui que seguiu sem incidente notável a rotina da preparação para o grau de professor. Apenas existe menção de que nas classes de filosofia foi distinto. Sabe-se que essa disciplina era, e ainda é atualmente, no programa de estudos dos jesuítas, nada mais que o degrau por onde se chega à teologia. Subordinada e serva em tudo da ciência das coisas divinas: *ancilla theologiae*, como a Regra dos estudos estatui. A parte mais importante era a lógica. Disputava-se em

---

[41] E não a 13 de dezembro, dia de Santa Luzia, de 1635, como diz o padre André de Barros (*Vida*, p. 11). Do livro de matrícula dos ordenandos da diocese da Bahia consta, com respeito a Antônio Vieira: subdiácono a 26 de novembro de 1634; diácono a 30 de novembro: sacerdote a 10 de dezembro desse ano, dominga segunda do Advento. Cf. as listas publicadas pelo arcebispo D. Romualdo Antônio de Seixas, em *Rev. do Inst. Hist. e Geogr. Brasileiro*, v. de 1856.

latim sobre teses que se desarticulavam em número infindo de proposições secundárias. O exercício que se realizava ora particularmente nas aulas, ora com solenidade, em presença dos professores e às vezes de convidados de graduação, era verdadeiramente o triunfo do silogismo. Por longo espaço prosseguia a esgrima das palavras. Labor complicado e árduo. O seguinte índice de um tratado, de autor que freqüentou os estudos quando Vieira, dará idéia do que essas disputações seriam. As teses distinguiam-se em assertivas, problemáticas e interrogativas, às quais se podiam juntar as dubitativas e impertinentes. Segundo a matéria dividiam-se em lógicas, físicas, metafísicas, matemáticas, econômicas etc.; segundo a forma em reais, morais, formais, expressivas, negativas, locais, nominais e outras ainda; segundo a escola em zenónicas, platônicas, aristarcas, aristotélicas, e também dionisianas, ambrosianas, augustinianas, bernardinas ou tomísticas, scóticas, e mais; também, segundo o modo, em escolásticas, metafóricas, expositivas e históricas[42]. O mesmo livro indica as fórmulas da argumentação. O autor, aquele mesmo Caramuel, que combateu a aclamação de D. João IV, não era jesuíta, nem o sistema privativo da Companhia; mas esta punha especial cuidado em o seguir. O estatuto inicial determina que haja disputas diárias nas classes e outras periodicamente em público[43]. Com efeito para o jesuíta que, evangelizador, tinha de convencer a incrédulos, guia de almas, tinha de vencer as obstinações do pecado, era semelhante preparação indispensável.

Com a filosofia natural, a metafísica, a cosmografia, e mais disciplinas, depois com a teologia, ocorriam justas iguais. Para exercitar a agudeza dos alunos, davam-se-lhes para solver problemas abstrusos. Tais os seguintes: se foi a mãe de Cristo, suposta a inferioridade feminil, realmente mulher ou

---

[42] Caramuel, *Metalogica disputationes de logicae essentia, proprietatibus et operationibus continens*, Frankfurt 1654. Liv. X, 46. A primeira edição é de Lovânia, 1648.

[43] *Const.*, p. 4.a, cap. VI.

varão? Se as almas das plantas e brutos são divisíveis? Em uma tese sobre *a quantidade de Maria*: qual era a estatura da Virgem? O esforço da lógica chegava ao extremo da demonstração adiante, que o autor reputava seguríssima: "A Virgem Maria foi concebida sem pecado; logo o Pontífice é imperador de toda a terra"[44]. O exemplar, de onde saem as referências, pertenceu ao colégio dos jesuítas de Évora[45]. Nesse distrito de extravagâncias do raciocínio a área suscetível de se explorar é vastíssima. Também o sebastianismo, com as suas controvérsias, oferecia tema às faculdades especulativas dos argüentes. Em 1664 disputava-se no colégio de Coimbra sobre se havia de vir ou não D. Sebastião, e quem era o Encoberto das Profecias[46]. Nos sermões, *História do Futuro* e outras obras de Vieira, a cada passo se encontram reminiscências deste ensino, em problemas não menos extravagantes que os mencionados que se propõe resolver. De toda a maneira não há negar que da ginástica mental, exercitada então, derivaria parte do seu poder dialético. Quanto, como aluno, em tais discussões se distinguiria, pode-se coligir do engenho o de suas razões na polêmica, das sutilezas com que no discurso sagrado eleitava os contemporâneos.

Compêndios usavam-se poucos. O estudo fazia-se em geral nas apostilas, copiadas pelos discípulos. Vieira recusou-se a essa servidão fácil do entendimento; contentava-se de assistir às preleções, e do que ouvia, lia, e pensava por si, redigiu para seu uso um curso filosófico. O mesmo fez quando chegou à teologia. Não se julgue todavia que, reclamando independência na forma de estudar, mostrou ambição de novidades quanto aos princípios, o que aliás a regra da casa lhe não consentiria. Satisfazia-se de poder mover-se livre em terreno de antemão demarcado. Que seu espírito, afeito à obediência, se não

---

[44] Caramuel, p. 247.

[45] Presentemente da Biblioteca da Academia das Ciências.

[46] Carta de 3 de março a D. Rodrigo de Menezes, *Cartas*, t. 1, p. 104.

desviou da doutrina ensinada na cátedra, mostra a circunstância de o terem mais tarde apontado nesse mesmo colégio para ler teologia. A disciplina dos jesuítas é nesse particular inexorável. *Os* [professores] *que forem inclinados a novidades, ou de engenho demasiado livre, esses devem ser indubitavelmente excluídos do cargo de ensinar*; assim diz o regulamento dos estudos[47]. Toda a vida intelectual de Vieira, com os vôos do seu gênio, desvairado às vezes, coube dentro da ortodoxia da Ordem.

É incerto que, consoante ao plano dos estudos da Companhia, a *Ratio studiorum*, no Colégio da Bahia houvesse as disciplinas de grego e hebraico. Se as houvesse seria o ensino muito sumário. Posto que Vieira, interpretando a Bíblia, freqüentes vezes menciona a versão dos Setenta, as citações, como as que se referem aos padres da Igreja, que escreveram em grego, parecem de segunda mão. Também de nenhum ponto em que aluda ao texto hebraico se pode com segurança deduzir que do mesmo tivesse conhecimento direto.

Após a filosofia, os quatro anos do curso teológico, passados os quais, e o segundo noviciado, *tertius annus probationis*, está o candidato pronto para a profissão. Em Coimbra havia disputas diárias sobre a teologia[48], e é de crer que a mesma regra se adotasse na província do Brasil. Vieira devia ter então versado os casuístas do século anterior, Molina, Sanches, Soares, Vasques; as doutrinas sobre o probabilismo, a restrição mental, o equívoco – a do tiranicídio de Mariana fora proibida desde 1614 pelo Geral Aquaviva – os casos de consciência escabrosos da ética do matrimônio; todos esses pontos da moral chamada jesuítica, que desde Pascal até nossos dias os inimigos da Sociedade têm brandido como arma contra ela. Convém dizer que o efeito de tais golpes tem sido mais o escândalo que a demonstração por fatos concretos do dano produzido. Não se poderá dizer que a Companhia de Jesus tenha sido

---

[47] Reg. Prov. 16.

[48] Th. Braga, *Hist. da Universidade*, t. 2, p. 428.

nesses três séculos e meio um ninho de malfeitores, antes o seu bafo acalentou por vezes virtudes sublimes. Tão alto não subiu Vieira; nunca porém em toda a sua longa existência deixou de ser honrado e reto, por o terem mestres e superiores julgado hábil para ensinar, aos que vinham depois dele, essas condenadas doutrinas. Fraquejou, é certo, na caridade com o próximo e no desprezo das injúrias; de versátil pode ser increpado; e algumas vezes o acharemos, por orgulho, em conflito com a verdade. Isso era questão de temperamento e não de teorias.

III

Não cabem no espaço decorrido até o termo dos estudos os cinco anos que, no dizer do biógrafo André de Barros, Vieira passou aplicado todo a doutrinar os índios[49]. Baseia-se o escritor jesuíta em uma carta de Vieira na qual se lê que "esteve cinco anos em todas as aldeias da Bahia e nove anos na gentilidade do Maranhão e Pará"[50]. Os cursos de filosofia e teologia abrangiam sete anos, e isso nos leva a 1636, quando já decorrera dois anos desde que celebrara a primeira missa. Não podia ser, portanto, nesse período, em que para trabalhar na doutrina teria de deixar o colégio pelas aldeias dos selvagens. Seriam pois os cinco anos em seguida, até o de 1641, em que partiu para a Europa. Sabemos porém que durante esse tempo Vieira repetidas vezes subiu ao púlpito, e já então tinha fama de notável orador; além disso, cerca de 1638, foi nomeado lente de teologia. As duas ocupações excluem as longas ausências e a especial atividade do missionário no meio dos seus conversos, sem todavia contradizer isso de modo absoluto o asserto

---

[49] *Vida*, p. 9.

[50] Ao padre Manuel Luís, lente de casos no colégio de Santo Antão. Bahia, 21 de julho de 1695. *Cartas*, t. 3, p.666.

de Vieira. Note-se porém a diferença: cinco anos nas aldeias, nove na gentilidade. Nas aldeias da Bahia achavam-se os índios já batizados; ali os padres os tinham em tutela e os iniciavam nas práticas da civilização; nada impede de acreditar que ele visitasse a todas nesses cinco anos, pregasse aos indígenas na sua língua e os instruísse no catecismo. Gentilidade do Maranhão e Pará eram os selvagens, dispersos no sertão imenso, que Vieira ia buscar aos seus bosques e trazia ao limiar do cristianismo e da civilização; nesse tempo tinha o colégio só por alojamento transitório; nos matos e em companhia dos índios, a residência mais comum. Quando ele fez isso é que foi realmente missionário; por enquanto, e pode-se conjecturar que com mais satisfação da Ordem, era primeiro que tudo pregador.

Nos sermões desse tempo mostra-se já Vieira o orador que mais tarde havia de granjear dos contemporâneos tamanho aplauso. Desde então, pode-se afirmar, foi sempre igual a si mesmo; possuía as qualidades todas que o distinguem; nenhum dos defeitos corrigiu depois. Erudição, estilo grandioso, intimativa, número, propriedade notável de linguagem, elegância e pureza, de uma parte; de outra o abuso das alegorias, das antíteses, as sutilezas, os trocadilhos, os maneirismos, que infamavam a literatura da época, e sobre tudo a eloqüência. Com justa razão o arcebispo de Évora, Cenáculo, no catálogo dos livros que os pregadores devem ler, não inclui Vieira entre os clássicos do púlpito[51]. Riquezas verbais brotam-lhe a flux, mas é preciso, diz Camilo Castelo Branco, "desenredá-las do sarilho vicioso em que ele as invencilhava"[52]. Mas não importam os defeitos; no contexto do discurso, na expressão, em pequenos quadros de fino lavor literário, nos rasgos de palavras esparsos, muitas vezes atinge as culminâncias de orador insigne.

A primeira vez que Vieira pregou na Bahia foi na Quaresma de 1633; mas é provável que já antes tivesse começado a exercitar-se nas aldeias, e então

---

[51] *Memórias históricas do ministério do púlpito*, 1776, p. 315.

[52] *Curso de literatura portuguesa*, t. 2, p. 104.

para ser compreendido dos índios se serviria da língua deles[53]. Esse primeiro sermão logo singulariza o orador pelo estilo que adota, abundante de termos militares, de conceitos e símiles em que vibra a nota guerreira. Não é esta de costume a língua do púlpito; mas era tempo de guerra, e estava presente o governador com o séquito habitual de gente de espada. A ouvidos afeitos *ao som das caixas e trombetas*, dizia o orador, fazia ele soar as notas *bélicas, marciais e de guerra*. Tal fosse o discurso, pretendia, que desde o princípio ao fim mostrasse *em toda a narração do Evangelho os verdadeiros preceitos de Marte*[54].

Não se considere isto o amaneirado em voga, com que como estreante buscasse captar a admiração do auditório. A Bahia era então um acampamento. Ameaçada pelo inimigo, senhor de Pernambuco, temia ver repetido a cada instante aquilo mesmo que nove anos antes suportara. *Uma das maiores escolas de Marte que tem o mundo é a nossa Bahia*, afirmava o pregador. Não tanto quanto ele supunha, ou para as conveniências do discurso alegava; assaz porém para criar uma atmosfera de praça de guerra, em que o interesse dos combates e vitórias a todos os outros superava. O exprimir-se desse modo era uma forma de Vieira assegurar que também os jesuítas compartiam do sentir geral. E como assim não seria estando em risco a segurança comum? Demais, para aqueles eram os holandeses duplamente inimigos: como estrangeiros invasores e como heréticos. Ocupar-se dos meios de os expelir, e sendo possível aniquilar, não era tarefa alheia aos fins de defesa da fé para que fora criada a Companhia. O caráter impetuoso de Vieira, seu patriotismo ar-

---

[53] Na Biblioteca Nacional de Lisboa, seção dos manuscritos, coleção intitulada *Maquinações de Antônio Vieira, jesuíta*, t. 6, p. 159, encontra-se um sermão que se diz pregado por ele quando noviço, mas nada confirma que seja autêntico, tanto mais que na compilação não faltam apócrifos.

[54] Sermão da quarta dominga, no t. 11, p. 124.

dente, seu zelo de católico fervoroso, não lhe consentiam manter-se fora das batalhas. Combatia a seu modo, com as armas da eloqüência que Deus lhe dera, discutindo os feitos de guerra, exaltando os triunfos, repreendendo as fraquezas, lisonjeando aqueles de cujo esforço esperava a vitória. Acaso daí data o seu interesse pela política. Certo é que dentro em pouco o havemos de ver preocupado dos negócios dela. A guerra e o governo do estado vão ser o objeto dos sermões mais notáveis que proferiu nessa época.

Outras feições da política o interessavam também. Em janeiro de 1634, pregando na festa de São Sebastião, em um arrabalde da Bahia, o sermão era uma sátira do sebastianismo. Quando não tenha outro valor, o discurso vale como documento curioso de quanto a seita estaria em efervescência na ocasião. Até em um lugarejo da remota América havia auditório ao qual era familiar o assunto. *Sebastião o encoberto*, diz Vieira no exórdio, jogando com o equívoco, vai ser a matéria do sermão; e com efeito todo o discurso evolve em torno das duas palavras, decerto modo misteriosas, *Sebastião, o encoberto*.

> [...] Foi S. Sebastião o encoberto porque o encobriu a realidade da vida debaixo da opinião da morte [...] Ó milagre! Ó maravilha da providência divina! Na opinião de todos era Sebastião morto, mas na verdade e na realidade estava Sebastião vivo; ferido sim e mal ferido, mas depois das feridas curado; deixado sim por morto de dia na campanha, mas de noite retirado dela, com vozes sim de sepultura e de sepultado, mas vivo, são, valente e tão forte como de antes era. Assim saiu Sebastião daquela batalha e assim foi achado depois dela: na opinião morto, mas na realidade vivo.

Às vezes poder-se-ia pensar que Vieira participava da quimera, como no passo relativo à morte de José perguntando a Jacó: "Há alguém que o visse matar? Pois como assim assentais tão apressada e precipitadamente que José é morto?". Ou então no relativo a Isaac:

Mandou Deus a Abraão que lhe sacrificasse seu filho Isaac, pai de Jacó; levou Isaac a lenha, Abraão o fogo e a espada; compôs o altar, atou a vítima, levantou o golpe: tudo verdade infalível. Mas se alguém neste passo, movido de piedade, afastasse os olhos, e visse daí a um pouco que depois de arder a vítima ficavam sobre o altar aquelas cinzas, que havia de cuidar? Havia de cuidar que eram as cinzas de Isaac, e que ali acabara o malogrado moço; e que aquele mesmo túmulo que tinha sido o altar do seu sacrifício era a sua sepultura. Esta havia de ser a opinião. Mas não era esta a realidade, porque o venturoso Isaac do mesmo tempo estava livre, vivo e alegre, e *com as esperanças confirmadas de se haverem de cumprir nele as promessas de Deus feitas a seu pai e à sua casa*[55].

Em estos de entusiasmo deviam arfar os peitos dos sebastianistas, se alguns havia, como é de crer, entre os circunstantes. A alusão era evidente ao rei perdido em África, que ninguém vira perecer, e às promessas que, segundo a tradição confirmada por um documento de Alcobaça, Deus fizera ao rei D. Afonso na véspera da batalha de Ourique, e a seita interpretava a favor de D. Sebastião[56]. A cada passo uma referência, que tinha dois sentidos, *a Sebastião o encoberto*. Até em um, acerca de Jonas, diz que, tido por morto, está encoberto na ilha encoberta: a ilha era a baleia. Tudo de princípio a fim no sermão segue essa linha.

O sebastianismo fora em todo o tempo do domínio dos Filipes acalentado pelos jesuítas. Eles eram os mais obstinados propugnadores da crença; das suas casas tinham saído muitas das profecias, que mantinham os ânimos em

---

[55] Sermão de São Sebastião, no t. 9, p. 220 e ss. Omitem-se as cláusulas latinas intercaladas, por desnecessárias à compreensão do texto português, e assim se fará sempre que essa condição se verifique.

[56] *Volo enim in te et in semine tuo imperium mihi stabelire*. O documento era a certidão do milagre de Ourique, que se dizia achada em 1596 pelo cronista frei Bernardo de Brito. Cf. *Monarquia Lusitana*, liv. X, cap. V.

perpétua exaltação, à espera do redentor que viria salvar o reino da opressão estranha. À Companhia pertencera o iluminado Simão Gomes, o *Sapateiro santo*, ao qual somente o Bandarra, o profeta máximo da seita, sobrepujava. Entretanto Vieira não acompanhava a corrente dominante entre os consócios. O paralelo, que sugeria, das supostas mortes do mártir cristão e de personagens bíblicas com a do rei sumido em Alcácerquibir; o derivar toda a construção oratória da palavra, cheia de sentido místico para os crentes, com que se designava o Messias da nação; o repetí-la a cada instante como um *leit-motiv*, tudo isso não passava de exibição de retórico, perito em sutilezas, desvanecido de acordar em um momento ânsias, que no seguinte desenganava. É de notar que a sátira tinha feição política, pois que os sebastianistas formavam realmente um partido adverso ao domínio de Castela; todos que suspiravam pela independência comungavam com eles. Nesse tempo ainda o sentimento português não tinha despertado em Vieira. Nascera súdito de rei estranho, e não lhe repugnava achar-se tal.

No resto desse ano e nos dois seguintes continuou o curso teológico, e a 19 de dezembro de 1634 ordenou-se presbítero. Por algum tempo, em seguida, não pregou, ou se o fez não conservou as minutas dos discursos para publicar mais tarde. É provável se tenha de preferência dedicado aos misteres da confissão e doutrina, já na cidade, já nas aldeias de índios, entrando em plena atividade da vida de sacerdote; mas oferece dúvida que tais funções enquadrassem bem a seu gênio, mais próprio para a agitação constante e para a ação vigorosa.

Mais a gosto estaria quando a pé, pelos rudes caminhos, passava de aldeia a aldeia, a visitar os conversos, do que na serena existência da cidade. A casa dos jesuítas é, segundo a Regra, a mansão do silêncio e do sossego. A maior parte do tempo, quando não ocupado em funções do ministério sacerdotal ou atos de devoção na igreja, passa-o cada um no seu cubículo, absorto no estudo, na meditação ou na prece. Em nenhum lugar se ouve falar alto. As visitas de cubículo a cubículo são proibidas, exceto para fim determinado e com autorização do superior. Só nos passeios raros e nas curtas recreações há oportunidade de considerar em comum os negócios que fora ocupam os homens. As visitas de estranhos são poucas; as que os padres fazem por sua vez, não mais. Isto, a cumprir-se à risca, era pôr em cárcere uma alma qual a de Vieira, ciosa da sua liberdade, pródiga de suas impressões e insaciavelmente curiosa dos fatos do mundo. Mas no colégio da Bahia nem sempre era assim. O rumor da agitação externa, com suas ansiedades, amiúde perturbava o estudioso encerrado com seus livros, o asceta embebido nas suas contemplações.

Em 1638, a 16 de abril, desembarcou Maurício de Nassau em frente da cidade, ido de Pernambuco com forças que se compunham de três mil e quatrocentos soldados europeus e mil índios auxiliares. O perigo era o mesmo do acometimento anterior; igual seria o resultado se não tivesse a experiência instruído os governantes, mostrando quanto era fatal o descuido nas preparações de guerra. Dessa vez não encontrou o inimigo a praça indefesa nem a guarnição desanimada. Não se repetiram as humilhações que Vieira lamentara na *Carta Ânua* de 1626. É com a linguagem do triunfo que no lance comemora o assalto do flamengo. Quarenta dias durou o sítio, ao cabo dos quais o invasor desenganado teve de retirar-se. Pregando no templo da Misericórdia, na festa em ação de graças pela vitória – "esta vitória tão honrada, tão festejada e de que tão desacostumado está o Brasil há tantos anos"[57], assim fala o pregador – Vieira descreve como o inimigo se recolheu às embarcações durante a noite, mais em manifesta fuga que em verdadeira retirada.

A artilharia deixada e carregada nas plataformas sem retirar o inimigo uma peça; o pão cozendo-se nos fornos, as ôlhas dos soldados ao fogo, as tendas, as barracas, as armas, a pólvora, tudo desamparado, sem ordem, no precipício da

---

[57] *Sermões*, t. 3. p. 112 e ss.

desesperação não só temerosa mas atônita: sobretudo o silêncio das caixas e das trombetas com que tão confiados se tinham aquartelado, mudo e insensível às nossas sentinelas.

O mesmo no sermão de Santo Antônio, dias depois, a 13 de junho[58]:

> [...] Não quis Deus que acometêssemos o inimigo nos seus quartéis, como tanto desejavam os soldados, nem que acabássemos de o sitiar neles, como tinham determinado os generais; mas que, vencido do temor e convencido da própria desesperação, sem nova violência fugia, e com uma fuga tão precipitada e torpe, deixando artilharia, munições, armas, bastimentos, e até o pão cozendo-se nos fornos, e nos ranchos a comida dos soldados ao fogo, para que os negros da Bahia tivessem com que banquetear a vitória. Mais ainda: que nas fortalezas rendidas, estando à beira-mar e dominadas dos seus navios, nem das armas levassem um arcabuz, nem da artilharia um bota-fogo, e ficassem tão inteiras em tudo como as acharam!... Enfim o inimigo nos deixou tudo o nosso e parte do seu... Pelas nove e dez horas do dia saiu pela Bahia fora a armada, triste, desamparada e muda...

Durante os quarenta dias de sítio suportou a cidade o bombardeamento porque "as balas que se atiravam às nossas trincheiras (diz Vieira) "por linhas tendentes e a ponto fixo" – repare-se como estava familiarizado com a fraseologia militar – "ordinariamente ficavam enterradas nas mesmas trincheiras, mas as que se lançavam contra a cidade, como iam por elevação, voavam por cima dos muros, e caíam como chuva do céu". O colégio, muito exposto pela posição de face ao mar, devia ser visitado pelos projéteis, mas nem lá, nem em nenhum ponto da cidade atingiram a pessoa alguma dos não combatentes.

---

[58] *Sermões*, t. 8, p. 295 e ss.

Os tiros da artilharia inimiga que se contaram foram mais de mil e seiscentos, e chovendo a maior parte deles sobre a cidade, que faziam? Uns caíam saltando e rodavam furiosamente pelas ruas e praças; outros rompiam as paredes; outros destroncavam os telhados, despedindo outras tantas balas quantas eram as pedras e as telhas; e foi coisa verdadeiramente milagrosa que a nenhuma pessoa matassem nem ferissem, nem ainda tocassem, dentro da cidade, sendo que chegaram a levar ou despir a algumas ainda as roupas mais interiores, mas sem nódoa nem sinal nos corpos. E para maior excesso da maravilha, quando as balas que choviam por elevação na cidade nenhum dano fizeram nos moradores, é certo que as nossas colubrinas, que também jogavam por elevação desde as portas da sé, caindo no vale onde o inimigo tinha assentado o seu arraial, mataram muitos dos hereges.

Todo o sermão está cheio de episódios de guerra, e nele se segue o caminhar das operações, desde o ataque dos holandeses a Sergipe e retirada de Bagnoli, que com as forças trazidas à Bahia auxiliou muito a defesa, até a ocasião. Em alguns pontos a alegria do triunfo, e acaso a satisfação de ter escapado pessoalmente ao perigo, raia pelo jubilar feroz. Referindo-se ao salmo de Davi, que diz ser o castigo dos maus "uma tempestade de fogo e enxofre dada a beber em um copo", aplica o texto com desapiedada ironia aos holandeses.

Estes eram os brindes que o flamengo fazia à cidade; mas ela lhe respondia muito à portuguesa, porque recebendo tão pouco dano da chuva das suas balas como se fosse de água, a nossa o executava neles tão verdadeiro como de fogo e ferro. Eles brindavam à nossa saúde e nós à sua morte.

Entretanto preparava-se na Europa a armada que, sob o comando do conde da Torre, e com forças de Portugal e Castela, se destinava a recuperar Pernambuco. Foi demorada a viagem e, maltratados os barcos do mar e as guarnições das febres de Cabo Verde, onde a divisão portuguesa permanecera algum tempo à espera da outra que vinha dos portos espanhóis, passou em frente de Pernambuco, sem atacar os holandeses, e entrou desmantelada na Bahia, a 23 de janeiro de 1639. Lá se deteve longos meses, até se consertarem os navios e se refazerem as tropas. Só em outubro estava pronta para sair a combate. A fim de celebrar condignamente a jornada, de que se esperava a vitória, repetiu-se, passados vinte e sete dias da festa de Santa Cruz, esta mesma comemoração, justificada como invocação do nome primeiro da terra. Ficou-se chamando a solenidade realizada a festa dos soldados. A Vieira coube pregar, pela importância que tinham os jesuítas no Estado, e como de entre eles o mais afamado no púlpito.

No discurso avulta uma nota de interesse para a psicologia do orador. Ia numerosa na esquadra a fidalguia dos dois reinos; muitos nomes ilustres de Portugal e Castela figuravam no rol dos voluntários; a esse escol Vieira queima incenso de que só um fumo tênue distribui aos soldados plebeus. "Ser ilustre quem vai à guerra", diz, "é levar a metade da vitória ganhada; mal sabe vencer quem não sabe dar o sangue, e mal o pode dar quem o não tem"[59]. Lembra que na prisão e morte de Cristo fugiram os discípulos, e Madalena animosamente o seguiu, até a morte, e a razão vai dá-la em seguida:

> Mas donde tanta diferença de doze homens a uma mulher? Donde tanto ânimo em uma mulher e tão pouco valor em tantos homens? Ide às choupanas das praias da Galiléa e ao castelo de Betânia, e aí achareis o *donde*. A Madalena, ainda que mulher e uma, era de ilustre solar e senhora; os discípulos, posto que homens e muitos, eram plebeus e sem nobreza, e onde houve esta ou faltou, ali se luziu ou se perdeu o valor.

---

[59] *Sermões*, t. 10, p. 197 e ss.

58   João Lúcio de Azevedo

Entretanto, e em seguida a dizer que *não está o valor nos braços, está nas veias*, concede que *para ser valoroso como Alexandre não é necessário ser filho de Filipe de Macedônia*. O arado também foi escola de heróis; Viriato antes do bastão de comando meneava o cajado de pastor. É todavia mais certo encontrar-se o valor na nobreza. "O que não é nobre pode ser valoroso, o nobre tem obrigação de o ser: e vai muito do que posso por liberdade ao que devo por natureza."

Esse menosprezo do sangue humilde era corrente na época e em nada o orador ofendia o sentimento comum, tão arraigado que todos, em obediência a ele, buscavam sair da sua classe. Os simples nobres pretendiam a fidalgos; a gente da classe média passava-se aos nobres; quase todas as profissões liberais e grande número de ofícios públicos davam jus à nobreza; afinal poucos, além dos mecânicos e povo mofino, ficavam excluídos da distinção. Era vulgar confundir-se a nobreza com a fidalguia; assim Vieira, que dizia o pai moço da câmara, fidalgo da casa de el-rei. Isto alargava por demais o âmbito em que o pregador localizava o heroísmo. Ele queria no entanto restringi-lo na ocasião; certamente por orgulho da ascendência que se arrogava; em parte também acaso porque em seu espírito atuassem os preceitos da Companhia, sobre o apreço em que se devem ter os poderosos. Fidalga estirpe, fortuna e honras na família são dotes recomendáveis na escolha do Geral. Convém possuir a benevolência dos grandes; dela depende muito a salvação das almas e o serviço de Deus[60]. E o caso era desses; pois se rendia preito aos fidalgos que iam a expulsar do Brasil os hereges; ao menos limitar-lhes as conquistas e desembaraçar a capital da permanente ameaça em que a tinham. Mal correspondeu o êxito à expectativa; a armada, com

---

[60] *Constit. Societ. Jesu*, p. 9.a, cap. II. Decl. C. Trata das condições a que deve satisfazer à pessoa eleita: "Externa censetur nobilitas, divitiae, quas in seculo habuit, honor et família. Et horum coeteris paribus, aliqua ratio est habenda; alia tamen majoris momenti sunt, quae quamvis haec desint, ad electionem possint sufficere". P. 10.a Deçl. B. Do modo como se pode

cujo poder se cuidava amedrontar o inimigo, esboçou um desembarque na costa, bateu-se sem vantagem, e dispersou, seguindo a maior parte no rumo das Índias de Castela. Em um sermão do Rosário, Vieira narra desconsolado a história dessa infeliz expedição, que chegando ao Brasil não acometeu o inimigo imprevisto, por ir desmantelada, e saindo não o pôde destruir, porque lho não consentiram as correntes do oceano, se não foi a imperícia dos pilotos.

[...]Cobriu enfim ou assombrou esses mares aquela multidão confusa de torres navais, composta de oitenta e sete vasos, muitos de extraordinária grandeza, armada de dois mil e quatrocentos canhões, e animada de quatorze mil europeus, número que o oceano austral jamais tinha contado nem ouvido. Quem duvidou então ou poderia imaginar que não navegava ali a vitória segura, pois bastou a vista só de tão magnífico e estrondoso aparato para o inimigo desconfiado, pactear em terra e granjear com dádivas a graça dos seus mesmos rendidos? Mas, ó juízos e conselhos ocultos da providência ou ira divina! Vitoriosas sempre sem controvérsia as duas armadas em quatro combates sucessivos na parte superior das ondas; furtadas porém as mesmas ondas pela parte inferior, e como minadas as naus pelo fundo e pelas quilhas, de tal sorte as arrancou do sítio já ganhado a fúria das correntes, que por mais que forcejaram pelo recobrar nunca lhe foi passível. Assim vencido da sua própria vitória aquele grande poder, e fugindo sem fugir (porque fugia o mar em que navegava) podendo mais a desgraça que o valor, a natureza que a arte, e a força do destino que a dos braços, perderam os derrotados e tristes conquistadores o

---

conservar e aumentar a boa situação da Sociedade: "In primis conservetur benevolentia Sedis Apostolicae[...] deinde principum secularium et magnatum ac primariae authoritatis bominum; quorum favor aut alienatio animi multum facit ut ostium divino servitio et bono animarum aperiatur vel praecludatur".

mar, perderam a terra, perderam a empresa, perderam a esperança, e nós que neles a tínhamos fundado também a perdemos[61].

Deus não quer a restauração do Brasil, bradava já o orador desanimado. A muitos acudia a idéia de que valia a pena deixar Pernambuco *já perdido*, diziam, aos holandeses, para se poder conservar a Bahia. Vieira faz menção disso e pela primeira vez pronuncia o dilema sobre o qual há de poderosamente argumentar anos depois. Ceder Pernambuco ou tomá-lo pelas armas. Por enquanto não escolhe; fique porém notado o dizer serem do voto de se abandonar o território em poder do inimigo *os que discorrem prudentemente*. Sem dúvida o primeiro gérmen do célebre *Papel forte* de 1648 lhe surdiu então no cérebro.

Depois das esperanças fundadas na armada saída em novembro, a situação era trágica. A dura réplica não tardara, e o almirante Lichthardt fora com vinte navios devastar a costa, na vizinhança da Bahia. Achava-se a cidade em perigo; nos arredores as pequenas povoações e os engenhos destruídos; os assaltantes não davam quartel, só mulheres e crianças eram poupadas. Na população o temor levava ao desânimo. Em todas as igrejas se faziam preces, a implorar a proteção divina. Cada dia um orador exortava o povo à constância no sofrer e à fé no amparo celeste. No dia em que lhe tocou subir ao púlpito, Vieira proferiu o que foi decerto o mais notável de seus discursos, o que se guarda nas antologias, e se tem gabado como mais eloqüente e a obra prima do seu gênio. Alguns estrangeiros o admiram; os bons julgadores não lhe dão contudo a primazia. O que nele surpreende é a veemência, nunca talvez igualada no púlpito; mas o artifício da traça é patente e, para nós, que o consideramos a frio, prejudica-lhe o efeito o rebuscado dos meios. Não

---

[61] Sermão 12º da série Maria Rosa mística, *Sermões*, t. 14, p. 359. Sem data, plausivelmente de maio de 1640.

era assim com o público que a ele assistia no momento de angústia em que foi recitado. Do orador pode-se argüir que por detrás do artifício existia a sinceridade. Era seu feitio pessoal, da escola e da época. Buscava um triunfo oratório, não há dúvida; a vaidade era um dos seus muitos pontos fracos; mas é certo que nas prosopopéias ele traduzia um sentimento íntimo, profundo e verdadeiro, que tinha em comum com os ouvintes, o amor da terra e da raça, que por sua voz falava em tom estranho e audaz.

"Levantai-vos, porque dormis" Senhor? Por tais palavras começa a oração. São do salmo 43 de Davi, que constitui o tema, e cujo texto, com a liberdade em que é vezeiro, aplica a Portugal[62].

> Ouvimos (começa o profeta) a nossos pais, lemos nas nossas histórias, e ainda os mais velhos viram, em parte com seus olhos, as obras maravilhosas, as proezas, as vitórias, as conquistas, que por meio dos portugueses obrou em tempos passados vossa onipotência, Senhor. Vossa mão foi a que venceu e sujeitou tantas nações bárbaras, belicosas e indômitas, e as despojou do domínio de suas próprias terras, para nelas os plantar, como plantou, com tão bem fundadas raízes; e para nelas os dilatar, como dilatou e estendeu em todas as partes do mundo, na África, na Ásia, na América. Porque não foi a força de seu braço, nem a da sua espada a que lhes sujeitou as terras que possuíram, e as gentes e reis que avassalaram, senão a virtude de vossa dextra onipotente, e a luz e o prêmio supremo de vosso beneplácito, com que neles vos agradastes e deles vos servistes.

Cada período precedido do texto latino da versão bíblica, que martelado no ouvido, meramente pela impressão acústica, sem sentido para muitos, aumentava a solenidade e o pavor do momento. Até aí, dizia o orador, a memória das felicidades; em seguida o profeta enumera as desditas presentes:

---

[62] *Sermões*, t. 1, 5 e ss.

Porém agora, Senhor, vemos tudo isto tão trocado, que já parece que nos deixastes de todo, e nos lançastes de vós, porque já não ides diante das nossas bandeiras, nem capitaneais como de antes os nossos exércitos. Os que tão costumados éramos a vencer e triunfar, não por fracos mas por castigados, fazeis que voltemos as costas a nossos inimigos (que como são açoute de vossa justiça, justo é que lhe demos as costas) e perdidos os que antigamente foram despojos do nosso valor são agora roubo da sua cobiça. Os velhos, as mulheres, os meninos, que não têm forças nem armas com que se defender, morrem como ovelhas inocentes às mãos da crueldade herética, e os que podem escapar à morte, desterrando-se a terras estranhas, perdem a casa e a pátria. Não fora tanto para sentir se perdidas fazendas e vidas se salvara ao menos a honra; mas também esta a passos contados se vai perdendo; e aquele nome português, tão celebrado nos anais da fama, já o herege insolente com as vitórias o afronta, e o gentio de que estamos cercados, e que tanto o venerava e temia, já o despreza.

Tudo isso não era mais que a versão e amplificação do texto de Davi, habilmente aproveitado nas circunstâncias. Adiante, em um cúmulo de arrojo, anuncia à Divindade que sairá do sermão arrependida. Porque – sustenta o orador – os hereges, insolentes com os sucessos prósperos, hão de dizer, dizem já, que é sua religião a verdadeira, e a católica falsa; por isso os ajuda Deus. E o que dirá o *tapuia bárbaro*, o *índio inconstante*, o *etíope boçal*? Dirão da mesma forma ser verdadeira a fé dos holandeses, e de tal convictos se passarão a eles. Em outro passo queixa-se de ter Deus concedido aos portugueses tantos domínios para em seguida lhos tirar. Se havia de ser essa a paga dos serviços feitos por eles à fé, *para que foi o trabalhar, para que foi o derramar tanto e tão ilustre sangue nestas conquistas*? Mas a parte magistral é o quadro do que o Brasil virá a ser quando os holandeses se tornarem senhores do país. Então soará a hora do arrependimento divino.

Entrarão os hereges nesta igreja e nas outras; arrebatarão essa custódia em que agora estais adorado dos anjos; tomarão os cálices e vasos sagrados e aplicá-los-ão a suas nefandas embriaguezes; derrubarão dos altares os vultos e estátuas dos santos, deformá-las-ão a cutiladas e metê-las-ão no fogo; e não perdoarão as mãos furiosas e sacrílegas nem às imagens tremendas de Cristo crucificado, nem às da Virgem Maria[...] Enfim, Senhor, despojados assim os templos e derrubados os altares, acabar-se-á no Brasil a cristandade católica; acabar-se-á o culto divino; nascerá erva nas igrejas como nos campos; não haverá quem entre nelas. Passará um dia de Natal, e não haverá memória de vosso nascimento; passará a quaresma e a semana santa e não se celebrarão os mistérios de vossa Paixão.

Continuando o quadro do que serão os templos sem missas, sem altares, sem sacerdotes, pregando-se nos púlpitos os erros de Lutero e Calvino, remata então por exclamar: "Já sei, Senhor, que vos haveis de enternecer e arrepender!". Se o Cristo pendente da cruz entre os lumes, que eram como que os votos dos fiéis subindo para ele, o não ouvia, o efeito devia ser grande no auditório; a fama de extraordinário orador ficou-lhe para sempre estabelecida.

A quem estuda a pessoa moral de Vieira mais do que os seus dotes literários, não passará despercebido o ponto em que se ocupa das responsabilidades da situação. Os males, que os patriotas extremes tinham por conseqüência do domínio estranho, incapaz e maléfico, para ele eram acidentes em que nada podia a vontade dos homens. "Não havia de ser assim (dizem) se vivera um D. Manuel, um D. João III, ou a fatalidade de um Sebastião não sepultara com ele os reis portugueses." Aqui mostra o engano, e traz em socorro dos Filipes a profecia de Ourique, que o patriotismo inventara contra eles. Tinha Deus declarado, na fundação de Portugal, que o reino era seu: *Quero fundar em ti o meu império*. Deus é o rei, e quem manda e governa. "Ele que não se muda é o que causa estas diferenças, e não os reis que se mudaram."

O Eterno pareceu atender à objurgatória do jesuíta. Lichthardt afastou-se sem acometer a cidade e, poucos meses volvidos, podia ele expor com júbilo a seus ouvintes quanto a face das coisas havia mudado. Pregando a 6 de janeiro de 1641 fazia o balanço das operações bélicas do ano anterior.

Em janeiro a armada derrotada, tantos mil homens, tantos gastos, tantos aparatos de guerra perdidos. Em abril a armada holandesa na Bahia com grandes intentos, mas com maiores temores nossos; não nos esqueçamos, que bem nos vimos os rostos. Em maio saqueado e destruído o Recôncavo; tantas casas, tantas fazendas, tantos engenhos abrasados. Em junho o rio Real ocupado pelo inimigo, os campos e os gados quase senhoreados, e as esperanças de os recuperar não quase senão de todo perdidas. Porém de 20 de junho por diante, assim como o sol naquele dia deu volta sobre o trópico de Câncer, assim virou também a folha nossa fortuna, e começaram dentro do círculo do mesmo ano a responder felicidades a infortúnios. Em agosto vencido o inimigo nos campos com aquela tão bem afortunada vitória, onde com morte de um só soldado nosso de mais de trezentos holandeses apenas escaparam sete[63]. Em setembro recuperado o Rio Real e desalojado o inimigo à força de nossas armas e do desengano de seus desígnios. Em outubro (que cada mês parece que tomou à sua conta um bom sucesso e este muitos) em outubro os intentos do holandês no Camamu reprimidos; os temores do gentio nos Ilhéos sossegados e sobretudo a gloriosa vitória do Espírito Santo, mais alcançada com o poder de sua graça que com as forças da natureza. Em novembro o incêndio das canas e assolação dos engenhos de Pernambuco; terrível guerra e a que mais desespera ao inimigo. Em dezembro, embaixadores do mesmo neste porto a pedir tréguas, a

---

[63] Plausivelmente aludia o orador ao reencontro de Luís Barbalho no engenho de Goiana, assim descrito pelo contemporâneo Diogo Lopes de Santiago: "Passando pela Goiana achou ali um quartel de holandeses com quinhentos e trinta soldados, cuja cabeça era o Sargento-mor Ricardo, e investindo com a sua gente o quartel, havendo uma renhida pendência, o entrou e matou quase a todos, entre eles foi morto o Ricardo, e em um alagadiço o foi um seu alferes, com muito poucos dos nossos morrerem, se bem ficaram alguns quarenta feridos". *História da Guerra de Pernambuco*, cap. 21, na *Rev. de Inst. Hist. Brasil.*, v. 39, I, p.156.

oferecer partidos, a reconhecer a superioridade de nossas armas, de que pouco antes tanto zombavam[64].

A transformação dera-se desde que à Bahia tinha chegado o novo governador, marquês de Montalvão, D. Jorge Mascarenhas, que trazia então o título de vice-rei. O recebimento por parte da população aparentemente não foi entusiasta; os desastres sucessivos, o perpétuo temor da invasão, introduzia-lhe a desconfiança dos salvadores que mandava a metrópole. Vieira, pelo contrário, acolhe-o com brados de alegria, exalta-lhe os merecimentos, prognostica-lhe governo glorioso. "Alegra-te, enfermo gênero humano", diz no sermão da Visitação, pregado em honra do marquês, "alegra-te, e começa a esperar melhor de teus males, porque virá o sol da justiça e te trará o sol nas asas". Dá escusas da recepção modesta, de que ele poderia magoar-se: "Como levantaria arcos triunfais a cabeça de uma província vencida, assolada, queimada e de tantas maneiras consumida? Prudente se mostrou em suas alegrias esta cidade por não desmentir seu estado." Mostra-lhe o dificultoso da tarefa nas condições em que o país se encontra. "Aconteceu-lhe a V. Ex.ª com o Brasil o que a Cristo com o Lázaro; chamaram-no para curar um enfermo, e quando chegou foi-lhe necessário ressuscitar um morto." Descreve o que tinha sido a direção das campanhas: quatro generais seguidamente comandaram desde a perda de Pernambuco e "nenhum governou a guerra que a não entregasse a seu sucessor em pior estado do que a recebera". Entretanto não faltara quem na corte alegasse serviços e requeresse as mercês correspondentes. "Se foram verdadeiras todas as certidões dos soldados do Brasil, se aquelas rimas de façanhas em papel foram conformes a seus originais, que mais queríamos nós? Já não houvera Holanda, nem França, nem Turquia; todo o mundo fora nosso."

---

[64] *Sermões*, t. 7, p. 355 e ss. Impresso avulso em 1646.

Depois, passando ao que propriamente pertencia ao governo na Europa, indigna-se de não receberem castigo os culpados dos desastres[65]; os holandeses vencedores tinham degolado dois comandantes, outros foram enforcados; entre nós "em onze anos de guerra contínua e infeliz, onde houve tantas rotas, tantas retiradas, tantas praças perdidas, nunca vimos um capitão, nem ainda um soldado, que com a vida o pagasse". Justiça, justiça punitiva que castiga os maus, justiça distribuitiva que premia os bons, eis o que ele pede; da falta dela é que o Brasil padece, essa é a origem dos males todos, é isso o que o novo governo remediará.

Toda essa parte do discurso é para ser transcrita como sátira veemente do que era no tempo a administração da colônia. Páginas a fio parecem da *Arte de furtar*, que se havia de atribuir ao pregador mais tarde, antes que de uma oração do púlpito. "Perde-se o Brasil, Senhor (digamo-lo em boa palavra) porque alguns ministros de Sua Majestade não vêm cá buscar o nosso bem, vêm buscar os nossos bens." E mais adiante: "Muito deu em seu tempo Pernambuco, muito deu e dá hoje a Bahia, e nada se logra, porque o que se tira do Brasil tira-se ao Brasil; o Brasil o dá, Portugal o leva". E conclui formulando o voto: "Tudo o que der a Bahia para a Bahia há de ser; tudo o que se tirar do Brasil com o Brasil se há de gastar". Os males eram os mesmos já antes dele apontados por frei Vicente do Salvador na *História do Brasil*, que deixou manuscrita, quando diz que após D. João III não houve outro rei que do Brasil curasse *senão para receber suas rendas e direitos*; e, depois de Vieira, por Gregório de Matos nos seus versos chocarreiros:

> [...] os brasileiros são bestas
> E estarão a trabalhar
> Toda a vida por manterem
> Maganos de Portugal;

---

[65] Estava-se em junho, e só a 22 do mês seguinte Filipe IV assinou o decreto, que privava o conde da Torre do título e das comendas e o mandava prender na torre de São Julião.

Ambos os escritores baianos, ambos, posto que em períodos diversos, coevos do pregador.

Não obstante, deviam os jesuítas ter grandes agravos do conde da Torre, antecedente governador, para um deles assim romper em tão sérias acusações. De toda maneira é certo que estas correspondiam à consciência do povo do Estado. O marquês de Montalvão era provavelmente adicto reconhecido da Companhia, que como tal o recebeu; quando menos passou a sê-lo daí em diante, segundo os acontecimentos mostraram. Ele de sua parte não conseguia captar as boas graças dos próceres da colônia; talvez por tentar reprimir abusos dos que Vieira denunciara, e os inimigos assim seriam muitos; talvez porque um partido adverso aos jesuítas o considerava fator de represálias por eles inspiradas. O marquês saiu da Bahia preso, suspeito e injuriado; a amizade dos jesuítas não lhe valeu então. E havia de trazer-lhe isso a Restauração que ele, sem um instante de dúvida, proclamara quando soube que havia em Lisboa rei português.

Foi tradição muito favoneada dos jesuítas que a notícia da aclamação de D. João IV chegou por milagre à Índia, Brasil e lugares da África, no próprio dia 1º de dezembro de 1640. Evidentemente, a Bahia achou-se excluída do prodígio. Mais de um mês, na festa de Reis do ano seguinte, Antônio Vieira, pregando no colégio em presença do vice-rei, aplaudia a resolução que o *invictíssimo monarca Filipe IV o Grande* – em tais palavras se lhe referia[66] – havia tomado de ir pessoalmente à Catalunha combater os revoltosos, e lhe vaticinava por ela a vitória. No exórdio alude à cerimônia da entrega de um círio ao marquês, como representando ao mesmo Filipe, *legítimo herdeiro* – dizia – de D. Sebastião, a quem a Companhia votara essa oferta anual em agradecimento pelas rendas com que por ele fora dotado o colégio da Bahia

---

[66] *Sermões*, t. 7, p. 381.

e mais sete do Brasil. E tocando no assunto, mais uma vez aproveitava o azo de desfechar um dardo aos sebastianistas, adversários de Castela. Invocando o Bandarra, esperavam eles a volta do Encoberto em 1640[67]. Vieira mostrava-lhes o inane de sua quimera e, notando que Filipe IV com o sangue e a coroa tinha herdado de D. Sebastião o afeto aos jesuítas, insistia: "Herdou, disse, e quem diz herança supõe verdadeira morte".

A mesma oferta do círio apagado, a seu juízo "mais era cerimônia de defunto que reconhecimento de vivo". O ano fatal dos prognósticos termina sem o *Encoberto* se manifestar. "Viva pois o santo e piedoso rei (que já é passado o ano de 40), viva e reine eternamente com Deus, e sustente-nos desde o céu, com suas orações, o reino, que com seu demasiado valor nos perdeu na terra"[68]. Assim concluiu o exórdio. O golpe feria no vivo; derrotava imaginações vãs dos patriotas e marcava a posição de Vieira ao lado do existente, contra eles, na qual todavia não tinha de persistir muito tempo.

Se os crentes não se deixaram abalar pelas razões do pregador, certo foi grande entre eles a confusão quando, passados dias, chegou da Europa uma caravela com a notícia da revolução libertadora e da aclamação do novo rei.

---

[67] É a trova que resa:
Já o tempo desejado
É chegado
Segundo o final assenta
Já se cerram os quarenta
Que se inventa
Por um doutor já passado.
O rei novo é alevantado,
Já dá brado,
Já assoma a sua bandeira
Contra a grifa parideira,*
Lá gomeira
Que tais prados tem gostado.
* Castela, segundo os intérpretes sebastianistas.

[68] *Sermões*, t. 7, p. 356.

Confuso talvez igualmente ficou Vieira, recordando as louvaminhas a Filipe IV, em público, quando já da fronte lhe tinha resvalado a coroa portuguesa. Mas lhe aquietou a consciência sem dúvida, o refletir que tão refalsado ele próprio seria, prestando a homenagem, quanto em recebê-la pelo soberano intruso, o vice-rei. Um e outro, sem titubeios, aderiram à situação nova. Os jesuítas todos da mesma forma. Para levar ao Rio de Janeiro a boa nova a Salvador Corrêa de Sá, governador, foi mandado o Provincial. Entre ele e o marquês de Montalvão existiam laços íntimos de simpatia.

O sermão do dia de Reis fora um panegírico da sua administração e tinha por objeto, acima de tudo, pôr de manifesto que a guerra com os holandeses, chegado ele ao Brasil, entrara na fase da vitória. Um matemático, presumivelmente da Companhia, fazia notar que o marquês chegara ao Brasil a 20 de junho, que nesse dia entra o sol no trópico do Câncer, e começam no hemisfério austral os dias a crescer[69]. "Fez pois juízo que da mesma maneira, o orador referia, com a entrada de Sua Excelência se acabavam os minguantes da nossa fortuna." O céu dera a mão à astrologia detendo o marquês no mar, mais que a usual viagem, para dar motivo ao prognóstico; argumentos estes que, sem colidirem com a ciência da época, lisonjeavam a vaidade do fidalgo. Não nos admiremos pois de que ele, mandando o filho, D. Fernando Mascarenhas, a Lisboa levar a sua adesão e a do Estado a D. João IV, lhe desse por companheiros à dois membros da Companhia de Jesus: Antônio Vieira, que sobre ser quem tantos louvores lhe rendera, tão capaz se mostrava em julgar os negócios públicos — e é muito de crer que como tal o recomendasse ao novo monarca — e outro religioso, também luminar da Sociedade, o padre Simão de Vasconcelos,

---

[69] Varnhagen diz que o marquês de Montalvão tomou posse do governo a 5 de junho (*História geral do Brasil*, v. 1, p. 586, e *História das lutas com os holandeses no Brasil*, Lisboa, 1872, p.213). Mas neste ponto, e a seis meses de distância, o padre Antônio Vieira não se podia enganar. Talvez o historiador lesse mal, e a data no documento seja 5 de julho.

que havia de ser o seu afamado cronista. Este último ia também tomar parte, como procurador da província, na Congregação desse ano.

A 27 de fevereiro Vieira deixou a Bahia, quase sua pátria, que só quarenta anos mais tarde tornaria a ver, para então nela terminar sua carreira e a vida. A viagem, de começo venturosa, foi quase no fim perturbada por valente temporal. Esteve a nau a ponto de soçobrar; já fazendo água, foi necessário aliviá-la do batel, da artilharia e aguada. É de crer ficasse também maltratada na mastreação e velame, porque divisando a costa, não procurou a barra de Lisboa, e aportou como lugar mais próximo a Peniche. Era dia 28 de abril. Aí esperava os passageiros outra tempestade, a da fúria popular. Espalhando-se voz que entre eles se encontrava um dos Montalvões, dos quais dois se tinham bandeado com Castela, e a mãe se achava presa por suspeita de traição no castelo de Arraiolos, a gente da vila, tendo também a este por traidor, agrediu-o ao desembarcar e tentou matá-lo. Acudiu a tempo o governador da praça, conde de Atouguia, que o recolheu em sua casa prisioneiro. Presos ficaram também os dois padres, até que no dia seguinte, desfeitas as desconfianças, partiram todos para Lisboa.

Recebido pelo rei, devia ser D. Fernando acompanhado dos jesuítas, cuja presença não podia ser displicente àquele, sabendo quanto em seu favor havia feito a Ordem. A missão a que estes vinham era testemunho dos serviços que à época da aclamação já teriam prestado no Brasil. Suposto o feitio de Vieira, seu arrojo natural, sua loquacidade, o apreço em que tinha a própria pessoa, não será temerário imaginar que logo tomou a palavra, e que esta, fluente e persuasiva, cativou com seu encanto o monarca. Nada tal lhe fazia antever quando em janeiro na Bahia celebrava ações do *invictíssimo Filipe IV o Grande*, no que aliás não via desprimor, pois nunca eliminou o trecho do rascunho que guardava do sermão. Este todavia não foi incluído entre os que deu à imprensa em sua vida, talvez mesmo por causa dessa passagem[70]. Na audiência, que foi

---

[70] Está no t. 15 publicado somente em 1748 pelo padre André de Barros.

a 30 de abril, começou de nascer a afeição de D. João IV pelo jesuíta; tão firme que jamais intrigas de êmulos conseguiram arruiná-la, tão preciosa que, quando a rompeu a morte, o objeto dela não se contentava de nada menos que ressuscitar o amigo desaparecido.

Segundo período

O político
1641-1650

I. Vieira acolhido por D. João IV. Prega pela primeira vez em Lisboa. D. João IV, o *Encoberto* das profecias sebastianistas. Estilo oratório do tempo, segundo Vieira. Sermões políticos incitando ao patriotismo. II. Primeiros sermões impressos. Os jesuítas de Évora em conflito com o Santo Ofício. Vieira propõe a volta ao reino dos judeus proscritos. Disciplina interna da Companhia de Jesus. Últimos votos de Vieira. Sermão de S. Roque. D. João IV imperador do mundo. Plano de companhias de comércio para o Brasil e para a Índia. Publica-se a proposta relativa aos judeus, e manda-a recolher o Santo Ofício. O autor ameaçado de castigo pelos superiores. Intervenção de D. João IV. III. Vieira, reconciliado com a Companhia, volta à política. Dá arbítrios sobre a guerra. Situação política embaraçada. Projetos de liga com a França e casamento do príncipe D. Teodósio. Rebelião de Pernambuco contra os holandeses. Vieira mandado em missão diplomática. Visita aos judeus do Ruão. Negociações em Haia. Regresso ao reino. IV. Impaciências do embaixador Francisco de Sousa Coutinho. Antônio Vieira ativo em Lisboa. Representação em favor dos judeus. Mais propostas. Agencia um empréstimo para socorro do Brasil. V. Alvitra-se resgatar Pernambuco a dinheiro. D. Luís de Portugal. A *Grande Mademoiselle* pretendida para D. Teodósio. Segunda viagem diplomática de Vieira. O marquês de Niza, embaixador em Paris. Na corte de França é mal recebido o projeto português. VI. D. João IV desanimado pensa em abandonar Pernambuco à Holanda. Francisco de Sousa Coutinho. Providências para a compra de navios. Prisão de Duarte da Silva, que dera crédito para esse fim, pelo Santo Ofício. Indignação de Antônio Vieira. Judeus portugueses em Amsterdam. Disputa teológica de Vieira com o rabino Manasses ben Israel. Plano de uma companhia de comércio rival das holandesas. Ordens para o regresso de Vieira e Coutinho a Lisboa. VII. As condições de paz oferecidas aos holandeses examinadas no reino. O *Papel forte*, parecer do Antônio Vieira. Cria-se a Companhia do Brasil com cabedais de cristãos novos. Oposição do Santo Ofício. Vieira hostilizado pelos consócios, cuida em tornar-se à América. Estado das missões no Pará-Maranhão. VIII. Terceira missão diplomática de Vieira. Partida para Roma. Tentativa para o consórcio de D. Teodósio com a filha de Filipe IV. Vieira forçado a retirar-se por ameaças do embaixador de Castela. Contenda de D. João IV com o Santo Ofício a propósito da Companhia do Brasil. Diminui o crédito de Vieira na corte. Desabafos no púlpito. A *História do futuro*.

Captando desde o primeiro instante a simpatia de D. João IV, Antônio Vieira instalava-se ao mesmo passo na corte. Não como os fidalgos e criados que por obrigação do cargo habitavam com o rei, mas visitante assíduo, estimado pela conversação viva, atendido pela lúcida compreensão dos negócios do Estado. Em assuntos relativos ao Brasil, nos quais, pela situação particular, de paz e guerra ao mesmo tempo, em que se ficava com a Holanda, muito se fixava a atenção dos governantes, o jesuíta dava o voto mais autorizado e decisivo. Seu espírito, em moção perpétua, turbulento e dominador, em breve submeteu a fraqueza nativa de D. João IV; e a destreza em lidar com os grandes, que como jesuíta o seu estatuto lhe incutia, permitiu-lhe evitar os escolhos da situação. No caráter do rei havia todos os defeitos dos tíbios. Era, como várias vezes mostrou, pusilânime, ingrato, vingativo e, na hora da vingança, cruel. Fácil de dominar, tinha com a plasticidade a inconstância, que arrastava a catástrofes súbitas o valido. Tal a sorte do marquês de Montalvão, que morreu prisioneiro do Estado no castelo de Lisboa; de Sebastião César de Menezes, preso igualmente, e a quem só a morte do rei abriu as portas do cárcere; de Francisco de Lucena, a sorte mais trágica, que teve por desfecho o cadafalso. Os melhores servos, os mais fiéis, eram na hora do perigo abandonados a seus perseguidores; isso experimentou D. Francisco Manuel de Melo, a peregrinar tantos anos de calabouço em calabouço; Manuel Fernandes Vila Real, supliciado e queimado por judeu; o conde de Vila Franca, de todos o mais desditoso, porque de todos, física e moralmente, foi o que mais padeceu. Dos íntimos e de mais prestígio talvez somente Antônio Vieira e Francisco de Sousa Coutinho nunca tiveram eclipses no favor. Coutinho pelo desassombro, quase atrevimento, com que falava e se impunha; Vieira pela sugestão pessoal, própria dos oradores de lei, pela verbosidade que entontecia e quase lançava em hipnose o lento D. João IV. *Labia* chamava ele ao poder sugestivo dessa palavra que o rendia.

Não menor sedução exercia o padre sobre a rainha; mas essa, espanhola altiva, que preferia a coroa real uma hora, arriscando a cabeça, ao diadema de duquesa toda a vida, tinha realmente vontade própria. Vieira, com razão, uma vez, pregando, a comparou à Judite da Bíblia, de quem possuía o valor e a indômita energia. É bem possível que nela o seu influxo se exercitasse em sentido inverso do que usava com o rei: em lhe aceitar os ditames e adivinhar os desejos, em vez de lhe impor os seus. Certo é que, desde que o jesuíta entrou na corte, e enquanto permaneceu nela, se pode dizer que D. João IV caminhou sempre de braço com ele e com a rainha, e que nenhuma resolução grave sem o voto de ambos empreendeu.

No paço, de acordo aliás com a cidade e as províncias, o traço dominante era a devoção. Os sermões atraíam o público mais do que as comédias, e a ouvir os oradores de fama concorria o rei e a corte, como agora reis e cortesãos vão juntos às representações de atores notáveis. D. João IV recreava-se com a música. A livraria que tinha da especialidade era única. Mas, que se encontrava lá? "Missas, vésperas, salmos e versos divinos, enfim música eclesiástica", responde Antônio Vieira. "Quando queria ouvir música... mandava cantar um salmo, ou uma magnificat[1]. A notícia que temos do catálogo mostra-nos que o pregador exagerava; em todo caso é certo que a

---

[1] *Sermões*, t. 4, p. 71.

música profana entrava no paço como a menor parte e a menos prezada. Nos preceitos da Igreja, conta o mesmo Vieira, que era observantíssimo, e "jejuava às sextas-feiras de Quaresma pão e àgua, e em muitos outros dias"[2]. Nem se compreenderia que um monarca português pudesse mostrar-se negligente nas práticas religiosas. O herdeiro da coroa, D. Teodósio, criara-se no quarto da rainha, *como Aquiles entre as damas*, e assim esteve até a idade de quinze anos, informa-nos de outra vez o pregador. Gastava no oratório três horas todos os dias e tinha sempre consigo umas contas de rezar que freqüentemente nas audiências particulares ia correndo enquanto lhe falavam[3]. Dos usos do paço durante a semana da Paixão referia: "O nosso rei e seus filhos, de quinta-feira até domingo, não se deitam em cama nem se assentam senão no chão, assistindo sempre ao Senhor, sem sair nunca da capela real, nem de dia nem de noite"[4]. Tal era a corte onde Antônio Vieira penetrou. Em nenhuma outra mais seguro de si podia entrar um religioso.

No dia do Ano Bom de 1642 pregou ele pela primeira vez na capela real, e provavelmente pela primeira vez em Lisboa. Não é difícil conjecturar o que lhe preparou tal distinção. Desde a primeira entrevista o rei lhe medira as aptidões; a Companhia não faltaria decerto em apregoar os merecimentos de um filho seu tão insigne; na corte deviam estar alguns fidalgos que do sermão de 1638 na Bahia lhe conheciam a eloqüência; finalmente, voltara de lá o Marquês de Montalvão, que depois de preso, e suspeito de traidor, fora recebido com honras em Lisboa, e esse, que o tinha elegido para companheiro e mentor do filho na missão ao Reino, não deixaria de o recomendar. Tudo eram vozes a proclamá-lo fênix da tribuna sagrada, e o rei não dissentia do comum. Por isso o quis ouvir, e para honra maior, no templo do paço.

---

[2] *Sermões*, t. 4, p. 70.

[3] *Sermões*, t. 2, p. 76 e 74.

[4] *Sermões*, t. 3, p. 356.

Logo nesse primeiro discurso, Vieira se embrenhou na política. Era o meio de corresponder à graça, que lhe fora concedida; e a sua voz devia ser considerada auxílio bem-vindo, quando o trono se sentia vacilante, e inimigos de dentro e de fora o ameaçavam. No interior, além dos afetos a Castela – ainda os havia depois da conspiração, afogada em sangue, do ano anterior – contavam-se entre os mal inclinados ao novo governo os fanáticos, e não eram em número insignificante, que esperavam a vinda de D. Sebastião, e os patriotas exaltados, que não esqueciam as hesitações de D. João IV antes de aclamado, nem a indiferença dos duques de Bragança, seus antepassados, submissos ao usurpador. A uns e outros respondia Vieira na sua oração. Contra o sebastianismo não rompia em golpes violentos. Desculpava-o, acariciava-o, buscava atraí-lo, demonstrando-lhe que o objeto de suas crenças, o esperado *Encoberto*, não era D. Sebastião morto mas D. João IV vivo.

Assim como a Madalena, cega de amor, chorava às portas da sepultura de Cristo, assim Portugal, sempre amante de seus reis, insistia ao sepulcro de el-rei D. Sebastião chorando e suspirando por ele; e assim como a Madalena no mesmo tempo tinha a Cristo presente e vivo, e o via com seus olhos e lhe falava, e não o conhecia porque estava encoberto e disfarçado, assim Portugal tinha presente e vivo a el-rei nosso senhor, e o via e lhe falava, e não o conhecia. Porquê? Não só porque estava, senão porque ele era o *Encoberto*. Ser o encoberto e estar presente bem mostrou Cristo neste passo que não era impossível. E quando se descobriu Cristo? Quando se manifestou este Senhor encoberto? Até esta circunstância não faltou no texto. Disse a Madalena a Cristo: *Levaram-me o meu Senhor*, e o Senhor não lhe deferiu. Queixou-se que não sabia onde lho puseram, e dissimulou Cristo da mesma maneira. *Se vós, Senhor, o levastes, dizei-mo*. E ainda aqui se deixou o Senhor estar encoberto sem se manifestar. Finalmente, alentando-se a Madalena mais do que sua fraqueza permitia, e tirando forças do mesmo amor, acrescentou: *E eu o levantarei*. E tanto que disse *eu o levantarei*, então se descobriu o Senhor, mostrando que ele era por quem chorava; e a Madalena o reconheceu e se lançou a seus pés. Nem mais nem menos Portugal depois da morte de seu último rei. Buscava-o por esse mundo, perguntava por ele, não sabia onde estava, chorava, suspirava, gemia, e o rei vivo e verdadeiro deixava-se estar encoberto, e não se manifestava porque não era ainda chegada a ocasião; porém, tanto que o reino animoso sobre suas forças, se deliberou a dizer resolutamente: *Eu o levantarei e sustentarei com meus braços*, então se descobriu o encoberto Senhor[5].

Tomava o orador as profecias em que a seita se amparava, e servia-se delas para a sua causa. "Como haveis de duvidar se o vosso maior profeta, o Bandarra, mencionou o nome do libertador?" Aludia ao trecho das *Trovas* em que os fautores da Restauração tinham, segundo toda a aparência, substituído o texto autêntico pelo nome do futuro rei[6].

E como os sucessos de nossa restauração eram material e tão dificultoso crédito que ainda depois de vistos parecem sonho, e quase se não acabam de crer, ordenou Deus que fossem tanto tempo antes, e com tão singulares circunstâncias, e *com o nome do mesmo libertador profetizadas*, para que a certeza das profecias

---

[5] *Sermões*, t. 10, p. 15.

[6] Uma das versões, a que seguiam os sebastianistas, era:
Saia, saia esse infante
Bem andante,
O seu nome é D. Foão,
Tire e leve o pendão,
E o guião
Poderoso e triunfante.
Os partidários da Restauração pretendiam que a leitura errada do texto original trocando o J por F. produzira o equívoco, e que realmente se devia ler:
Saia, saia esse infante
Bem andante
O seu nome é D. João etc.

desfizesse os escrúpulos da experiência; para que sendo objeto da fé não parecesse ilusão dos sentidos; para que revelando-as tantos ministros de Deus se visse que não eram inventos dos homens[7].

S. frei Gil de Santarem, aquele monge sábio que, segundo a tradição popular, enganara o próprio demônio, e o trazia subjugado e medroso às suas ordens, esse mesmo, oráculo igualmente acatado, profetizara que Portugal inesperadamente seria remido por um inesperado. Daí concluía o pregador que não podia ser D. Sebastião, porque esse era já de muitos e de há muito esperado. Alegava o texto para, segundo inculcava, "refutar com suas próprias armas alguma relíquia que dizem que ainda há daquela seita"[8]. O desdém era afetado, e assaz o contradiz a importância concedida aos sebastianistas com lhes consagrar uma parte do sermão.

O evangelho tratava da circuncisão de Cristo no oitavo dia, conforme a lei marcava. O arguto disputador daí tira a excusa dos Braganças:

Recebeu Cristo o golpe de circuncisão e deu princípio à redenção do mundo, não antes nem depois, senão pontualmente aos oito dias. Pois porque não antes ou porque não depois? Não se circuncidara ao dia sétimo? Não se circuncidara ao dia nono? Porque não antes nem depois senão ao oitavo? A razão foi porque as coisas que faz Deus, e as que se hão de fazer bem feitas, não se fazem antes nem depois senão a seu tempo. O tempo assinalado nas Escrituras para a circuncisão era o dia oitavo, como se lê no Gênesis e no Levítico. E por isso se circuncidou Cristo, sem se antecipar nem dilatar aos oito dias; porque, como o Senhor remiu o gênero humano por obediência aos decretos divinos, o tempo que estava assinalado na lei para a circuncisão era o que estava predestinado

---

[7] *Sermões*, t. 10, p. 11.

[8] Ibidem, p. 14.

para dar princípio à redenção do mundo. Da mesma maneira se deu princípio à redenção e restauração de Portugal em tais dias e em tal ano, no celebradíssimo de 40, porque esse era o tempo oportuno e decretado por Deus; e não antes nem depois como os homens quiseram. Quiseram os homens que fosse antes, quando sucedeu o levantamento de Évora; quiseram os homens que fosse depois, quando assentaram que o dia da aclamação fosse o 1º de janeiro, hoje faz um ano; mas a providência divina ordenou que o primeiro intento se não conseguisse e o segundo se antecipasse, para que pontualmente se desse princípio à Restauração de Portugal a seu tempo. Daqui fica tacitamente respondida uma não mal fundada admiração, com que parece podíamos reparar os portugueses em que os sereníssimos duques de Bragança vivessem retirados todos estes anos sem acudirem à liberdade do reino, como legítimos herdeiros que eram dele[9].

O argumento seguinte, ainda fundado na mesma alegoria, menos límpido de sentido, é todavia mais concludente:

Quando os meninos nascem, em todos aqueles primeiros sete dias correm grande perigo de vida, porque são dias críticos e arriscados, como diz Aristóteles e Galeno; pois ainda que o remédio dos recém-nascidos, e sua espiritual liberdade, consistia na circuncisão, não se circuncidem, diz a lei, senão ao oitavo dia, passados os sete, que essa é a excelente razão de Estado da providência de Deus, saber dilatar o remédio para escusar o perigo: dilate-se o remédio da circuncisão até ao oitavo dia, para que se evite o perigo da vida, que há do primeiro ao sétimo.

Se Portugal se levantara enquanto Castela estava vitoriosa, ou quando menos enquanto estava pacífica, segundo o miserável estado em que nos tinham posto, era a empresa mui arriscada, eram os dias críticos e perigosos; mas como a pro-

---

[9] Ibidem, p. 16.

vidência divina cuidava tão particularmente de nosso bem, por isso ordenou que se dilatasse nossa restauração tanto tempo, e que se esperasse ocasião oportuna do ano de quarenta, em que Castela estava tão embaraçada com inimigos, tão apertada com guerras de dentro e de fora, para que na diversão de suas impossibilidades se lograsse mais segura a nossa resolução[10].

A questão do sebastianismo não era tão insignificante que Vieira não se cresse obrigado a voltar a ela algum tempo depois, no aniversário de D. João IV, a 19 de março. Nascera o monarca no dia em que os católicos festejam São José. Jeitoso motivo para uma comparação ousada e sutil. Cristo e D. João IV. "Um e outro nasceu debaixo da mesma proteção, um e outro nasceu debaixo do amparo de São José."[11] E vai adiante no paralelo mostrando "ambos reis, ambos redentores e ambos encobertos"[12]. Encobriu São José a Cristo quando o deu por seu filho; encobriu a D. João IV suscitando as esperanças em D. Sebastião, "equivocando milagrosamente um rei com outro rei, e encobrindo um vivo com outro morto"[13].

O equívoco haviam-no criado os inimigos do poder intruso, principalmente os jesuítas, explorando a fidelidade da alma popular à memória de um rei, que lhe fora em extremo caro, misteriosamente removido do mundo. Quem o viu perecer? Quem pôde reconhecer-lhe o cadáver? O corpo sepultado em Belém era anônimo, e o epitáfio que depois lhe puseram perpetuou a dúvida. Em compensação havia a lenda do fugitivo que na noite da batalha foi bater às portas de Ceuta, evidentemente o rei; e o testemunho dos que em Veneza o reconheceram na pessoa do miserável avelhentado que se

---

[10] Ibidem, p. 18.

[11] Idem.

[12] *Sermões*, t. 11, p. 82.

[13] Ibidem, p. 85.

dizia D. Sebastião. O drama que destruíra o lar de Manuel de Sousa Coutinho, explicado ao sabor da crença reinante, era também para muitos prova convincente: onde D. João de Portugal se encontrava vivo estaria também o soberano desaparecido. Nos últimos tempos dos Filipes trouxeram-se à luz uns breves, em que os pontífices Clemente VIII, Paulo V e Urbano VIII reconheciam D. Sebastião, e lhe mandavam restituir a coroa usurpada. Papéis fabricados para a circunstância e que muito haviam de contribuir para avivar a fé dos crentes tíbios. Em 1640 D. Sebastião devia ter 86 anos. Não era demasiada idade. Mais tarde os que por ele ainda esperavam sabiam que em França um homem conhecido por João de Étampes, vivera trezentos anos; outro longevo, na Índia, quatrocentos; sem contar os exemplos de compridas existências tomados da Escritura. Que admira pois ter Deus concedido ao seu eleito anos de vida além da regra comum?

A crença esteava-se em multidão de profecias, as mais valiosas de todas eram as do Bandarra sapateiro inspirado, que desde 1540 em um livro de *Trovas* consignara os destinos de Portugal. Estas porém tinham sido voltadas contra os mesmos que delas faziam seu evangelho. Torcidas, interpoladas, falseadas onde foi necessário, aplicaram-se aos fatos da Restauração. Aos impacientes havia-se insinuado que o *Encoberto* dos vaticínios podia muito bem ser o duque de Bragança. Citavam-lhes predições de astrólogos para o ano de 1640, que o Bandarra também designara por era fatal. Contava-se que em 1604, ano em que nascera o duque D. João, surgira no firmamento uma estrela desconhecida, no mesmo lugar onde, em 1580, o cometa que anunciara a ruína de Portugal tinha desaparecido; e Kepler, o matemático famoso, interpretando o fato, afirmara que desde esse ano entrara em formação um novo Estado, que vindo a crescer presidiria ao império universal[14]. Era a lenda sebástica transferida ao Bragança. Já em 1616 outro matemático,

---

[14] Cf. o sermão de Vieira, *Palavra do Pregador empenhada e defendida*, no tomo 12, p. 110.

esse nacional, Manuel Bocarro, no poema *Anacefaleosis*, por voz de uma ninfa predissera a Restauração, pelo filho de D. Teodósio, então menino. De quando em quando vinha um caso prodigioso confirmar essas esperanças. Na praia de Sezimbra encontravam-se pedras misteriosas, trazidas pelo mar, nas quais se lia claramente a palavra duque: modo de o apontar o céu ao povo quem seria o redentor. Em Lamego um louco desatava aos brados de *Viva el-rei D. João!* No Alentejo um mancebo formosíssimo e desconhecido, um anjo como se verificou afinal, falando à gente do povo anunciava que o senhor da casa de Bragança viria a reinar. Assim se preparou o ambiente onde brotou a revolução. Quando esta se realizou, novos milagres lhe asseguraram o favor divino. O Cristo levado na procissão em ação de graças, no dia da aclamação, desprendeu da cruz um braço, abençoando o povo; no céu observou-se a imagem do Sacramento, adorada por anjos, no disco da lua; além de outros; e assim os prodígios confirmavam as profecias. Ao Bandarra tributaram-se honras subidas. Foi exposto na sé de Lisboa o seu retrato, ao lado das santas imagens. A gratidão pública repetia-lhe a cada instante o nome e o rei agraciou com rendas um descendente seu. Por algum tempo as coplas do sapateiro inculto foram uma espécie de evangelho nacional. O próprio D. João IV decerto não lhes recusava crédito e aceitava a designação de *Encoberto*, como sagração de sua realeza pela intenção divina. O sebastianismo passava do sonho intangível ao fato positivo.

Era essa corrente de pensar a que seguia Antônio Vieira, contrariando a outra, ainda numerosa, dos que permaneciam fiéis esperando D. Sebastião. A estes, já desde o Brasil, como sabemos, combatia com ardor. Nesse tempo, porém, defendendo o domínio estranho contra a quimera do patriotismo. A aclamação de D. João IV foi para ele uma revelação. Nem tudo era fantasia nas esperanças dos portugueses, ansiosos de encontrarem o seu redentor. Chegando a Lisboa, a conversão foi completa. O colégio de Santo Antão era o principal foco do messianismo restaurador. O padre João de Vasconcelos compunha a *Restauração de Portugal prodigiosa*, apologia mística do rei aclamado, coligindo ali as maravilhas e profecias que justificavam o ato revolucionário e foram a principal razão dele. Antônio Vieira embebeu-se na consideração desse maravilhoso e foi por ele atraído até de todo perder a noção do real. Desde aí entrou no caminho que levava ao delírio do *Quinto império do mundo* e da *História do futuro*.

Quando em 1663 foi chamado à Inquisição, a responder pelas doutrinas do neo-sebastianismo que ideara, proclamando a ressurreição de D. João IV, sua fé no profeta inicial da seita era absoluta. Toda a corte dos videntes – e não eram poucos – invocados pelo sebastianismo das duas famílias, o da Restauração e o ortodoxo, tudo quanto exumara da Bíblia no afã de esteiar nela a sua causa, tudo isso empalidecia ao pé das rimas do trovador bisonho, em cuja modesta pessoa o espírito da profecia amplamente se lhe revelava. O que da crença geral no profeta resultara em favor da dinastia redentora, ele o tinha visto com seus olhos ao regressar do Brasil. Dos solares dos fidalgos às escolas onde as crianças rudes do povo aprendiam, o Bandarra era o livro de leitura e a Bíblia do patriotismo. Nada tanto como o livro das *Trovas*, que corria manuscrito, contribuiu para manter vívida a esperança na redenção do estrangeiro. Vieira conservou disso memória em papéis que nunca foram publicados.

[...] Terceiro argumento de ser Bandarra verdadeiro profeta seja o consenso universal de todo ou quase todo este reino, continuado de mais de cem anos a esta parte e nunca diminuído, antes sempre mais e mais acrescentado. Quando o Bandarra vivia teve sempre fama de ser homem de espírito profético, a qual fama se estendia a toda a Espanha, e ainda a outras partes da Europa, sendo consultado em lugares dificultosos dos profetas, e vindo de muito longe pessoas a vê-lo com curiosidade de examinar seu espírito, de que se contam por tradição casos notáveis. Compôs a sua obra que dedicou ao bispo de Viseu D. Miguel da Silva, prelado seu, e deste original manaram as cópias que se repartiram por todas as quatro partes do mundo onde há portugueses, sendo lidas, veneradas e guardadas em grande estimação, não só das pessoas vulgares mas dos homens mais doutos, mais nobres, mais entendidos, e de maior autoridade do reino, assim seculares como eclesiásticos, prelados das religiões, lentes das universidades, bispos, arcebispos, inquisidores. Exemplo seja que no ano de 40, na ocasião da aclamação, buscando-se os exemplares mais corretos das *Trovas* do Bandarra, os mais antigos que se descobriram foram em mãos dos maiores prelados, e nomeadamente nas do arcebispo de Lisboa D. Rodrigo da Cunha, e do bispo inquisidor geral D. Francisco de Castro. Em várias partes do bispado de Viseu aprendiam os meninos nas escolas a ler pelas *Trovas* do Bandarra, de que há ainda hoje testemunhas vivas, que assim aprenderam, sendo este não pequeno argumento da boa opinião que dele e delas se tinha, pois sabemos que São Paulino, São Gregório Nazianzeno e outros santos compuseram matérias pias em verso para que os meninos naquela tenra idade bebessem a crença delas; e assim parece se fazia naquele tempo, para que os meninos se criassem com o conhecimento das *Trovas* do Bandarra, e com as grandes e alentadas esperanças do que nelas se profetiza. Com estas esperanças se sustentou o reino na sujeição de Castela, fazendo-se sempre grandes comentos por pessoas doutas sobre a inteligência das ditas *Trovas*, e prometendo-se todas em fé e confiança delas que o reino havia de ser restaurado, e nomeadamente no ano de 40. Cumpriu-se a profecia no dito ano, e com ela tantas outras[15].

Sobre esse tema, de ter o Bandarra o dom da profecia, escreveu páginas e páginas, esquadrinhou argumentos, provas, fatos, ilações, construindo silogismos complicados, prodigalizando a lógica das disputas da escola, que é a força motriz do cérebro jesuíta, e o era particularmente no seu. O segredo do Santo Ofício sumiu em si essas lucubrações; o silêncio imposto obstou a que

---

[15] De um escrito inédito de Antônio Vieira encontrado nos papéis seqüestrados pelo Santo Ofício, juntos ao seu processo. Apenso 1º, fol. 11-v.

as trouxesse a lume o autor; o tempo dissipou o mistério, e permite que nos familiarizemos com tais recantos desse intelecto singular.

Por enquanto era somente do púlpito que Vieira espargia suas idéias. Desde a primeira vez que pregou teve logo conquistado o favor dos auditórios. Começava a ser moda ir ouvi-lo, e Lisboa em peso concorria aos sermões do jesuíta novato na corte, com escândalo e ciúme dos oradores afeitos de muito à popularidade. Com tal excesso que o lançar *tapete de madrugada em São Roque* para o espetáculo oratório, passou a uso corrente, celebrado depois em anexim. Alto e de porte majestoso; na tez o moreno peninsular carregado de um golpe, já distante, de sangue de África; cabelos abundantes e negros, levemente crespos e um tanto em desalinho. A barba, se já então a usava toda, como quando missionário, espessa e curta, só porém no contorno das faces até o mento, deixando o rosto limpo, menos o bigode caído nas pontas a um e outro lado; assim a máscara nada perdia da expressão, e mais brilhavam abaixo da fronte, maior que um terço do rosto, os olhos grandes, vivíssimos e em que a espaços um lance da pupila, distante e vago, traía o sonhador. A boca engraçada, fácil ao sorriso que cativa ou malicioso; com um metal de voz rico de inflexões, que abrangia toda a escala da sensibilidade humana; soando ora arrebatada e vibrante, ora insinuante e meiga; grave, persuasiva, suplicante, irônica, piedosa, conforme a natureza do discurso. Acaso também uma ponta do sotaque, que já nesse tempo adoçaria a fala do Brasil; pela novidade um atrativo mais. Compleição de artista hábil em penetrar a vida secreta do vocábulo, erudição vasta, magnetismo pessoal, talento de atrair e dominar, tudo que dele podia fazer um orador raro e triunfador. Tudo menos a emoção sincera e espontânea; e por isso deleita, prende, convence, deslumbra, mas não enternece nunca nem verdadeiramente arrebata. Só quando perora em causa própria lhe sai da alma a cólera ou o despeito. No mais é um retórico exímio na sua arte, e não um apóstolo incendido em fervor. Também os ouvintes não lhe pediam emoções vivas; o gozo provinha-lhes da novidade dos conceitos e da surpresa da combinação verbal. Iam, como ele diz, a "ouvir sutilezas, a esperar galantarias, a avaliar pensamentos"[16]; e era o que, embora proteste o contrário, lisonjeava o pregador. Por isso a tais ouvintes – os *de sentimento agudo,* de que dizia não gostar – prodigalizava sutilezas, galantarias e finos pensamentos. No sério da doutrina falava o moralista e o sacerdote; era a obrigação: no lavor sutil da idéia exibia-se o literato insigne, e isso era o prazer.

Com isso o estilo de pregar, que totalmente se afastava do usado até aí e então predominante nos púlpitos da península. Este era, diz Vieira, "empeçado, dificultoso, afetado, encontrado a toda a arte e a toda a natureza"[17]; afeminado, delicioso, e de galantaria, na expressão de Cenáculo[18]. As antíteses eram o fraco dos oradores, que pregavam "como quem ladrilha azulejos", juízo do mesmo Vieira. "Se de uma parte está branco, da outra há de estar negro; se de uma parte está dia, da outra há de estar noite; se de uma parte dizem luz, da outra hão de dizer sombra; se de uma parte dizem desceu, da outra hão de dizer subiu"[19]. A linguagem, em arrebiques do pior gongorismo, provoca tédio ou riso. Vieira indignava-se de que saísse o pregador ao púlpito "a motivar desvelos, a acreditar empenhos, a requintar finezas, a lisonjear precipícios, a brilhar auroras, a derreter cristais, a desmaiar jasmins, a toucar primaveras"[20]. Assim falavam os vates a seus mecenas, os galanteadores a suas damas e, por imitação, os pregadores no templo ao seu Deus. O fino e delicioso era deixar à adivinhação o sentido através das metáforas; referir-se às pessoas e não pronunciar nunca os nomes. Davi era o Sceptro penitente; São Lucas o Evangelista Apeles; São Crisóstomo, o Boca de ouro; Santo

---

[16] Sermão da Sexagésima, *Sermões,* t. 1, p. 256.

[17] *Sermões,* t. 1, p. 261.

[18] *Memórias históricas do ministério do pulpito* (1776), p. 159.

[19] *Sermões,* t. 1, p. 261.

[20] *Sermões,* t. 1 p. 276.

Agostinho," o Águia de África; São Bernardo o Favo de Claraval[21]. Nisto consiste o estilo chamado culto, que Vieira cabalmente condenava. Quando imprimiu os sermões, fez a seguinte advertência ao leitor: "Se gostas da afetação e pompa das palavras, e do estilo que chamamos culto, não me leias". O elevado do seu era de bom quilate, e mesmo quando atingia os cumes da eloqüência, nunca usou das galas da palava de modo a sair-lhe velada a nitidez do pensamento. Acaso se lhe pode exprobar algumas vezes o decair no rasteiro; aí o satírico, entregue à sua paixão, olvida um tanto o decoro da tribuna sagrada. Mas estava dentro da arte, e do natural que ele não queria como os culteranistas encontrar; e se as facécias deleitavam ou confundiam, que era o fim procurado, não vinham por eles sacrificadas as regras da boa oratória.

Tal era o pregador, tal o homem que, todo ele entusiasmo e vigor, acudia à liça em prol do governo novo. Justificá-lo, dissipar a crença vã dos sebastianistas, convocar o povo à volta do trono, concitá-lo aos sacrifícios necessários, para assegurar a redenção da pátria, eis a sua preocupação viva nesse tempo, revelada nas formas da sua eloqüência. Qualquer que seja o assunto, tema ético, hagiografia ou passo da Escritura, lhe abre caminho aos intuitos do patriotismo. São Roque, advogado da peste, o conduz por transições singulares à questão candente dos tributos, que todos reputavam indispensáveis e ninguém pagava: "os muito poderosos por privilégio, os pouco poderosos por impossibilidade"[22]. As primeiras cortes tinham proposto os subsídios, quantos fossem precisos para a conservação do reino; promessa baldada, porque se não cobravam: peste da pouca fé no resultado da guerra. "Cada um trata de lançar a carga aos ombros do outro, e talvez caia no chão porque não há quem

---

[21] Ibidem, p. 263.

[22] Sermão de São Roque, *Sermões*, t. 9, p. 183.

a sustente". Como sempre, o sentimento da multidão mais voluntariamente se exprimia na ostentação de palavras do que na consciência dos sacrifícios a que ele obrigava. Fora inevitável chamar novas cortes, e em véspera delas o orador apontava o dever a cada um. Peste da pouca fé em que permaneciam muitos desesperando da vitória; peste na arrogância com que outros, jactanciosos de intrepidez, se não apercebiam para a guerra, não fortificando as praças por terem pela melhor muralha os peitos dos defensores, não se exercitando nas armas porque tudo supria o valor português. "É boa confiança esta com o inimigo à porta?" perguntava. "É mui demasiada e mui errada confiança."[23]

No sermão de Santo Antônio, a 14 de setembro, dia antecedente àquele em que se ajuntaram os Estados, volta Antônio Vieira a tratar da matéria ingrata e insiste na obrigação que a todos alcança. Igualdade perfeita. "Não há tributo", observa, "mais pesado que o da morte e contudo todos pagam e ninguém se queixa porque é tributo de todos."[24] Dessa vez é toda a gente chamada a contribuir: o povo, pagador de sempre, o clero isento e a nobreza privilegiada. As três classes do Estado correspondem aos três elementos de fogo, ar e água, que na química de Aristóteles e Plínio, melhorada pelo teólogo São Cromâncio, constituem o sal. Tema do sermão as palavras de Jesus: *Vós sois sal da terra*, do Evangelho de São Mateus. A cada elemento sua exortação, e por termo a síntese do laboratório da natureza aplicada à política.

Assim como o sal é uma junta de três elementos, fogo, ar e água, assim a república é uma união de três Estados, eclesiástico, nobreza e povo. O elemento do fogo representa o Estado eclesiástico, elemento mais levantado que todos, mais chegado ao céu e apartado da terra; elemento a quem todos os outros sustentam, isento ele de sustentar a ninguém. O elemento do ar representa o Estado da

---

[23] *Sermões*, p. 187.

[24] Sermão de Santo Antônio, *Sermões*, t. 9, p. 139.

nobreza, não por ser a esfera da vaidade, mas por ser o elemento da respiração; porque os fidalgos de Portugal foram o instrumento felicíssimo porque respiramos, devendo este reino eternamente à resolução de sua nobreza os alentos com que vive, os espíritos com que se sustenta. Finalmente, o elemento da água representa o Estado do povo (*Aquae sunt populi*, diz um texto do Apocalipse) e não como dizem os críticos por ser elemento inquieto e indômito, que à variedade de qualquer vento se muda, mas por servir o mar de muitos e mui proveitosos usos à terra, conservando os comércios, enriquecendo as cidades, e sendo o melhor vizinho que a natureza deu às que amou mais. Estes são os elementos de que se compõe a república. De maneira pois que aqueles três elementos naturais deixam de ser o que eram para se converterem em uma espécie conservadora das coisas, assim estes três elementos políticos hão de deixar de ser o que são, para se reduzirem unidos a um estado que mais convenha à conservação do reino. O Estado eclesiástico deixe de ser o que é por imunidade, e anime-se a assistir com o que não deve. O Estado da nobreza deixe de ser o que é por privilégios, e alente-se a concorrer com o que não usa. O Estado do povo deixe de ser o que é por possibilidade, e esforce-se a contribuir com o que pode. E desta maneira deixando cada um de ser o que foi, alcançarão todos juntos a ser o que devem, sendo esta concorde união dos três elementos eficaz conservadora do quarto[25].

Para cada classe, Vieira busca argumento que justifique a obrigação. Começa por distingüir que em matéria de tributos os seculares *pagam*, os eclesiásticos *dão*; e jogueteando com as palavras: "Os seculares *pagam* porque dão o que devem; os eclesiásticos *dão* porque pagam o que devem". Por isso a estes não recomenda que paguem, mas suplica que dêem, e ao darem chama liberalidade. "Liberalidade peço e não justiça, ainda que a ocasião presente é tão forçosa que a justiça vem a ser liberalidade."[26] Por esse modo

---

[25] *Sermões*, t. 9, p. 141.

[26] Ibidem, p. 144.

hábil, recorrendo à lisonja em vez de invocar o direito, persuade a relutância da Igreja. Bem devia ter presente o fato de ontem: que o investir contra as isenções do clero fora por muito na queda dos Filipes.

Com a nobreza duas razões ocorrem. A primeira de direito. As comendas e rendas da coroa são os fidalgos que as gozam, logo é justiça reverter à coroa aquilo que propriamente é dela. Assim, as águas dos rios voltam ao mar de onde se originam. A outra razão, de ordem sentimental, não é também despida de valor. "Já que a fidalguia de Portugal saiu com a glória de levantar o rei, não deve querer que a leve outrem a conservar e sustentar o reino." Queria efetivamente isso, e o orador o notava pouco antes, referindo-se ao tributo que as águas pagam ao mar. "A todos é coisa muito doce o receber, mas tanto que se fala em dar, grandes amarguras."[27]

Falando em seguida ao povo era outra a linguagem. Este paga por obrigação e sempre. "Não sei se por lei se por infelicidade", diz o orador, "o melhor é não saber porquê." Até a história natural nisso conspira. Entra então o inevitável apólogo do Evangelho, que é o fundo da concionatória Vieirina. "Indo propor São Pedro a Cristo que os ministros reais lhe pediam o tributo, respondeu o Senhor que fosse pescar, e que na boca do primeiro peixe acharia o didracma ou moeda."[28] Assim foi; e o peixe que deu o dinheiro do tributo, ficou conhecido como de São Pedro, e era o que Plínio denomina *Faber*. *Faber* quer dizer oficial do ofício. "De sorte, conclui o orador, que ainda no mar, quando se há de pagar um tributo, não o pagam os outros peixes senão o peixe oficial. Não pagou o tributo um peixe fidalgo senão um peixe mecânico."[29] Aqui vinha demonstrar àqueles, que não cabiam nos infinitos cacifos em que se subdividia a nobreza, a obrigação, própria só deles,

---

[27] *Sermões*, t. 9, p. 148.

[28] Idem, p. 142.

[29] Idem, p. 149.

de concorrerem. Mas não fez tal o astucioso. Como às outras duas classes, procura ganhá-los pela lisonja. Ouçamos.

Seguia-se agora, segundo a ordem que levamos, exortar o povo aos tributos; mas não comentarei eu tão grande crime. Pedir perdão aos que chamei povo, isso sim. Em Lisboa não há povo. Em Lisboa não há mais que dois Estados, eclesiástico e nobreza. Vassalos que com tanta liberalidade despendem o que têm, e ainda o que não têm, por seu rei, não são povo. Vai louvando o Esposo divino as perfeições da Igreja em figura da Esposa, e admirando o ar, garbo e bizarria com que punha os pés no chão, chama-lhe filha de príncipe. *Quam pulchri sunt gressus tui in calceamentis, filia principis!* Não há dúvida que no corpo político de qualquer monarquia os pés como parte inferior significam o povo. Pois se o Esposo louva o povo da monarquia da Igreja, com que pensamento ou com que energia lhe chama neste louvor filha de príncipe: *Filia principis?* A versão hebréia o declarou ajustadamente: *Filia principis, idest, filia populi sponte offerentis.* Onde a Vulgata diz filha de príncipe, tem a raiz hebréia filha do povo, que oferece voluntária e liberalmente. E povo que oferece com vontade e liberalidade, não é povo é príncipe. *Filia populi sponte offerentis: filia principis.* Bem dizia eu logo que em Lisboa não há três Estados, senão dois: eclesiástico e nobreza. E se quisermos dizer que há três, não são eclesiástico, nobreza e povo, senão eclesiástico, nobreza e príncipes. E a príncipes quem os há de exortar em matéria de liberalidade?[30]

E assim em feliz concordância fica estabelecida a equação. Vulgata e texto hebraico de acordo. O latim, incompreendido da parte do auditório a quem tocava, nessa mesma incompreensão fortalecia o vernáculo. O povo igual ao príncipe... *quando dá!* Que diria, estando presente, algum dos ouvintes do

---

[30] Ibidem, p.150.

sermão de 1639 na Bahia, ocasião em que o mesmo orador tanto mostrara desestimar o sangue plebeu?

II

O auxílio por esse modo prestado ao governo de D. João IV era precioso, não só pela imediata ação sobre os presentes, cativos da eloqüência, como depois pela maior publicidade do texto impresso. Os três sermões com significado político, o de Ano Bom, o de São Roque e o de Santo Antônio, foram logo dados ao prelo[31]. Lucrava com isso fama o pregador, mas era o ganho maior do trono a quem servia. Nesse tempo, em que à política faltavam meios eficazes de coordenar opiniões e vontades, o púlpito era a tribuna pública e o orador sagrado era porta-voz dos grupos em que se dividia o juízo da nação. As prédicas de Vieira, pelo concurso de ouvintes e influência da sua palavra, tinham por vezes aspecto de comícios, em que os negócios mais graves do Estado saíam a lume e por meio de alegorias da Bíblia se julgavam atos do governo e as individualidades mais altas dele. Nem o próprio soberano, na sua inviolabilidade, escapava às admoestações e à censura. "Sabei cristãos,

---

[31] Sermão que pregou o R. P. Antônio Vieira da Companhia de Jesus na capela real o primeiro dia de janeiro do ano de 1642. Lisboa Ofic. de Lourenço de Anvers, s. d. (no fim taxa de 1642), in-4º.

Sermão que pregou o padre Antônio Vieira da Companhia de Jesus na Casa professa da mesma Companhia em 16 de agosto de 1642. Na festa que fez a São Roque Antonio Tellez da Silva, do Concelho de Guerra de Sua Majestade Governador & Capitão Geral do Estado do Brasil &c. Lisboa Ofic. de Domingos Lopes Rosa, 1642, in-4º.

Sermão que pregou o R. P. Antônio Vieira da Companhia de Jesus na igreja das Chagas, em a festa que se fez a Santo Antônio aos 14 de setembro deste ano de 1642. Tendo se publicado as Cortes para o dia seguinte. Lisboa Ofic. de Domingos Lopes Roza e à sua custa, 1642, in-4º.

Todos várias vezes reimpressos.

sabei príncipes, sabei ministros, que se vos há de pedir estreita conta do que fizestes."[32] Aqui a generalização não excluía a alusão pessoal, somente a disfarçava; o orador tinha na ocasião queixas da coroa.

Não tinha todavia ainda chegado lá, e por enquanto sua intervenção em negócios públicos não era de censor, mas de adicto dedicado da coroa e do governo. Assim procedendo, Antônio Vieira não somente seguia uma inclinação pessoal, senão que também respondia ao sentimento unânime dos jesuítas portugueses. Tem-se exprobrado à Companhia que seus princípios a fazem repelir o patriotismo. É de fato um organismo cosmopolita e em que a cada membro se impõe sua tarefa sem respeito da nacionalidade. Dentro dela o antagonismo das procedências tem de coalhar em um sentimento comum de solidariedade. Em toda a parte onde os jesuítas se encontram em comunidade existe a mescla das nações; e a regra é sempre a mesma: a mesma a língua obrigatória, o latim morto, que exclui toda a idéia de pátria atual. As constituições determinam que em nenhum caso os da Ordem participem nas contendas dos príncipes.

Em Portugal, porém, nunca o preceito se teve em conta. Os jesuítas, manifestando-se contrários aos Filipes, faziam mais que intervir em contendas de príncipes; levantavam-se contra o mesmo poder estabelecido. Desde o primeiro dia repudiaram abertamente o domínio de Castela. Do púlpito faziam campanha contra esse domínio, com inquietação do governo, que procedeu contra alguns, impondo-lhes desterros. O padre Luís Alvares deixou nome pela intrepidez de seus ataques. Nem a presença do terrível Filipe II o atemorizou. Pregando em Évora diante dele, ousou aludir ao direito dos Braganças. Antônio Vieira nos conta a ação do padre com desvanecimento e esquecido de que antes procedera de modo totalmente oposto.

---

[32] Sermão da primeira dominga do Advento na capela real, em 1650. *Sermões*, t. 2, p. 182.

Quando el-rei D. Filipe II naquela catástrofe universal da nossa monarquia veio tomar posse dela e uni-la à sua, ouvindo sermão na igreja da Companhia de Jesus em Évora, de dia de São Filipe e Santiago, o pregador tomou o tema do Evangelho, e sem que a presença da majestade lhe impedisse a confiança disse: *Philippe, qui videt me videt et Patrem meum*, Filipe, quem me vê a mim vê a meu Pai. As palavras eram de Cristo, mas a alusão feria o direito da representação que estava vivo mas violentado na sereníssima pessoa da senhora D. Catarina (nome sempre fatal e propício a nosso remédio)[33], duquesa então de Bragança. Filipe como varão (estando ambos no mesmo grau) dizia que preferia a Catarina como mulher; e Catarina, posto que mulher, como filha do infante D. Duarte, dizia que preferia a Filipe. E assim era; porque sendo D. Duarte e a imperatriz Isabel irmãos, Filipe, posto que varão, representava a imperatriz que era mulher; e Catarina, posto que mulher, representava ao infante que era varão. Na tragicomédia dessas duas representações prevaleceu então a de Filipe, porque pleiteou armada; mas quando chegou o tempo decretado por Deus, levantando-se desarmada a razão, sentenciaram as armas por Catarina[34].

O final faz referência aos sucessos militares do reinado de D. Afonso VI que decidiram a contenda. Vieira alude ao famoso direito de representação, de Justiniano, alegado nas controvérsias a favor de D. João IV. No mesmo templo e no mesmo púlpito, porque pregava na sua igreja do colégio, na Bahia, em 6 de janeiro de 1641, reconhecera a herança do *invictíssimo* Filipe IV o Grande.

O que parece contradizer a afirmação de serem os jesuítas adversos ao regime intruso; mas não há tal. Com os que mais ou menos se manifestavam contrários coexistiam os oportunistas. Esses, como Vieira, aceitavam os fatos quais eram, sem se entregarem a lucubrações de política de dinastias. Mas no fundo de cada um jazia o sentimento hostil, que achando um modo de se

---

[33] Lisonja à infanta D. Catarina, viúva de Carlos II de Inglaterra.

[34] Sermão do felicíssimo nascimento da sereníssima infanta Tereza Francisca Josefa. *Sermões*, t. 10, p. 187.

formular, impreciso e por isso sem perigo, por não representar ataque direto à soberania, o adotou por expressão. Foi, não há dúvida, o sentimento pátrio que levou os jesuítas a explorarem a ficção de sebastianismo. A submissão aos reis intrusos era o forçoso transigir com o inelutável. Nem todos aceitavam a realidade da visão sebástica, mas todos eram intimamente contrários a Castela. Quando Vieira, nos sermões da Bahia, rasgava sedas a Filipe IV, procedia como oportunista, aceitava o existente; faltava-lhe a decisão de Luís Álvares e dos outros confrades, que no primeiro reinado espanhol combateram o regime. Mas, ao vir a Restauração, abraçou-a férvido; o sonho o tinha deixado indiferente; a realidade, chegando, acordou-lhe o patriotismo.

Ninguém mais que os jesuítas tinha celebrado a aclamação; eles pareciam ser coluna indispensável do trono recente; e contudo a aliança esteve a pique de ser rota, e por motivo, na origem, em extremo frívola. Entre os privilégios dos jesuítas de Évora havia o de ter a universidade mercado seu semanalmente, para nele se prover o colégio e o pessoal da casa; das sobras se fazia venda pública sob a inspeção do almotacé, nomeado pelo reitor. Em terça-feira 9 de dezembro de 1642, na ocasião em que o comprador da Inquisição ajustava certo lote de maças, tomou-as para si um da universidade; disputaram os dois; e chamado o almotacé decidiu a favor do estudante, seu companheiro. Do mercado passou o conflito ao tribunal do Santo Ofício; houve processo por desatenção a seu foro; jesuítas presos; reclamações ao rei; apelação à Santa Sé, e tomando D. João IV a parte dos inquisidores, o provincial da Companhia, padre Antônio Mascarenhas, escreveu-lhe em termos acrimoniosos, molestado da parcialidade, e recordando-lhe os serviços que à coroa e à casa de Bragança, antes e depois da aclamação, tinha prestado a Ordem. A questão revertera por fim sobre que privilégios deviam preferir no distrito da Inquisição de Évora, se os da universidade, se os do Santo Ofício. D. João IV, em alvará, perentório nos termos, decidiu pelos últimos[35]. Os jesuítas não se

---

[35] Alvará de 28 de maio de 1643.

conformaram e ainda em 1645 buscavam em Roma dar cheque aos inquisidores por um breve do pontífice. Esse conflito dos dois poderes que davam a norma à vida da nacionalidade, não se aplacou nunca mais; na aparência extinto, somente mudou de objeto; reviveu em forma e atingiu seu cume na regência de D. Pedro II. Nessa época tocou a Vieira a parte preponderante.

Por enquanto, se a não teve, mal poderia ficar-se apartado da pendência de que saía seriamente ferido o prestígio do seu instituto. Lançou-se ardidamente na luta com o ímpeto do seu gênio batalhador, e o golpe que desfechou foi dos que mais no vivo podia sentir o adversário. A posição de influência que adquirira no paço dava-lhe aso a intervir de modo eficaz. Não tentou sustentar os direitos da Companhia, e contrariar a opinião régia, o que seria inábil. Aplicando o princípio, que no sermão proferido em Reis, 1641, na Bahia encarecera os homens de guerra, a saber, que "verdadeira guerra ofensiva é a que ofende ao competidor dentro de suas terras"[36], foi atacando a Inquisição no mesmo terreno em que vindicou os privilégios da Companhia de Jesus. Humilhando o adversário recuperava ela a primazia; e assim, para o abater, Vieira tentou nada menos que empecê-la no seu ministério, subtrair-lhe vítimas e diminuir-lhe a ação expurgadora. Abrir os cárceres, solicitando em Roma perdão geral das heresias até a data; chamar ao reino os hebreus foragidos, com segurança de não serem incomodados por motivos de fé; modificar nos processos de judaísmo as praxes do Santo Ofício em sentido favorável aos futuros réus. Começou por tentear a Sebastião César de Menezes, que, embora deputado do Santo Ofício, mais político que inquisidor, se deixou ganhar pelas razões aduzidas, e pediu que as desse por escrito, para submeter ao rei. Vieira assim fez: é o papel que anda em suas obras impressas com o título de *Proposta feita a el-rei D. João IV, em que se lhe representava o miserável estado do reino, e a necessidade que tinha*

---

[36] *Sermões*, t. 7, p. 382.

de admitir os judeus mercadores que andavam por diversas partes da Europa[37].
Transcrito de mão estranha e sem o seu nome.

Desse modo o jesuíta podia patrocinar o projeto evitando o risco de que ele fosse tido como ataque da Companhia ao Santo Ofício; e de fato o fizera com tal arte que nenhuma referência contém hostil ao tribunal. Só uma vez e acidentalmente o mencionava: "E porque são duas as causas que desnaturalizaram deste reino os homens de negócio, ou as culpas de que estão acusados na Inquisição, ou o receio com que as coisas da fé se tratam em Portugal...". Unicamente isto e nenhuma outra direta referência.

O fundamento é a situação arriscada do país. "O reino de Portugal, Senhor, não melhorando do estado em que de presente o vemos, tem muito duvidosa a sua conservação." Mostra os perigos da guerra com Castela, a deficiência de recursos no interior, a incerteza do socorro do estrangeiro. Todas as nações da Europa, quando não francamente contrárias, apartadas. "O Papa não recebendo o nosso embaixador; Dinamarca não admitindo a confederação; Rússia não continuando o comércio; Holanda não guardando amizade; França, que é a mais obrigada, não nos mandando embaixador assistente." Isto pelo lado político. Economicamente, padecia a nação as conseqüências da perda das colônias, arrebatadas pelos holandeses. O Brasil definhava, senhoreado em parte por eles; sem moeda, pela separação do rio da Prata que ficara castelhano; sem escravos, por ter passado Angola aos holandeses. Os mercadores estrangeiros, receosos, não mandavam a Portugal as fazendas; os nacionais passavam a terras estranhas seu cabedal. Tal era o quadro aflitivo; tudo perigos para a vida da nação, tudo ameaças de ruína. Situação de angústia, mas que não era todavia sem remédio; e este ei-lo aqui:

Por todos reinos e províncias da Europa está espalhado grande número de mercadores portugueses, homens de grandíssimos cabedais, que trazem em suas

---

[37] *Obras inéditas*, t. 2, p. 29 e ss. Publicado pela primeira vez nas *Vozes Saudosas*, 1736.

mãos a maior parte do comércio e riquezas do mundo. Todos estes, pelo amor que têm a Portugal, como pátria sua, e a Vossa Majestade, como seu rei natural, estão desejosos de poderem tornar para o reino, e servirem a Vossa Majestade com suas fazendas, como fazem aos reis estranhos. Se Vossa Majestade for servido de os favorecer e chamar, será Lisboa o maior império de riquezas, e crescerá brevissimamente todo o reino a grandíssima opulência, e se seguirão infinitas comodidades a Portugal, junto com a primeira e principal de todas, que é a sua conservação.

Porque primeiramente se diminuirá em grande parte o poder de nossos inimigos castelhanos e holandeses, pois os homens de negócio portugueses (que são os que em Madri e Sevilha assistem aos assentos da fazenda real, tomando e repondo sobre o seu crédito muitos milhões enquanto não chegam as frotas) podem, ainda na maior necessidade, sustentar o peso da guerra, e as despesas excessivas dos exércitos, que sem a assistência destes homens sairão dificultosas e quase impossíveis.

Os holandeses da mesma maneira ficarão muito diminutos no poder de suas companhias, com que nos têm tomado quase toda a Índia, África e Brasil; porque ainda que os mercadores portugueses não sejam as pessoas imediatas das Bolsas, entram nas mesmas companhias com grandes somas de dinheiro, que, divertidas de Portugal, não só lhe fazem grande falta, mas também grande guerra.

E não só virão para este reino os moradores, que agora são de Holanda e Castela, mas os de França, Itália, Alemanha, Veneza, Índias Ocidentais, e outros muitos, com que o reino se fará poderosíssimo, e crescerão os direitos das alfândegas de maneira que eles bastem a sustentar os gastos da guerra, sem tributos nem opressão dos povos, com que cessarão os clamores e descontentamentos.

Pagar-se hão os juros, as tenças e os salários, a que as rendas reais hoje não chegam, e terão os vassalos com que ir servir, pois a impossibilidade retira a muitos da campanha. Crescerá a gente, que é uma parte do poder, e estará o reino provido e abundante.

[...] Terá Vossa Majestade número grande de poderosos navios de seus vassalos, sem os comprar nem alugar aos estrangeiros... Finalmente estes homens hão de meter neste reino grande número de milhões, dos quais se poderá Vossa Majestade socorrer em um caso de necessidade.

Painel risonho! E o Pactolo prometido certo havia de seduzir os que tinham a seu cargo um erário miserável. Aqui pela primeira vez se topa a sugestão das companhias de comércio, que Vieira de então por diante não deixa nunca mais. "E se os holandeses não quiserem vir em alguma conveniência sobre as praças que nos têm tomado, será Vossa Majestade quem levante companhias contra as suas."

À objeção, de fundo religioso, que se podia fazer à vinda para o reino dos cristãos novos emigrados, replicava com o exemplo de todos os príncipes da cristandade, não excluindo o pontífice.

Não podemos negar aos Reis Católicos serem muito zelosos da religião cristã, e sabemos que admitem os homens de nação, e que os chamam e convidam para seus reinos, como fizeram nestes anos próximos a tantas mil casas de portugueses, a quem entregaram os assentos e contratações reais, por experimentarem neles mais fidelidade e menos interesse que nos genoveses.

Os reis de França, no nome e nas obras cristianíssimos, e particularmente em nossos dias Luís XIII o Justo (tão grande defensor e propagador da fé, que por estender a religião católica quase destruiu o seu reino arrasando tantas cidades de hereges) tão longe esteve de despedir de França os mercadores de nação, que no mesmo tempo lhes estava fazendo grandes favores, e se servia muito deles, e se ajudava de suas fazendas, para sustentar os seus exércitos nas empresas em que Deus o ajudou tanto. O mesmo favor lhes continuou a rainha regente, e o novo rei Luís XIV, o Imperador, a república de Veneza, os duques de Florença; e todos os potentados católicos guardam o mesmo estilo.

Finalmente, o sumo pontífice, vigário de Cristo, não só admite os que nós chamamos cristãos novos (entre os quais e os velhos nenhuma diferença se faz em Itália) senão que dentro da mesma Roma e em outras cidades consente sinagogas públicas dos judeus que professam a lei de Moisés. Pois se na cabeça da Igreja se consentem homens que professam publicamente o judaísmo, porque não admitirá Portugal homens cristãos batizados, de que só pode haver suspeita que o não serão verdadeiros?

Mais razões ainda: a Lisboa e a outras cidades vinham hereges de Holanda, França e Inglaterra a fim de comerciarem; o exército mantinha a soldos excessivos oficiais luteranos e calvinistas; porque não se haviam de admitir os cristãos novos, que não vinham para levar dinheiro mas enriquecer o país; nem a profanar os templos, senão, muitas vezes, a edificá-los, como se via? Além do mais, as profecias transferidas do sebastianismo para D. João IV diziam que *ao rei encoberto virão ajudar os filhos de Jacó*; o Encoberto era ele; quem senão os cristãos novos podiam ser os indigitados na profecia?

Alheio como parece o escrito a toda a controvérsia sobre o Santo Ofício, não há duvidar que o feria no coração. Aparecia no momento crítico em que os jesuítas saíam batidos pelo Alvará de 28 de maio de 1643, que decidiu a questão das precedências em favor do tribunal, e coincidia com as tentativas que contra este se faziam em Roma, onde o assistente de Portugal, padre João de Matos – dizia a Inquisição que de acordo com os cristãos novos – pugnava por que se modificasse a forma do processo nas causas de fé[38]. Isto leva a crer não tomaria Vieira a iniciativa sem o assentimento dos superiores; todavia pode ser excedesse o que eles então queriam. A aura de que na corte gozava, os êxitos de orador aclamado, a vaidade que foi sempre achaque seu, assaz o instigavam à independência. Sem embargo da intenção, toda em favor dos seus, não espantaria surdisse daqui o descontentamento que esteve a ponto de redundar em sua expulsão da Ordem. De toda a maneira é certo que o

---

[38] Consulta que em 11 de novembro de 1644 fez a el-rei o Conselho Geral do Santo Ofício sobre o procedimento dos jesuítas. Bibl. de Évora, cod. CI, fol. 261/I -2.

modo da sua intervenção não foi em geral acolhido com agrado, mormente quando mais tarde, por imprudência sua ou indiscrição de amigos, se tornou a proposta pública.

Não menos de atender era a circunstância grave de ofender aquela o sentimento, por assim dizer unânime, da nação. Uma das queixas, e não das menores, alegadas contra os Filipes era a de favorecerem os hebreus[39]. As cortes de 1641, em vários capítulos, se tinham manifestado contra eles, pedindo fossem excluídos de honras e cargos, e igualmente os cristãos velhos que contraíssem casamento em famílias com mácula de judaísmo. Por seu turno, os espanhóis acusavam perante o papa a D. João IV de chamar ao reino os portugueses judaizantes que andavam no estrangeiro, imputação com empenho repelida de seus delegados em Roma[40]. Tudo isso mostra quanto era a proposta arriscada e temerário o autor dela, e faz crível que a maioria dos sócios não o acompanhassem no excesso.

É de notar que mesmo dentro da Companhia nem todos aprovavam o proceder dos jesuítas de Évora. Um desses, o padre Nuno da Cunha, religioso dos mais considerados da província portuguesa, e que estava para ir em breve exercer o alto cargo de assistente do Geral, opinava pelo recurso a Roma, mas tinha por duvidoso o êxito na corte. Entrar em guerra declarada com o Santo Ofício era grave, e o tribunal, pelo seu papel de defensor da fé, pela influência pessoal de seus membros, pelas ligações inúmeras de seus familiares e funcionários, exercia na opinião pública uma ação eficaz, que de nenhum modo convinha desprezar. Sequazes do Santo Ofício não faltavam entre os jesuítas, e se estes a tudo sobrepunham a grandeza do próprio insti-

---

[39] *Justificação dos portuguezes sobre a acçam de libertarem seu reyno*. Lisboa, 1643. O capítulo 8 dessa obra tem por título: "Quiz (Filipe IV) introduzir neste Reyno a Ley de Moysés"; e o capítulo 9: "Continua-se a sem razão de quererem introduzir neste Reyno a Judiaria".

[40] *Manifesto do Reino de Portugal à Santidade de Urbano VIII*. Lisboa, 1643. Atribuído a Pantaleão Rodrigues Pacheco, p. 52 e ss.

tuto, não desejavam todavia ver diminuídos os poderes da fé, que o tribunal representava, contra o judaísmo. Havia mais os despeitados pelos triunfos de Vieira no púlpito, e pela sua privança com o rei; os pregadores antigos que tinham visto o adventício, moço ainda, nesse ano nomeado pregador régio; os ciosos da casa, pois ele era súdito de outra província, a quem a entrada vitoriosa do hóspede no íntimo molestava: todos esses tomavam posição contra o intruso e lhe faziam guerra, se não de modo aparente, usando dos meios que a organização interna da Sociedade lhes punha ao dispor.

Dentro da instituição democrática da Companhia de Jesus, onde um professo momentaneamente pode ascender ao mais alto cargo ou ser apeado ao mais humilde, é a vigilância recíproca a base da disciplina, e a ela ninguém se subtrai.

O superior vigia os seus subordinados e estes o superior. Do Geral da Ordem ao padre que governa a mais afastada residência, todo jesuíta que exerce uma função dirigente tem a seu lado um fiscal, com o nome de consultor, admonitor, sócio ou síndico, que o adverte e sendo preciso relata sobre ele. O admonitor do Geral vigia-lhe o procedimento, sobretudo no que diz respeito à vida privada, aconselha-o e, em caso de necessidade, pode mesmo convocar a Congregação Geral. De baixo para cima, pela ordem hierárquica, os admonitores e os consultores transmitem o resultado de suas observações: os das casas diversas ao provincial, os das provinciais ao Geral. Também de religioso a religioso se exercita a vigilância. Ao entrar na Companhia, cada noviço tem um companheiro nomeado para o instruir nas suas obrigações e o advertir quando venha a praticar alguma falta, esse companheiro recebe o título significativo de *anjo da guarda*. O hábito de receber e fazer advertências, incontestavelmente útil, é natural que muitos o conservem; mas além disso todos os membros da Sociedade podem, e provavelmente devem, referir aos superiores as faltas de seus companheiros. Para ser admitido ao noviciado o postulante tem de declarar a sua aquiescência a que dos erros e defeitos que nele notarem, não sendo em confissão, dê quem os descobrir conhecimento aos superiores. Em exigir o assentimento, a Regra, com assaz clareza, incita ao ato correspondente, que em certos casos, como no regime das casas de ensino, impõem as Constituições. A isto se juntam os catálogos com as notas particulares sobre cada religioso, que periodicamente das diferentes casas recebem os Provinciais e por seu turno enviam ao Geral, e eis completa a trama de informações, por meio de que pode este último reger o corpo inteiro da Sociedade *para a melhor glória de Deus*, segundo a frase dos estatutos[41]. E assim, pela sabedoria da Regra, todas as vontades se coordenam pelo sentimento comum da disciplina, ou, como diz um jesuíta respeitável e respeitado, o padre Ravignan, todos na Companhia, de alguma maneira, concorrem para o exercício da autoridade[42].

---

[41] Vejam-se os artigos correspondentes. Sobre a declaração prévia: *Const. Exam. Gen.*, cap. IV, p. 9: "Ad majorem in spiritu profectum, et praecipue ad majorem submissionem, et humilitatem propriam interrogetur an contentus sit futurus, ut omnes errores et defectus ipsius, et res quaecunque, quae notatae in eo, et observatae fuerint, Superioribus per quemvis qui extra confessionem eas acceperit manifestentur".

Sobre as universidades: *Const. IV*, cap. XVII, p. 7: "Erit Syndicus unus generalis, qui tam de personis quam de rebus, de quibus videtur Rectorem et Praepositum Provincialem et Generalem admoneat... Praeter hunc suos habebit syndicos particulares Rector, ut quae quavis in classe acciderint quibus providere oporteat ad ipsum referant". Ibidem, decl. I: "[...] Et cum vellet Praepositus Generalis vel Provincialis pleniorem rerum notitia, non tantum Collateralis, Syndicus et Consultores de Rectore, deque omnibus aliis scribent, verum etiam quisque Magistrorum et Scholasticorum approbatorum et Coadjutorum quoque formatorum scribet, quid de omnibus, ac etiam de Rectore sentiat".

Sobre os catálogos: *Const. VIII*, cap I, decl. N: "Ad clariorem omnium cognitionem, quarto quoque mense mittatur Praeposito Provinciali ex singulis Domibus vel Collegiis brevis catalogus, isque duplex, omnium quae in ea Domo sunt[...] breviter perstringendo dotes uniuscujusque. Et Provincialis eodem modo singulis quadrimestribus exemplum catalogorum cujusvis Domus et Collegii, Generali transmittet. Ita enim melius intelligentur, quae ad personas attinent: meliusque totum Societatis corpus ad Dei gloriam regi poterit". A circunstância de serem os catálogos em duas vias faz crível a asserção de Hoensbroech (*14 Jahre Jesuit*, v. 2, p. 84) segundo a qual contêm uma delas as notas secretas, relativas a cada um.

[42] *De l'existence et de l'Institut des Jésuites*, Paris, 1862, p. 105.

Nem sempre, todavia, apenas pelo bem da disciplina. Não raro, como é próprio da fraqueza humana, assume na consciência o que é meramente paixão o aspecto do dever. Foi o caso na hostilidade que então Vieira experimentou na Companhia. Ele, é certo, por muitos modos oferecia tema aos reparos dos zelotes. O mundo novo em que chegando à corte entrara o tinha deslumbrado, e o fazia viver como em sonho, esquecido das virtudes do cenóbio, da humildade, da modéstia, do silêncio, tão recomendados pelos ascetas; algumas vezes também acaso da oração. O obséquio dos grandes e a lisonja do aplauso ao pregador eram fumos que o inebriavam e traziam alheado do que era para ele a vida real. Os superiores queriam-no para o púlpito onde seus dotes tanto o faziam brilhar; não porém talvez no sentido especial para que ele em todas as suas ações se inclinava. No paço discreteando com os cortesãos e ministros, no púlpito nas interpretações singulares da Escritura, no cubículo em cogitações e escritos, o norte de sua razão era a política. Todo o seu pensar ia aos negócios do Estado. A modéstia tão recomendada, a submissão, mal deviam quadrar a quem vitorioso argumentava entre os grandes. Para as devoções de preceito nem sempre o tempo sobraria. A olhos prevenidos, nele fitos, não podiam faltas semelhantes escapar. Isso confirmam as notas mandadas para Roma pelos superiores. O tempo era-lhe tomado pelas ocupações mundanas, não lhe restando o preciso para as obrigatórias rezas. Levantava-se tarde, e, ausente de casa todo o dia, raras vezes comparecia ao refeitório, comendo fora ou separadamente, o que também de fora lhe mandavam. Com ofensa da modéstia, imposta pela regra, andava pela cidade em liteira; provavelmente indo para o paço. Reparos ainda mais graves lhe haviam de fazer posteriormente[43].

---

[43] Cf. "O padre Antônio Vieira, contradições e aplausos à luz de documentos inéditos", pelo Padre Francisco Rodrigues S. J., em *Revista de História*, vol. 11, p. 86.

Vieira completara os 35 anos de idade, tinha vinte de religioso, nove de sacerdote, e não era ainda jesuíta completo, isto é, com a categoria de professo. Faltava-lhe a consagração dos votos solenes: os três primeiros de obediência, castidade e pobreza, já proferidos ao sair do noviciado, e que, renovados periodicamente, se tornam por esse último ato definitivos; e o quarto, de obediência ao papa, particular da Companhia de Jesus. Só então solve o jesuíta a promessa, feita com os primeiros votos, de se dar inteiramente à Ordem; só então nela tem prerrogativas e a sua carreira principia.

A essa passagem de estado precede um período de recolhimento em que se repete o treino do noviciado. Nenhum estudo se permite, seja aprender matéria nova, seja recordar as antigas. Exercícios espirituais completos, meditação, exercícios de memória, labores manuais, do mesmo modo que os impostos aos noviços, sem excetuar os da cozinha. É o *terceiro ano de provação*, a que chamou santo Inácio a *Escola do afeto*; as lições últimas que levam à perfeição na humildade, e na abnegação da vontade, do juizo próprio e dos impulsos da natureza inferior. Daí por diante está o padre apto para a sua missão no mundo, como a entendeu o fundador.

Escapou ao biógrafo André de Barros mencionar a data em que Antônio Vieira pronunciou os últimos votos. Sabemos, porém, pela carta do padre Andreoni, reitor do Colégio da Bahia, ao Geral, após a morte dele, que foi a 26 de maio de 1644[44]. O ano de provação retrai pois a 1643, época em que muito o desvelava o assunto dos cristãos novos. Certo que a paz e isenção de espírito desse período faltavam ao futuro professo, distraído por idéias pertencentes à política das meditações cristãs.

A proposta em favor dos hebreus expatriados data de 3 de julho. Mesmo sendo um ataque aos inimigos da Companhia, haveria de estranhar-se que

---

[44] Publicada no tomo 14 dos *Sermões*, edição de 1710, e nos *Anais da Biblioteca Nacional do Rio de Janeiro*, vol. 19. Os catálogos da Companhia, de 1649 e seguintes, apontam o ano de 1645. O padre Francisco Rodrigues, no estudo citado anteriormente, supõe que o padre Andreoni tenha se enganado.

dentro dela os puros, para quem está a Regra superior a tudo, se não escandalizassem do ato intempestivo.

Já professo, reata Vieira o fio da ação política, interrompido nos meses de recolhimento, certamente incompleto, que lhe constituíam a provação. Separado nesse tempo dos livros e do contato do mundo, vivera muito sozinho com suas idéias, e algumas não desconvinham ao ambiente místico que as circunstâncias lhe impunham; tal a do império do mundo que o Bandarra, já então seu oráculo, tinha profetizado; com isso se ligava a readmissão dos hebreus, primeiro passo para a conversão total, que no prometido império se havia de verificar.

A 21 de agosto, três meses depois dos votos, pregando sobre São Roque, no primeiro aniversário do infante D. Afonso, Vieira promete a D. João IV, fundado nessas profecias, a monarquia do Universo. Daí, deixando a política ideal, passa ao domínio dos fatos, para considerar as relações com a Holanda, o perigo da guerra com a República, e a defesa por meio do auxílio que poderiam prestar os judeus seus protegidos. Perigo impossível, lhe objectavam, dizia ele, os de contrária opinião, que à míngua de razões o impugnavam com o descrédito pessoal. O sermão, ele o declara, era uma apologia contra aqueles portugueses – "se é que verdadeiramente o são", acrescentava, tanta acrimônia havia na controvérsia! – que por esse modo lhe respondiam; provavelmente os conselheiros da coroa. Desses, em presença do rei, que acaso no íntimo o aplaudia, apelava para o auditório de gente grada e fidalgos que pejava a capela real. Submetia-lhe o seu plano, que pela primeira vez agora vinha a público, imitado dos holandeses: "duas companhias mercantis, uma oriental e outra ocidental, cujas frotas, poderosamente armadas, tragam seguras contra Holanda as drogas da Índia e do Brasil"[45]. Do produto dessas drogas se tirariam os recursos para sustentar a

---

[45] *Sermões*, t. 11, p. 155.

guerra com Castela. Plano acabado, solução fácil dos embaraços da ocasião. E para realizá-lo bastava compartirem os cristãos novos nas companhias.

A muitos horrorizava o alvitre por contrário aos interesses da religião; "pela mistura do dinheiro menos cristão com o católico", notava o pregador com zombaria. Contra essa razão buscava argumentos e se defendia de mal concebidas suspeitas.

Não houve no mundo dinheiro mais sacrílego que aqueles trinta dinheiros por que Judas vendeu Cristo. E que se fez deste dinheiro? Duas coisas notáveis. A primeira foi que daquele dinheiro se comprou um campo para sepultura de peregrinos; assim o diz o Evangelista, e assim o tinha Deus mandado pelo Profeta. Houve no mundo maior impiedade que vender a Cristo? Nem a pode haver. Há no mundo maior piedade que sepultar peregrinos? Não a há maior. Pois eis aqui o que faz Deus quando obra maravilhas: que o dinheiro que foi instrumento da maior impiedade passe a servir as obras da maior piedade. Serviu este dinheiro sacrilegamente à venda de Cristo? Pois sirva piedosamente à sepultura dos peregrinos. Esta foi a primeira coisa que se fez dos trinta dinheiros. A segunda foi que mandou Cristo a el-rei D. Afonso Henriques que destes trinta dinheiros, e mais das suas cinco chagas, se formassem as armas de Portugal: "Comporeis o escudo das vossas armas do preço com que eu comprei o gênero humano, que são as minhas cinco chagas, e do preço com que os judeus me compraram a mim, que são os trinta dinheiros de Judas". Há coisa mais sacrílega que os trinta dinheiros de Judas? Há coisa mais sagrada que as cinco chagas de Cristo? E contudo manda Deus ao primeiro rei português que componha as armas de Portugal das chagas de Cristo e mais do dinheiro de Judas: para que entendamos que o dinheiro de Judas cristamente aplicado nem descompõe as chagas de Cristo nem descompõe as armas de Portugal. Antes compostas juntamente de um e outro preço podem tremular vitoriosas nossas bandeiras na conquista e restauração da fé, como sempre fizeram em ambos os mundos. E se Deus compôs assim as armas de Portugal, se Deus não achou inconveniente nesta união, que muito é que o imaginasse assim um homem? Ora perdoai-lhe, quando menos, que tem bom fiador o pensamento[46].

O argumento, especioso e elegante, convencia talvez o auditório, mas era sem dúvida imodesto. Alguns, os êmulos do pregador, não deixariam de lhe notar a presunção do símile com a divindade. A nós o que nele interessa é o empenho da defesa pessoal, que mostra quanto era viva a oposição à idéia e geral o clamor contra o homem. Menos combatido, a ocasião prestar-se-ia à proposta de se chamarem os judeus para o reino. Da que fazia então a essa outra mais cabal, a distância era ínfima; mas não se atreveu a transpô-la. Contentou-se de trazer o plano das companhias do secreto dos conselhos para a publicidade da tribuna. E que tribuna! Não a dos comícios em que se tratam os interesses dos homens, mas aquela que servia de veículo à palavra divina.

Grande fora a novidade; grande igualmente devia ser o escândalo.

Com o sermão, por meio do qual tentava o orador trazer para seu lado . opinião pública, e com ela forçar a decisão dos conselhos, coincidiu provavelmente a aparição na imprensa da proposta sobre os cristãos novos. Poucos exemplares se espalharam, porque foi apreendida a edição por ordem do Santo Ofício. Acaso por complacência do soberano com o tribunal onipotente. De toda a maneira é certo não ter ficado por isso de mal com o pregador.

Entre os jesuítas é que muito crivelmente os dois acontecimentos fizeram transbordar a medida. Não tinha chegado ainda a sazão em que eles abertamente se iriam pôr ao lado dos cristãos novos. As imprudências de Vieira ameaçavam agravar as condições do conflito com o Santo Ofício, que não faltaria a lançar suspeitas sobre os jesuítas, taxando-os de protetores da heresia.

---

[46] *Sermões*, t. 11, p. 156.

Conjuntamente outra razão de descontentamento surgia contra o jesuíta valido. Por instigações dele, segundo afirmavam os consócios, pelo menos com aprovação sua, entendera D. João IV que era demasiado extensa a província portuguesa da Companhia, e convinha se dividisse, exigindo para esse fim que do Alentejo, Ilhas e Angola se formasse outra autônoma. Conveniente ou não, a idéia sempre repugnou à Sociedade, e na ocasião constituiu mais um motivo de queixa contra Vieira. Dos principais opositores foi o padre Nuno da Cunha, jesuíta de categoria, que ainda depois, quando assistente do Geral, combatia a divisão; e daí talvez provém a hostilidade surda que mais de uma vez manifesta Vieira para com ele na sua correspondência[47]. Assim que muitos consideravam já elemento perigoso aquele de quem a princípio tanto se ufanava a Companhia. Trabalhou a máquina das denúncias e afinal, assediado de queixas, mandou o Geral que o despedissem da Ordem.

O caso ocorreu em 1649, depois que foi criada a companhia de comércio dos cristãos novos, por recomendação de Vieira, de onde resultou um grave conflito entre a coroa e o Santo Ofício; e não em 1644, quando veio a público impressa a proposta para serem admitidos no reino os judeus refugiados em países estranhos, como a narrativa do padre André de Barros pela ordem dos acontecimentos permite inferir[48]. Na ocasião haveria somente o propósito de lhe infligir alguma pena disciplinar, o que D. João IV impediu com a seguinte carta peremptória:

---

[47] Sobre esse mesmo assunto, escrevia Vieira de Haia ao marquês de Niza em 12 de janeiro de 1648: "Acabo como V. Ex.ª com o padre Nuno da Cunha na boca, cujos modos não estranho, e sem V.Ex.ª me mostrar as cartas conjecturo o que elas podem dizer em razão desta minha jornada porque não são as primeiras que vi... Eu lhe perdôo, mas Deus me vinga, porque tenho aviso de Roma que muito a seu pesar vai em bom termo o negócio da divisão das províncias". *Cartas*, t. 4, p. 154.

[48] Veja-se o estudo supramencionado do padre Francisco Rodrigues, *Rev. de Hist.*, p. 89 e 90.

D. JOÃO IV AO PROVINCIAL DA COMPANHIA

Padre Antônio Mascarenhas. Eu el-rei vos envio muito saudar. O padre Antônio Vieira fez um papel em que me representava alguns meios em ordem à conservação deste reino; e ainda que foi conveniente recolher-se, por se haver publicado (posto que sem culpa sua) contra o que pedia a importância da matéria e o segredo dela. Eu me não houve por desservido do seu zelo; e assim quero que o tenhais entendido, e que me haverei por bem servido de que por esta causa não padeça vexação, e vo-lo encomendo assim o mais apertadamente que posso; e encarreguei-lhe fizesse uma Política para o príncipe: ordenareis que se lhe dê toda a comodidade necessária para esta obra. Escrita em Lisboa a 6 de setembro de 1644. *Rei*[49].

Podia a Companhia de Jesus proceder contra um sócio em cujo favor de modo tão instante se pronunciava o monarca, e a quem na ocasião escolhia para instruir seu sucessor na arte do governo? Mas não se limitou a isto o favor de D. João IV. Nesse mesmo ano recebia Vieira o diploma de pregador régio. Em abril fora passado a favor de Cristóvam Vieira Ravasco, seu pai, alvará de promessa do hábito de Cristo e tença de 40 mil-reis, que em 1646 se cumpriu. Entre o padre e o soberano se apertavam os laços da recíproca amizade cada dia mais. *Sua Majestade cuida que ele é o primeiro homem do mundo*, escrevia para Roma um confrade invejoso[50], e na realidade assim era. A ordem sobre a composição do tratado de política devia ser um pretexto; não consta que jamais fosse ao menos começado.

---

[49] *Provas da Dedução Cronologica*, 1768, p. 108.

[50] *Rev. de Hist.*, v. 11., p. 90.

III

Decorrera anuviado o ano da provação de Vieira; anuviados os primeiros meses da profissão; mas entrara por fim a paz no seu estado de religioso. As disposições relativas aos sujeitos nesse último período da provação prescrevem-lhes a abstenção de toda a conjectura sobre o destino que lhes dará em seguida a Companhia e recomendam que, com indiferença completa, aguardem as determinações dos superiores. Não é dificultoso acreditar obedecesse a Vieira ao preceito. Para que conjecturar onde não faltava a certeza? O seu futuro era no paço, a discutir negócios do Estado, e na confidência do monarca; no púlpito a deslumbrar com sua palavra as multidões, a colher fama de que se ataviava a Companhia. Certa promessa de vida obscura e renúncias, que em outros tempos havia proferido, ficava muito para trás, nos anos inexperientes da quase puerícia. Longe se achavam eles já, assim como dos selvagens a quem então quisera dedicar os dias todos quer no mundo passasse. Outros justificados desejos, outros deveres de consciência o chamavam a empregar em campo diverso, mais à vista dos homens, para glória da Ordem, os dotes com que o enriquecera o Criador.

Recebido o preito do aluno irrequieto, a Companhia, mãe benigna, deixava-o escolher ele próprio a sua carreira. Depois dos últimos incidentes o seu conselho tinha-se por indispensável no paço, e não desprezava ele ocasião de o oferecer. Em todos os assuntos o dava, em muitos lho pediam, e até, o que pode parecer singular, nas coisas de guerra. "Obedeço a V. S.ª", assim dizia em carta ao secretário de Estado, "e ponho em papel o que de palavra lhe respondi acerca da guerra que convém fazer a Castela e dos cabos a que se deve fiar"[51]. Assim sobre estratégia e direção das tropas se buscava o voto de um padre. Grande devia ser a fascinação dele nos que governavam para tal suceder.

---

[51] *Cartas*, t. 2, I, na edição de 1854.

Certo que a arte da guerra não era naquele tempo matéria de que o hábito religioso de todo alheasse. O domínico frei Manuel Homem, por exemplo, desenfastiadamente escrevia de tática, e até sobre guerra naval; João Pascásio Cosmander, jesuíta flamengo, professor de D. Teodósio, foi o engenheiro militar da Restauração, até que por fim no-lo roubaram os castelhanos; outro jesuíta, o padre Stafford, matemático, mestre em Santo Antão, deixou em seus papéis um *Tratado da milícia*[52]. Vieira não possuía a ciência, nem abordava especialidades; enunciava princípios gerais em que a razão clara bastava para a deliberação. O objeto principal era o modo porque havia de se conduzir a guerra. Escrevendo ao secretário de Estado ele, por óbvias razões que expunha, opinava pela guerra defensiva, e foi esse o método seguido no seu tempo e depois: "Na ofensiva pode-se perder tudo em um dia, na defensiva ainda que se perca será pouco em muitos anos". Mostrava como os holandeses, ao se defenderem, tinham quebrantado o poder de Espanha, a ponto de poderem mais tarde conquistar províncias, senhorear os mares e aspirar ao domínio do mundo. "Se começaram pelo fim antes de o conseguirem estiveram perdidos."[53] Mas a constância nas idéias não era em Vieira virtude fundamental. Daí a meses escrevia dele o encarregado de negócios em Paris, António Moniz de Carvalho: "Antônio Vieira está tão fora do papel seu que cá veio, que grita, chora e prega porque se não faz esforço, guerra ofensiva e mais guerra"[54]. O papel era aquele mesmo em que com tão boas razões recomendava ao secretário de Estado o método contrário. Ele próprio então expunha ao conde da Vidigueira o seu desejo de que todo esforço e cabedal se empregassem em ganhar uma cidade ou romper um exército

---

[52] Cf. Prestage, *D. Francisco Manuel de Melo*, p. 35.

[53] *Cartas*, t. 2, p. 2.

[54] Carta ao conde da Vidigueira, 23 de fevereiro de 1646. Ms. da Biblioteca de Évora, cod. CVI, fol. 571.

inimigo. A isso chamava *guerra muito limpa, ações que dão nome no mundo*, guerra e ações que então, e nenhumas outras, recomendava[55].

Dos sermões de 1645, pelo menos dos que saíram na estampa, pode depreender-se que a crise do ano antecedente tivera sua utilidade e que o orador tomaria então compromissos que por algum tempo respeitou. Ouve-se menos a nota política e sôa com força a voz do moralista. Em um passo do sermão do Sacramento, pregado em Santa Engrácia, parece até que de alguma experiência dolorosa tivesse ficado um espinho a magoá-lo: "Tempos houve em que os demônios falavam e o mundo os ouvia; mas depois que ouviu os políticos ainda é pior o mundo"[56]. Pode ser, todavia, meramente um dito que queria ficasse por apoftegma. Só no sermão que pronunciou na capela real pelo bom sucesso das armas portuguesas é que entra francamente na política em que não se debatiam questões de governo e unicamente se afirmava o patriotismo. Louvores ao rei, que partira para o exército: "Ficar o rei na corte é diligência para ser vencido, sair o rei à campanha é certeza de haver de ser vencedor; e como temos el-rei na campanha e não na corte, bem nos podemos prometer a vitória"[57]. O mesmo que de ir Filipe IV à Catalunha, em 1640 dissera na Bahia. Lisonjas à rainha, a quem apelida *Judite de Portugal*. O mais, argumentação tendente a exaltar o patriotismo e inspirar a confiança na vitória. Ele era verdadeiramente o tribuno das ocasiões de guerra.

Para infundir a certeza do sucesso feliz contrariava o parecer dos que, menos confiados, argüiam estorvos graves:

> Três dificuldades se nos podem representar nesta empresa. A primeira aquela razão geral de pelejar Portugal contra Castela, o menor poder contra o maior; a segunda ser este superior na sua cavalaria, que na campanha faz muito desigual

---

[55] *Cartas*, t. 1, p. 82.

[56] *Sermões*, t. 2, p.157.

[57] *Sermões*, t. 1, p. 324.

o partido; a terceira ser inverno, em que as chuvas e inundações dos rios podem atalhar o passo e impedir as operações ao exército"[58].

A tudo respondia com passos da Escritura, particularmente da história de Judite, que trouxera do Evangelho do dia por lisonjear a rainha. Mas o motivo poderoso consistia em se achar no empenho toda a nação: "Não há um exército de Portugal, senão todo Portugal em um exército". E demonstrava: "Lá vão os pais, lá os filhos, lá os maridos, lá as casas, lá os herdeiros, lá os corações, lá o remédio de todos; os que cá ficamos estamos fora do exército para o trabalho, mas marchamos com os demais para o perigo"[59]. O que realmente não era bem assim. As cortes iam reunir em dezembro e ofereciam subsídios para vinte mil infantes e quatro mil soldados a cavalo. Era muito para os povos; muito longe todavia do movimento unânime de sacrifício que as palavras do orador sugeriam, as quais em suma só tinham por objeto apontar a cada um o caminho do dever. Partira o rei para a guerra, a todos cumpria seguirem-no. Em conformidade disto enumerava: "Os grandes, os títulos, a nobreza, a Casa Real, a corte, os requerentes, os letrados, as universidades inteiras, as pessoas particulares de todas as cidades e vilas, os auxiliares das comarcas, os presídios das províncias, enfim tudo". A oração inteira tendente a despertar o patriotismo e assegurar a confiança na vitória. Não podia o mais exigente escrúpulo dos superiores repreender a Vieira por tratar de tal modo matérias políticas. Em breve, porém, iam estas apossar-se do seu espírito e por anos seguidos lhe não deixavam lugar a outros pensamentos.

Vieira não tinha exagerado quando a traços negros desenhara no escrito sobre os cristãos novos as circunstâncias do país. A situação diplomática era efetivamente como ele a descrevia; pouco cabedal faziam os potentados da

---

[58] Ibidem, p. 314.

[59] *Sermões*, t. 1, p. 311.

Europa do pequeno inimigo da Espanha, e apenas o gabinete francês prometia algum auxílio, em utilidade da própria política. Auxílio nunca enunciado claramente, exíguo e, visto o aperto da ocasião, tardio. Em novembro decidiu o governo mandar à França o cônsul dessa nação M. de Saint-Pé, com o encargo de mais uma vez solicitar o socorro de tropas e dinheiro, que o embaixador conde da Vidigueira, desde muito, em inúteis esforços, tentava conseguir. Pedido modesto: dois mil infantes e mil homens de cavalaria, pagos os soldos pelo tesouro francês.

Outra missão, de assunto mais delicado, levava também a Paris o cônsul. A corte de França resolvera por fim mandar ministro a Lisboa, que foi o marquês de Rouillac, fidalgo que se dizia muito da familiaridade do duque de Orléans, e era aparentado com ele por aliança. Propusera o diplomata muito em segredo o casamento de Mlle. de Montpensier, a *Grande Mademoiselle*, filha do duque, com o príncipe D. Teodósio. O projeto sorria à corte portuguesa e assegurava a liga, que se pretendia, com a França. Já por isso fora pelo monarca incumbido a seus embaixadores, primeiro a Luís Pereira de Castro, em seguida ao conde da Vidigueira, que o substituiu. O cônsul partiu de Lisboa com o intuito de tatear o duque e observar as possibilidades da pretensão, sem todavia levar nessa parte encargo do governo português, que não lhe rejeitou a iniciativa, mas também a não autorizou. A sua missão, por tal reconhecida, era somente na parte relativa ao socorro; sem nenhum efeito, afinal, porque, carecendo de influência na corte, se lhe frustraram em um e outro negócio as diligências atabalhoadas.

Ainda um caso, de não menos importância pelo que nas conseqüências representava, punha D. João IV em graves apreensões. Em agosto de 1645 os portugueses de Pernambuco tinham se rebelado contra o invasor holandês. O movimento em parte realizara-se a instigações do governador do Brasil, Antônio Teles da Silva, que procedia em virtude de instruções da metrópole; mas o governo, na incerteza da situação para com Espanha, mudara entretanto de propósito, e achava já intempestiva a intervenção, preferindo compor-se por meios suaves com a Holanda. Na verdade era precário o estado de paz em que Portugal aparentemente se achava com a república, e podia rompê-la o menor incidente, com o que em maior risco ficava a situação da monarquia. Quando menos nas colônias, que poderiam totalmente perder-se, caso a Holanda ao mesmo tempo que Espanha nos atacasse. Desde logo fazia temer a revolta represálias perigosas. Ante a revolução tinham os Estados Gerais autorizado a captura dos barcos pertencentes aos revoltosos ou que lhes levassem socorros; e podia resultar daí serem com esse pretexto igualmente apresados os navios de comércio que com a rebelião nada tinham.

Estava neste ponto em consideração um plano de acordo, relativo a Pernambuco, sugerido pelo outrora mercador da colônia Gaspar Dias Ferreira, que lá, muito favorecido de Maurício de Nassau, servira o domínio estranho contra os compatriotas, e de Amsterdam, naturalizado cidadão da República, se oferecia a D. João IV para tratar dos interesses portugueses contra os da sua nova pátria, enquanto se não realizava a transação. Consistia esta em se remir o território ocupado pelos holandeses pagando três milhões de cruzados à Companhia Ocidental que o tinha conquistado. Quando se soube em Holanda da rebelião, Gaspar Dias Ferreira, suspeito de conivência com os revoltosos, fora detido, e, pesquisando-lhe os papéis, encontraram as autoridades o rascunho do projeto, que se tomou por ato de traição e deu motivo a ser ele sentenciado a prisão por sete anos, banimento perpétuo em seguida, e multa de trinta mil florins. A circunstância de ser a proposta encontrada pôs de sobreaviso os Estados Gerais, e fez que nunca sobre ela quisessem negociar. A recusa surpreendeu o embaixador português, que não sabia do achado. Entretanto, pensou o governo em fazer patrocinar a proposta pela corte de Paris, e para isso pedir-lhe que mandasse um representante seu, especialmente encarregado de advogar em Haia a negociação.

O assunto urgia e o embaixador em Paris aprestava-se para deixar o posto e vir ao reino com licença; acaso teria partido já. Ainda ficando, necessitava-se de alguém que, bem instruído das circunstâncias, as expusesse em todas as suas minudências; que, convencido da utilidade do negócio, ajudasse a encaminhá-lo, o apressasse, e em caso último impusesse a sua vontade ao negociador quando este vacilasse. O dificultoso estava na escolha do emissário. D. João IV olhou em volta de si e encontrou Antônio Vieira.

Em carta ao embaixador em Paris explica o soberano o motivo da eleição: "Concorrem neste religioso tantas partes e tantas notícias do Estado do Brasil, em que nasceu e se criou, e tanto amor e zelo do meu serviço, que tenho por certo dele será mui bom companheiro a Francisco de Sousa"[60]. Estava em erro quanto à naturalidade, como se sabe; mas o que realmente influíra não era tanto isso, e o conhecimento das coisas do Brasil, que muitos possuiriam, mas a sedução de um espírito para tudo apto, de tudo apaixonado e em tudo raro. Dominado por ela o rei não divisava quem melhor que o seu afamado pregador se prestasse à missão. Mas ainda a razão principal foi talvez o ter-se ele mesmo oferecido[61].

O arbítrio de se dar dinheiro pelo território não era do gosto do conde de Vidigueira, que de França escreveu a contrariá-lo: "O meio da compra, que Sua Majestade aponta, entendo aprazará mais o negócio do que o poderá adiantar"[62]. Mas quando isso dizia estava longe de Paris, em viagem para o reino, tendo-se no caminho desencontrado dele Antônio Vieira. Objeção, portanto, sem efeito.

O padre, agora diplomata, saiu de Lisboa a 1º de Fevereiro de 1646. Foi a viagem trabalhosa e incômoda, qual era de esperar em barco pequeno e mês de temporais. Ainda assim estava o jesuíta em Paris – aquele mundo abreviado, como lhe chamou[63] – vinte dias depois da partida; mais feliz que o cônsul

---

[60] 18 de janeiro de 1646. Bibl. Nac. de Lisboa, cod. 7142, fol. 750.

[61] Carta ao conde da Vidigueira, 25 de fevereiro de 1646: "Bem conheci eu estes riscos (os da viagem) mas ofereci-me a eles porque tenho pelo maior de todos a dilação". *Cartas*, t. 1, p.78.

[62] Nantes, 3 de março de 1646. Carta da Biblioteca de Évora, publicada no *Boletim da Segunda Classe da Academia das Ciências*, IX, p. 419.

[63] *Sermões*, t. 3, p. 40.

Saint-Pé, que, tendo saído antes, em outro navio, ficara atrás. Da missão deste último nenhum resultado houve. Da sua própria conseguiu Vieira que o governo francês expedisse ordens ao embaixador M. de la Thuillerie ao e encarregado de negócios M. Brasset, para o coadjuvarem nas diligências do acordo em Holanda. Esperando as cartas deteve-se até 1º de abril em Paris.

Durante esse tempo alojara-se na casa do noviciado, vasto edifício no *Faubourg* Saint Germain, com o padre que, segundo os estilos, era seu companheiro; e diariamente vinha à embaixada, a encontrar-se com o residente Antônio Moniz de Carvalho ou este o ia buscar ao noviciado. Tirante aquela curta frase, inserta anos depois em um sermão de São Roque, sobre a grandeza de Paris, não se encontra em escritos de Vieira outra impressão a respeito da cidade para que convergia já naquele tempo a admiração dos estrangeiros. *Um mundo abreviado*, dizia tudo nisso: a extensão do povoado, o tumulto das ruas, a riqueza dos edifícios, o esplendor da corte. Espetáculo digno de admiração no todo, mas que para ele, homem de idéias, não valia a pena considerar no miúdo. Passava-lhe o mundo diante sem que seus olhos vissem dele mais que o ponto em que havia fitado o pensamento. Os negócios públicos o tinham levado à França; de negócios públicos cuidava. Do mais, em torno, nada guardou, como indiferente, na memória. Não lhe importava o luxo dos coches e dos vestuários, o burburinho das pontes, a suntuosidade do Louvre, tudo aquilo que ao forasteiro vulgar encantava e surpreendia.

Nos encontros com o residente, além do objeto da missão a que fora, versava a conversação de Vieira sobre o que ocorria em Lisboa, dando solta à crítica acerba, que usou sempre, dos acontecimentos políticos e dos homens que os dirigiam. "Tudo é falarmos no reino", referia o seu interlocutor ao conde da Vidigueira, "e não desejo então a Vossa Excelência [presente] porque não se entristeça de ouvir muitas coisas que me não atrevo a avisar."[64]

---

[64] 28 de fevereiro de 1646. Carta na Bibl. de Évora, cod. CVI, fol. 571.

Se o jesuíta era pronto na crítica, não menos tal se mostrava, tendo apontado um dano, ao propor o remédio. Muito a propósito, e para os mais graves da ocasião, tinha o que já antes oferecera ao rei, de se mudar a legislação sobre os judeus. Ao residente e aos portugueses que visitavam a embaixada, em presença às vezes do capelão frei Antônio de Serpa, que era qualificador do Santo Ofício, preconizava esse alvitre no seu tom habitual de disputador insofrido da contradição. Se o papa em Roma admitia judeus públicos – assim se denominavam os que declaradamente viviam na lei de Moisés – e sinagogas, porque se não haviam de consentir em Portugal? O modo de processar na Inquisição os apóstatas era iníquo. Devia abolir-se o segredo das testemunhas, e como nos processos comuns declarar-se aos réus quem eram seus acusadores e qual era a acusação[65]. Em jornada da Rochela a Paris as mesmas práticas tivera no coche, com o padre seu companheiro, e um escrevente, de nome Manuel Ferreira, que trazia consigo, o qual vinte anos depois o denunciou à Inquisição.

De Paris saiu Vieira a 1º de abril, domingo de Páscoa, para Calais, onde chegou no dia 12, tendo-se detido em Ruão para tratar com os mercadores portugueses, ali residentes, sobre créditos que trazia de Lisboa sobre eles. Antes de partir deu conta ao rei do que em Paris tinha feito por carta de 28 de março[66]. Desta se fica sabendo que também, ao chegar à Rochela, escrevera, mas a carta perdeu-se.

Mais que o negócio dos créditos, Vieira levou a Ruão o empenho de praticar com os judeus sobre o projeto de os restituir à pátria, que era sua preocupação constante. Naquela cidade florescia então, com o consentimento tácito das autoridades, o judaísmo, e era ela, quase tanto como Holanda,

---

[65] Denúncia de frei Antônio de Serpa no Caderno 45 do Promotor da Inquisição de Lisboa, 22 de outubro de 1649.

[66] *Cartas*, t. 1, p. 89.

refúgio dos hebreus portugueses. Ali ia o cônsul Manuel Fernandes Vila Real celebrar a Páscoa com seus correligionários; ali viveu o poeta Antônio Henriques Gomes, a quem Richelieu favorecia, e se imprimiram em castelhano e em português obras de autores israelitas, entre as quais, em 1649, o poema "Phenix da Lusitania", em louvor de D. João IV[67]. Sem embargo de ter a Restauração principiado com anúncios de perseguição aos cristãos novos, punham estes grandes esperanças nela; a finança hebréia, por portas escusas é certo, insinuava-se até ao gabinete real; seus escritores exaltavam e defendiam a dinastia nova no estrangeiro; e pela ação de Vieira se apertava a ligação econômica, que era a força e a defesa da raça, ao mesmo passo que por seus planos, já públicos, raiavam promessas de um futuro melhor. Assim se compreende quanto seria cordial o encontro do jesuíta em Ruão com esses compatriotas exilados. A correspondência, que em seguida passou entre eles, dá testemunho disso. Antônio Vieira, de Haia, em 20 de abril:

Senhores meus: Escrevo a todos Vossas Mercês no mesmo papel porque não é justo faça divisões a pena onde não reconhece diferença o coração. Foi tão igual e grande a mercê que Vossas Mercês me fizeram, e tão igual o afeto que em todos experimentei que, quando particularmente o considero, o que devo a cada um me parece maior, e assim não quero fiar a significação do meu agradecimento a diversas cartas, porque a diferença das palavras não argua desigualdade na obrigação. Conforme este conhecimento me tem todos e cada um de Vossas Mercês tão desejoso como obrigado a seu serviço, esperando e pedindo a Vossas Mercês, me queiram ocupar em tudo o que for dele, estando mui certos que até onde chegar o pouco que posso mostrarão as obras a verdade deste meu ânimo. O

---

[67] Se bem que Manuel Tomás, autor deste poema e da "Insulana", epopéia do descobrimento da Ilha da Madeira, tenha escrito outras obras de poesia de assunto católico, reclama-o a família hebraica para si e o nomeia na lista de seus escritores. A circunstância de terem sido impressas em Ruão e Anvers é indício de suas relações com os correligionários emigrados, posto que vivesse longe deles, na ilha cujo descobrimento celebrou.

que mais tenho sentido é haverem sido tão poucos os dias que Vossas Mercês me comunicaram, que se não pôde manifestar neles o afeto com que a todos Vossas Mercês amo, que se antes do conhecimento o fazia grade a razão e a indignação, depois que vi a Vossas Mercês o faz já muito maior a obrigação e a dor.

Às declarações de afeto juntavam-se as promessas:

Sua Majestade saberá muito cedo por cartas quão leais vassalos tem em Ruão, e quão merecedores de os ter perto de si, e se Deus me leva a seus reais pés, eu prometo a Vossas Mercês que fique muito mais confirmado no bom ânimo em que o deixei, porque até agora o persuadia com argumentos do discurso, e daqui por diante o poderei fazer com experiências de vista. As coisas grandes não se acabam de repente; hão mister de tempo e todas têm seu tempo. O desta parece que é chegado, porque vejo concorrerem para ela todas as influências, de que não digo mais, porque isto é papel[68].

Os judeus respondiam com finezas semelhantes: "O crisol da amizade é a ausência. Se Vosa Mercê, não nos havendo conhecido nem visto, nos defendia em Portugal, acutilando êmulos com o estoque da fé, que muito que nos ame havendo-nos visto, que muito que o amemos havendo-o tratado?"[69].

Saindo de Calais para Holanda, essa parte da viagem foi como a primeira tormentosa, mas com os riscos maiores do mar do Norte, coalhado de parcéis e rondado de corsários, dos quais Vieira com dificuldade fugiu.

Cheguei aos 18 do corrente, teúdo escapado dos maiores perigos em que nunca me vi, porque atrevendo-me a passar de Calais a Zelanda em um barco sem comboio, defronte de Dunquerque estivemos tomados daqueles piratas, de cujas

---

[68] *Cartas*, t. 1, p. 92.

[69] Carta de 4 de maio de 1646 no *Boletim da Academia*, cit., p. 430.

mãos nos livrou Deus quase milagrosamente, fora da esperança de todos os que vinham embarcados: e na mesma travessia foi tão rijo o vento, que nos levou um homem ao mar, que não pudemos recolher. De Flessinga a Dort e de Dort a Roterdam viemos também por mar, e de ambas as viagens com tempestade, de que se perderam na primeira três, e na segunda dois barcos da mesma carreira. Assim, foi Deus servido que chegássemos vivos a esta corte[...][70].

Então verificou ser o aspecto do país tal qual, antes de o ter visto, pregando na Bahia, o tinha descrito a seus ouvintes: pátria de anfíbios, *compostos de peixe e homem*, como o ídolo Dagon, que os filisteus adoravam, e na alegoria do mundo presente, que eram para ele as Escrituras, a nação holandesa representava.

Toda a terra é retalhada do mar, com que juntamente vem a ser mar e terra, e os homens a quem podemos chamar marinhos e terrestres, tanto vivem em um elemento como no outro. As suas ruas por uma parte se andam e por outra se navegam, e tanto aparecem sobre os telhados os mastros e as bandeiras, como entre os mastros e as bandeiras as torres. Sendo tão estéril a terra que somente produz feno, as árvores dos seus navios, secas e sem raízes, a fazem abundante de todos os frutos do mundo. Em muitas partes toma o navio porto à porta do seu dono, amarrando-se a ela, e deste modo vem a ser a casa a âncora do navio, e o navio a metade da casa, de que igualmente usam[71].

Tão viva é a pintura que se pode duvidar seja de ouvido ou tirada de livros. Mais natural parece representarem os toques mais rijos de cor, no pequeno quadro, a visão pessoal, introduzidos quando mais tarde, ao concertar os sermões para a imprensa, ampliou os textos no original incompletos. Mas

---

[70] *Cartas*, t. 1, p. 94.

[71] *Sermões*, t. 8, p. 514.

ainda aí permanece na síntese, indiferente a particularidades que, segundo a aparência, não lhe deixaram impressão que valesse depois uma referência. A paisagem singular, tão diferente daquela a que estavam seus olhos habituados em Portugal e na América, planície sem fim, pontuada dos moinhos de vento inumeráveis, que esgotavam as águas, trituravam o pão, moviam as serras e cordoarias indispensáveis a um povo construtor de navios; as povoações com as suas casas de tijolo, baixas, e o peculiar asseio das habitações e das ruas; Haia, cidade de jardins, com o Vijver, o viveiro, lagoa piscosa no centro, e saindo dela, viçoso ramalhete, uma ilha de verdura que os cisnes, tal como hoje, rodeavam; Amsterdam, assente em ilhas, Veneza do Norte, construída sobre estacas, com as suas duzentas pontes, seus nobres edifícios, seu porto, o primeiro do mundo, e a extensão de seus cais; tudo isso Vieira contemplou, pode-se afirmar, sem interesse; de tudo isso, para ele novidade, de que pasmava o observador, se não encontra a mais leve menção em tantos escritos, que são as copiosas memórias de sua vida.

Das disposições em que ia para tratar com os holandeses, saber-se-á pelo teor de suas cartas. Suscitar a revolta em Pernambuco tinha sido erro grande. "Eu estava em uma cama, sangrado dezesseis vezes, quando do Brasil me vieram as primeiras notícias do que se queria intentar, e porque o impedimento me não permitia falar com Sua Majestade... pedi a um prelado muito confidente de Sua Majestade lhe quisesse representar o perigo e dificuldade desta empresa"[72]. Queixava-se dos *valentões de Portugal*, que, parecendo-lhes poucos para inimigos os castelhanos, queriam buscar outros mais em Holanda. E expressava o seu parecer: "Quando o Brasil se nos desse de graça era matéria de muita ponderação ver se nos convinha aceitá-lo com os encargos da guerra com a Holanda, em tempo que tão embaraçados nos tem a de Castela"[73]. O mesmo já tinha dito em público, pregando na presença de D. João IV, dois anos antes,

---

[72] *Cartas*, t. 1, p. 86.

[73] Idem.

na capela real. Na ocasião, para ninguém era novidade que se preparava a revolta em Pernambuco. Vieira é positivo na afirmação: "Não declaro a matéria da questão porque é vulgar, sabida e praticada de todos nesta corte". Os emissários de D. João IV trabalhavam no Brasil. Em nome dele André Vidal de Negreiros oferecia aos colonos comendas e mercês para quando vingasse o levantamento. Vieira, não escutado nos conselhos, apelava como era uso seu para o público, repetindo da tribuna, em voz alta, aquilo que à puridade mandara pelo bispo do Japão dizer ao rei. "Em todo o passado Castela e Portugal não puderam prevalecer assim no mar como na terra contra Holanda; e como poderá agora Portugal, só, permanecer e conservar-se contra Holanda e contra Castela?"[74] Essas palavras assaz explicam o que a discrição, que o lugar pedia, mandava se calasse nas antecedentes, e juntamente elucidam sobre o que daí por diante tão contraditório aparece no procedimento de D. João IV. O argumento era justo e sem dúvida o impressionou; por isso até o fim o vemos na vacilação constante, entre, de um lado, o aperto da opinião pública que queria os holandeses repelidos de Pernambuco, do outro, o temor da guerra com eles, que podia ser fatal. Desse temor participavam os que no conselho do rei constituíam o grupo ponderado, mormente os que, pelos seuscargos, tinham responsabilidades imediatas no governo. Ao número pertenciam também os dois embaixadores em França e Holanda.

Na ocasião, D. João IV estava com os tímidos e punha todo o empenho em se excusar de qualquer entendimento com os revoltosos. Antônio Vieira era portador de documentos que deviam mostrar aos gabinetes de Haia e Paris a lisura de seus atos, e levava instruções para os diplomatas acreditados fazerem valer esse ponto, de modo a não serem, por alguma suspeita, prejudicadas as negociações. Defendia-se o rei com a ordem expedida ao governador do Brasil, para que logo se recolhesse à Bahia a força armada que

---

[74] *Sermões*, t. 11, p. 149.

entrara no território sujeito à Holanda, a pedido do governo local, e, com o motivo de ajudar a submeter os revoltosos, pelo contrário fraternizara com eles e os auxiliava; e com outra pela qual, com afetada indignação, mandava declarar por maus vassalos os chefes que primeiro se haviam juntado aos insurrectos e na revolução pernambucana representavam o elemento não europeu, os dois heróis: Henrique Dias, o negro, e Filipe Camarão, o índio, capitão-mor dos índios do Estado.

Era dificultoso fazer acreditar aos holandeses aquilo que os acontecimentos de modo claro contradiziam. Assim pensava o jesuíta. Quanto à sua missão, escassa era a fé que tinha no resultado. As informações desde já eram contrárias. "Parece que não está capaz a Holanda de se reduzir a este modo de conveniência, segundo o que de lá se avisa"[75], comunicava ao conde da Vidigueira. Ia pois, se pode dizer, com o ânimo já feito às capitulações.

À chegada logo verificou que as circunstâncias não lhe favoreciam a negociação. Em Haia reinava indisposição contra os portugueses, pela certeza, já existente, de que fora o movimento de Pernambuco preparado de acordo com o governo de Lisboa. No combate de Tamandaré, em que a esquadra holandesa de Lichthardt destruíra os navios de Jerônimo Serrão de Paiva, tinham-se encontrado papéis de comprometimento. Era certo ter o governador da Bahia dirigido aos revoltosos uma carta a reprovar-lhes o ato; era certo ter mandado tropas com o fim aparente de contribuírem para ser a ordem restabelecida; mas os fatos desmentiam essas afetadas demonstrações e pelos documentos apreendidos se confirmavam em realidades as suspeitas da primeira hora.

Entretanto o embaixador Francisco de Sousa Coutinho protestava nada ter com a revolta o seu governo e rejeitava toda a solidariedade com os levantados. Quando, porém, tentou negociar o acordo da compra, alegando os

---

[75] *Cartas*, t. 1, p. 79.

bons desejos que tinha D. João IV de entrar em composição com os Estados, responderam eles que, em vista da declaração de não ter Sua Majestade parte com os revoltosos, contenda não havia, nem, portanto, cabia no caso composição. Depois disso não quiseram mais tratar com o embaixador.

Para vencer a recusa dos Estados, Coutinho diligenciava, granjear adesões pessoais, somente possíveis pelo suborno direto daqueles de quem dependia a resolução ou dos intermediários. Desde muito os hábitos do comércio predatório de colonizadores tinham corrompido a democracia sã, que fundou a república. No Senado entravam as práticas da Bolsa, e não desdenhavam as mais altas personalidades de se mostrar acessíveis à peita. Deputados das províncias, o secretário de Estado Muts e até o príncipe de Orange, encontramos no rol dos venais cuja complacência negociava o embaixador. Para isso, todavia, necessitava de recursos pecuniários que não lhe facultava o governo de Lisboa, impedido de larguezas pela penúria em que se achava também ele próprio. Cumpria vencer esse obstáculo, pelo que Vieira, inteirado da situação, determinou voltar ao reino, a expor de viva voz os pedidos do embaixador: poderes amplos, para as ofertas com que tencionava domar as vontades contrárias, e as somas precisas para as satisfazer. Em Holanda, não podendo negociar, sua presença era inútil. Em julho embarcou; tinha-se demorado três meses.

IV

Em Lisboa havia sempre delongas na solução dos negócios. Coutinho atribuía a falta de solução a intervenção o Padre Antônio de Melo, que acompanhara a Vieira na viagem, e, sem voz então, no regresso contrariava os pareceres do companheiro. O embaixador lastimava-se: "Se Sua Majestade houvera crido ao padre Antônio Vieira, e não a seu companheiro, muito diferentemente se pudera haver negociado". E comentando indignado: "Esta foi uma das galantes coisas que têm sucedido, crer-se a um não sei como lhe chame, e não ao mesmo que se mandou para crer". Em outra ocasião: "Se nos houveram crido e não ao velhaquinho do companheiro"[76]. Dos negócios suspensos particularmente importava ao embaixador a sua nomeação para governador-geral do Brasil, por complemento dos ajustes com Holanda, sugerida por Vieira. O jesuíta fora acolhido pelo embaixador, como fácil é de crer, com pouca simpatia. "Agora me mandam por pedagogo o padre Antônio Vieira", escrevia ele ao marquês de Niza. E ajuntava com malícia: "Se fora tão bem ouvido nesta corte como na nossa pudéramos esperar milagres, mas receio que não faça nenhum"[77]. Não tardou, porém, que a *lábia*, com que o padre seduzia a D. João IV, captasse igualmente o enviado diplomático.

Enquanto este se impacientava, os documentos relativos à transação com Holanda – a proposta original de Gaspar Dias Ferreira, e outro que era sem dúvida o parecer favorável do embaixador, ambos de julho de 1645 – tinham parado em uma junta, presidida pelo marquês de Montalvão, e no seio dela, ou na acumulação de papéis da escrivaninha régia, por muito tempo permaneceram submersos e talvez esquecidos. O caso é que só passados meses de ter regressado Vieira de Holanda, em março de 1647, lhe foram entregues, com o voto da junta, para sobre eles e este se pronunciar. Não eram novidade para ele os documentos, nem o era para o rei a sua opinião; mas fazia-se necessário, para as formalidades dos conselhos, reduzir esta a escrito. Aproveitou então o padre a oportunidade e fez valer a incumbência que trouxera de Coutinho, assim no referente ao dinheiro, para se aplicar às peitas, como em relação à liberdade de ação por ele reclamada.

---

[76] Cartas ao marquês de Niza em *Corresp. de Francisco de Sousa Coutinho*, 25 de março e 22 de abril de 1647, tomo 2, p. 67 e 87.

[77] 12 de março de 1646. Ibidem, tomo 1, p. 367.

A maior dificuldade deste negócio e tratado é a abertura, porque, intentando-se muitas vezes pelos nossos embaixadores e pelos de França, nunca os ministros de Holanda deram ouvidos a semelhaute prática; mas como naquela república tudo é venal, entendemos que maior conhecimento de seus ministros[78]; e alguns deles chegaram a significar que o caminho que se pode ter neste negócio é comprar a mesma compra; e assim o primeiro e principal fundamento sobre que se há-de obrar é ter Vossa Majestade em Holanda 400 ou 500 mil cruzados, com que comprar as vontades e juízos dos ministros mais interessados e poderosos; porque como entendem pelas circunstâncias presentes que lhes está melhor a guerra que a paz com Portugal, só a força do interesse particular os poderá reduzir a que não atendam à utilidade do comum.

[...] Quanto à negociação particular com que se hão-de ganhar as vontades dos ministros, claro está que se não há-de falar a nenhum deles abertamente, senão depois que se tiver antecedente inteligência de haver de aceitar o oferecimento, no que pode ser bom mediador o secretário Muts[79], e alguns Estados mais confidentes, ainda que são poucos, os quais disporão os da sua parcialidade e nos avisarão do seu ânimo.

[...] Quem por nossa parte há-de dispor e tratar o negócio parece sem dúvida haver de ser o embaixador Francisco de Sousa Coutinho, por seu ofício, experiência e assistência; à sua eleição se deve deixar a eleição das pessoas e quantidade das promessas, com a obrigação somente de avisar, e não esperar resposta de Vossa Majestade quanto a esses particulares, por se evitar a dilação que em todos os negócios é tão danosa, principalmente nos desta qualidade que dependem de tantas vontades, e são livres, e de tantas outras circunstâncias que cada hora as

---

[78] Texto confuso, evidentemente errado no impresso e nas cópias manuscritas que o autor pôde ver.

[79] No texto impresso lê-se: *para o secretário Musê*, o que, além do nome errado, não faz sentido e contraria o que pela correspondência de Francisco de Sousa Coutinho se sabe acerca daquele funcionário.

podem variar. E, finalmente, de quem se fia a substância do negócio, parece se não devem desconfiar os acidentes, os quais melhor se podem julgar onde se vêem e apalpam que instruírem-se de longe só por informações e conjecturas[80].

Inculcado assim o que para sua liberdade pretendia o embaixador, passa o escrito ao exame da transação. Consistia esta em se oferecerem três milhões de cruzados, em prestações anuais de quinhentos ou seiscentos mil, a troco de devolverem os holandeses os territórios ocupados no Brasil, assim como Angola, São Tomé e os mais que em sua posse tivessem na ocasião do contrato.

O ponto dificultoso da negociação era contudo a fiança que haveriam aqueles de pedir pela mora, até se realizar cinco ou seis anos mais tarde o pagamento final. Aqui se oferece a Vieira ensejo de renovar o empenho em favor da gente hebraica. Dois meios, na sua opinião, existiam de contentar nesta parte os holandeses: um ficarem eles com algumas das fortalezas conquistadas, que iriam restituindo à proporção que recebessem as anuidades, alvitre que decerto repugnava ao patriotismo, ansioso de recuperar o perdido; no outro insinuava a idéia repelida de se favorecerem com mercês régias os cristãos novos.

O que a nós mais nos convém, e que os holandeses melhor aceitarão, é que os mercadores portugueses tomem sobre si a obrigação e fiança de fazerem estes pagamentos, não por suas pessoas, que neles corre a mesma dúvida, mas em cabeça dos moradores de Holanda seus correspondentes, os quais mercadores de Holanda se obriguem a pagar como fiadores e principais devedores, nos mesmos tempos, em caso que de Portugal se falte à dita satisfação.

Se o Reino estivesse em paz não fora dificultoso alcançar dos mercadores esta fiança; mas como os sucessos da guerra são vários, nenhuma coisa está mais su-

---

[80] *Obras várias*, t. 1, p. 160 e 161.

jeita a seus acidentes que o comércio; para vencer este temor em uns e outros mercadores será necessário usar dos meios com que os homens se costumam animar a empreender as coisas arriscadas. Estes poderiam ser comprar Vossa Majestade este seguro a um preço acomodado de tanto por milhar, fazer algumas mercês, e dar privilégios aos mercadores, como costumam os príncipes por menos consideráveis serviços[...][81].

Quando Vieira isto propunha, certo trazia já o assunto tratado com os judeus de Amsterdam. Tudo leva a acreditar que nos três meses passados em Holanda entretivesse com eles relações e lhes fizesse prometimentos como aos de Ruão. O jesuíta dava, segundo parece, conhecimento dos acordos feitos ao residente Antônio Moniz de Carvalho, e este os transmitia ao cônsul Manuel Fernandes Vila Real, por quem sabemos que em certa ocasião ofereceram os hebreus ter no reino à sua custa quinhentos homens de cavalaria para a guerra de Castela[82], socorro importante que requeria vantagens correspondentes.

Estas deviam ser mais que as simples mercês honoríficas. A possibilidade dos emigrados voltarem à pátria livres de perseguição, e a reforma dos procedimentos no tribunal expurgador era o que eles pediam e com que o jesuíta incitava aos serviços. O mesmo que aos judeus de Ruão Vieira oferecia aos de Holanda. Assim, pois, regressando a Lisboa fez chegar às mãos do rei uma representação em que enunciava as aspirações comuns daqueles

---

[81] *Obras várias*, t. 1, p. 173.

[82] Na sua defesa escrita, no processo em que saiu condenado pelo Santo Ofício, dizia Manuel Fernandes Vila Real: "Tanto é verdade não procurar ele réu abertas e publicadas que comunicando-lhe o Dr. Antônio de Moniz Carvalho, no ano de 46 em Paris [...] o estado da negociação que o padre Antônio Vieira fazia em Holanda sobre este particular e outros que a V.M.cês são notórios, e que já os homens de nação ofereciam quinhentos cavalos pagos neste reino à sua custa, ele réu lhe reprovou e estranhou o intento [...]" fol. 233 v. Torre do Tombo, Cartório do Santo Ofício.

e dos que viviam em Portugal: reforma dos estilos do Santo Ofício, isenção do fisco, igualdade nos direitos civis. O documento, se bem que publicado com o nome de Vieira, não o tinha no original; não foi apresentado como dele, nem provavelmente levava assinatura; pretendia ser um requerimento coletivo, "uma petição e desejo público de muitos juízos doutos, timoratos e zelosos"; mas o pensamento e a forma descobrem logo o dialético de pulso, o escritor valente que se arvorava paladino da raça perseguida.

O que os homens de nação desejam para seu melhoramento e remédio se reduz a três coisas. Primeira, abertas e publicadas[83], de cuja clareza dizem que resultará mais inteiro conhecimento da culpa ou inocência dos réus, e mais igual administração da justiça [...] A segunda coisa que desejam é que para segurança do comércio sejam suas fazendas livres do fisco; e esta graça dizem lhes pode Vossa Majestade fazer por ser senhor dele, e porque é um rendimento de que nada chega às mãos de Vossa Majestade. A terceira, que não haja divisão nem distinção entre cristãos velhos e cristãos novos, nem quanto ao nome nem quanto aos ofícios e isenções, por ser esta divisão causa de grandes danos assim públicos como particulares, e a indistinção o meio mais eficaz de se extinguir o judaísmo, como a experiência tem mostrado em todos os reinos, e mais conforme à doutrina evangélica[84].

Argüia que, por defeitos do processo, a Inquisição muitas vezes condenava por heréticos indivíduos que eram verdadeiros fiéis cristãos. Citava alguns que tinham saído de Portugal: os que habitavam em Nantes, "grandes inimigos dos judeus e detestadores da sua perfídia"; em Ruão, Paulo de Lena,

---

[83] Abertas e publicadas, isto é, a declaração dos nomes das testemunhas e seus depoimentos aos réus, que se defendiam na escuridade. As confissões e contraditas deviam versar sobre todos os fatos da acusação, sem o que era o réu qualificado de diminuto, com o risco do tormento e, em certos casos, da pena de morte.

[84] *Obras inéditas*, t. 2, p. 60.

médico, e Domingos da Fonseca, "que ambos saíram com fogo revolto", insígnia dos que confessavam o crime de heresia já depois de sentenciados à morte e eram por isso perdoados; e um homem que em Amsterdam dissera ao embaixador: "Senhor, aqui ando perseguido dos judeus por cristão, e em Portugal fui perseguido dos cristãos por judeu"[85]; casos que presumivelmente ouvira na viagem. Propunha se isentassem de confisco os cabedais empregados no comércio; se concedesse foro de nobreza aos mercadores, e "não só os que chamam de sobrado, senão também os de vara e côvado"; se declarassem os homens de nação hábeis para os cargos e mercês que não requeriam limpeza de sangue; finalmente, que aqueles cristãos novos, de cujos ascendentes, desde os bisavós, nenhum tivesse incorrido em crime de heresia, fossem declarados de direito cristãos velhos. "Esta", sustentava referindo-se à última providência, "é a maior guerra que se pode fazer ao judaísmo para o extinguir e acabar"; e os fatos demonstraram ser assim, quando, muitos anos depois, Pombal, que neste ponto como em outros adotou as suas mesmas idéias, aboliu a distinção de cristãos novos e cristãos velhos.

Seria estranho que D. João IV não descobrisse na proposta as idéias conhecidas, e até as mesmas palavras, do seu valido jesuíta. Este queria talvez inculcá-la como sendo dos próprios interessados: "Não receba Vossa Majestade esta proposta como diligência de necessidade ou temor, posto que também as lágrimas dos afligidos e miseráveis devem ter lugar na clemência de Vossa Majestade". E mais abaixo: "Não se pedem a Vossa Majestade sinagogas públicas nem liberdades de consciência, posto que para uma e outra coisa se poderiam alegar exemplos de reis cristianíssimos, e de papas cabeças da Igreja; o que se pede é o que for justo"[86]. Mas lá vinham as alegações sobre o aumento do comércio, a alusão às fianças em Holanda, o alvitre

---

[85] *Obras inéditas*, t. 2, p. 57.

[86] Ibidem, 74.

das companhias novamente sugerido, o que tudo, mais, se é possível, que o próprio nome, se o tivesse, descobria o autor.

Fato é que esse papel e outro, que bem podia ser aquele em que os cristãos novos tivessem exposto suas aspirações, e cuja existência se pode inferir da proposta de Vieira, foram passados a uma ou mais das *pessoas doutas, timoratas e desinteressadas* com as quais ele pedia se aconselhasse o rei em matéria de tanto momento. Se o escrito que anda nas obras de Vieira com o título de "Razões apontadas a el-rei D. João IV a favor dos cristãos novos"[87] é outra coisa que um borrão, destinado a outrem, cujo voto dirigia, teremos que foi o padre incumbido de dar parecer sobre a sua mesma proposta, o que implica a suposição de que soubesse o rei quem era realmente o autor dela. Outra objeção seria a circunstância de rejeitarem as "Razões" os dois pontos relativos à mudança dos estilos e a se abolir a distinção de cristãos velhos e novos, aprovando unicamente "como mais praticável e só afetivo"[88], o da dispensa dos confiscos. Nessa parte coincidem parecer e propostas não somente nas idéias mas também, às vezes, na expressão. A igual pensamento correspondem, em um e outro escrito, palavras iguais. Se é o primeiro, como

---

[87] *Obras inéditas*, p. 21.

[88] Sejam exemplos as passagens seguintes:

PROPOSTA

Tornará o comércio a florescer e ver-se-á Lisboa na sua antiga opulência, *Obras inéditas*, p. 69. Finalmente, Senhor, Portugal não se pode conservar na guerra presente e muito menos na que infalivelmente havemos de ter sem muito dinheiro; para este dinheiro não há meio mais eficaz nem Portugal tem outro senão o comércio. Ibidem, p. 71.

RAZÕES

Tornará com isto a florescer o comércio, e ver-se-á Lisboa e outras cidades marítimas de Portugal em sua antiga opulência. *Obras inéditas*, p. 25.

Enfim, Portugal não poderá continuar a guerra presente e muito menos a que infalivelmente havemos de ter sem muito dinheiro; para este dinheiro não há meio mais efetivo nem Portugal tem outro senão o comércio. Ibidem, p. 26.

E estes trechos não são os únicos.

parece, autêntico, e foi com efeito dado em nome de Vieira, há lugar de supor que, da recomendação de D. João IV, renunciasse o autor aos dois pontos que mais diretamente buliam com o sentimento nacional, hostil à gente hebraica. Instado pelo rei, cederia, por transigência de cortesão hábil, certo de que nela fundava a sua força. De qualquer maneira, ou ele ou alguém com quem colaborou redigiu o parecer.

Nesse mesmo documento pela primeira vez aparece o voto de se extinguirem as caravelas – *escolas de fugir* lhes chamava Vieira –, que depois fez disso um de seus títulos de glória. Ainda não completamente, mas excluindo-as das longas navegações da Índia, Angola e Brasil. Não obrou logo a proposição, mas o pertinaz conselheiro não perdia ponto de a introduzir. Insistiu e venceu. Disso se jactou, escrevendo ao conde da Ericeira a discutir passos, que lhe diziam respeito, do *Portugal Restaurado*.

> Na véspera de São João, estando el-rei em Alcantara, disse eu a Sua Majestade que lhe havia de inculcar uma festa com que magnificamente celebrasse a noite do seu santo. E perguntando-me el-rei: Qual? Respondi eu que com trinta e nove fogueiras, que tantas eram as caravelas que tinha contado embarcando-me no Cais da Pedra até Alcantara. As caravelas, Senhor, são escolas de fugir e de fazer cobardes os homens do mar, e de entregar aos inimigos do primeiro tiro a substância do Brasil, cujos moradores lá se chamam os lavradores da Holanda. Proíba Vossa Majestade as caravelas, e mande que em seu lugar naveguem os portugueses em navios grandes e bem artelhados, os quais pelo contrário serão as escolas em que as armadas de Vossa Majestade terão tão valorosos soldados no mar como na terra[89].

---

[89] *Cartas*, t. 3, p. 564.

Devia ser isto nesse mesmo ano de 1647, e volvidos muitos depois dele, compondo Vieira um sermão da série de São Francisco Xavier, talvez na mesma ocasião da carta ao conde da Ericeira, rememorava o caso com orgulho: "Bem pudera eu aqui enxerir como fui a causa de que as nossas caravelas se convertessem em tão poderosas e bem armadas naus como são as que hoje compõem as nossas frotas"[90]. Na de 1682 eram trinta as naus mercantes que não somente defendiam a si mesmas como também davam escolta a duas da Índia que iam buscá-las à Bahia. Era, portanto, legítimo o regozijo do padre.

Entrando a interessar-se nas coisas da marinha, esse homem de omnímoda atividade aconselhava o rei a comprar quinze fragatas armadas, que em Holanda se ofereciam ao preço de vinte mil cruzados cada uma. Não lhe atenderam o arbítrio, mas nem por isso se perdeu de todo. Alguns navios foram adquiridos por intermédio do embaixador em França; e ele próprio levou encargo para outros, quando no ano seguinte voltou à Holanda.

É também desse tempo a diligência sobre certo empréstimo, indispensável para se poder mandar ao Brasil um socorro militar, às ordens do conde de Vila Pouca, governador nomeado. Tanto o secretário da Fazenda Pedro Fernandes Monteiro como o vedor conde de Odemira declaravam a necessidade, e nenhum descortinava o remédio; todos os homens de dinheiro tenteados se recusavam. D. João IV descobriu o aperto a Vieira, para quem foi o momento glorioso. "Pois eu irei buscar", disse ele, "com a minha roupeta remendada o que não conseguem os ministros do rei de Portugal"[91]. As relações com os cristãos novos e a expectativa em que os mantinha, asseguravam-lhe o êxito. Foi a dois mercadores, conhecidos seus, Duarte da Silva e Antônio Rodrigues Marques – dois futuros presos da Inquisição – e alcançou o empréstimo. Triunfou por dois modos: dava cheque aos minis-

---

[90] *Sermões*, t. 13, p. 315.

[91] Como da carta ao conde da Ericeira, tomo 3, p. 562.

tros, que lhe encontravam muitas vezes os intentos, e abria caminho para o seu projeto das companhias[92].

A vitória, se lhe confirmava o crédito com o soberano, não lhe acrescia o número de amigos no paço. Ali o olhavam com despeito os cortesãos. Ele o diz, e por certo não caluniava: "A mercê, que me fazia o senhor rei D. João IV, o príncipe e a rainha, fez meus capitais inimigos a todos os que mais de perto assistiam aos ditos príncipes"[93].

Indiferente a inimizades fazia ruidosamente praça de seus merecimentos, e também não poupava os êmulos. Quando propôs a compra das fragatas, alguém no Conselho de Estado achou precipitação no arbítrio de como se havia de obter o dinheiro para o pagamento e disse ao rei que aquilo era negócio *ainda muito cru*. Passaram meses e urgia afinal mandar a armada à Bahia. Os holandeses mais uma vez ameaçavam a capital do Estado e D. João IV buscava o conselho do seu esclarecido confidente. Resposta de Vieira: "Não disseram os ministros a Vossa Majestade que aquele negócio estava muito cru? Pois os que então o achavam cru cozam-no agora"[94]. No dia seguinte agenciava ele o empréstimo de 300 mil cruzados que se pretendia.

Em todo esse período só o vemos ocupado na política, e só a política o domina. Que tempo lhe restaria para os estudos, para o ensino, para o mister de confessor, objetos primaciais da atividade do jesuíta? Nos dois anos de 1646 e 1647 pouco freqüenta o púlpito; pelo menos foram poucos os sermões desse tempo escolhidos para a estampa. O de maior interesse é aquele que na

---

[92] No memorial de serviços ao regente D. Pedro (*Obras inéditas*, t. 3, p. 83) Vieira faz menção do fato como sucedido em 1649. Não pode ser; nesse tempo achava-se Duarte da Silva, um dos mercadores que deram o dinheiro, preso no Santo Ofício e com os bens seqüestrados desde o ano anterior.

[93] "Defesa do livro intitulado *Quinto Império*", no processo do Santo Ofício. *Obras inéditas*, t. 1, p. 39.

[94] Na carta ao conde de Ericeira, t. 3, p. 562.

Páscoa de 1647 pregou na capela real. Nele transluzem as queixas que tinha dos rivais na política. "Isto de pregar nas cortes é navegar entre Scylla e Charybdis; ou não haveis de cortar direito ou haveis de dar através com o navio."[95] E não somente os rivais. Quando se defendeu no Santo Ofício apontou como seus inimigos os pretendentes de quem contrariava os requerimentos. Pregando, insistia com severidade na oposição que a esses fazia. "Examine o príncipe exatamente de onde nascem as lágrimas dos vassalos; se têm causa ponha-lhes remédio, se não têm causa não lhe dêem cuidado."[96] E mais adiante: "Nunca tantas mercês se fizeram em Portugal como neste tempo, e são mais os queixosos que os contentes. Por quê? Porque cada um quer tudo. Nos outros reinos com uma mercê ganha-se um homem; em Portugal com uma mercê perdem-se muitos"[97]. Desenvolvendo a sátira traz uma alegoria das aparições de Cristo em seguida à ressurreição: ao discípulo Pedro, que logo o reconheceu, à Madalena, a quem chamou pelo nome, a Tomé, que lhe pôs a mão na chaga, aos discípulos de Emaús, que só o tiveram pelo mestre quando com eles partiu o pão.

Nestas quatro aparições estão representados quatro gêneros de vassalos, ou quatro gêneros de condições de vassalos. Há uns vassalos que são como São Pedro: com verem a seu rei, com lhe aparecer o seu rei se dão por contentes. Há outros vassalos que são como a Madalena: não lhes basta o ver nem o aparecer; contudo se o rei os chama pelo seu nome, como Cristo chamou à Madalena, se o rei lhes sabe o nome, não hão mister mais para viverem consolados e satisfeitos. Há outros que são como São Tomé: se o rei lhes não entrega as mãos e o lado, se não manejam o coração do rei, se não se lhes abrem os arcanos mais interiores do Estado (ainda que sejam daqueles que duvidaram, e dos que vieram ao cabo de

---

[95] *Sermões*, t. 10, p. 97.

[96] Ibidem, 103.

[97] Ibidem, 105.

oito dias como Tomé) não se dão por bem livrados. Há outros, finalmente, que são como os discípulos de Emaús que, por mais profecias que se lhes declarem, por mais razões que se lhes dêem, enquanto se lhes não dá o pão estão com os olhos e com os corações fechados, não conhecem nem reconhecem. Ora censuremos estes quatro estados de vassalos. Os que se contentam, como São Pedro, só com ver são finos. Os que se contentam, como a Madalena, só com que lhes saibam o nome são honrados. Os que se não contentam, como São Tomé, senão com o lado são ambiciosos. Os que se não contentam, como os de Emaús, senão depois de lhes darem o pão são interesseiros. E os que com todas essas coisas ainda se não contentam são portugueses[98].

Isso basta para se conhecer que posição teria na corte e na intimidade do rei o homem que em presença dele assim falava; para se compreender que ódios concitaria aquele que tais dardos desfechava aos influentes e poderosos.

V

D. João IV acolhera de boa mente os pedidos que em nome do embaixador lhe fazia Antônio Vieira. Prometeu mandar os três milhões do resgate de Pernambuco, mais o dinheiro para comprar os políticos de Holanda, além de coadjuvar pelo marquês de Niza e pelos plenipotenciários de Munster as diligências tentadas em Haia[99]. Promessas de que só a última parte cumpriu,

---

[98] *Sermões*, t. 10, p. 103.

[99] Despacho de 13 de setembro de 1616 para Francisco de Sousa Coutinho: "Com a vinda do Padre Antônio Vieira e com o que me disse por escrito e de palavra muito largamente entendi o estado dos negócios que aí tratais, e não era necessário o que me referiu para conhecer qual o cuidado e suficiência com que lhe procurais o bom sucesso. Tenho resoluto ajudá-lo com tudo o que me advertiu que é em sustância remeter-vos demais das faculdades em dinheiro

o socorro verbal, porque a outra, mais eficaz, da remessa de fundos, não lhe permitiram nunca os apertos do tesouro que a realizasse.

Entrara nesse tempo ao serviço da embaixada um novo agente, o neto do prior do Crato, D. Luís de Portugal que, sendo igualmente neto de Guilherme o Taciturno por sua mãe Emília de Nassau, poderia, como se julgava, pelo parentesco com o príncipe de Orange, ajudar consideravelmente as negociações. Vieira o tinha encontrado em Paris, onde andava a solicitar subsídios da corte francesa, e aprovara muito o alvitre, apresentado por Antônio Moniz de Carvalho, de utilizar em benefício da política nacional a suposta influência e os talentos desse português desarreigado da terra avoenga. Ao soberano sorriu a aquisição e em tanto apreço teve a D. Luís que mais de uma vez deliberou confiar-lhe a gestão da embaixada, além de o querer enviar como seu representante a Munster; erro patente se o propósito se efetuasse, porque o escolhido absolutamente carecia do crédito, caráter e capacidade indispensáveis para o cargo. Perpétuo pedinte, caloteador incorrigível, era em Holanda um pelintra, enxovalhado dos credores. De hombridade pessoal nem a noção: em 1638 reconhecera publicamente por seu rei a Filipe IV; feita a Restauração voltou-se para o rei aclamado, na esperança de o encontrar mais dadivoso; quando verificou ter se enganado, renovou a homenagem ao castelhano e na corte dele foi terminar depois a existência inglória. Tal era o príncipe em cujas veias se mesclava sangue de D. Manuel o Magnífico ao do libertador dos Países Baixos. Sem talento e sem prestígio não servia para mais que portador de mensagens suspeitas, e em breve o embaixador desenganado deixou de o empregar.

---

para a compra de Pernambuco quantidade considerável para se poderem comprar alguns dos Estados, mandar fazer diligências em França para que entre na mediação com todo o calor, e mandá-los também fazer na junta de Munster com os ministros de Holanda que ali assistem". Bibl. de Évora, cod. CVI, fol. 19. 2-3.

No intervalo iam se complicando os negócios em Haia. Adiantavam muito os tratos que preparavam a paz das províncias rebeladas com a Espanha, e D. João IV via já o risco próximo de ter contra si juntos dois contendores, os quais até aí, enquanto mutuamente se hostilizavam, resistia mal. Em janeiro (de 1647) recomendava com grande insistência que tentasse o embaixador por todos os meios que a República nas suas condições introduzisse a de concluir Espanha igualmente paz ou trégua com Portugal; e nesse fito remetia fundos, o máximo que o exausto erário podia dispensar, para a remuneração dos medianeiros captados por Coutinho. Tinha esse mandado oferecer por D. Luís à princesa de Orange, tia dele, quinhentos mil florins, se pela influência do príncipe alcançasse embaraçar as negociações de paz com a Espanha; um milhão se indo avante participasse no tratado também Portugal. O dinheiro remetido do reino não sabemos quanto fosse, mas ficava muito aquém de tais somas. Sem ainda saber da proposta, o rei autorizava o embaixador a tomar compromissos em nome da coroa, pedir emprestado, dar firmas, não poupar em suma os gastos, atuais ou em promessa, porque, dizia, "tudo quanto despenderdes é menos que a importância do negócio"[100]. E, sendo necessário, para assegurar o tratado, prosseguir na negociação da compra de Pernambuco, mandaria mais os três milhões de cruzados, já antes prometidos. Prodigalidade fácil, de palavras somente, porque dinheiro real não havia. Quando finalmente nada por tal modo obtivesse, podia o embaixador oferecer a restituição do território em posse dos revoltosos, com a única condição de serem estes perdoados, e se lhes conceder saírem para os domínios portugueses aqueles que tal quisessem. Para esse caso, e no intuito de convencer os Estados Gerais de sua boa-fé, D. João IV mandava a Coutinho a patente de governador do Brasil, com a incumbência de ir à colônia, proceder ele próprio à entrega dos lugares.

---

[100] 18 de janeiro de 1647. Bibl. Nac., cod. 7163, fol. 32.

Conjuntamente cumpria assegurar o auxílio da França, para o caso, não improvável, de se malograr a tentativa de paz com Castela. Toda a correspondência de D. João IV nessa época revela o desânimo. Ao marquês de Niza, que regressara a Paris, desejando-lhe a boa chegada acrescentava este voto: "E que com vossa assistência se melhorem os negócios da paz que conforme me avisam Antônio Moniz e Francisco de Sousa Coutinho estão muito anuveados"[101]. A este último sabemos o que escrevia, e que chegara ao extremo de renunciar à posse do território já remido dos holandeses, com tanto que se obtivesse a paz. Em seguida a ter animado a rebelião, arrependia-se e tentava sem êxito conter a torrente que deixara desprender. Os seus mais atendidos conselheiros manifestavam-lhe que fora gravíssimo erro suscitar a revolta. Antônio Vieira foi um dos primeiros. Niza desde Paris dizia ao secretário de Estado: "Certifique-se Vossa Mercê de que o sucesso de Pernambuco há sido de notável dano a todos os nossos interesses, como sempre entendi"[102]. Nessa angústia, o casamento, já tentado antes, do herdeiro da coroa com uma princesa de França, pareceu aos responsáveis pelos destinos da nacionalidade o meio mais eficiente, se não único, de a salvar. As instruções recentes ao marquês de Niza insistiam no assunto, e o rei, escrevendo a 13 de março, renovava-lhe a recomendação de não afrouxar nas diligências. De uma e outra banda os políticos queriam a liga militar e diplomática, e só nas condições contendiam; mas D. João IV fazia notar que "a mais segura e mais importante liga era concluir-se o casamento"[103]. Conseguido isso, tinha ele por fato consumado a aliança protetora.

O projeto, se oferecia vantagens pelo lado político, era quanto às pessoas disparatado, e nos pretensos noivos o contraste físico acentuava a divergência interior. Mais velha sete anos que o príncipe, alta em demasia – por tal

---

[101] 19 de janeiro de 1647. Ibidem, p. 42.

[102] 20 de janeiro de 1647. Bibl. Nac., cod. 2667, fol. 2 v.

[103] 13 de março de 1647. Bibl. Nac., cod. 7163, fol. 120.

lhe chamavam a *grande Mademoiselle*, robusta e de voz grossa, desleixada no trajar, nos modos e na resolução uma virago, tal era a rainha destinada aos portugueses. No que toca à beleza, vermelhaça, de rosto borbulhento, maus dentes e o narigão dos Bourbons; mas os cabelos loiros abundantes, o porte ereto e nobre, compunham o que na fisionomia e no jeito da pessoa podia parecer desagradável. Em tudo isso saltava aos olhos a disparidade com o pretendente, mal entrado na adolescência, gentil de corpo, dado a devoções e já maníaco da astrologia, bisonho e metido em si, podendo suspeitar-se até que um tanto mulherengo: antítese completa de pessoa e caráter, ainda sem levar em conta o que os ares soltos da princesa diferiam do tom recolhido de clausura do paço de Lisboa.

Isso, em suma, pouco importava ao rei, inquieto pela segurança da coroa. Já antes, para captar o cardeal Mazarini, lhe tinha oferecido a mitra de Évora, a mais rendosa do reino, para que da mesma dispusesse em favor seu ou da pessoa que lhe aprouvesse indicar. Em Paris e Lisboa multiplicavam-se as diligências diplomáticas sem que adiantasse a pretensão. Foi nesse lance que D. João IV, a tudo resolvido, considerou o alvitre de se retirar para o Brasil, constituindo para si da colônia um reino autônomo; a coroa de Portugal passaria a D. Teodósio, desposando este Mlle. de Montpensier ou qualquer outra princesa que a corte de França preferisse; e durante a menoridade, ficaria a governar como regente o pai da noiva. Por mais extraordinário que pareça, o plano sem dúvida que existiu e se tentou realizar. Só o bom senso do cardeal Mazarini impediu que fosse avante. O agente diplomático de Luís XIV, Francisco Lanier, ao ter conhecimento da proposta, que no maior segredo lhe foi comunicar o secretário de Estado Pedro Vieira da Silva, caiu das nuvens e manifestou as suas dúvidas. O assunto fora ponderado em conselho com os íntimos do rei: D. Antônio Luís de Menezes, D. Fernando Mascarenhas, filho do marquês de Montalvão e D. João da Costa, não sendo chamado o conde de Odemira, vedor da Fazenda, por não haver confiança em que fosse por ele guardado o sigilo. Presente esteve também Antônio Vieira, a quem o enviado atribui a principal parte no negócio, dizendo mais que nele trabalhava o padre desde o regresso de Holanda, movido das dificuldades que lá encontrara para a paz. A rainha, a princípio oposta à resolução tão extraordinária acabara por aceitá-la, muito contribuindo para a mudança de parecer a pretensão de D. João de Áustria à mão da infanta D. Catarina, apresentada por Espanha. Sabemos isso pelas informações de Lanier ao seu governo[104], de que, no tocante a Vieira, suposto o arrojo ordinário de suas concepções, podemos sem grande escrúpulo admitir a realidade. De toda maneira, inspirador do projeto ou simplesmente com parte na deliberação que o aprovou, ao confidente jesuíta entregou o rei a incumbência de o reduzir a fatos.

Com encargo de tal perigo para a nacionalidade, com a não menos escabrosa necessidade de cooperar nas negociações com Holanda, chegando, se necessário, ao extremo de reconhecer por definitivo o abandono de Pernambuco ao flamengo, embarcou Vieira a 13 de agosto em um patacho francês com direção ao Havre.

Era sina do padre navegar em mares tempestuosos, ter as viagens cortadas de incidentes incômodos. Principiaram-lhe estes por ficar o barco detido em Paço de Arcos sete dias, à falta de vento favorável. O fato, alegado por ele na carta em que, na velhice, contestava assertos do conde da Ericeira no *Portugal restaurado*, é exato. A 19 de agosto não tinha partido ainda, consoante se lê em carta do marquês de Niza a Pedro Vieira da Silva[105]. Dobrado o cabo de la Hague foi o navio tomado por um corsário; diz Vieira que de Dunqueerque, mas seria engano, porque ao tempo já essa praça se achava em poder dos franceses; ele mesmo, dias depois, designa Ostende como o *Dunquerque de agora*, e de Ostende, portanto, proviria o caçador do mar que o apreendeu[106]. Como quer

---

[104] Cartas do secretário dos negócios estrangeiros e cardeal Mazarini, 6 e 10 de agosto de 1647. Arq. dos negócios estrangeiros de França. Correspondência de Portugal, vol. 2.

[105] 22 de setembro de 1647. Bibl. Nac., cod. 2267, fol. 159.

[106] *Cartas*, t. 1, p. 102.

que fosse Vieira e seu companheiro, o padre francês João Ponthelier, permaneceram livres, podendo passar a uma nau inglesa que os levou para Dover. Dali se dirigiram a Londres, donde, por intermédio da embaixada de França, o régio confidente expediu a correspondência de que era portador. Só em 11 de outubro chegou a Paris, cinqüenta e nove dias passados desde que fora para bordo. De Londres tinha mandado ao marquês a relação sumária da viagem até essa cidade.

A presente foi a mais cheia de perigos e infortúnios que jamais se padeceu nesta carreira, faltando-nos só a morte, mas não os riscos dela, que quase não houve dia sem susto, cuja relação reservo para a presença: ao fim e ao cabo de trinta e nove dias de viagem, havendo-nos tomado os dunquerqueses um patacho francês, que me havia de lançar no Havre de Grace, cheguei em uma nau inglesa ao porto de Douvres doente. Logo tratei de atravessar a Calais, mas achei estar a cidade impedida de peste, com que foi necessário dilatar e mudar o caminho. E porque o dinheiro que trouxe comigo era pouco, e aqui tem grandíssimas quebras, nem achar mercador que mo desse, foi força ir negociá-lo a Londres, onde vim pela posta [...] Amanhã parto outra vez a Douvres a embarcar-me, e procurarei com toda a brevidade achar-me aos pés de Vossa Excelência[107].

Essa jornada a Londres não era sem perigo para os religiosos. Como jesuítas, sendo conhecidos, incorreriam na suspeição da demagogia presbiteriana já então dominadora. Perseguidos, não teriam proteção eficaz, achando-se vacante a embaixada de Portugal, por se ter retirado Antônio de Sousa de Macedo, desavindo com o Parlamento, pelas relações clandestinas que entretinha com Carlos I. Mas na situação de aperto, falho de dinheiro, Vieira teve de ir à capital cambiar as letras, provavelmente com alguns dos hebreus ali residentes, que aceitariam as firmas dos correligionários de Lisboa.

---

[107] *Cartas*, t. 1, p. 100.

Curta interrupção, por quanto já a 30 de outubro estava em Dover. Nesses poucos dias que passou em Inglaterra esse homem tão perspicaz parece surdo ao rumor dos acontecimentos que então agitavam o país; pelo menos, se o ouviu, não lhe ficou impressão permanente, que alguma vez ressumasse em seus escritos. O rei prisioneiro, o exército constituído em poder do Estado, a nação convulsa, e uma espécie de novo judaísmo, na exuberância das aplicações bíblicas, a triunfar com a rebelião; a tão importantes fatos nem a mais leve referência em suas cartas. Somente em sermão, pregado anos depois, se nos depara uma alusão ao ambiente puritano, onde, sem dar muito por ele, se encontrou.

> Quero-vos contar o que me sucedeu em Inglaterra. Iam comigo dois portugueses, os quais em um domingo se puseram a jogar as tábuas em uma estalagem; saiu o hóspede muito assustado e como fora de si. "E bem senhores, quereis que me venham queimar a casa?" – "Queimar a casa? E por quê?" – Porque é esse um jogo que se pode ouvir fora, e se o ouvirem ou souberem os magistrados sou perdido". Assim o dizia este homem e assim havia de ser. E para que mais vos admireis a cidade ou vila era Douvres, porto ou escala marítima onde todos, sem se excetuar um só, são hereges[108].

Tenha-se por plausível que seu espírito, formado na rígida disciplina jesuítica, possuía capacidade de abstração maravilhosa. Seguia a sua idéia, desinteressado do mundo que o rodeava, bastando-lhe a vida interior. Nessa conjunção o pensamento demorava-lhe nas coisas grandes que tinha de realizar: um matrimônio de príncipes; uma paz necessária; intrigas diplomáticas que inutilizar. Com tal fito não podia demovê-lo de suas cogitações a curiosidade das cizânias de um povo de heréticos, necessariamente mesquinhas.

---

[108] *Sermões*, t. 3, p. 358.

De Dover escreveu ao secretário de Estado, narrando-lhe o seguimento da viagem.

Neste mesmo navio tenho escrito a Sua Majestade, e a Vossa Mercê largamente da corte de Londres; agora o faço deste porto de Douvres, onde estou para me partir daqui a uma hora para o de Calais, sem embargo de estar aquela cidade impedida de peste, porque tenho o perigo da dilatação por maior de todos; e não vou por Bolonha, como tinha determinado, porque há notícias certas que andam na barra fragatas de Ostende, que é o Dunquerque de agora; e passando, como faço, no paquebote, que é o barco do correio ordinário, vou seguro de corsários por ser livre. Para em Calais me não impedirem a saída, nem nas outras cidades até Paris me negarem a entrada, por ir de lugar infecto, levo passaporte e recomendação do embaixador de França, que está neste reino, o qual também me remeteu os maços das embaixadas debaixo dos seus, que foi a maior segurança com que se podiam enviar; e a tudo o mais do serviço de Sua Majestade se ofereceu com boa vontade. Medindo as jornadas espero estar em Paris dia de São Francisco[109].

Dar-se-ia que, na carta de Londres a D. João IV, desconhecida, se referisse à política inglesa? É legítima a dúvida em vista do silêncio, que em todas as outras cartas de que temos notícia, manteve, revelando um desinteresse para nós apenas compreensível.

Não chegou em dia de são Francisco, 10 de outubro, a Paris, como contava, mas no imediato; e logo se encontrou com o marquês, partindo com ele a 12 para Moret, sítio perto de Fontainebleu onde se achava a corte, e que era então residência do embaixador. Este, que pelos avisos de Lisboa aguardava ansioso as novas instruções que devia trazer-lhe Vieira, já desde o dia 4 possuía os despachos, remetidos de Londres, cujo conteúdo parece tê-lo em

---

[109] *Cartas*, t. 1, p. 101.

extremo surpreendido. O projeto de partilha do reino era tão singular quanto inesperado. Não se atrevendo a contrariar abertamente as ordens, desde logo manifesta o propósito de alhear de si toda a responsabilidade da negociação. Escreve ao secretário de Estado que aos despachos não responde e espera a chegada de Vieira para lhos comunicar e dar o padre execução aos mesmos como entender; porque "desde o dia em que ele aqui entrar até o em que eu me sair – o marquês tencionava deixar breve a embaixada – não obrarei a mínima coisa senão conforme ele julgar que convém"[110]. Era a declaração peremptória de que lavava as mãos das conseqüências. Entretanto não deixa de mencionar seus escrúpulos: "Grandes dúvidas se me oferecem nos papéis que hoje recebi da letra de Vossa Mercê, e é tal (sic) que me não atreverei eu dá-la à execução". Talvez a exposição dessas dúvidas fosse a matéria de um papel que fez para o rei, tão secreto que se reservava para o mandar a Lisboa pelo secretário particular Miguel Botelho de Carvalho, juntamente com o relato da audiência que tinha pedido para Vieira[111]. Tão descompassada a todos parecia a proposta que Francisco de Sousa Coutinho, mais desabusado, não hesitava em se exprimir sobre ela deste modo, em carta ao soberano: "Juro-lhe a Vossa Majestade pela fé de um homem muito de bem que, se a comissão que trouxe o padre Antônio Vieira a Paris me achara nela, que se não houvera de executar, como eu disse ao mesmo Vieira logo que me comunicou"[112].

A 17 tem o jesuíta audiência de Mazarini e em seguida, ou no dia imediato, da regente Ana de Áustria. Seria sumamente instrutivo penetrar o que nas entrevistas se passou. As cartas do embaixador e do padre, a darem conta

---

[110] 6 de outubro de 1647. Bibl. Nac., cod. 2667, fol. 269 v.

[111] Carta do marquês de Niza a Pedro Vieira da Silva, 20 de outubro de 1647: "[...] por não serem estes papéis dos que se hão de confiar a qualquer pessoa [...] E em uma das dúvidas que ponho crerá Sua Majestade se o amo, e se me lembro de mais que de servi-lo ?". Bibl. Nad., cod. 2667, fol. 176 v.

[112] Cópia nos Ms. da Academia das Ciências. G. 5, E. 13, nº 17, fol. 10.

disso, que tinha de levar a Lisboa o secretário do marquês, perderam-se no incêndio dos arquivos pelo terremoto de 1755 ou foram intencionalmente destruídas; mas sabemos que a tão importante correspondência ainda em fevereiro seguinte faltava a resposta de Lisboa[113]. Também não aparecem outros documentos que à negociação pertençam, e só por casuais alusões se recolhe algum trecho de verdade.

Deve-se crer que nessa ocasião fosse recebido Vieira com desconfiança em Paris. O plano, em que se lhe não pode negar parte conspícua, assustava ao marquês de Niza tanto quanto lhe desagradava. Fidalgo convicto da grandeza da sua raça, cioso de um nome de epopéa, repugnava-lhe associar este a contratos equívocos, de parceria com um indivíduo qual o jesuíta, de talentos sim, mas de duvidosa origem, e sem as mesmas responsabilidades na política da sua pátria. Já muitos anos depois, na velhice, perdidos na lembrança os pormenores, era com asco não escondido que recordava esse episódio da sua carreira diplomática[114]. Ele mesmo nesse tempo se sentia cansado das embaixadas, das longas ausências de sua casa e família, dos sacrifícios de dinheiro a que o forçava um cargo de muitos gastos, mal pago, e de que andavam sempre em atraso os honorários. Aspirava a voltar a Lisboa, subir ao Conselho de Estado, ou então ir governar a Índia, lugar apropriado a um neto do Gama, e o melhor para refazer a fortuna desbaratada nas prodigalidades indispensáveis ao seu decoro em uma corte sumptuosa. Razões de sobra para que nele não encontrasse o padre concurso solícito à missão a que vinha.

---

[113] Carta de Antônio Vieira ao marquês de Niza; 17 de fevereiro de 1648: "Baste por exemplo não se haver ainda respondido às cartas de Fontainebleu, por tantos navios quantos de todos os portos de Portugal tem partido para estes". *Cartas* t. 1, p. 165.

[114] Veja-se o que diz no rol dos serviços (*Obras de João Francisco*. Lisboa, tomo 4, p. 719, edição de 1865): lida a instrução referente ao caso, "respondeu ao mesmo padre Antônio Vieira que não era ele o vassalo que havia de entregar o Reino de Portugal aos franceses, e tirá-lo a el-rey de Portugal D. João, e que antes cortaria as mãos do que assinar tal tratado".

Moço ainda, pois tinha na época a que chegamos 35 anos, suas cartas descobrem-nos um sujeito de inteligência mediana, atento aos negócios, metódico, grave e sincero. Amava as letras e favorecia os cultores delas. Lia e estimava, como toda a gente da sua classe, os sermões de Vieira. Em Paris tinha por hóspede o afamado frei Francisco de Santo Agostinho de Macedo, a quem encomendara a tradução dos *Lusíadas* em versos latinos; "o melhor meio de pagar a Camões o que os Gamas lhe deviam", dizia Antônio Vieira[115]. Manuel Fernandes Vila Real, o cristão novo que escrevia a favor de D. João IV e morreu queimado pelo Santo Ofício em um aniversário da Restauração, era seu comensal e protegido; sem embargo do que o abandonou quando o colheu nas garras o tribunal. Como Antônio de Sousa de Macedo o seu confrade na diplomacia, e muitos compatriotas de são juízo, acreditava que realmente fosse D. João IV o *Encoberto* das profecias dos sebastianistas; a primeira impressão das *Trovas* do Bandarra fez-se em 1644 em Nantes, à sua custa.

A Vieira mostrou sempre afabilidade extrema, retribuída por ele em cortesias e lisonjas. Tendo solicitado audiência do cardeal obteve-a logo, e a 17 de outubro foi, como dito fica, com o jesuíta à presença do ministro. Embora sem documentos que sirvam de ata da reunião, não há pôr em dúvida que do pretendido consórcio se tratou, e que pediu Vieira a vinda do duque de Orléans a Portugal. Para quê, senão assumir a regência conforme o plano da abdicação? Mazarini, ou por desviar a proposta, ou caviloso e com algum oculto intento, propunha em vez dele a Luís de Condé[116]. Vieira e seus apologistas apontam como vitória grande ter ele rebatido o alvitre de Mazarini. Não se percebe bem o motivo, visto que nem um nem outro dos indicados chegou a vir: o do cardeal porque se achava fora das condições, o outro por-

---

[115] Carta ao marquês de Niza, 6 de julho de 1648. *Cartas*, t. 1, p. 228.

[116] Veja-se o "Memorial feito ao príncipe regente D. Pedro" nas *Obras inéditas*, t. 3, p. 82.

que o projeto de casamento se frustrou. E assim se inutilizou o desígnio dos políticos da Restauração e se adiou para outra época de perigo nacional a separação do Brasil.

Após seqüentes visitas ao cardeal e seus íntimos, e por fim desenganado do acordo imediato, a 22 de novembro partiu Vieira para Haia, onde desempenharia a outra parte de sua missão, essa não menos dificultosa e em que igualmente não teve ventura. Contra a França e os franceses levava, e não podia ser de outro modo, uma ponta de despeito. Mazarini acolhera sem nenhum entusiasmo a idéia do consórcio; na carta em que deu parte ao duque de Longueville, quando ia a caminho Vieira, da comunicação de Lanier, e parece que também se considerava a eventualidade de ser a filha do duque a noiva, descobre-se a intenção zombeteira; sobre isso não há indício de que a proposta fosse então submetida ao duque de Orléans, muito menos à parte sobre todas interessada, Mlle. de Montpensier. Acaso à rainha, apesar de tudo espanhola, não sorria a união do sangue a que era aliada com o Bragança rebelde. Mazarini, perspicaz como era, desde logo viu ser irrealizável o projeto. O reino fraco e ameaçado de inimigos poderosos; a nobreza titubeante ainda; se D. João IV, em oito anos de reinado, não conseguira consolidar o trono, como havia de alcançar tal um príncipe estrangeiro, contra quem era de esperar a má vontade ciosa dos naturais? Além disso desconfiava, e com razão, que, chegado o momento, o rei, que agora tudo sacrificava, desistiria do propósito de abdicar. Assim cinco meses depois escrevia a Lanier[117]. O portador da proposta, arguto por educação e temperamento, e afeito, em sete anos de experiência, aos meneios das cortes, sem dúvida lia o desdém nos subterfúgios, com que Mazarini, Brienne e os outros, com quem tinha de tratar, lhe acolhiam as proposições. À noiva pretendida não perdoaria o

---

[117] "Il est important que vous sachiez que quand même nous aurions trouvé ici un prince qui eût voulu entendre à ces ouvertures, je ne sais si nous aurions trouvé après le Roy du Portugal dans la même disposition." Carta de 7 de abril de 1648 (Cheruel, *Lettres de Mazarin*, t. 3, p. 69).

ter rejeitado o partido, supondo-a conhecedora do intuito. Quando, algum tempo depois, rompeu o escândalo de um rapto simulado, a que ela se prestara, com a mira no casamento, em Alemanha, com o arquiduque Leopoldo, Vieira, ao saber em Haia o acontecido, epilogava assim: "Melhores fortunas que estas fadaram um dia as fadas a *Mademoisella*, mas nisto mesmo mostrou que não era merecedora de tanto; Deus sabe melhor o que faz que os homens o que desejam"[118]. Não podia o despeito confessado encontrar mais clara expressão.

Quanto a Mazarini e à França não cala observações desconfiadas; desconfianças da sinceridade das promessas, tanto como da lealdade dos propósitos. "Pelo que se deixa entender das perguntas do cardeal, e de outros indícios antigos e modernos, parece que os franceses têm intento não só nas conquistas de Castela, mas também do modo que pode ser nas de Portugal"[119]. Suspeitava-lhes desígnios sobre o Rio de Janeiro e isso o levava a considerar quais seriam realmente as intenções de Mazarini. Acaso se contentaria com a liberdade de conveniências nos portos do Brasil, e o meio de defesa estava no alvitre das companhias, com que os franceses podiam participar dos lucros do tráfico sem diretamente o exercitarem. A liga, para o efeito da guerra em comum à Espanha, liga tão desejada por D. João IV, que a França prometia agora, para, sob pretextos a cada instante variados, adiar logo e amanhã, encarava ele, já desconfiado das condições, já descrente dos resultados. Com tais impressões partiu para Holanda de onde, sobre todos esses pontos, versou em comprida carta ao marquês de Niza.

A preocupação desses assuntos, os mais graves em que havia até então empenhado o seu espírito, não excluía dele a permanente lembrança do negócio dos cristãos novos. Este, ademais, conjugava-se com o da compra de

---

[118] Carta de 19 de maio de 1648 ao marquês de Niza. *Cartas*, t. 1, p. 197.

[119] Ibidem, p. 131.

Pernambuco, que se propunha, e de cujo pagamento deviam ser eles fiadores. Quando saiu de Lisboa fora concertado decretar-se em seguida a isenção dos confiscos. Ao chegar a Paris tal se não tinha feito ainda, pelo que mostra ao secretário de Estado sua estranheza:

> Segundo o estado em que Vossa Mercê tinha posto aquele negócio, entendia eu que nestes últimos viessem novas de estar já publicado; só me pesará que se contra ele se levantaram algumas dificuldades hajam prevalecido os autores deste mal entendido zelo contra os que o têm mais verdadeiro[120].

Mais o incitava ao protesto o ter agora partidário das suas idéias o marquês de Niza. Com efeito, por este fora enviado ao rei um escrito a favor da gente hebraica, composto a ordem sua pelo cônsul Manuel Fernandes Vila Real, em que se repetiam argumentos da proposta de Vieira, de 1643, proibida pelo Santo Ofício, e se agouravam grandes fortunas à nação, pelo concurso daqueles portugueses perseguidos[121]. Até frei Francisco de Santo Agostinho de Macedo, anti-semita endurecido, que em tempo escrevera contra eles em resposta a Vieira, agora também se colocava ao lado do jesuíta. Ele mesmo, se podemos aceitar o testemunho de Vila Real, se oferecia para ir a Holanda tratar em pessoa com os hebreus[122]. Tudo assim animava o padre a persistir em suas opiniões e a experiência nova, que ia adquirir com a maior familiaridade dos refugiados em Amsterdam, mais nela havia de o confirmar.

---

[120] Ibidem, p. 105.

[121] Carta de 24 de setembro de 1647, em cifra e memória, originais, na Bibl. Nac., col. Pombalina, cod. 738, fol. 12 e 13.

[122] Na relação das obras do célebre polígrafo na *Biblioteca Lusitana* não se acerta com o título que possa convir ao livro mencionado por Vieira. Todavia a afirmação é de tal modo positiva que dificilmente admite equívoco, tanto mais que o confirma uma declaração de Manuel Fernandes Vila Real, na folha 64 do seu processo na Inquisição.

VI

Em despacho de novembro de 1647 dizia o rei ao marquês de Niza: "O padre Antônio Vieira levou ordem para Francisco de Sousa Coutinho fazer conveniências à Holanda, restituindo-se-lhe Pernambuco sem nenhuma condição mais que da sua paz com este reino; e se isto não bastar, *não terão remédio as coisas de Holanda*". A eventualidade já fora discutida em Haia, no ano antecedente, entre Vieira e Coutinho, que diz em uma carta: "Lembra-me que quando aqui veio o padre Antônio Vieira que levantou as mãos ao céu, por eu lhe dizer que se restituísse Pernambuco"[123]. Mas afinal o padre rendera-se às razões, e há probabilidade de ser ele o que incutiu o propósito ao rei. Nas palavras acima escritas quando o régio emissário se encontrava ainda em França, se acha de modo positivo determinado o que ele ia fazer em Holanda. Quando, porém, deixou Paris, já essa parte da missão caducara; os acontecimentos tinham se antecipado ao mensageiro, e ele o sabia. Em 21 de outubro, Francisco de Sousa Coutinho comunicara ao marquês ter apresentado no dia 15, em sessão plena dos Estados Gerais, a proposta de restituir as conquistas dos rebeldes. Ele próprio a foi levar, e a leu no seu holandês incorreto, dispensando o intérprete, para maior impressão causar na assembléia. Os Estados acolheram com desconfiança a oferta. Estava-se preparando uma armada para ir em socorro da colônia, e suspeitavam, portanto, que a proposição não fosse mais que um ardil para deter a expedição de forças e dar tempo a que de Portugal partissem outras, que as contrabalançassem. Mais ferrenhos na oposição eram os deputados da Zelândia e julgava Coutinho dificultoso amansá-los, chegando, por isso, a insinuar que conviria ser reforçada a proposta com outras vantagens: "Nem eu sei

---

[123] 12 de setembro de 1647. *Correspondência diplomática de Francisco de Sousa Coutinho*, publicada por Edgar Prestage e Pedro de Azevedo, t. 2, p. 200.

se sobre dar Pernambuco se julgará no reino exorbitância ajuntar-lhe mais em cima"[124]. Isto o fazia desejar a seu lado, para dividir responsabilidades, pessoa tanto a par das disposições do soberano e ministros em Lisboa como era Antônio Vieira. Por essa razão pedia de Haia o seu conselho, duvidoso de que continuassem aqueles no propósito da restituição, desde que melhorasse algum êxito militar os prospectos da contenda na América. Isto o fazia insistir com o marquês de Niza para não reter o padre em França. "Perca-lhe V. Exª as saudades e o gosto de sua conversação, e faça-o partir logo, logo", dizia ele em carta de 30 de setembro[125]. Quão diferente do que, a respeito da vinda do valido, sentira no ano antecedente.

Vieira partiu, como vimos, a 22 de novembro, mas em Calais, onde se achava a 28, demorou à espera de transporte, embarcando somente a 12 do seguinte mês, com o mesmo mar em fúria das precedentes viagens.

> Terça-feira à noite, 17 do corrente, chegamos a esta corte de Haia, havendo partido de Calais na quinta-feira passada, embarcados em uma nau de comboio, que nos levou a Flessinga em três dias, no último dos quais corremos grande tormenta; mas com ser a viagem tanto mais larga do que costuma, a tivemos por muito feliz, por chegarmos a salvamento, quando não aconteceu assim a outros; porque a mesma nau mercantil que comboiamos não se sabe ainda que derrota haja levado, e quando chegamos a Flessinga acabavam os pescadores de tirar nas redes muitos corpos mortos de naufragantes, e André Henriques, que chegou ao mesmo tempo de Lisboa, me disse que encontrara muitos pedaços de navios dos que o mar soçobrara[126].

---

[124] Carta ao marquês de Niza, 21 de outubro de 1647. *Correspondência*, t. 2, p. 226.

[125] Ibidem, p. 213.

[126] *Cartas*, t. 1, p. 107.

Dessa vez ia Vieira permanecer mais tempo em Haia, tratar com mais intimidade e conhecer melhor a Francisco de Sousa Coutinho. Foi este uma das mais interessantes personalidades da Restauração, e à luz dos documentos realiza bem o tipo de português antigo, brusco de modos, solto no falar, impetuoso, valente, chalaceador e astuto. Com o rei, a quem servira desde que era ainda duque de Bragança, tinha liberdades de criado velho, certo de lhas não tomarem a mal; discutia as ordens, desobedecia, ralhava, escrevia com rude franqueza, a queixar-se, a dar conselhos, a repreender. Todo ele vive nas suas cartas, muitas das quais felizmente nos foram conservadas, parte originais e nos copiadores da embaixada, parte nas cópias, que os contemporâneos, como documentos curiosos, guardaram nas livrarias e cartórios. Em uma, de novembro de 1651, queixa-se ao rei do pouco prêmio de seus serviços, quando outros, que os não tinham como ele, recebiam mercês valiosas; censura-lhe a fraqueza de consentir no processo do conde de Vila Franca pelo Santo Ofício; condena a prática de se venderem cargos públicos e hábitos de Cristo e diz que deixou de usar o seu depois que em Paris viu um no peito de certo indivíduo de baixa condição[127]. Quem assim falava ao seu rei não cederia facilmente em opiniões a qualquer. Vieira, assomado como ele, sabia também ser dúctil por cálculo, e assim porventura se explicará como do encontro dessas duas vontades, igualmente enérgicas, não resultou nunca desavença.

Chegando a Haia, o jesuíta encontrou o embaixador prestes a partir para o Brasil a fim de, na qualidade de governador, fazer entrega das praças aos holandeses logo que fosse o acordo firmado. Em Lisboa tinham-lhe aprovado o ato da renúncia dos territórios aqueles mesmos que depois o haviam de considerar precipitado e condenável. É o que significa um passo da carta de Vieira a Pedro Vieira da Silva, de 30 de dezembro: "Pelo assento que tomou o Conselho de Estado sobre os agradecimentos que se mandaram ao

---

[127] Ms. da Academia das Ciências, G. 5, E. 13, nº 7, cópia.

embaixador Francisco de Sousa julguei quanto lá se estimará a conclusão desta paz"[128]. O secretário de Estado, felicitando o negociador, qualificava de milagre a transação. Mas aqueles e este se antecipavam no regozijo. Por mais vantajoso que o concerto lhes fosse, não manifestavam empenho de o aceitar os holandeses. Era necessário captar vontades, distribuir presentes, oferecer somas importantes, estando a embaixada falha de recursos e crédito. Quem administrava os fundos para os gastos no estrangeiro era o marquês de Niza, em Paris. Vieira insurgia-se contra o sistema que tolhia a liberdade de ação ao negociador. "Ou Sua Majestade não fie as embaixadas de quem não fia o dinheiro, ou fie o dinheiro de quem fia as embaixadas."[129] Isto deu ocasião à única discórdia, aliás efêmera, que Vieira durante suas missões diplomáticas teve com o marquês. Tantas e tais eram as queixas dele e do embaixador Coutinho por não virem de França as somas necessárias, que o marquês entrou em suspeita de que lhe fazia o padre acusações graves em Lisboa, e lho manifestou, levando este a explicar-se: "Da minha [tenção] digo e o pudera jurar, que nunca jamais foi nem podia ser de informar em nenhum caso a Sua Majestade que por culpa de Vossa Excelência deixasse de fazer este negócio"[130]. Este foi o só desgosto entre os dois, logo dissipado pelos protestos de Vieira; a suspeita de que, por contrariedades de que o jesuíta era a causa, deixou afinal o marquês a embaixada, carece em absoluto de fundamento.

Logo à entrada, otimista como sempre, pelo sestro de não ter em conta os obstáculos, via ele já luzir a decisão final. A esquadra de socorro saída dos portos de Holanda batida de temporais, tinha arribado duas vezes com perda de alguns navios; no fim de janeiro davam as notícias o grosso da frota, muito desfalcada, ainda na ilha de Wight; morria-lhe gente e continuavam

---

[128] *Cartas*, t. 1, p. 106.

[129] Ibidem, p. 118.

[130] 1º de junho de 1648. Ibidem, p. 204.

os ventos contrários. Assim que, era a quadra excelente para as negociações; viesse o dinheiro que certo seria o êxito. A 3 de janeiro houvera conferência do embaixador com os delegados dos Estados Gerais. O padre escrevia em seguida: "As esperanças da paz antes se adiantaram que diminuíram: muitas graças devemos a Deus que peleja e negoceia por nós"[131]. Mas o tempo lhe iria mostrando quanto era vã essa confiança dos primeiros dias.

Foi, ao que parece, o infante D. Duarte, que achara traça de se corresponder com D. João IV, e do seu cárcere em Milão dava arbítrios sobre a guerra e a política, quem primeiro sugeriu a devolução de Pernambuco como meio vantajoso para a paz. Enganava-se todavia, como Francisco de Sousa Coutinho e os demais do lado português, em supor que, mediante a oferta, as Províncias Unidas se apressariam a terminar por um congraçamento definitivo o estado híbrido de paz e quase aliança na Europa, e guerra nas regiões de ultramar, em que para com Portugal, desde a Restauração, se encontravam. Por compridos nove meses havia de permanecer Vieira em Holanda, com o fito na solução, de que o desejo dava a esperança a cada hora, e a realidade, um dia após o outro, desenganava. Firme nessa esperança deixou a corte holandesa, e consigo a conservou, sem se ter por iluso, nem mesmo quando, pela solução exatamente contrária, a de conservar o ganho e recuperar o resto pelas armas, reconquistado o Recife, a desejada paz se conseguiu.

Em Paris encarregara-lhe o marquês de Niza que escolhesse e fizesse aquisição em Holanda de alguns navios armados, prontos para a guerra; e o singular do negócio consistia em que se destinavam esses navios a combater os próprios holandeses no Brasil e demais colônias.

De Lisboa tinha ido outro emissário, o cristão novo André Henriques, com igual objeto, a cuja execução devia também o jesuíta superintender. A tudo correspondia a sua atividade omnímoda. Além disso fora-lhe cometido

---

[131] 30 de dezembro de 1647. *Cartas*, t. 1, p. 117.

acompanhar eventualmente como mentor a D. Luís de Portugal ao Congresso de Munster, onde D. João IV meditava enviá-lo como embaixador. Essa missão, se no princípio o lisonjeava, perdeu todo o atrativo quando mais de perto conheceu o neto do prior do Crato, e a situação que tinha em Haia. "Demandam-no pelas dívidas não já os credores maiores, mas os do pão, os da cerveja e de outras miudezas deste gênero[...] O senhor embaixador lhe mandou hoje uma esmola de sua casa, e não sei eu nenhuma que seja mais bem empregada"[132]. Em terra de mercadores, onde pela pontualidade nos pagamentos se afere a consideração, qual podia ser a desse estrangeiro, incerto de nacionalidade, tolerado comensal e parente pobre desprezado na casa do príncipe nativo? Quando, porém, o jesuíta lhe reconhecesse as qualidades, mais o seu afastamento moral devia pronunciar-se. Se nunca o disse, a relutância em cumprir a missão, que com ele tinha, o testifica de modo suficiente.

No meio desses novos deveres Vieira não esquecia o negócio a que fora a Paris. O plano encantava-o por singular, arriscado e – o que tanto dizia com a sua compleição mental – adverso ao senso comum. Sem dúvida a repugnância do marquês de Niza e o patente desinteresse de Mazarini haviam sugerido modificações; quais não sabemos, mas verosimilmente a tratar sobre elas se dispôs a partida do jesuíta Ponthelier, em dezembro, para Lisboa[133], a qual, por motivo ignorado, apesar de não virem as novas do reino, que se pediam, nunca por fim se realizou. Passado o primeiro momento, e como bem temia o cardeal, D. João IV esfriou quanto à abdicação; em Paris, Niza e o encarregado de negócios esquivavam-se cada vez que tentava o arteiro italiano lembrar-lhes a *negociação do padre Vieira*. Esta devia ser muito da

---

[132] 23 de dezembro de 1647. *Cartas*, t. 1, p. 111.

[133] "Ele me deixa e se vai a Portugal sobre negócios do serviço de Sua Majestade de que é o principal o que Vossa Excelência sabe, sobre que espero resposta de Lisboa." 30 de dezembro de 1647. Ibidem, p. 115.

simpatia de Ponthelier, confessor do agente de França em Lisboa, e a quem suspeitava Coutinho de ser igualmente espião dele. O caso é que, por instâncias suas, e diligências, a que não foi estranho Vieira, o Geral ordenou que no regresso de Holanda ficasse o padre na sua província e não voltasse a Portugal. Como era de Bordeus, entendido em vinhos, governava a frasqueira do embaixador, e daí lhe resultou um fracasso. Vieira conta a anedota: "Vem amanhã comer cá M. de la Thuilerie[134]; e porque se queixa que lhe dão bem de comer e mal de beber se encomendou a prova dos vinhos ao padre de Bordeus, o qual mostrou nele não ser de prova"[135]. E logo solícito em escusar o companheiro: "Mas, porque se não escandalize o reverendo padre frei Antônio[136], advirto que nesta terra não é pecado nem desonra".

Desde a chegada cuidou Vieira do assunto dos navios, e nessa ocupação fortuita, tão alheia dos hábitos de meditação e estudo, próprios de quem vivera sempre na intimidade dos livros, deu prova daquela mestria e zelo com que a tudo se aplicava. Ao desembarcar em Flessinga havia topado com André Henriques, que vinha munido de um crédito de cem mil cruzados, do abastado cristão novo Duarte Silva. Ele e dois hebreus de Amsterdam, um dos quais Bento Osório, grande interessado na Companhia Ocidental que tanto mal fazia aos portugueses, eram em comum encarregados da compra, sob a fiscalização de Vieira, por parte do rei. Estava em ajuste com um flamengo a entrega de seis fragatas, entre elas a célebre *Fortuna*, que Vieira muitas vezes em suas cartas menciona, e cuja aquisição depois tinha por um de seus melhores serviços em Holanda. Nisto chegou do reino a notícia de ter a Inquisição prendido a Duarte da Silva. Logo a azáfama foi grande entre os judeus portugueses: os créditos ficaram nulos; André Henriques queria deixar a incumbência e recolher-se

---

[134] Embaixador de França.

[135] 12 de janeiro de 1648. *Cartas*, t. 1, p. 129.

[136] Frei Antônio de Serpa, capelão do marquês de Niza.

a Lisboa; sem dinheiro, como a poderia executar? Todavia não desanima o padre; chama o hebreu, exorta-o e fá-lo desistir do propósito de se retirar. Manda-o com cartas do embaixador e suas a Duarte Nunes da Costa, agente de Portugal em Hamburgo, igualmente judeu, pedindo-lhe que adiantasse os fundos para a compra dos navios naquela praça. Simultaneamente convencia o agente português em Amsterdam, Jerônimo Nunes da Costa, filho de Duarte Nunes, a promover o negócio antes entabulado. De modo que, onde alcançar os seis barcos parecera impossível, trazia doze uma feliz iniciativa. Doze e mais, contava já o jesuíta, que em fevereiro exultava pelo bom êxito de seu alvitre. Somente faltava um requisito essencial: o dinheiro. Essa parte tocava ao embaixador em Paris. Para substituir o crédito nulificado dos cem mil cruzados bastava mandar ele quarenta mil a Amsterdam e mais o que importavam as compras de Hamburgo.

> Duarte Nunes, conforme o que eu lhe prometi, espera que Vossa Excelência lhe remeta dinheiro... Mande Vossa Excelência se for possível quarenta mil cruzados, e eu prometo a Vossa Excelência que com fazermos aqui este pagamento se nos fiará o que baste para mandar a Portugal cinco bizarras fragatas.[137]

Condição imprescindível e sem a qual todo o projeto grandioso da esquadra se desfazia. "Sobre a compra de navios, tenho escrito repetidamente que é necessário estar cá primeiro o dinheiro"[138], dizia já por fim descoroçoado. Instâncias sem êxito. A concepção fácil, descuidosa das circunstâncias materiais, esbarrava na dura realidade.

A prisão de Duarte da Silva, opulento assentista, protegido do secretário de Fazenda Pedro Fernandes Monteiro, e aquele mesmo que, poucos meses

---

[137] 10 de fevereiro de 1648. *Cartas*, t. 1, p. 161.

[138] 24 de fevereiro de 1648. Ibidem, p. 170.

antes, em ocasião de aperto para o Estado o favorecera com o empréstimo de trezentos mil cruzados, agenciado por Vieira, produziu entre os cristãos novos de Lisboa alvoroço que breve degenerou em pânico. Muitos, os que podiam, ausentavam-se para Inglaterra e Holanda. Neste país começaram logo a ressentir-se da situação os negócios relativos a Portugal.

Vieira ia notando os acontecimentos em suas cartas semanais para o marquês de Niza: "Não há quem queira passar um vintém a Portugal com estas prisões de homens de negócio, e no dia em que chegou a nova da de Duarte da Silva subiu o câmbio cinco por cento"[139]. Isto dizia em 16 de março, quando tentava comprar pólvora e cordoaria, e periclitava o negócio dos navios. Na semana seguinte: "O residente Cristóvam Soares de Abreu fica buscando dinheiro para a passagem, mas não o acha porque as prisões de Lisboa nos acabaram o crédito"[140]. Aquele diplomata vinha de Osnabrück, de assistir aos trabalhos do congresso, e fora nomeado secretário e encarregado de negócios em Paris, para onde viajava então. Quinze dias depois: "É mais dificultoso hoje achar cem cruzados que noutro tempo duzentos mil"[141].

Vieira protestava altamente; aproveitando o aso para mais uma vez dar largas a suas idéias acerca dos hebreus. Em presença de Cristóvão Soares, e de Francisco de Andrade Leitão, plenipotenciário em Munster, que regressava ao reino, deblaterava contra o que em Lisboa se fazia. Com a prisão de Duarte da Silva perdera o serviço de el-rei; os Estados Gerais representavam contra o fato de serem processados pelo Santo Ofício os judeus, prisioneiros em Pernambuco, que eram vassalos de Holanda, embora por nascimento portugueses; e mais que tudo escandalizara o governo e a numerosa colônia hebraica de Amsterdam, influente na opinião pública, o suplício de Isaac de Castro Tartas,

---

[139] 16 de março de 1648. *Cartas*, t. 1, p. 175.

[140] 23 de março de 1648. Ibidem, p. 178.

[141] 6 de abril de 1648. Ibidem, p. 182.

jovem fanático, queimado vivo no auto de 15 de dezembro de 1647, depois venerado pelos correligionários como mártir. As reclamações feitas de Haia respondera o rei que tais casos eram da jurisdição eclesiástica, e que nisso lhe não falasse o embaixador. "Bendito seja Deus, comentava o jesuíta, que só para estas valentias temos resolução!"[142] E repetia o que tantas vezes fora por ele dito, que era preciso voltarem à pátria os judeus foragidos, para assim crescer o comércio e recobrar a nação o poder antigo; e se lhes devia permitir o culto público de sua religião do mesmo modo que em Roma, sede da cristandade. Os dois diplomatas de passagem em Holanda escutavam-no sem nenhuma simpatia, e Cristóvão Soares fazia depois a observação seguinte ao colega: "Este padre não morre na Companhia; mais certo parece que acabe nas mãos do Santo Ofício"[143]. Agouro cuja última parte quase se realizou.

Entretanto Vieira debatia-se em dificuldades que desmentiam o otimismo de suas impressões primeiras. De Paris o embaixador dava a ordem de suspender a compra do navio *Fortuna*, e aplicar o dinheiro às peitas e aos gastos secretos da diplomacia; mas era tarde para desfazer a transação, ou assim o pretendeu Vieira; e o barco, com as suas 28 peças de artilharia, saiu para Lisboa em princípios de abril, levando Francisco de Andrade como passageiro. Debalde o marquês de Niza insistia que suas ordens se cumprissem. O *Fortuna*, a que Vieira deu o nome como presságio da sua obra, velejava para Lisboa. "O dinheiro que se deu por ele já tenho dito muitas vezes a Vossa Excelência que se não pode trocar por outro, pois está dado"[144]; assim replicava ao marquês, opinando ainda que os cem mil cruzados de Duarte

---

[142] 3 de fevereiro de 1648. Idem, p. 158.

[143] Depoimento de Francisco de Andruda Leitão no Caderno nº 45 do Promotor na Inquisição de Lisboa. 11 de dezembro de 1649. Torre do Tombo, cart. do Santo Ofício.

[144] 4 de maio de 1648. *Cartas*, t. 1, p. 191.

da Silva, quando recebidos, se não divergissem do seu fim primitivo; navios e mais navios eram a primacial necessidade.

Conjuntamente com esse negócio se ocupava Antônio Vieira de mandar a Portugal carregamentos de trigo de que havia no reino grande falta. Nessas diligências tinha relações constantes com os judeus portugueses que viviam em Amsterdam. Essa cidade era seu principal refúgio na Europa. Alguns, deixando a península, ficavam no caminho, em Baiona ou Bordeus, outros passavam a Hamburgo e à Inglaterra; ainda outros procuravam a Itália e dirigiam-se a Liorne; mas o maior número assistia em Holanda, onde, em 1590 fizera assento a primeira turma. Ali, com o exclusivismo próprio da raça, formavam como que nação à parte, com língua sua, a da terra de origem, religião, costumes e leis. Alguns foram notáveis teólogos; outros cultivaram as letras ou ilustraram a ciência; os mais deles consagraram-se ao comércio, e foi com esses principalmente que Vieira entreteve relações. Como era natural, nem todos votavam à pátria madrasta afeição ilimitada, o que ofendia Vieira, cujos negócios às vezes contrariavam; *uns por holandeses, outros por finíssimos castelhanos*, dizia ele. Uma ocasião tanto ficou irritado que quase passou às vias de fato, o que faria, assim o conta, "se me não lembrara mais do hábito que professo que do que agora visto". Mas, se não podia brigar de punhos com o judeu nada lhe impedia a voz: "De palavra me ouviu o que não quisera"[145]. Assim o homem da Igreja desforçou o patriotismo magoado.

Passando a terra de heréticos viam-se os jesuítas forçados a deixar a roupeta. Vieira trajava de grã, escarlate flamante; ao lado a espada, cheia a tonsura, bigode crescido. Desse modo andava em Holanda e, desembarcando em Lisboa, foi a Alcântara falar, talvez mostrar-se, a D. João IV. Os antagonistas boquejavam dele; dos modos desabusados e das relações que tinha com os judeus. À Inquisição foram dizer que chegou a ter casamento contratado

---

[145] 12 de janeiro de 1648. *Cartas*, t. 1, p. 128.

com uma hebréia rica de Amsterdam[146]. Calúnia evidente, mas que em suma não era mais que a imagem de suas imprudências, através do prisma da aversão. Não se cuide todavia que oferecesse Vieira quanto a costumes alvo à censura. A continência foi sempre virtude altamente prezada dos jesuítas, e raras vezes os mais ásperos adversários da Ordem lhes encontraram falha nesse particular. Tudo o que sabemos da vida dos homens, que um grande ideal domina, mostra ser-lhes a castidade fácil virtude. A Vieira, com tantos e tão encarniçados inimigos, nenhum lhe exprobrou jamais ato impuro, a não ser um sicofanta sem autoridade no Maranhão, que, chamado à prova, miseravelmente se desdisse. A seu tempo será o caso mencionado.

Os judeus da península tinham desde 1598 sinagoga em Amsterdam. Não ainda o edifício tantas vezes celebrado, se bem que com demasias, por monumento insigne, e que só em 1675 se inaugurou, mas uma casa simples de oração. A natural curiosidade levou ali uma vez Antônio Vieira. Acreditemo-lo, pelos seus créditos de católico extreme de suspeita, quando diz que foi única[147]. Assistiu ao serviço religioso e à prédica pelo afamado rabino Manasses ben Israel. É de crer que este, sabendo o ouvinte que tinha na assembléia, quisesse exibir seus dotes de orador e não poupasse argumentos com que provar ao cristão amigo a superioridade da antiga lei. Acaso o enganava a atitude de Vieira, fazendo-lhe supor que significava o sentimento benévolo e de interesse, votado aos perseguidos, simpatia pela crença. A presença dele ali era talvez indício. Invocou textos, acumulou razões, exortou a virem ao caminho da verdade os desgarrados, deu graças ao Senhor que mantinha intacta a fé do seu povo através dos séculos, vitoriosa de atentados e baldões. Não deu a homília o resultado pretendido. À saída Vieira, sequioso de discussão, foi buscá-lo, tornou-lhe os golpes da retórica e os dois disputaram longo tempo. Seria interessante presenciar a justa. Os contendores eram de igual força dialé-

---

[146] Denúncia de frei Manuel Alves Carrilho no Caderno do Promotor da Inquisição, cit., de 30 de outubro de 1653.

[147] Processo no Santo Ofício, Perguntas, 16 de fevereiro de 1664, fol. 46 v.

tica, ambos por índole disputadores, ambos versados na Escritura. Em alguns pontos as idéias de um e outro coincidiam. Um e outro criam existirem as dez tribos de Israel perdidas em algum canto do globo; um e outro tinham por certo que Deus as traria de novo ao grêmio da humanidade conhecida, e então se converteria o mundo à fé única; como síntese de suas idéias, Manassés escrevera o *Conciliador* onde punha de acordo os passos contraditórios do Velho Testamento; Vieira principiara já em mente o trabalho de conciliação dos textos que havia de dar a *Clavis prophetarum*. Eram dois teólogos, dois exegetas, dois sabedores. A rota do espírito de cada um levava-os a encontrarem-se em um ponto de onde depois divergiam. Ligar as posições extremas, a que por esse modo chegavam, era obra impossível. Deixaram a contenda como gladiadores cansados – aqui ocorre a imagem do emplumado guerreiro dos quintais – cada um por seu lado cantando vitória. Mas o ardente jesuíta não se contentou dessa só pugna, e ávido de ostentar a sua dialética, mandou desafio a outro rabino famoso, Saul Levy Morteira, que foi mestre de Espinosa. Este, porém, mais edoso e prudente, lembrado talvez do preceito da sinagoga em que ele e Manassés oficiavam, segundo o qual não deviam os hebreus, por amor da paz, discutir matérias de crença com os cristãos[148], recusou o recontro, com o que Vieira mais ruidosamente triunfou. Há quem diga ter o jesuíta convencido a Manassés de que o verdadeiro Messias já tinha vindo e era Jesus Cristo; que Manassés por seu turno o convencera do segundo advento daquele, que havia de ser rei ou imperador universal, e daí a origem de um tratado sobre o assunto que mais tarde se lhe atribuiu[149]. Se assim foi, Antônio

---

[148] Ascamoth, pelos quais será governado o KK. do Talmud Tora de Amsterdam, 38. (J. Mendes dos Remédios, *Os judeus portugueses em Amsterdam*, p. 192 e ss.).

[149] *De regno Christi in terris consummato*, Ms. na coleção *Maquinações de Antônio Vieira jesuíta*, da Bibl. Nac., t. 6, publicado com algumas variantes e comentários na obra *Crisis paradoxa super Tractatu insignis P. Antonii Vieyrae de Regno Christi in terris consummato*, etc., 1748, sem lugar de impressão, anônima, atribuída a frei Ignácio de Santa Teresa (*Bibl. Lusit.*, t. 4, p. 163).

Vieira jamais o confessou, não esquecendo, pelo contrário, de publicar a sua vitória. A lenda jesuítica ampliou o caso, para introduzir na biografia, como é de uso nas lendas, o elemento maravilhoso. A fama de sabedoria do forasteiro ia ter a consagração pública em Holanda por modo não vulgar. Por ocasião de uns festejos fazia parte das diversões populares a representação que dava um saltimbanco com seu cão adivinho. Com pasmo e alegria dos circunstantes foi este, a mando do dono, mostrar o borracho maior da assembléia e a mais formosa rapariga. Por terceira prova lhe pôs aquele um livro na boca para levar ao homem mais sábio. Estava presente Vieira ,e para ele, entre tantas pessoas, o animal correu, e a ele entregou a prenda[150].

Após os jogos florais da sinagoga, esperavam a Vieira as discussões, sem dúvida mais graves, da política internacional, em que muitos pontos incertos o punham cuidadoso. Da França desconfiava sempre, e na paz entre Holanda e Espanha, perto de se concluir, encontrava razões novas para não mudar. "Daqui por diante teremos dois novos competidores que solicitem a guerra e procurem estorvar-nos a paz, que serão publicamente o embaixador de Castela e em secreto o de França; o primeiro para que Holanda nos enfraqueça a nós, o segundo para que nós enfraqueçamos a Holanda"[151]. Recordava que o embaixador francês La Thuilerie, quando ele da primeira vez fora a Holanda, tentara persuadir-lhe que para ter paz com os Estados valiam todos os sacrifícios, até mesmo ceder-lhes a Bahia; agora era o próprio a aconselhar que não se apertasse por ela, porque o seu governo, quando lhe chegasse a vez de tratar, seria medianeiro a favor de Portugal.

---

[150] *Vida*, p. 22. A *Crisis paradoxa* modifica a anedota, segundo a versão dos padres da Bahia, dando como o animal inspirado um burrico, e com a observação modesta de Vieira: "Nunca o asno tanto mostrou que o era como nesta eleição."

[151] *Cartas*, t. 1, p. 156.

De maneira que, quando França cuidou que a paz de Portugal com Holanda podia ser causa de Holanda se não unir com Castela, quis alcançar essa desunião a preço de uma praça tão importante nossa como a Bahia; e agora que Holanda se uniu com Castela querem que fique também em guerra conosco, para que nós ajudemos a lhe quebrantar as forças, e gaste Holanda com Portugal o com que podia socorrer aos castelhanos[152].

Nessa desconfiança não é de estranhar duvidasse igualmente da lisura do seu companheiro padre Ponthelier. De acordo com o embaixador, que dizia: "O Ponthelier é um famoso espião dos franceses"[153]. A Vieira parecia-lhe inconveniente voltar ele a Portugal, e nesse sentido escreveu ao marquês de Niza[154], mas quando finalmente veio a ordem de Roma, indignou-se, barafustou, pretendeu que fosse anulada, e esquecido do que em tempo tão recente havia escrito, ao mesmo marquês de Niza se dirigiu, pedindo-lhe a interferência em favor de Ponthelier, de quem exaltava os serviços e lealdade. "São isto efeitos causados de alguma diligência dos padres de Portugal"[155], dizia então, o que era talvez exato, porque as suas não tinham tempo de obrar ainda; e o cândido descuido reproduz em viva imagem o seu espírito versátil.

Com os Estados Gerais não progrediam as negociações, e a cada passo sobrevinham da parte deles novas exigências. Nesse tempo não se tinha disposto Vieira ainda às últimas capitulações. "Ninguém mais do que eu deseja a paz", dizia, "mas há de ser como convém."[156] Preparava, entretanto, um escrito sobre o modo como se havia de conduzir a guerra no Brasil e o submetia ao marquês

---

[152] Ibidem, p. 145.

[153] Carta ao marquês de Niza, 1º de junho de 1648. Bibl. Nac., cod. 1748.

[154] 15 de junho de 1648. *Cartas*, t. 1, p. 212.

[155] 6 de julho de 1648. Ibidem, 226.

[156] *Cartas*, t. 1, p. 119.

de Niza. "Para que com a aprovação de Vossa Excelência tenha esperanças de que em Portugal se aceite e no Brasil se execute", dessa maneira lho encarecia. Embebido em projetos guerreiros, considerava meios de se fazer guerra à Espanha também na América, ferí-la nas fontes de onde lhe manavam os tesouros; nada menos que tomar-lhe o Chile, o rio da Prata e o Peru.

Quanto às conquistas de Castela, a primeira que pode entrar em consideração é a de Chile, que está no mar do Sul em altura de 38 graus, fácil de conseguir pela pouca resistência dos portos, e das ricas e proveitosas que se podem empreender, tanto pelo que é em si, como por ser passo para as serras e minas do Peru, em que estão depositados os maiores tesouros das Índias Ocidentais; e pode ajudar muito a esta navegação o porto do Rio de Janeiro, que fica no meio da viagem, e é muito capaz de nele se refazerem os navios e se proverem do necessário. Contudo eu não seria de parecer que por aqui se começasse a guerra ou conquista das Índias, porque é a viagem compridíssima, que se não pode fazer em menos de sete ou oito meses havendo de passar os navios pelo estreito de Magalhães, ou por outros novamente descobertos, de que ainda não há certos roteiros, nem bastante conhecimento dos mares e costas, em que se considera muito maior perigo que proveito, como experimentaram os holandeses na viagem que lá fizeram desde Pernambuco no ano de 1642; além do que, por esta via, ao menos nos princípios, não se podem divertir nem enfraquecer consideravelmente as forças de Castela, que deve ser um dos primeiros e principais intentos desta guerra.

Por esta razão, e por todas, me parece que o poder que se mandar às Índias se deve encaminhar contra os mesmos portos por onde se embarca e conduz a prata, assim do Peru como de Nova Espanha; na qual empresa o menos que se pode logo conseguir é tomar ou impedir a frota, e todo o comércio e proveitos que Espanha recebe das Índias [...]Também se pode intentar a conquista do Rio da Prata, de que antigamente recebíamos tão consideráveis proveitos pelo comércio, e se podem conseguir ainda maiores, se ajudados dos de São Paulo marcharmos, como é muito fácil, pela terra dentro, e conquistarmos algumas cidades sem defensa, e as minas de que elas e Espanha se enriquecem, cuja prata por aquele caminho se pode trazer com muito menor despesa[157].

Para o assalto às Índias contava com o auxílio de muitos portugueses que havia nelas. Doze galeões e doze fragatas com quatro mil soldados que se mandavam às ilhas, de onde interceptariam o comércio. Do Maranhão e Pará iriam socorros de mantimentos. No rio da Prata com dois navios e duzentos ou trezentos homens se podia tomar Buenos Aires. Com a usual facilidade, mal delineado ainda na imaginativa o projeto, já ele o via realizado. E nessa última parte, do rio da Prata, urgia a decisão, para que se não antecipassem os franceses, como cria, tendo ouvido que preparavam então para tal fim uma companhia poderosa. "E assim é necessário que Sua Majestade o faça logo e que Vossa Excelência lho escreva, como eu também farei."[158] A esse receio acrescia o de que Mazarini viesse a tentar uma entrepresa ao Rio de Janeiro, tanto mais de temer quanto, dizia Vieira, *se ajudava a ambição de uma espécie de justiça*, por isso que aos franceses e índios se haviam tomado aquelas terras, quando da conquista.

Tudo isso igualmente escrevia a D. João IV. Lástima grande que se perdesse tão interessante correspondência, de que só pelas referências laterais temos conhecimento. Cérebro em que num burbulhar incessante as idéias tumultuavam, nele a cada passo lhe surgiam concepções ousadas, de que, no hábito do silogismo, deslumbrado pelo rigor lógico das conclusões, o incerto das premissas lhe escapava. Tal era o plano que então imaginou contra Holanda, no fito de lhe preparar pela decadência mercantil o abatimento político.

---

[157] Ibidem, p. 134.

[158] *Cartas*, t. 1, p. 136.

Todo o poder e opulência das Províncias de Holanda consiste principalmente e se funda no seu comércio, de onde se segue que enfraquecido e arruinado o comércio se enfraquecerão e arruinarão juntamente as mesmas Províncias, e por este meio suave e quase insensível se pode conseguir breve e facilmente o intento de que se trata, o qual à força de armas seria quase impossível em muitos anos e com grandes despesas de dinheiro.

O modo com que o dito comércio se pode enfraquecer e arruinar é levantando-se em Lisboa uma ou mais companhias mercantis, como as de Amsterdam, compostas dos mercadores das três coroas de França, Portugal e Suécia (entre que se há de fazer a liga) de todas as quais proporcionalmente se comporão as cabeças que governem a dita companhia, saindo das conquistas para Lisboa, de onde se repartirão as mercadorias e se enviarão assim para França e Suécia como para os demais portos e reinos da Europa.

Que esta companhia ou companhias de Lisboa hajam de enfraquecer as de Holanda se prova por duas razões evidentes. Primeira, porque a navegação de Portugal, por benefício do clima, sítio e comodidade dos portos é muito mais breve, muito mais fácil e livre e de menos risco; e por serem as conquistas de Portugal povoadas e defendidas pelos portugueses que as habitam, e sustentadas pelas mesmas rendas de suas mesmas cidades, não tem necessidade os mercadores das nossas companhias de pagar soldos, nem edificar e sustentar fortalezas, como fazem os das companhias de Holanda com excessivos gastos. De onde se segue que, sendo naquele comércio muito menores as despesas, será a ganância muito maior, como mostra a experiência. O que será causa de que não só todos os estrangeiros que têm dinheiro nas companhias de Holanda, senão muitos dos mesmos holandeses, passem secretamente seus cabedais às companhias de Lisboa, porque o dinheiro mercantil corre todo, como a seu centro, ao lugar onde tem mais ganância, e esta será a primeira parte da ruína das companhias de Holanda. A segunda será que, havendo-se de vender as nossas mercadorias, pelas razões sobreditas, a preços muito mais baratos, ficarão logo abatidas as de Holanda, com que ou se não venderão ou perderão os mercadores[159].

Assim, pois, abandonadas dos acionistas, prejudicadas pela competência, cairiam em ruína dentro em pouco as companhias, e o país que até aí tinham enriquecido. Construção lógica excelente, mas a que não correspondiam realidades. Remetido o projeto a Mazarini por mão do conde de Estrades, que recolhia de certa missão diplomática, foi logo julgado. O cardeal não respondeu nunca sobre ele, e o silêncio mostra havê-lo tido pelo que era de verdade: fantasia de um espírito singular e irrequieto, apaixonado mais que refletido.

Em março recebeu Vieira dispensa de acompanhar a Munster D. Luís de Portugal, encargo que lhe não sorria, e autorização de se tornar ao reino, o que logo quis fazer; mas teve de renunciar ao propósito a instâncias de Francisco de Sousa Coutinho, que o queria junto a si para as negociações. Daqui se vê quanto era o seu concurso estimado pelo embaixador. A pedido deste, ou reconsiderando o soberano, foi-lhe revogada a licença para voltar. Em Lisboa já se cuidava de retirar Coutinho de Haia, e mandar ficar a substituí-lo D. Luís, com o jesuíta por adjunto e mentor. Também essa missão não era de agrado seu. "Nem ao negócio, nem à pessoa, nem ao hábito, nem a nenhuma coisa convém", dizia ele ao marquês, seu amigo[160]. Tinha a eleição por insídia de seus desafetos, que o queriam longe de Portugal. Preferia em tal caso que o deixassem voltar ao Brasil.

A 5 de junho todos os sinos de Haia tocavam festivamente; troava a artilharia; para o palácio dos Estados corria a população, no alvoroço de assistir à solene assembléia em que, às dez horas da manhã, se fez a declaração pública da paz com Espanha. Momento escolhido, porque em igual dia, a igual hora, oitenta anos antes, tinham sido decapitados em Bruxelas

---

[159] Carta ao marquês de Niza, 22 de junho de 1648. *Cartas*, t. 1, p. 218.

[160] 15 de julho de 1648. *Cartas*, t. 1, p. 212.

os condes de Horn e Egmont. Estava iminente a chegada do embaixador castelhano, que certamente cuidaria de embaraçar os negócios de Portugal. Além disso temia-se algum desacato da sua gente nas ruas, como já duas vezes em Roma sucedera, em 1642 e 1645, e porventura o assalto à casa da embaixada. Coutinho precavia-se e protestava defender-se com o pessoal que com ele residia: "sem contar quatro padres que em uma ocasião haviam de fazer seu dever", dizia, antevendo cenas belicosas[161]. Um dos quatro com certeza era Antônio Vieira.

No fim do mês veio surpreender a todos a notícia da vitória dos portugueses nos Guararapes, a 19 de abril. Era razão para sentirem os holandeses a vantagem de convir nas propostas de Coutinho. Mas, poucos dias passados, chegou outra nova, de ter a Companhia apresado cinco barcos com carga de açúcar que montava a duas mil caixas e valor de quatrocentos mil cruzados. Imediatamente, com o engôdo das presas valiosas, o Estado de Zelândia ofereceu armar cinqüenta fragatas para, assim nos mares distantes como nos da Europa, fazer guerra a Portugal. Como era de esperar, o incidente atrasou de novo as negociações.

Na correspondência com o marquês de Niza, Vieira expunha por miúdo quais os dons a cujo preço, a mais do território a restituir, vendiam a paz as Províncias Unidas. Reparação dos engenhos destruídos pelos nossos, com a reposição de todos os escravos e aparelhos, dez mil bois de carro, dez mil vacas, cinco mil ovelhas, cinco mil cavalos, dois milhões de florins em dinheiro, quarenta mil caixas de açúcar. Exorbitâncias a que os negociadores portugueses opunham contrapropostas, na realidade abaixo do que as autorizações vindas do reino lhes permitiam. À última hora o debate versava sobre a posse de Angola, que os holandeses exigiam e Antônio Vieira parecia inclinado a ceder-lhes, achando-os irredutíveis, porque "sem negros não há Pernambuco

---

[161] Carta ao marquês de Niza, 4 de julho de 1648. Bibl. Nac., cod. 1748.

e sem Angola não há negros"[162]. Assim que, sobre dar-se uma parte do Brasil se daria também outra de África, para com os negros se sustentar a primeira. Concessão afinal que em sua mente seria de pouco preço, já que, pela companhia internacional em projeto, aparecia inevitável a ruína das concessões de Holanda e fácil por conseqüência a recuperação do cedido.

Era a ocasião em que o embaixador Coutinho confiava ao marquês de Niza: "Ao padre Antônio Vieira chegou a hora de se tirar a limpo a sua vinda a Holanda, porque me anima para o que hei-de prometer como quem sabe o que e até quanto se pode dar"[163]. Todavia, nem sempre aquele se mostrava disposto às concessões. Muitas vezes discutiam embaixador e conselheiro rijamente. Um dia, estando Coutinho em conferência com os delegados holandeses, saiu à sala onde se achava o jesuíta e, satisfeito, anunciou que tinha a paz concluída. Perguntou-lhe este de que modo, e soube que por meio da cessão do território até o rio de São Francisco, que o inimigo não possuía, "Bem parvos são os holandeses em mandar armadas do Brasil", tornou Vieira, "venham fazer conferências com Vossa Excelência, porque mais ganham com uma conferência que com muitas armadas"[164]. Os céticos podem supor que não passou o caso assim, e o inventasse Vieira por se desculpar do projeto de largar Pernambuco aos holandeses, de que o repreendiam. Mas o mesmo Francisco de Sousa Coutinho depõe que freqüentemente dissentiam os dois nos pareceres, embora cada qual cedesse em seguida à razão melhor, e sempre e em tudo por fim obrassem de acordo.

Sem embargo das dificuldades, julgava o padre que em breve estariam as negociações terminadas: ou ajuste concluído ou desengano. Assim disse ao marquês de Niza, o que, participado ao embaixador Coutinho, levou este a retorquir com o chiste costumeiro: "Ainda para as matérias de Holanda

---

[162] Carta ao marquês de Niza, 12 de agosto de 1648. *Cartas*, t. 1, p. 243.

[163] 20 de julho de 1648. Bibl. Nac., cod. 1748.

[164] Carta ao conde de Ericeira. *Cartas*, t. 3, p. 569.

não é clássico o padre Antônio Vieira, nem se pode alegar a ele, como Vossa Excelência faz"[165]. A verdade é que em discussões, propostas, exigências e contra-ofertas se prolongava a contenda diplomática, cada uma das partes à espera que de súbito viesse algum sucesso militar melhorar-lhe a situação. Os portugueses tinham contra si o grande inconveniente de se moverem no incerto, ignorantes da disposição do seu governo, que poderia não lhes sancionar os acordos. Além das demoradas viagens, era usual ficarem largo tempo sem resposta em Lisboa as consultas dos agentes no estrangeiro. Desde Paris, Vieira se lastimava ao rei de que "para nada há instruções, nem informações, nem notícias"; o mesmo fizera de Holanda, e até agosto sem nenhum resultado. Coutinho, da ausência de novas, coligia que a restituição de Pernambuco, primeiramente aprovada, se não queria já; e pensava certo, porque depois do êxito das Guararapes mudara de novo o sentimento do rei. Apertado pelos holandeses, que ultimamente insistiam por uma solução breve, resolvera mandar a Lisboa o secretário da embaixada Feliciano Dourado, a expor o estado das negociações e pedir ordens. Senão quando, a 30 de agosto, pelas dez horas da noite, chegavam finalmente as instruções; não aquelas, todavia, que ele e Vieira esperavam, de aprovação e para concluir o tratado; mas para regressar Coutinho a Lisboa e entregar a embaixada a D. Luís de Portugal. Dessa vez não haveria o nomeado de ter por assessor Antônio Viera, porque este já fora chamado ao reino por carta, que não tinha ainda então chegado ao destinatário.

Tanto o embaixador como Antônio Vieira receberam a determinação régia com mágoa e surpresa; nem diversamente poderia suceder. Era o naufrágio de seus esforços pela paz definitiva que esperavam a cada hora, a expressa reprovação de tudo que tinham antes praticado. Coutinho, desconsolado e em despeito, queria partir no mesmo instante. Vieira aconselhava a desobediência.

---

[165] 31 de Agosto de 1648. Bibl. Nac., Cod. 1748.

Discorreu, pediu, exortou, até que afinal o persuadiu, conseguindo que nada fizesse sem o conselho do marquês de Niza. Ele próprio partiu logo, para ir em pessoa convencer a D. João IV, e anular por sua influência a ordem inconveniente sobre a retirada do embaixador. À despedida, relata tudo a Niza.

Excelentíssimo senhor. Não há tempo para mais. Ontem às dez da noite chegaram cartas de Sua Majestade com as ordens que Vossa Excelência verá, e, porque há navio em Amsterdam que só espera por vento me parto hoje a alcançá-lo. O senhor embaixador esteve pronto a fazer o mesmo e se ir logo despedir dos Estados, e não esperar mais um momento nesta corte, e o vi tão determinado e sem admitir nenhum gênero de razão que dei tudo por perdido. Eu fiz loucuras de rogos e de protestos, não havendo respeito nenhum divino nem humano que lhe não pusesse diante dos olhos, e por fim de tudo lhe assegurei que Vossa Excelência havia de ser deste mesmo parecer, e que sem ouvir primeiro a Vossa Excelência não se arrojasse em matéria tão grave, em que não considero menos que perdermo-nos.

As razões que me movem ao senhor embaixador dever ter em secreto estas ordens e não fazer nada de si na ocasião presente, continuando lentamente com a negociação, são infinitas, e que se estão vendo melhor do que eu agora as saberei referir. Porque Sua Majestade não tem notícia do estado em que estão estes negócios, antes diz no princípio da sua carta que o motivo de mandar retirar ao senhor Francisco de Sousa é haver cinco anos que continua nos requerimentos da paz sem se lhe deferir, que é não só caso diferente, mas o contrário do em que hoje estamos. Se o senhor embaixador se vai e fica D. Luís sem poderes (porque lhe não vêm), veja Vossa Excelência se pode haver termo mais claro de dizer el-rei que não quer paz senão guerra com os holandeses, e que conseqüências tão perniciosas se seguirão ao serviço de Sua Majestade em toda a parte, sabida esta deliberação.

[...] Enfim, senhor, o meu ânimo não é que as ordens de Sua Majestade se não obedeçam, mas que se obedeçam como convém a seu serviço, e não de modo que sirvam só de apressar nossa ruína. Pedro Vieira é deste mesmo parecer, como claramente me diz em carta sua que recebi ontem, e se dói que haja outros que prevalecessem; mas ainda no tal caso é bem que as coisas se façam como convém, não só para a justificação senão para o mesmo intento. Espero que Vossa Excelência há-de aprovar a verdade destas razões, e aconselhar ao senhor embaixador que em nenhum caso se despida [...][166]

O fim dessa carta destrói pela raiz toda a suposição de desgostos entre o marquês e Vieira. E o testemunho da confiança recíproca, da inclinação cordial – não se diz amizade – do jesuíta; o máximo que seu coração podia dar, e que qualquer impressão nova facilmente desvanecia.

Meu amo e senhor. Fique-se Vossa Excelência muito embora. A Lisboa, querendo Deus, vou aguardar as ordens de Vossa Excelência, enquanto Vossa Excelência não chega, prometendo a Vossa Excelência que serei o melhor solicitador em procurar que não prevaleçam as diligências dos que tanto contra o bem comum querem a Vossa Excelência longe de Portugal. A isto me ofereço, porque sei que é o gosto de Vossa Excelência. No demais se sirva Vossa Excelência de me o mandar manifestar por uma lista, porque desejo que Vossa Excelência conheça que não tem nem mais verdadeiro nem mais afeiçoado criado.

Mui diverso nos aparece esse desfecho da missão de Vieira daquilo que, quase no fim da vida, ele escrevia, em própria defesa, ao autor do *Portugal restaurado*.

Enquanto isto,[167] se tratava na corte de Haia recebi maço de el-rei, no qual vinha uma carta em que Sua Majestade mandava retirar a Francisco de Sousa Coutinho, e uma patente em que ordenava ficasse eu com os negócios da embaixada.

---

[166] 31 de agosto de 1648. *Cartas*, t. 1, p. 252.

[167] A negociação sobre a entrega de Pernambuco.

A forma e escrito para mim, e não para o embaixador, lhe deu grande cuidado; o qual eu, porém, fiz desvanecer, e disfarcei, não lhe dando a sua carta, com dizer que tivera ordem de Sua Majestade para tornar a Portugal; e por estarem navios prontos em o porto de Amsterdam me despedi, e fui embarcar dentro de duas horas. A Sua Majestade representei que não usara da patente porque aqueles negócios não eram conformes ao meu hábito [...][168]

Ainda mais: em caminho vinha a carta do rei, com a ordem de regressar a Lisboa, e outra ia ser expedida, quando já ele partira, a qual, reprovando o projeto de companhias e liga contra os holandeses, insistia na sua volta.

PARA O PADRE ANTÔNIO VIEIRA

Sempre folgo de ver vossas cartas ainda quando em parte me não conformo com elas; assim sucedeu com uma vossa larga que se recebeu em data de 16 de junho passado. E posto que, conforme as ordens que se vos tem despachado, tenho por certo sereis partido para o reino, se ainda aí estiverdes entendereis que se acham grandes perigos ao tratado a que chamais liga, que propusestes no papel que foi ao marquês de Niza, sobre França, Suécia e este reino unirmos as armas contra Holanda a favor de minhas conquistas, porque se os holandeses tiverem disto notícia, como é provável, principalmente se França, como entendeis de seus ministros, deseja ver rôta entre este reino e os Estados, não só se atrasará o tratado que aí tendes entre mãos mas não quererão admitir outro em tempo algum, receando que, logo que ache mais conveniência em lhe não guardar o que mandar capitular com eles, me apartarei de todo o acordo. Esta razão, junta a outras que também são de consideração, me obriga a dizer-vos ponhais totalmente silêncio neste tratado, e vos desvieis de falar nele, salvo se for para o encontrar com razões de novo, que vos não faltarão. *Espero vos venhais brevemente para o Reino*, e por isso se vos não faz mais miudamente resposta a esta carta, e aqui será

---

[168] *Cartas*, t. 3, p. 567.

vossa assistência não de menos importância a meu serviço que em Holanda, se bem aí o era tanto como eu conheço. Em 6 de setembro de 1648.[169]

Cumpre notar que o projeto de liga das três nações contra a Holanda não era de guerra em armas, consoante a carta, mas de guerra comercial. Na exposição ao marquês de Niza o jesuíta considera os dois modos de operarem as nações da liga, rompendo em hostilidades ou conservando a paz, e é pelo último que se pronuncia. Evidentemente em Lisboa havia o desejo de afastar das negociações um agente em demasia buliçoso e exorbitante nas iniciativas. Vieira não o quis reconhecer, e acaso, pela reação, à força de pensar naquilo que a seu ver devia ter sido, o imaginado acabou por se lhe substituir na consciência ao real. Passados quarenta anos, a distância do tempo, o declínio das faculdades, o amor da exibição grandiosa, já lhe não permitiriam dar pela substituição, quando escreveu ao conde da Ericeira.

VII

Vieira chegou a Lisboa aos 15 de outubro. Adoecera em viagem, de que deu notícia ao marquês de Niza em carta das Dunas, porto na costa inglesa, onde foi a batalha naval descrita por D. Francisco Manuel na *Epanáfora bélica*. A saúde de Vieira era delicada; o trabalho excessivo e a paixão com que se dava todo aos objetos em que se empregava sacudiam-lhe o organismo, imensamente vibrátil, e o prostravam extenuado. A cada passo caía em cama, deitava sangue pela boca; mas tão robusta era a constituição no fundo, que resistia a isso e ao tratamento brutal das sangrias, a esmo aplicadas, e o pôde levar aos noventa anos, ativo de corpo, escorreito de intelecto, e como na quadra juvenil ardido e pugnaz.

---

[169] Bibl. Nac., cod. 7163, fol. 451.

Foi por certo nessa ocasião que trouxe consigo a Lisboa quatro índios canarins, que persuadiu com dádivas a acompanharem-no, deixando a Inglaterra onde, fazendo-se hereges, perderiam as almas; e que assistiu e confessou a um grumete português, ferido da peste, que ia a bordo de um dos barcos holandeses da frota, para o qual se passou em viagem, seguindo-se morrer o rapaz na fé católica que já tinha abandonado[170].

Isso fazia sem deixar o trajo do século, por se achar entre tripulações que lhe não respeitariam a roupeta; e assim mesmo vestido desembarcou e foi depressa à quinta de Alcântara dar conta de sua missão a D. João VI[171]. Razão tinha o jesuíta de pensar que, com sua presença, o ânimo do monarca mudaria. Expôs o estado da negociação, os prospectos de acordo próximo, as vantagens da paz com o inimigo que, reconciliado com Espanha, podia tornar-se perigosíssimo. Se não persuadiu de todo, dobrou muito a opinião do soberano. O caso é que, segundo lhe pareceu, o deixou *resolutíssimo e firmíssimo* em se continuarem os tratos. Do mesmo ânimo ficava a rainha, o príncipe D. Teodósio, o secretário Pedro Vieira da Silva. Assim, escreveu ao embaixador em Haia, passados alguns dias[172].

Logo à chegada viu o Conselho de Estado as propostas e as rejeitou. A 20 mandou-as o rei examinar pelos três conselhos: de Guerra, Fazenda e Ultramarino; Desembargo do Paço; Mesa de Consciência e Câmara de Lisboa. Era a consulta à nação pelos seus orgãos mais autorizados, visto não estarem reunidas as cortes. Antônio Vieira presidia a tudo. Cada um dos conselhos mandava dois membros conferir com ele no paço, enunciar as dúvidas, receber as ex-

---

[170] Defesa do livro intitulado *Quinto Império do mundo*. *Obras inéditas*, t. 1, p. 51.

[171] Depoimento de Lopo Sardinha no Santo Ofício. 3 de dezembro de 1649. "Diz que no verão passado foi com o padre João Piçarra à quinta de Alcântara, falar a Sua Majestade; encontrarão o padre Vieira, a quem não sabe o nome, mas é religioso da Companhia, que então tinha vindo de Holanda, e estava em trajo secular, vestido de vermelho, com bigode e espada [...]" (Caderno 44 do Promotor da Inquisição de Lisboa, fol. 1. Torre do Tombo. S. Ofício).

[172] 10 de novembro de 1648. *Cartas*, t. 1, p. 225.

planações que se oferecessem, e só depois é que deliberava. Cumpre notar que aparecia no decreto a seguinte insinuação: "E advertir-se-á que a paz de França com Castela está muito perto de se concluir". Não podia mais claramente exprimir o rei o desejo de que fosse atendido o voto do seu pregador.

Não obstante isso, as juntas, uma após outra, se pronunciaram no sentido contrário. Todas achavam as condições inaceitáveis, todas decidiam pela guerra. Havia nelas quem pusesse em suspeita a fidelidade dos negociadores, quem declarasse a resolução dos conselhos superior à iniciativa do rei. O Desembargo do Paço apontava um golpe diretamente a Vieira: "Se alguns particulares, sem lhes tocar por ofício, anunciarem outra coisa", isto é, que podia D. João IV, contra o voto dos conselhos e sem estar autorizado pelas cortes tratar a restituição, "afaste-os Vossa Majestade de si e não os ouça, que são profetas falsos"[173]. Fora a opinião pública manifestava-se também oposta, e essa ruidosamente, cognominando ao embaixador e a Antônio Vieira de *Judas do Brasil*. O jesuíta, todavia, não desanimava, fiado na opinião do rei, e assegurava a Coutinho que, a despeito dos votos contrários, havia ele de concluir a paz. "Espero em Deus que antes de dois meses hão-de ter mudado todos de opinião, porque já os que no princípio andavam mais furiosos vão estando mais brandos."[174] Na mesma ocasião o informava dos acontecimentos com individuação, dizendo como não havia "conversação, tenda, nem taverna", em que se não discorresse sobre as capitulações e seus autores; e mais: "Não há homem nesta terra que saiba escrever que não esteja compondo sobre a matéria". Pode-se imaginar quanto desprezaria Vieira esses antagonistas inferiores.

Em público, de mão em mão, andavam escritos nos quais se rejeitavam as condições do acordo e se excitava o ânimo belicoso da população. A ten-

---

[173] Consulta, nas *Obras do padre Antônio Vieira*, t. 4, p. 197, Ms. da Academia das Ciências de Lisboa.

[174] *Cartas*, t. 1, p. 257.

dência era para apoucar o poder da Holanda. Um desses papéis anônimo contava que só com auxílio estranho tinham podido as províncias alcançar a independência; auxílio primeiramente dos príncipes alemães, depois de França e Inglaterra. Mostrava o autor que a riqueza de um Estado consiste em ter minas, como a Espanha, ou produzir frutos que venda em grande quantidade a outras nações; não estava em tais condições a Holanda e por isso era escasso o seu poder[175]. Outro escrito, igualmente anônimo, contrário ao tratado, tinha por autor um indivíduo que, fazendo a descrição da terra e referências aos índios, dizia ter começada uma História do Brasil[176]. Não se descobre quem seja o inédito historiador. Por esse tempo o padre Simão de Vasconcelos, estava já talvez a compor a sua *Crônica*; mas, achar-se-ia longe, e a menção que das coisas do Brasil e dos selvagens faz quem compôs a memória não revela um jesuíta.

As respostas dos conselhos foram passadas a Vieira, que as contradisse em um célebre escrito, tão bem deduzido que o apelidou D. João IV de *Papel forte*, nome por que ficou designado na história. Os argumentos acham-se condensados pelo autor na carta, não menos famosa, ao conde da Ericeira, que rebate o *Portugal restaurado*. Nela refere a oposição geral que encontraram as propostas, e a atitude dos conselheiros consultados.

Era lástima que alguns deles soubessem tão pouco de Holanda e Pernambuco, que por ouvirem falar no Recife diziam que tínhamos reduzidos os holandeses a um penhasco, dominando atualmente estes todas as costas do mar com dezesse-

---

[175] "Holanda não tem minas; não tem frutos que venda mais que quatro queijos e barris de manteiga, e os arenques pescados em alheios mares; não tem manufatura considerável senão dois pares de meias e algumas varas de pano fino, que ha pouco tempo começaram a fazer lá alguns fugidos de Inglaterra." Papel contra a entrega de Pernambuco aos holandeses, Ms. da Academia das Ciências, *Obras do padre Antônio Vieira*, t. 4, p. 237.

[176] Ibidem, 219 v.

te fortalezas. Só el-rei, firme na sua resolução se fundava, com a madureza verdadeiramente real do seu juízo, em que a paz com os holandeses era totalmente necessária, e a guerra manifestamente impossível.

A isto mesmo mandou Sua Majestade que fizesse eu um papel, o qual fiz, reduzindo ambas as proposições de el-rei a três razões muito breves, que foram estas: Primeira. Se Castela e Portugal juntos não puderam prevalecer contra Holanda, como poderá Portugal só prevalecer contra Holanda e Castela? Segunda. Os holandeses hoje têm onze mil navios de gávea e duzentos e cinqüenta mil homens marinheiros: contemos os nossos marinheiros e os nossos navios, e vejamos se podemos resistir aos holandeses, que em todos os mares das quatro partes do mundo nos fazem e farão guerra. Terceira. Os conselheiros de Estado de Castela aconselham ao seu rei que com todo o empenho impeça a paz de Holanda com Portugal, e assim o fazem seus embaixadores com grandes somas de dinheiro: será logo bem que os conselheiros portugueses aconselhem a el-rei de Portugal, para se conservar, o que os ministros de Castela aconselham para o destruir? Ninguém houve então, nem até hoje, que respondesse a estas três proposições[177].

Por mais que fossem razoáveis esses motivos, pronunciavam-se os conselhos, revoltava-se toda a gente contra a cessão de territórios exarada no projeto de tratado. Davam-se aos holandeses as capitanias de Pernambuco, dava-se um talhão de Sergipe, e dava-se ainda por cima, Angola. Excetuando uma parte de Pernambuco, restituía-se tudo aquilo que já fora reconquistado. Vieira nisso enxergava vantagens e se esforçava em demonstrar a insignificância do sacrifício. Argüia a respeito de Pernambuco o muito que já possuíam os holandeses e se não podia recuperar, e o valor ínfimo do que se lhes abandonava. Dominavam eles povoações importantes, como o Recife, Olinda, Maurícia, a nova e florescente criação de Nassau, fortifi-

---

[177] *Cartas*, t. 3, p. 567.

cações em quantidade, e para o norte cinqüenta léguas de costa até ao Rio Grande. "E é este", epilogava, "o Recife em que estão metidos ou, como dizem, encurralados os holandeses". Os portugueses tinham cinqüenta léguas para o sul, onde ainda havia muitos engenhos, mas sem gados, sem pescado por ser o inimigo senhor do mar, sem farinha por estarem os habitantes uns na guerra, outros ocupados no açúcar, do que se seguia padecerem-se ali grandes fomes e misérias. Vieira aconselhava que se deixasse a terra ao flamengo, retirando de lá os portugueses, e com razão aparente resolvia: "Transplantaremos Pernambuco a outra parte, pois o que nos falta não são terras senão habitadores". E daí concluía não ser o que imaginavam muitos aquilo que aos holandeses se largava:

> Damos-lhes o que era seu; damos-lhes parte do que eles possuíam tão principalmente; damos-lhes o de que nós temos o trabalho e eles colhem o fruto; damos-lhes por vontade o que nos hão-de vir a tomar por força; finalmente damos-lhes o que lhes não fica a eles, antes o levamos conosco se nos quisermos retirar[178].

De Sergipe o que se entregava era uma terça parte, e essa deserta. Grande negócio, em todo o caso, porque os holandeses tomando, em tempo hábil, segundo o ajuste das tréguas, as três capitanias do Maranhão, Ceará e Sergipe, tinham adquirido direito a todas, do qual cediam recebendo pelas três a terça parte da última. Quanto a Angola, prosseguia ainda a negociação em Holanda, e se esperava que, mediante poderem holandeses e portugueses de lá extrair os negros, se alcançasse o acordo. Qualquer que este fosse, de grande vantagem, porquanto, no ajuste referido da trégua, sobre África se havia capitulado que quem fosse senhor das fortalezas o seria também do território interjacente; Luanda e Benguela tinham estado em poder dos holandeses, depois do ajuste,

---

[178] Papel que fez o padre Antônio Vieira a favor da entrega de Pernambuco aos holandeses. *Obras inéditas*, t. 3, p. 5.

e por esse mesmo fato lhes pertenciam. Mais fortalezas não havia lá. Perante o direito, dessa forma estabelecido, achava-se Portugal realmente excluído de Angola, e toda a concessão dos holandeses era a favor.

Entretanto, concordava Vieira que pudessem ser as condições melhoradas. Comprar a dinheiro Sergipe; alcançar que renunciassem os holandeses a Angola, sendo-lhes concedido tirarem os negros, e mesmo terem ali fortaleza sua; no tocante a Pernambuco modificações nas somas a pagar pelas dívidas dos colonos à Companhia Ocidental, mas de nenhum modo quanto aos territórios. E, para consolar da perda de Pernambuco que, dizia ele, "não é tanto como se imagina", além de se recuperar Ceilão, consoante fora capitulado, podiam-se obter compensações com desfrutar o comércio do estreito de Meca, explorar o Zambeze e o Amazonas, tomar aos castelhanos o rio da Prata: meras criações da fantasia, artefatos da retórica como os tropos de que adornava os seus discursos. Tal era, em um aglomerado de razões e fatos e números, o documento famoso, que ficou vinculado à memória do jesuíta como a, sobre todas, reprovada ação da sua vida. Isso quando nesse mesmo documento ele lembra que o, antes, rei tinha mandado oferecer a restituição de Pernambuco, mais quinhentos mil cruzados em dinheiro, e a fortaleza do Porto em caução! Podia-se-lhe exprobrar ter sido dele a idéia da onerosa capitulação; mas hoje sabe-se que o infante D. Duarte a tinha sugerido desde fevereiro de 1646, quase um ano antes da ordem do rei. Que a tenha aprovado Vieira não é duvidoso, nem de outro modo com tanto ardor a defenderia. Além de Francisco de Sousa Coutinho, que a pôs em prática, o secretário de Estado Pedro Vieira da Silva, o marquês de Niza, ainda outros, com cargos eminentes no Estado convinham nela; e alguns a teriam aceitado e depois a repeliram nos conselhos, variando de parecer, como haviam variado as circunstâncias que a faziam primeiro oportuna. A nódoa, se o foi defender tal alvitre, cai em muitos, a começar pelo rei, e não somente em Vieira.

Em todo caso, e persuadido ou não das razões do jesuíta, não se atreveu D. João IV a encontrar de frente o sentimento nacional tão unanimemente manifestado, tanto mais que as notícias do Brasil já prometiam êxito favorável no campo em que verdadeiramente a questão se derimia. No Recife assediado, e em torno, a situação dos holandeses era cada vez de mais risco, e os revoltosos progrediam sempre. Vieira tinha escrito a Coutinho que el-rei, a rainha, o príncipe herdeiro estavam *resolutíssimos e firmíssimos* em que prosseguisse o tratado e se realizasse a restituição. Era o precipitado juízo do costume. Resolução e firmeza dissolveram-se na oposição geral. Debalde do seu cárcere protestava o infante D. Duarte, fautor do projeto, e mandava dizer a Coutinho que desobedecesse às ordens e continuasse a tratar, que ele assumia para si a responsabilidade. Coagido pelas circunstâncias, o vacilante D. João IV, decidido afinal, permanecia na alternativa da recusa, aceitando mesmo, se preciso fosse, a guerra formal com Holanda.

Caso de maravilha seria que Antônio Vieira, nesse conflito, não desabafasse com o confidente anônimo de suas impressões, o público que aos templos concorria a escutá-lo. Se o sermão de Santo Agostinho pertence a 1648, como diz a rubrica que traz entre os impressos, não há duvidar que a peroração seja a resposta aos áulicos e funcionários culpados de votarem contra a idéia por ele defendida. Versa o discurso sobre os dois livros do insigne doutor, as *Confissões* e as *Retratações*, considerando que, se é grande virtude confessar cada um as próprias culpas, maior é ainda o desdizer seus erros e ignorâncias. Ambos os pontos são muito por extenso ponderados, com a usada abundância de textos paralelos, alegorias, antíteses e aliterações. No fecho, porém, é que se encontra o sal da composição, pois evidentemente se refere àqueles julgadores pertinazes que, vencidos pelo argumento, convencidos por demonstrações lúcidas, tinham rejeitado as propostas à Holanda somente por se não desdizerem do voto antes pronunciado.

Tenho acabado o meu discurso, e já que não pude louvar como deveria a meu santo Agostinho (a quem tenho tomado diante de Deus por muito particular patrono) ao menos o não quisera desagradar em não fechar o sermão com um ponto de sua doutrina. Aos que fazem o que fez enquanto santo, não é necessário; aos que não fazem o que fez enquanto homem, sim: e não será pouco útil aos vizinhos do bairro.

Quantos julgadores há que, ou no voto, ou na tenção, ou na sentença, reputam por descrédito o retratar-se, e seguindo o ditame ou seita de Pilatos têm por timbre o dizer: *Quod scrtpsi scripsi!* E também pode ser que haja algum, o qual sem reparar em que se condena não se retratando, ou pela inveja de que outro votou melhor, ou pela soberba de não confessar que errou, não tema acompanhar a Lúcifer no castigo como o imita na contumácia. O retratar-se não é argumento de não saber, mas de saber que muitas vezes pode acertar o menos douto no que o mais letrado não advertiu. Que comparação tinha na ciência Jetro com Moisés? E contudo conheceu Moisés que o ditame de Jetro era mais acertado, e logo retratou o seu e seguiu o alheio [...] Não era Moisés nem Agostinho como aqueles que defendem obstinadamente o que uma vez disseram, só porque o disseram; mas porque só buscavam e amavam a verdade, em qualquer parte que a achavam, e de qualquer boca que a ouviam, a seguiam e abraçavam sem contenda nem controvérsia [...] O verdadeiro saber é de saber reconhecer a verdade ainda que seja filha de outros olhos ou de outro entendimento, e não se cegar com o próprio, como se cegou Lúcifer. Oh! se Lúcifer seguira a sentença dos anjos que ele tinha por inferiores, e se soubera retratar do que tinha dito, que qualificada ficaria a sua sabedoria! Mas onde a quis sustentar e se namorou demasiadamente dela ali a perdeu[179].

Talvez a mesma imputação lhe pudessem fazer aqueles a quem atacava, pois o não convenciam muitas razões de peso também invocadas; e tão obstinado permaneceu o louvador das *Retratações*, que descurando a própria

---

[179] *Sermões*, t. 5, p. 178 e 181.

doutrina, muitos anos decorridos e comprovada pelos fatos a justeza do alvitre contrário, sustentava ainda que o seu era o adequado às circunstâncias e logicamente eficaz. Nada importava terem sido expulsos os holandeses do Brasil pelas armas e fazer-se a paz em seguida; isso aconteceu, dizia ele, "porque a providência divina determinava fazer em Pernambuco um milagre, que ninguém imaginou e todos reconheceram por tal"[180]. Essa explicação fácil o dispensava de seguir a santo Agostinho, que aos outros dava por paradigma. E fora agente do milagre um jesuíta, havido por taumaturgo, que com suas orações e penitências o realizou[181].

O *Papel forte* descambava afinal em arrazoado inane, e a magia da argumentação sólida perdia o condão ante a vontade nacional manifestada com vigor. Os que nos conselhos optavam pela guerra, de preferência às capitulações, representavam o ânimo de todos aqueles que no país consagravam algum pensamento aos destinos dele. De tantas pessoas chamadas a darem seu voto, duas ou três aprovariam as propostas de Vieira; fora da corte ninguém. De bom ou mau grado as rejeitou igualmente a coroa. Era um desastre grande para o prestígio de Vieira; mas não tardou D. João IV a conceder-lhe, em outro assunto mais ainda de seu peito, cabal e triunfante reparação.

Se o padre, superado de contendores, viu soçobrar o plano de acomodação com a Holanda, logo a seguir suplantou a outros, quando foram definitivamente admitidas pelo rei, e dadas a execução, as propostas acerca dos cristãos novos. Iam ser estes dispensados da pena de confiscação, quando os condenasse o Santo Ofício, e organizava-se a primeira das companhias de comércio para as colônias, segundo o projeto. A decisão fora demorada; no Conselho da Fazenda tinham-se levantado dúvidas, e ainda anos depois se dizia que o alvará respectivo passara sub-reptício, não registado por quem cumpria, e só com

---

[180] Carta ao conde da Ericeira. *Cartas*, t. 3, p. 568.

[181] Veja-se o trecho inédito sobre o *Padre João de Almeida*, no fim do volume.

o visto do conde de Odemira, vedor, a quem isso não tocava[182]. E não admira que assim fosse, suposta a oposição infalível dos inquisidores e seus amigos.

O alvará tem a data de 6 de fevereiro de 1649. Nele, usando de um subterfúgio bem próprio da casuística mais especiosa, declarava o rei não ser tenção sua nem remitir a pena de confiscação, imposta ao crime de heresia pelo direito canônico, nem intervir na jurisdição do Santo Ofício; que a pena continuava a aplicar-se e os bens a ser conferidos, em virtude da mesma, ao fisco real; que ele todavia, por um contrato oneroso que fizera, os demitia de si, restituindo-os a seus possuidores. É difícil estabelecer se foi o artifício inculcado por Vieira ou se o apontarem outros conselheiros. O certo é que consta de um parecer assinado por frei Dionísio dos Anjos, monge augustiniano, confessor de D. João IV, e pelo padre mestre frei Ricardo de São Vítor, da mesma Ordem, também teólogo afamado, tendo o primeiro, dos ditos religiosos, preparado a minuta da lei[183]. Que parecer e minuta não sejam de Vieira, como se pudera crer, mostra como o malogro do tratado com Holanda tinha posto em descrédito o seu defensor. O rei necessitava de voto mais autorizado para justificar decisão tão grave e de muitos impugnada. Talvez aconselhado por ele, e por ser caso de consciência, valeu-se do confessor, que por seu turno se amparou em outro teólogo.

Consistia o ônus alegado na fundação de uma companhia, que os homens de negócio da praça de Lisboa se obrigavam a constituir, mantendo aqueles 36 galeões armados no mar, para a guarda das embarcações da carreira do Brasil. Os estatutos foram aprovados por outro alvará, de 10 de março, que dava à companhia o privilégio do tráfico de certos gêneros e o direito de negociar em todo o Estado do Brasil, do Rio Grande do Norte a São Vicente,

---

[182] Documento na Torre do Tombo. Papéis dos jesuítas. Pasta 20, maço 2, nº 10.

[183] Parecer de 17 de janeiro de 1649, e carta de 2 de fevereiro que acompanha a minuta. Originais. Bibl. Nac., col. Pombalina, cod. 738, fol. 24 e 397.

pelo prazo de vinte anos, que podia ser prorrogado de acordo com o desejo dos acionistas. As capitanias, que formavam o governo do Maranhão, ficavam fora da zona de proteção e monopólio da companhia, já por constituírem Estado autônomo, já por ser outra a rota e se considerarem de menos importância os interesses em risco.

A idéia de se criar as companhias granjeara adeptos, exceção feita do favor aos heréticos, geralmente repelido, e os contraditores de Vieira na questão de Pernambuco a propunham já, como meio defensivo contra os holandeses. O *Papel forte* nega a utilidade do recurso: "O remédio é dilatado e o perigo presente [...]. Depois de haver cabedal para se fazerem as companhias é necessário que tenham tempo para nascer, para crescer, para engrossar e tomar forças com que nos possam ajudar e defender"[184]. Além do que, tinha mostrado a experiência, em sucessivos desastres, a incapacidade das forças navais de Portugal e Espanha baterem as de Holanda. Já não valia pois o remédio com tanto ardor propugnado no sermão de São Roque, em 1644. E, todavia, foi pelo concurso da companhia de comércio que veio afinal cair o Recife em mãos dos portugueses, rendendo-se à frota por ela enviada. Como se os fados se tivessem conjurado para dar em tudo ao falacioso escrito um retumbante desmentido!

Logo em seguida a publicarem-se as régias disposições se organizou a companhia. Inscreveram-se os cristãos novos mais ricos, juntando cerca de um milhão e trezentos mil cruzados de capital. Entrou a casa dos Botelhos, muito afamada, com quarenta mil cruzados; a dos Serrões com quarenta e a dos Carvahos com sessenta; Francisco Dias de Leão com dezesseis mil cruzados; Gregório Mendes da Silva com quinze mil. Passavam por ser essas firmas as de maior cabedal na praça de Lisboa[185]. O mesmo Duarte da Silva, que dera o crédito para os navios de Holanda, preso no Santo Oficio, com os

---

[184] *Obras inéditas*, t. 3, p. 39.

[185] Cf. carta do padre Manuel Fernandes ao regente D. Pedro, 15 de junho de 1673. Torre do Tombo. Papéis dos jesuítas. Cx. 1, doc. 32.

bens desembaraçados agora em virtude da lei nova, foi um dos subscritores. As menores partes eram de vinte cruzados. As ações ficavam isentas de seqüestro e os acionistas de dez mil cruzados para cima tinham o privilégio de homenagem quando sujeitos à prisão.

O golpe, anos antes preparado por Vieira, finalmente desferido, era dos mais graves que podiam tocar a Inquisição. Além da diminuição de prestígio tinha em resultado nada menos que privá-la do mais limpo de suas rendas. Os bens confiscados aos heréticos em direito pertenciam ao rei; na prática eram administrados e gastos pela Inquisição, nas verbas enormes de manutenção das prisões e tribunais, polícia, solenidades, sustento de presos e outras, para as quais faziam as insignificantes custas judiciárias e o subsídio permanente do Estado parcelas ínfimas de modo algum suficientes. A Inquisição, como era natural, revoltou-se. Desde 1647 se abrira a controvérsia entre ela e a coroa, destinada a perdurar até depois da morte de D. João IV. Em maio desse ano fora submetida ao Conselho Geral a cláusula de serem imunes de confiscação as quantias metidas na companhia que se tentava estabelecer. Os inquisidores responderam que sendo aquela uma pena canônica não cabia, dispensá-la na autoridade real. Em janeiro de 1649, quando já constava que ia ser brevemente a lei publicada, foi incorporado ao paço o Conselho a fim de requerer a el-rei que mandasse ver nos tribunais um assento contrário, tomado no tempo de D. Sebastião, a pedido do infante D. Henrique, inquisidor geral, quando em 1577 alcançaram os cristãos novos dispensa por dez anos de perderem as fazendas, pagando eles a contribuição única de 250 mil cruzados. D. João IV não deferiu aos inquisidores e despediu-os dizendo que voltassem em outro dia. Vieram a 6 de fevereiro, na mesma data em que foi assinado o alvará de dispensa, que o rei lhes mandou ler, e souberam com pasmo ficarem excetuados não somente os capitais empregados na companhia senão todos os bens dos cristãos novos. Ao protesto do Conselho, que lhe apontava as penas canônicas gravíssimas em que pelo fato incorria, tornou o soberano agradecendo o zelo, que como bons vassalos lhe manifestavam os inquisidores, mas certificando-lhes que se aconselhara com grandes letrados e com o parecer deles tinha aliviado a consciência de todo receio.

Passados alguns dias, quando foi a resolução régia remetida ao Santo Ofício para o registro, repetiram os do Conselho por escrito as objeções que verbalmente no paço haviam feito. Se era o desejo de Sua Majestade conservar nas conquistas a pureza da fé católica – com esse motivo justificava a coroa a resolução; com ele se criara a companhia, para com o concurso da mesma defender o Brasil dos hereges holandeses e expulsar os que lá se achavam – se esse era o desejo de Sua Majestade, muito ao encontro disso a pureza da fé se perderia. Abolido o confisco, ficavam os heréticos livres da pena que mais temiam, e heréticos, na maior parte, eram, como de nação hebréia, os habitantes das conquistas. Assim que resultava contraproducente a providência decretada. Mas não foi mais atendido que o primeiro, proferido em presença do soberano, o protesto escrito. Esgotados e vãos os esforços no reino por obstar à execução do alvará, em outubro os inquisidores recorriam ao papa pedindo instruções[186].

O caso produziu escândalo em toda a parte no país. Os amigos da Inquisição, que eram os inimigos dos cristãos novos, juntos aos inimigos de Vieira, que eram muitos, não cessavam de publicar a sua indignação. Pode-se afirmar que nesse tempo foi Antônio Vieira o homem mais aborrecido em Portugal. Uns o apodavam de traidor, por querer entregar o Brasil aos holandeses, outros o infamavam de herético, por tentar restabelecer as sinagogas no reino. Ele o sabia, indiferente e fazendo rosto à tempestade, provocando-a até, com a costumada galhardia. Nesse mesmo mês de fevereiro, pregando na capela real, na primeira sexta-feira da Quaresma, tomou por assunto aquele preceito do Evangelho que nos manda amar a nossos inimigos. "Dificultoso preceito", exclamava ele logo à primeira frase; e com efeito para ninguém mais dificultoso que para quem a proferia. Esquecer as ofensas não era a sua

---

[186] Documento no *Corpo Diplomático Português*, t. 13, p. 186.

fundamental virtude. O sacerdote, todavia, tinha de o recomendar. Quanto a si, não o cumprindo, se bem que não podia dizê-lo, mostrava o desdém que sentia dos inimigos, e como folgava de os ter, cônscio de que era isso tributo pago à sua valia. Duas vezes pois contradizia a própria doutrina: com o sentimento íntimo escondido e o desdém declarado que certamente não era amor. A inveja, dizia ele, é a raiz de toda a inimizade; por inveja foi Lúcifer inimigo de Adão e tentou a Eva; por inveja, Cain tornou-se inimigo de Abel e o matou; e, por inveja, as irmãs Raquel e Lia viraram-se uma contra outra, esta por ser Raquel mais formosa, aquela por ser Lia mais fecunda. Da inveja nasceu ser inimigo Saúl de David, Abimeleque de Isaac, os satrapas de Daniel, e todos os cortesãos de Aman, a quem Assuero exaltara. O trecho abaixo abre-nos uma fresta para a alma do orador, vitima qual se supõe da inveja ele próprio.

Todos os bens, ou sejam da natureza, ou da fortuna, ou da graça são benefícios de Deus, e a ninguém concedeu Deus esses benefícios sem a pensão de ter inimigos. Mofino e miserável aquele que os não teve. Ter inimigos parece um gênero de desgraça, mas não os ter é indício certo de outra muito maior. Ouçamos a Seneca, não como mestre da estóica, mas como estóico da corte romana. Uma das mais notáveis sentenças deste grande filósofo é: *Eu te julgo por infeliz e desgraçado porque nunca o foste.* Este *porque* antes de explicado é dificultoso, mas depois de explicado muito mais. Como pode um homem ser desgraçado porque o não é? Porque há desgraças tão honradas que tê-las ou padecê-las é ventura; não as ter nem as padecer é desgraça. E esta de que falava Seneca qual era? Ele se explicou: *Foste tão mofino que passaste toda a vida sem ter inimigo.* Não ter inimigos tem-se por felicidade, mas é uma tal felicidade que é melhor a desgraça de os ter que a ventura de os não ter. Pode haver maior desgraça que não ter um homem bem algum digno de inveja? Pois isso é o que se argüe de não ter inimigos. Temístocles em seus primeiros anos andava muito triste; perguntado pela causa, sendo amado e estimado como era de toda a Grécia, respondeu: *Por isso mesmo; sinal é o ver-me amado de todos que ainda não tenho feito ação tão honrada que me grangeasse inimigos.* Assim foi. Cresceu Temistocles e com ele a fama de suas vitórias; e não destruiu tantos exércitos de inimigos na campanha quantos se levantavam contra ele na pátria. Para que vejam os odiados ou pensionados do ódio se se devem prezar ou ofender de ter inimigos. Aqueles inimigos eram as trombetas da fama de Temístocles, e os vossos são testemunhas em causa própria de vos ter dado Deus os bens que lhes negou a eles[187].

A ocasião em que referia o pregador a sentença de Sêneca e o apólogo de Temístocles não deixa duvidar do alvo a que os apontava. Nesse tempo era ele *pensionado do ódio*, como dizia, e dava desta arte a réplica aos que o detraíam e hostilizavam.

Meses depois, em outubro, rompia sem resguardo contra o Santo Ofício, transferida a tribuna da capela real, onde não conviria a linguagem, para a nave da Sé. Era quando recorria o Conselho Geral a Roma a pedir instruções, e alegava escrúpulos de aceitar a decisão régia sobre os confiscos, por contrário ao direito canônico. A quem senão a ele podia o sarcasmo desta exclamação referir-se: "Bendita seja a graça divina, que já os escribas e fariseus são escrupulosos"? E mais adiante a explicação:

> Primeiramente os fariseus, nome hoje tão mal soante entre nós, eram os religiosos daquela nação [dos hebreus], e os escribas os doutores da mesma lei; e é resolução verdadeiramente admirável que em ponto só de religião e letras se não fiem só de si, e se queiram sujeitar ao juízo e parecer de outrem[188].

---

[187] *Sermões*, t. 8, p. 269.

[188] Ibidem, t. 7, p. 124, 125.

Desde o tema se via a matéria, não da Escritura, mas dos negócios terrenos, objeto da atenção pública, de que ia tratar o orador: *É lícito ou não pagar tributo a César?* Enunciado ele principiava: "Toda a matéria do Evangelho que acabamos de ouvir é um escrúpulo dos escribas e fariseus, e um caso de consciência que vieram perguntar a Cristo". Poucos dos que sabiam o que passava com o Santo Ofício hesitariam em reconhecer a alusão.

O que distingue esse discurso é o tom de veemência em que de princípio a fim decorre, de nenhum modo em harmonia com o assunto aparente dos escrúpulos de consciência, que servia de pretexto, e através do qual, em chispas, transpareciam remoques fulmíneos; o apaixonado do ataque; o desprezo absoluto dos riscos. Ninguém deixaria de entender que sob a denominação de escribas e fariseus, de que usava nas alegorias, as invectivas iam ao Santo Ofício. *É lícito ou não pagar tributo a César?* Isto é, a coroa tem direito aos bens confiscados por sentença da Igreja? Igualmente ao referir-se à degolação do Batista, em que consentiu Herodes, com tristeza fingida, como a dos inquisidores condenando, e pelo escrúpulo da promessa feita a Salomé: "Veio à mesa ainda quente com o sangue o prato horrendo e sacrílego, e foi recebido sem horror, antes com lisonjas à fé da palavra e juramento real, porque vinha encoberta nele a vingança e tirania com pretexto de religião"[189]. E também, quando a propósito da condenação de Cristo, verbera o magistrado romano.

Ó Pilatos que há tantos anos estás no inferno! Ó julgadores que caminhais para lá com as almas envoltas em tantos e tão graves escrúpulos de fazendas, de vidas, de honras; e cuidais cegos e estúpidos, que essas mãos com que escreveis as tenções e com que firmais as sentenças se podem lavar com uma pouca de água![190]

---

[189] *Sermões*, t. 7, p. 145.

[190] Idem, p. 147.

Manchas de sangue de que nada podia volver limpas as mãos dos juízes da fé. E ao cabo do longo requisitório não tinha Vieira concluído; do essencial, exposto no tema escolhido, não se ocuparia nada: "Agora determinava tratar da matéria em que se fundava o escrúpulo dos escribas e fariseus, que é a dos tributos dos Césares; mas fique para sermão particular sobre o mesmo tema. *É lícito ou não pagar tributo a César?*"[191].

Com a interrogação fecha o discurso, prometendo muito, ameaçando continuar, promessa e ameaça não cumpridas. O assunto era escabroso em demasia. Achou o rei que se desmandava na defesa o advogado, ou impuseram os jesuítas comedimento ao imprudente confrade? Provavelmente uma e outra coisa.

Os escribas e fariseus, tanto acossados do pregador, não ouviram o repetir das alusões molestas, mas, não esquecendo as já proferidas, foram caladamente preparando a revindita para o momento oportuno. Desde janeiro no cartório do Santo Ofício existia uma denúncia contra Vieira. Um confrade seu, jesuíta, o padre Martim Leitão, lente de teologia em Santo Antão, fora dar parte que tinha aquele em seu poder dois livros de profecias, que ao denunciante pareceram menos católicos. O fato, destituído de importância para imediato procedimento, ficou, como era costume do tribunal, arquivado para juntar a novas acusações que eventualmente aparecessem. Em outubro, o assunto tão debatido dos cristãos novos acordou lembranças de casos anteriores. Frei Antônio de Serpa, capelão do marquês de Niza, que regressara de França com este, estando em Coimbra, foi à Inquisição declarar que em Paris ouvira Vieira sustentar que era conveniente haver em Portugal sinagogas públicas, pois que em Roma as havia, e se deviam conceder nas Inquisições portuguesas *abertas e publicadas* aos cristãos novos, isto é, supri-

---

[191] Ibidem, 154.

mir o segredo da prova judicial[192]. Não será temerário supor fizessem constar os próprios inquisidores, por seus amigos e apaniguados, que lhes prazeria ter denúncias contra o atrevido religioso. Em dezembro entrou nos Estaus o padre Pedro Álvares – há a circunstância interessante de ser ele cristão novo – a fim de informar que em presença de um seu amigo proferira Vieira certas palavras com de heresia. Compareceu o amigo, um tal Lopo Sardinha, e declarou as palavras: que um filho de herege, criado na crença paterna, se poderia salvar se praticasse um ato sobrenatural. A proposição era, segundo a aparência, escandalosa, por isso que a mandou o tribunal examinar por um qualificador. Ouvira também o dito o doutor João Piçarra, capelão régio, que, chamado a depor, confirmou, acrescentando mais pontos de suspeição. Entre outros que no quarto do príncipe D. Teodósio, em presença do rei e de alguns fidalgos, disputando com ele, sustentara Vieira que o pontífice podia errar na canonização dos santos, e não era obrigatório crer o contrário, tendo mandado buscar livros para provar o que dizia[193]. Minúcias teológicas as quais não davam satisfação ao ódio, em cata de fatos mais relevantes. O que ao judaísmo se referisse era o que importava, e que os amigos do Santo Ofício indagavam. Afinal veio a chamado dos inquisidores a pessoa grave de Francisco de Andrade Leitão, desembargador do paço, que estivera em Holanda quando o jesuíta, e saberia dizer coisas de interesse: relatou as conversações de Haia, sobre a vantagem de tornarem os judeus ao reino, e a permissão sensata das sinagogas. Depois, em janeiro, frei Francisco de Santa Maria, dominicano, a quem o padre havia dito as mesmas coisas; e dois da Companhia de Jesus, o padre Pedro de Almeida e, pela segunda vez, o padre Martim Leitão, que ambos o suspeitavam de haver trazido livros proibidos

---

[192] Torre Tombo, S. Ofício. Denúncias, 16 de janeiro e 22 de outubro de 1649. Caderno 45 do Promotor. Inquisição de Lisboa.

[193] Denúncias, 1º, 3 e 6 de dezembro de 1649. Caderno do Promotor, cit.

do estrangeiro[194]. Com tudo isso não havia ainda o motivo de que a Inquisição carecia para, em um salto decisivo, derrubar seu audaz adversário.

Vieira afrontava intrépido as iras do tribunal. Sabia que a respeito de seus atos e palavras se faziam indagações. Estavam de olhos fitos nele os zelotes e os espias. A 29 de novembro efetuaram-se na capela real as exéquias do infante D. Duarte, falecido em setembro, e coube-lhe pronunciar a oração fúnebre. Obra mediana, em que, no excesso das lisonjas, avulta dizer o pregador que por ciúmes da glória do príncipe lhe tirara Deus a vida[195]. Conceito semelhante proferiu depois acerca de D. Teodósio. O dito escandalizaria ouvidos pios; mais se ofenderam estes quando em certo ponto o orador, falando do que o defunto tinha padecido, usou da palavra martírio, e o comparou aos mártires da fé. Mero efeito de retórica, sem nenhum significado religioso, mas que só por ele o ter empregado adquiriu proporções de heresia. Vieira soube disso, e encontrando ao padre João Piçarra, que o denunciou, perguntou-lhe se o tinham chamado ao Santo Ofício por causa do sermão: tornou-lhe o outro que ao Santo Ofício não tinha ido, o que era verdade, pois só no dia seguinte lá foi contar o que havia passado com Vieira, mas que, de qualquer modo, se fosse qualificador lhe não aprovaria a proposição[196]. Nessas insignificâncias se comprazia a inveja e a hostilidade dos êmulos, desenganados de lhe abalarem o crédito, no conceito do soberano.

Melhor fortuna tiveram nas diligências contra o confrade os êmulos dentro da Companhia. Os padres austeros escandalizavam-se com seus hábitos

---

[194] Ibidem, 3 e 6 de janeiro de 1650.

[195] "Também o nosso José [o Infante] padeceu a mãos do ciúme, e não de outros ciúmes senão os de Deus [...] A matéria principal dos ciúmes de Deus é a sua glória, que ele quer que seja sempre toda e sua só sua [...] Assim o cuido, assim o entendo, assim o torno a dizer, que a morte do infante, considerada da parte de Deus, foi ciúmes." *Sermões*, t. 6, 105 e 107.

[196] Depoimento do doutor João Piçarra, 6 de dezembro de 1649. Caderno do Promotor, cit.

mundanos, adquiridos nas missões diplomáticas; do vestuário secular, *escarlate e ouro*, notavam eles, que trouxera em Lisboa muitos dias, chegando ao excesso de sentar-se assim vestido no refeitório com os outros religiosos; do abuso de manter ao seu serviço um criado, com ofensa da humildade própria da Companhia de Jesus. E algum malévolo o pintou tão afastado da modéstia, que dizia correrem na corte certas canções amorosas, de que seria ele o autor. Os tímidos assustavam-se da desavença que brotara entre a Inquisição e o rei, por causa da companhia de comércio, e receavam se atribuísse à comunidade dos jesuítas um sentimento hostil, que era só pessoal de Vieira. Por último culminavam as queixas no fato nocivo da divisão das províncias de que fora Vieira instrumento ativo, ao ponto de redigir ele próprio as ordens régias, com que intervinha o Estado na vida interna do instituto. Denúncias e queixas repetiram-se em Roma, e tantas foram que o Geral determinou se intimasse ao companheiro turbulento a saída para outra qualquer religião. Mas, prudentemente, o provincial, padre Pedro da Rocha não quis cumprir o mandado sem prevenir o rei, e respondeu este que nada se fizesse, e aguardassem os padres a sua resolução. Foi ele quem deu conhecimento a Vieira das ordens de Roma, propondo-lhe ao mesmo tempo as compensações a que podia ser mais sensível um ânimo ambicioso[197]. Refere o biógrafo jesuíta que o secretário de Estado fora oferecer, por ordem do soberano, uma diocese ao estimado conselheiro e ele a rejeitara; que em resposta disse que não trocaria por todas as mitras de Portugal a roupeta da sua Ordem, e se dela o despedissem se não afastaria da porta, rogando que o admitissem de novo, se não para religioso, ao menos para servo dos servos da casa. Se tal sucedeu, pode-se acreditar que correspondiam as palavras ao sentimento de Vieira. Por muito apartado que ele andasse da verdadei-

---

[197] Veja-se a carta do provincial de 31 de dezembro de 1649, e o mais relativo ao assunto no estudo citado do padre Francisco Rodrigues, *Rev. de Hist.*, v. 11, p. 89 e 90.

ra observância quanto à disciplina, o seu afeto à Companhia é certíssimo. Amava-a como filho extremoso, com gratidão e ternura; dedicava-lhe as suas ambições e os seus êxitos; e prezava as satisfações do amor próprio igualmente que por si como glória para ela. Teria demais a pungi-lo a afronta da repulsa; o desprezo dos que estavam para ele como carne da sua carne e sangue do seu sangue, membros que eram de um corpo comum; o desdém que pairava sobre aqueles que, uma vez transpostos os umbrais da casa dos jesuítas, eram forçados a sair dela.

Ante a submissão do acusado, e a atitude de proteção franca que adotara o soberano, a sanha dos acusadores afrouxou. O mesmo provincial, assíduo nos queixumes, inquieto das conseqüências, recomendava o proceder indulgente. "Dizem-me que o padre Vieira está muito arrependido de se meter nestas coisas da divisão", escrevia ele, "e que está com grandes propósitos de se retirar de negócios; ele está mui acreditado nesta terra em matéria de púlpito; Sua Majestade lhe é muito afeiçoado"[198]. Outro padre contava ao confrade Nuno da Cunha, assistente do Geral, grande opositor de Vieira: "Dizem que Sua Majestade lhe ofereceu por vezes que saísse da Companhia, e lhe faria tantos e quantos, e agora lhe deu grandes despachos para seu pai, irmãos e cunhado"[199]. O réu de tantas culpas era agora escolhido para nova missão diplomática, e esta em Roma, onde a pena lhe fora pronunciada. Como não havia de ser indulgente o Geral para súdito de tanto crédito? E assim as faltas tinham de ser esquecidas, e a pena, primeiro suspensa, definitivamente anulada.

Antes, porém, no seu desconsolo, e talvez induzido dos superiores, na mira de afastarem sem escândalo um consócio, que por suas exuberâncias comprometia a Ordem, Vieira pensou momentaneamente em regressar à

---

[198] Carta ao Geral, 31 de dezembro de 1649.

[199] *Rev. de Hist.*, t. 11, p. 90.

América. No Maranhão, por falta de obreiros, extinguira-se a missão. Dois padres e um irmão coadjutor tinham sido, no ano antecedente, sacrificados por vingança dos selvagens. Havia na missão uma escrava índia, de costumes soltos, que, punida de açoites por isso, se refugiara entre os da sua nação, instigando-os a que a desforçassem. Não lhe faltaram os parentes, e os religiosos pagaram com as vidas o amor talvez excessivo da pureza, que incitara ao castigo. Parte do mesmo distrito, o vasto Grão-Pará, com suas nações inumeráveis, era mina inexplorada ainda. O padre Luís Figueira fora o primeiro da Companhia a sondá-lo; penetrara no Amazonas, lançara a vista no filão riquíssimo, e viera buscar colaboradores a Portugal. Na volta ele e mais quatorze religiosos, após um naufrágio, perdiam a vida trucidados pelos índios à entrada do rio, no limiar dos domínios que iam conquistar para Cristo. Fora isto em 1643. Vieira assistira em Lisboa à partida, sem que isso lhe acordasse estímulos, nem o remorso do voto da mocidade abandonado o pungisse. Nesse tempo o norte do seu espírito era a ambição da fama e do favor. Agora, não tendo colhido da política mais que desenganos, cansado das lutas que deprimem, entendia porventura ter chegado a sua vez. Nessa ocasião, diz ele, deu os primeiros passos para a grande obra de catequese que ia empreender, e não prosseguiu então *pelas causas que são notórias*[200]. Causas para ele decerto bem-vindas. Quando parecia a ponto de submergir-se-lhe a vida no silêncio e no esquecimento do mundo, que era o seu terror, lançava-lhe o rei a mão e o atirava de novo para a evidência da diplomacia. Para ele, o jesuíta continuava a ser o homem indispensável dos lances difíceis e novos.

---

[200] Resposta aos capítulos que deu contra os religiosos da Companhia o procurador do Maranhão Jorge de Sampaio, Ms. da Biblioteca de Évora, publicado na *Corografia histórica*, de Melo Morais, Rio de Janeiro, 1860, t. 4, p. 226.

VIII

Certo que, no caso de Pernambuco, Vieira fora suplantado por opiniões adversas; mas no mesmo tempo, com a criação da Companhia de Comércio triunfava o seu arbítrio de brilhante maneira. Havia-se juntado para ela cabedal valioso, e o tráfego para o Brasil iniciava-se com prospectos afortunados. Já a primeira armada saíra com setenta navios. A impressão comum em vista de tal fato era de grandes expectativas, e o rei o mencionava com manifesto contentamento[201]. Lastima que fosse um conselheiro de tão exímios dotes sepultar-se nas missões. Nisto sobreveio um empreendimento audaz, sutil e de extraordinárias conseqüências se realizado. Também dessa vez se ignora se a idéia foi propriamente de D. João IV, da rainha, de algum íntimo do paço, ou ainda lucubração de Vieira. Como a divisão do reino, dois anos antes proposta à França, o novo plano, que a coroa, apertada de dificuldades, abraçava, permanece obscuro na origem. Fosse quem fosse o autor, é patente que o aprovou o jesuíta, e buscada a pessoa capaz de o pôr em prática foi ele o designado. Dessa vez era em Itália que tinha de provar a sua habilidade diplomática. Missão com fim duplo e, à primeira vista, contraditório. Por uma parte suscitar dificuldades à Espanha em Nápoles, favorecer a rebelião que, sufocada em 1648, fervia latente ainda; por outra negociar o casamento de D. Teodósio, malogrado em França, com a filha única de Filipe IV. O resultado seria tornar-se à fusão das monarquias, na geração seguinte, com o que pensavam do lado português tentar o castelhano, descoroçoado pela revolta. Concepção profunda e sem embargo fútil, porque não media o Bragança a pequenez própria, nem o or-

---

[201] Cf. Instrução que deu el-rei D. João IV ao padre Antônio Vieira para seguir nos negócios a que foi a Roma, Ms. Bibl. Nac., cod. 1461 a f.s. 98 v., transcrita no Apêndice. Sobre o agrado público pela Companhia de Comércio veja-se a carta de D. Francisco Manuel de Melo de 15 de fevereiro de 1649. *Cartas*, Centúria 3.a, 61.a.

gulho da nação vizinha. Tendo, ao que parece, algum curioso da política, em Madri, sem peso nas deliberações da coroa, aventado isso como solução das dificuldades interiores, logo aquele imaginou todos os espanhóis a ansiarem por ela. Pedro Vieira da Silva, entusiasta do casamento em França, e opinante da entrega de Pernambuco, pensou de igual maneira e aprovou a combinação. Como afronta ao patriotismo não era somenos o plano do que levara a Paris Antônio Vieira. Mas não cogitava disso o padre, nem o rei, nem nenhum dos da confidência; o que importava a todos era a paz, e salvar por ela os interesses da dinastia; os da nação, pela lei do tempo, seguiam aqueles.

Antes da partida, recebeu o jesuíta novo testemunho da afeição de D. João IV: honras e benesses para os seus, visto que pessoalmente nada lhe permitia o hábito aceitar, nem ele mais apetecia que a graça suprema do régio favor. Espontânea concessão do rei? Se a iniciativa foi dele o número das mercês deixa ver que era o religioso solícito protetor da família. Todos os parentes foram contemplados. Fale o livro onde se registam as graças.

PORTARIA

Por despacho de Sua Majestade de 13 de dezembro de 1649: el-rei nosso senhor, em consideração do cuidado e zelo, com que o padre Antônio Vieira da Companhia de Jesus e seu pregador se empregou sempre nas coisas de seu serviço, de que por várias vezes foi encarregado, e satisfação que em todas as ocasiões deu do que se lhe encarregou, e assim a vontade com que de presente se dispôs para o serviço na jornada a que ora é enviado: há por bem de fazer mercê a seu pai Cristóvão Vieira Ravasco do foro de fidalgo com moradia ordinária; e a seu irmão Bernardo Vieira Ravasco faz mercê de que o cargo de secretário do Estado do Brasil, de que era provido por três anos, o sirva sem limitação de tempo, e que na carta que se lhe passar se lhe declare como é secretário do Estado e Guerra do Brasil; e a sua irmã dona Maria de Azevedo faz juntamente mercê do hábito de Cristo para quem com ela casar, com setenta mil-reis de renda consignados no contrato das baleias da Bahia de Todos os Santos, os quais começará a vencer desde 13 do presente mês, em que foi respondida com eles.

Lisboa, em 17 de dezembro de 1649.

OUTRA PORTARIA

Havendo Sua Majestade que Deus guarde, pelas razões que lhe foram presentes em 13 deste mês, despachado o padre Antônio Vieira da Companhia de Jesus e seu pregador, pela Secretaria das Mercês, com aquelas que foi servido, para seu pai Cristóvão Vieira Ravasco, para Bernardo Vieira Ravasco, seu irmão, e sua irmã dona Maria de Azevedo, juntamente mandou que, no tocante a seus cunhados Simão Álvares de Lapenha, Rui Carvalho Pinheiro e Fernão Vaz da Costa, fica em lembrança para que, nas ocasiões que se lhe oferecessem dos acrescentamentos de cada qual deles, lhes mandar fazer mercê que houvesse lugar. Assim o certifico. Lisboa, 17 de dezembro de 1649[202].

A 8 de janeiro de 1650 partiu Vieira por mar para a Itália, levando o padre Luís Pessoa por companheiro. A 21 estava em Barcelona, onde o capitão do navio, que era catalão, arribou, para ver a sua terra. De lá deu notícias sobre a guerra, e o escasso auxílio que prestavam os franceses, com o que se confirmava na habitual desconfiança da lealdade deles.

---

[202] Registo das portarias do reino, liv. 2, fol. 269. Da chancelaria de D. João IV constam as mercês seguintes aos parentes de Antônio Vieira, além das mencionadas no texto:

Cristóvam Vieira Ravasco. 17 de julho de 1643: como recompensa de serviços, sendo alguns de guerra, e indenização pela perda do ofício das apelações civis por ser extinta a Relação da Bahia, quarenta mil-réis de tença, nos dízimos da Alfândega daquela cidade, para ele ou qualquer de suas filhas que nomear, e hábito de Cristo, também com a opção de ser lançado ao próprio ou à pessoa que casar com aquela mesma filha; e mais promessa de um ofício de fazenda ou justiça a quem casar com as outras suas filhas, e tratamento de Dom para todas.

O poder que tem França em Catalunha não arriba de dois mil cavalos, e até quatorze mil infantes nos presídios, sustentando tudo há mais de um ano à custa do principado. As conseqüências que daqui tiram os catalães, e as que nós podemos tirar, deixo ao discurso de Vossa Mercê[203].

Com demora de uma semana seguiu para Liorne, aonde chegou a 3 do mês seguinte; a 16 entrava em Roma. Não muito tempo antes havia também chegado lá o embaixador castelhano duque do Infantado, com quem, nas manipulações políticas que ia empreender, teria de haver-se em desvantagem própria, resultando daí a transformação definitiva que então se deu no curso de sua vida.

Partindo para Roma, Vieira levava como todos os encarregados de negócios diplomáticos duas instruções, uma aberta e conhecida, que era o motivo declarado da missão, a outra secreta, em que se lhe encomendavam os assuntos reservados e indicavam os meios de alcançar os fins propostos.

Simão Álvares de Lapenha, marido de Leonarda de Azevedo Ravasco. 22 de março de 1645: provedor mór do Brasil por seis anos, por serviços prestados por seu pai Manuel Álvares, chamado *Deus-dará*. 13 de abril de 1646: provedor da fazenda em Pernambuco, quando se restaurar, de propriedade para o filho, genro ou parente que nomear, por serviços que seu pai prestou, e pelos próprios como auditor geral do exército de Pernambuco, provedor da Fazenda, e ouvidor geral do Rio de Janeiro e capitanias do Sul; em ir a Pernambuco, por mandado do marquês de Montalvão conferenciar com o conde de Nassau e vindo ao Reino passar ao Alentejo e assistir na fronteira de Elvas. 26 de março de 1647: auditor geral da gente de guerra do exército de Pernambuco. 7 de novembro de 1651: desembargador de agravos da Bahia, por ocasião de se restituir a Relação.

Rui de Carvalho Pinheiro, marido de Catarina Ravasco de Azevedo. 6 de outubro de 1649: escrivão da Câmara e órfãos da cidade da Bahia, "que seus pais e avós serviram por espaço de cinqüenta anos", para lhe ser dada posse logo que tenha casado.

Fernando Vaz da Costa, marido de Inácia de Azevedo. 3 de novembro de 1654: promessa do ofício de escrivão dos agravos e apelações civis na Relação da Bahia, em cumprimento dos alvarás de promessas a Cristóvão Vieira Ravasco.

[203] Carta a certo ministro (Pedro Vieira da Silva). *Cartas*, t. 1, p. 10, edição de 1854.

Primeiramente o de Nápoles. Para esse, usando de intermediário, pois não convinha à qualidade de religioso de Antônio Vieira, nem aos interesses da Companhia, fazer-se ele conhecer por agente de comoções políticas, devia informar-se do estado dos ânimos em relação a Castela, e instigar os cabeças dos descontentes a revoltarem-se, lisonjeando suas esperanças e proporcionando-lhesm em caso preciso socorro pecuniário. De auxílio militar de nenhum modo se falaria; tampouco de que o soberano aclamado, vingando a revolução, pudesse ser um dos infantes portugueses. Atear o fogo sopitado, e retirar a tempo a mão, renegando os que comprometera, para negociar com a parte oposta, tal era a missão turva do jesuíta. Também os socorros de dinheiro não deviam montar a grandes somas; ao emissário se recomendava não excedesse os limites designados na instrução do bispo de Coimbra, nomeado embaixador à corte de Paris, juntamente o informando de que os fidalgos napolitanos, que preparavam a revolução, haviam pedido à França cinqüenta mil cruzados, e com essa quantia se contentavam. Em carta de 16 de abril alude o rei à verba de dinheiro fixada, que era de oitenta e cem mil cruzados[204]. Daqui se vê quanto exagerava Vieira, mais tarde, dizendo ter D. João IV posto à disposição dele para essa empresa nada menos que seiscentos mil cruzados[205]. Igual crédito merece a afirmação, no Memorial de serviços a D. Pedro II, de lhe ter mandado aquele abonar em Paris, pelo marquês de Niza, vinte mil cruzados para comprar livros[206]. Nem se encontra na correspondência do embaixador indício de que tal fosse ordenado, nem tinha D. João IV inclinação para generosidades semelhantes, e quando a tivesse, não lhas permitiam na ocasião as circunstâncias do erário.

---

[204] Carta a Antônio Vieira. Bibl. Nac., cod. 1461, 106 v., cópia.

[205] Carta ao conde da Ericeira. *Cartas*, t. 3, p. 570.

[206] Memorial feito ao príncipe regente D. Pedro. *Cartas*, t. 3, p. 84.

Quanto ao negócio em execução, bem se deixa ver, não tinha o fito de arrancar Nápoles à Espanha; o propósito era só "inquietar e divertir consideravelmente a el-rei de Castela", como as instruções diziam, para tornar recomendável o casamento e a paz. Sobre essa última parte temos o testemunho do próprio agente, em sermão, composto 45 anos depois, na Bahia, quando já o assunto nada tinha com as preocupações da época, e pertencia verdadeiramente à história.

Pelos anos de cinqüenta, como el-rei Filipe IV não tivesse mais que uma única herdeira, a princesa Maria Teresa de Áustria, entenderam os juízos mais sisudos, antevendo as conseqüências que hoje dão tanto cuidado, que devia casar dentro de Espanha. E diziam livremente os que de nenhum modo queriam que casasse fora: *Porque non tendremos um rey con unos vigotes negros?* Aos ecos destas vozes, ajudadas de outras inteligências secretas, intentou el-rei que está no céu solicitar o casamento para o príncipe D. Teodósio. E a este fim, debaixo de outros pretextos me enviou a Roma com as instruções e poderes necessários, para que lá introduzisse e promovesse esta prática. Era embaixador na Cúria o duque del Infantado, e assistente de Espanha na Companhia o padre Pedro Gonçalves de Mendonça, seu tio, bom e doméstico intérprete. O prólogo desta negociação, sem o parecer, fazendo-me neutral, ou interessado (como verdadeiramente era) por ambas as partes, foi lamentar-me, de religioso a religioso, do muito sangue espanhol e católico que se estava derramando nas nossas fronteiras, triunfando e fazendo-se mais poderosos os hereges com aquela diversão. E doía-me juntamente de que as campanhas de Flandres, pouco antes pacificadas, se haviam de passar a Espanha e que aquela guerra seria tanto mais perigosa quanto mais das portas a dentro. Sobre esta primeira pedra do temor tão bem fundado, em outra conversação do mesmo assistente, na qual se achavam dois grandes sujeitos também castelhanos da Companhia, Velasques e Montemaior, os quais já eram da minha opinião, vindo à prática o casamento da princesa, disse eu: "Se as coisas estiveram no estado antigo, pouca dúvida podia haver na eleição do esposo. O sangue real da casa de Bragança é o mais unido à mesma princesa; porque ela e o duque de Barcelos são netos dos mesmos avós, e ele, sobretudo pelas virtudes e qualidades pessoais, merecedor do maior império, como reconhecido e celebrado no mundo pelo príncipe mais perfeito de toda a Europa". Todos assentiram com aplauso a uma e outra preferência, do sangue e da pessoa, como ambas sem controvérsia. E eu então, concedida esta evidente premissa, tirei da bainha o meu argumento, e lhe apertei os punhos com todas as forças, dizendo assim: "Pois se o primogênito de Bragança, só como duque de Barcelos e filho de seu pai, é o mais digno de toda a Espanha para que a princesa lhe dê a mão, quanto mais no estado presente, trazendo consigo por dote a Portugal, e tudo o que Portugal possui em a metade do mundo?"[207].

Assim o jesuíta punha o melhor da sua dialética ao serviço das intrigas em que definitivamente soçobraria a independência da pátria. Sobre louvar os dotes do noivo que propunha a Castela, acenava-lhe, o que mais valeria, com a posse incruenta de Portugal, que por outra maneira nunca viria outra vez a lograr. Ufano da missão, ainda, tantos anos passados, complacente a recordava, como episódio interessante da sua vida. A quem lhe estranhasse o desapego da idéia fundamental, de autonomia completa, com que através dos séculos tem persistido a nacionalidade, replicava com razões a seu ver irrefutáveis.

Agora me consintam os portugueses que lhe tire uma espinha da garganta. Porque estão notando a el-rei de que quisesse neste contrato desfazer o que tinha feito, e tornar a unir o que tinha desunido. Mas é porque até agora calei uma cláusula do projeto, sem a qual eu também não havia de aceitar a comis-

---

[207] Sermão de Ação de Graças pelo felicíssimo nascimento do novo infante (D. Antônio, em 1695), *Sermões*, t. 10, p. 334.

são. A cláusula é que no tal caso a cabeça da monarquia havia de ser Lisboa; e deste modo se conseguia para o nosso partido a segurança, e para o governo da monarquia a emenda. O erro que tem causado muitos em Espanha, como ponderam os melhores políticos, é estar a corte em Madrid. Por isso, el-rei Filipe o segundo, quando veio e viu Lisboa, logo a sua prudência determinou e prometeu passar a corte para ela. E a esse fim se começou a edificar aquela parte do palácio que chamam o Forte. Tendo Espanha tanta parte dos seus domínios no mar Mediterrâneo, tanta no mar Septentrional, e tantas e tão vastas em todo o mar Oceano, havia de ter a corte onde as ondas lhe batessem nos muros: e dependendo todo o manejo da monarquia da navegação de frotas e armadas, e dos ventos que se mudam por instantes, que política pode haver mais alheia da razão, que tê-la cem léguas pela terra dentro, onde os navios só se vêem pintados, e o mar só na água, pouca e doce, que o inverno empresta ao Mançanares?[208]

Aqui fica o capcioso argumentador, e não diz como por tal a autonomia do país integrado de novo na vasta monarquia espanhola se assegurava, e a espinha se retirava da garganta dos portugueses. O fato é que o projeto, se desagradava à maioria da nação, e principalmente ao povo, não ofendia o sentimento daqueles que de perto cercavam o trono. A união das duas coroas, buscada da banda de Castela pela absorção, do lado português pela imersão na monarquia maior, com o predomínio de rei próprio, era a política tradicional da península. Espanha a manteve sempre; outros reis portugueses já tinham dado o exemplo. O frouxo amante de Leonor Teles sonhou primeiro essa união, D. Afonso V tentara a empresa pelas armas, D. Manuel quase a havia realizado pelo meio mais suave do casamento.

---

[208] *Sermões*, t. 10, p. 336.

Agora tanto nela se empenhava D. João IV que outra vez oferecia a abdicação[209]. Quer levado da nativa pusilanimidade, quer por nobre impulso de sacrifício à grandeza da progênie, coerente consigo mesmo, não hesitava ante o passo mortificante, e tanto mais penoso que, como da vez anterior, não guardava a soberania do Brasil, jóia indispensável ao diadema oferecido à filha de Filipe IV.

O cardeal Lugo, "em tudo eminentíssimo", diz Vieira, e outros da facção de Castela em Roma julgaram a transação aceitável. Não foi de igual parecer o embaixador, duque do Infantado, que manifestou de modo arrogante o seu desprezo. O emissário, além das razões políticas a tinha por justificada pela geografia, e com esta buscava convencer a outra parte: "O que é Portugal somente em si são partes e membros da mesma Espanha, com que ela e a monarquia se tornará a repor na sua total inteireza". Tão debilmente arraigava nele o orgulho da terra natal! Mas esse mesmo argumento não serviu ao castelhano. "Assim ficou no ar a águia e no ar a negociação." E continuando em frase algo rasteira para esta vizinhança retórica: "os que antes lhe negaram os ouvidos depois torceram as orelhas"[210], vingança para ele suficiente do descalabro que então padeceu. Foi o caso que o duque do Infantado intimou ao Geral da Companhia que logo mandasse sair de Roma o súdito intrometido, sem o que pagaria este com a vida suas intrigas. A ameaça não era desdenhável. Já duas vezes os representantes diplomáticos

---

[209] Instrução, cit.: "Pode-lhe parecer [aos negociadores] grande [inconveniente] ficarem o príncipe e infanta os anos que Deus for servido dar-me de vida privados do título e governo de reis, e fica-lo eu logrando. Será ainda mais duro de tragar a el-rei de Castela e seus ministros; porém é tal o amor que tenho ao príncipe, e tal a confiança que tenho do seu, e desejo tanto ver a meus vassalos o descanso da paz, que facilmente vencerei este inconveniente, renunciando-lhe a coroa com tal condição que assim ele como a infanta hão neste caso de viver no reino, sem sair dele nem irem a Castela".

[210] *Sermões*, t. 10, p. 336.

212   João Lúcio de Azevedo

de Portugal tinham sido assaltados em Roma por facinorosos a soldo da embaixada de Espanha, e só pondo mão às armas escapado ilesos. O que não fariam com um religioso indefenso? Vieira não esperou novo aviso, e se retirou precipitadamente para Lisboa no mês de junho.

Ficara pois destruído o negócio do casamento, e inutilizado o de Nápoles, que, descoberto, dera motivo à explosão violenta do embaixador. Sobre este, logo à chegada, em carta ao rei de 27 de fevereiro, de que só temos conhecimento pela resposta[211], Vieira se mostrara duvidoso da empresa, em que depois nunca mais se cuidou. "Diferente conceito fazia das coisas de Nápoles antes de partirdes desta cidade e corte, porque eram diferentes as informações que me davam", escrevia o rei; e mais: "Fazendo juízo dos inconvenientes que apontais me parecem mais certos que as utilidades"[212]. Assim, desde o princípio, e pela diminuta confiança que, com razão ou sem ela, tinha o emissário no êxito, estava a tentativa condenada ao abandono. Debalde insistia no ano seguinte Francisco de Sousa Coutinho, quando embaixador em Paris, para que se renovasse, e o cardeal Grimaldi como incitamento assegurava estar ali um reino devoluto, de que poderia lançar mão quem quisesse; nada demoveu a D. João IV da renúncia.

E perda sensível para a história dessas maquinações que desse tempo não apareça mais correspondência de Vieira. A que se conhece, de outra origem, pouco elucida. Sabemos que o jesuíta teve por colaborador Manuel Rodrigues de Matos, administrador da Fazenda real em Itália[213]. Este devia falar em Roma com o marquês de La Caya, cabeça da sublevação tentada, e, sendo necessário, ir a Nápoles entender-se com o duque de Matalone, o conde de Conversano, e outros de quem se esperava o concurso. Vieira, como foi dito, permanecia pessoalmente alheio a contratos. De Paris tinha de o auxiliar

---

[211] 16 de abril de 1650. Bibl. Nac., cod. 1461, fol. 106.

[212] Idem.

[213] Chancelaria de D. João IV, liv. 27, fol. 153 v.

Luís Pereira de Castro, embaixador nomeado para essa corte; igual ordem havia tido Sebastião César de Menezes, bispo eleito de Coimbra, que esteve indigitado antes dele; mas nem um nem outro assumiram o posto, que ficou vago até que Francisco de Sousa Coutinho para ele foi transferido de Haia, onde, sem embargo dos mandados em contrário, se deixara ficar.

Sabido isto, pouco importa averiguar qual o contexto da instrução aberta de Vieira, até agora desconhecido, e de que nenhum dos analistas da época dá notícia. É possível que versasse sobre as negociações que prosseguiam para o reconhecimento de D. João IV pela Santa Sé, e provimento dos bispados vacantes. Não consta se nesses assuntos, de que muito se preocupava o governo da Restauração, algumas diligências praticou. O certo é que, então como sempre, à atividade do seu espírito não bastava uma só tarefa. Nos intervalos da política disputava com incrédulos e compunha um memorial sobre a conversão dos hereges, para oferecer ao pontífice, o qual não concluiu por se ausentar de Roma[214]. Não se sabe que fim levaria o escrito de que não há vestígios. Sempre que tinha oportunidade não faltava em discursar sobre o tão querido assunto, dos hebreus: que Deus os reservava para algum mistério grande, e que haviam de se converter um dia, realizando-se então o império temporal de Cristo, que prometiam as profecias, ainda não cumprido. Disso corria notícia entre os judeus refugiados em Itália, os quais supunham estar ele negociando como o pontífice grandes vantagens para a grei perseguida. Outro objeto de suas conversações era o Bandarra, e a predestinação de D. João IV como destruidor da Casa Otomana e soberano no Império universal[215].

De política positiva resta-nos desse mesmo tempo uma carta ao príncipe D. Teodósio, que pode ser que tivesse influxo grande na sua existência futura. É de 23 de maio, e refere-se a acontecimentos que desde março tinham a

---

[214] Defesa do livro intitulado *Quinto Império*. *Obras inéditas*, t. 1, p. 53.

[215] Depoimento do dr. frei Manuel Alves Carrilho no Santo Ofício. 30 de outubro de 1653. Caderno 45 do Promotor, cit.

capital do reino em alvoroço. Estava em Lisboa a armada dos príncipes pala-
tinos, sobrinhos de Carlos I de Inglaterra, e apontava à barra a do almirante
Blake, que ameaçava ir atacá-los dentro do porto. Foi nessa ocasião que D.
Teodósio, então com dezesseis anos, proferiu em conselho um discurso em
que propunha a resistência a todo o transe, e por cálculos de astrologia prenunciava para 1655 a entrada triunfante de Carlos II em Londres; discurso
que o historiador conde da Ericeira aduz como documento esplêndido das
altas faculdades do príncipe. Para resistir aos parlamentários foi-se pondo
Lisboa em estado de defesa, e mandou o governo vir tropas do Alentejo.
Nisto constou que os castelhanos, sabendo a fronteira desguarnecida, preparavam uma incursão. O povo, escarmentado dos ingleses, de cujas de-
predações usuais conservava a memória, e temendo as forças superiores
do almirante, queria que se entregassem os príncipes. Alguns da fidalguia
manifestavam-se de igual voto, e de outros se suspeitavam entendimentos
com Castela. Dissentimentos e desconfianças que punham em sobressalto o
governo, e sobressaltaram a Vieira quando delas teve conhecimento.

Sem embargo do tom belicoso da arenga nas palavras, porventura inau-
tênticas, de D. Teodósio, da carta de Vieira se pode inferir que o príncipe
herdara do pai a aversão aos campos de batalha. Em todo caso parece ela
destinada a incutir-lhe o ânimo que lhe faltava, e altos pensamentos de príncipe e guerreiro. Juntamente exprime o pesar que tinha o padre de lhe não
poder assistir então com a presença e o conselho.

Meu príncipe e meu senhor da minha alma. Pelos avisos que vão a Sua Majestade entenderá Vossa Alteza com que coração escrevo esta, e muito mais com
que raiva e com que impaciência, vendo-me preso e atado para não poder em
tal ocasião ir-me deitar aos pés de Vossa Alteza, e achar-me a seu lado em todo
o perigo. Mas eu romperei as cadeias quanto mais depressa me for possível, e
partirei voando, se não a fazer companhia nos trabalhos do princípio ao menos
a ter parte nas glórias e alegrias do fim [...] Ah! Senhor; que falta pode ser que

faça nesta ocasião este fidelíssimo criado, e quão poucos considero [...][216] a Vossa Alteza com a resolução e valor e experiência que é necessária para saberem aconselhar a Vossa Alteza o que mais lhe convém em tão apertados casos! Mas já que na presença não posso, aconselhe a Vossa Alteza a minha alma, que toda mando a Vossa Alteza neste papel, e com toda ela lhe digo que, tanto que chegar esta nova, Vossa Alteza logo sem esperar outro preceito se ponha de curto, o mais bizarro que puder ser, e se saia a cavalo por Lisboa sem mais aparato nem companhia que a que voluntariamente seguir a Vossa Alteza, mostrando-se no semblante muito alegre e muito desassustado, e chegando a ver e reconhecer com os olhos todas as partes em que se trabalhar, informando dos desígnos, e mandando e ordenando o que melhor a Vossa Alteza parecer, que sempre será o mais acertado; mandando repartir algum dinheiro entre os soldados e trabalhadores; e se Vossa Alteza por sua mão o fizesse levando para isso quantidade de dobrões, este seria o meu voto [...][217].

Falava-se também provavelmente em ir o príncipe para o exército. "Toda Europa", dizia-lhe Vieira, "está com os olhos nesta ocasião, que é a primeira em que Vossa Alteza sai a representar no teatro do mundo." A idade era própria para começar nos trabalhos quem tinha uma herança em perigo a defender. O conselheiro incitava-o a feitos intrépidos e acalmava-lhe os receios: "Não aconselho a Vossa Alteza temeridades, mas tenha Portugal e o mundo conceito de Vossa Alteza que antes despreza os perigos do que os reconhece [...] A vida está só na mão de Deus, e esta é a ocasião em que servem as filosofias que tantas vezes ouvi a Vossa Alteza do desprezo dela [...] Armas, guerra, vitórias, pôr bandeiras inimigas e coroas aos pés, são de hoje por diante as obrigações de Vossa Alteza". Certo trecho, quando visto, como verosimilmente foi, por D. João IV, perpetuamente desconfiado, e só por ímpetos inclinado a largar a autoridade, pô-lo-ia de sobreaviso. Amplificando sobre os dobrões distribuídos, mostrava o jesuíta como pelo interesse se ganham os

---

[216] Faltam evidentemente aqui palavras no texto impresso; talvez – "dos que rodeiam" – ou equivalente.

[217] *Cartas*, t. 1, p. 263.

corações. "Como há poucos Antônios Vieiras, há também poucos que amem só por amar." El-rei adquirira muitos com dádivas, pagando à vista a fidelidade, enquanto a Espanha só com promessas podia remunerar a traição. Além desses haveria os hesitantes, os descontentes. "Os que menos satisfeitos estiverem de Sua Majestade, esses chegue Vossa Alteza mais a si, que importará pouco que no afeto se dividam as vontades, contanto que no efeito Sua Majestade e Vossa Alteza os achem obedientes e unidos." Excelente alvitre se na raiz não trouxesse o antagonismo de pai e filho, movido dos bandos opostos, que sempre em tais circunstâncias surgiu.

Da missão de Vieira suspeitava-se em Lisboa que o fim seria inutilizar a reclamação do Santo Ofício contra o decreto dos confiscos. Os cristãos novos imaginavam ter ele conseguido grandes coisas do pontífice, e que todos os foragidos em Itália e França voltariam ao reino. É certo que D. João IV lhes tinha concedido autorização para suplicarem a reforma dos estilos de processar, preconizada por Vieira, e muito provavelmente foi ele o portador do documento, de que muitos anos depois dava a conhecer o texto[218]. Mas não teve seguimento a pretensão, talvez por sua precipitada partida. Quanto ao outro assunto, a instrução nem sequer menciona a controvérsia com a Santa Sé e, se alguma tentativa fez o emissário, esta saiu nula. Ao mesmo tempo do seu regresso, ou pouco antes, chegava ao reino um breve de Inocêncio X, que declarava sem efeito o alvará e exortava os inquisidores a que por todos os meios a seu alcance o contrariassem[219]. De igual modo que o

---

[218] Em carta ao padre Manuel Fernandes, de Roma, 9 de setembro de 1663: "Concedo aos homens da nação hebréia de meus Reinos a licença que me pedem para recorrerem ao Sumo Pontífice sobre matérias que pertencem ao Santo Ofício da Inquisição, e o que Sua Santidade determinar, ouvindo primeiro os inquisidores, deixarei cumprir inteiramente. Lisboa, 10 de dezembro de 1649. Rei". *Corpo Diplomático Português*, t. 13, p. 165.

[219] Breve de 16 de maio de 1650, *Pro munere solicitudinis*, no *Corpo Diplomático Português*, t. 13, p. 186.

Santo Ofício alguns prelados tinham protestado contra a decisão régia. A esses o pontífice enviava louvores, e os incitava a defenderem as regalias da Igreja. Na disputa sobre o provimento das dioceses, os bispos de nomeação anterior, do tempo dos Filipes, eram pela Santa Sé, e em pastorais condenavam a opinião, muito propagada, segundo a qual podia o rei dispensar o beneplácito do pontífice, e bastava um decreto da coroa para se acharem as sedes legitimamente ocupadas.

O Breve relativo aos confiscos não deixou de inquietar a D. João IV; mas não faltou também quem lhe sugerisse, e seria Vieira uma dessas pessoas, que com satisfatório fundamento jurídico o poderia desprezar. As razões foram coligidas em um escrito, que anda com o nome de Antônio Vieira[220], mas que parece duvidoso seja dele. Abunda o documento em considerações de ordem jurídica, e citações de legistas: não era essa a especialidade do jesuíta. Consumado na ciência teológica, versava como mestre a Escritura e os padres da Igreja; o autor anônimo do arrazoado mostra-se jurisconsulto e não teólogo; nem a substância nem a forma trazem a marca individual daquele a quem o escrito se atribui. Além do mais o documento é posterior à tomada de Pernambuco em 1654, como se vê das referências, e nesse tempo Vieira tinha ido para o Maranhão com promessa feita aos superiores de não intervir na contenda dos confiscos[221].

O certo é que, a despeito dos protestos, a execução da lei se manteve, e a Companhia de Comércio continuou placidamente o seu tráfico; mas o pres-

---

[220] Papel que fez Antônio Vieira, no qual mostra não se deve admitir o Breve que impetrou de Sua Santidade a Inquisição de Lisboa, para anular o alvará que concedeu el-rei D. João IV a favor dos cristãos novos sentenciados, para se lhes remitir os bens confiscados. Ms. Bibl. Nac., *Maquinações de Antônio Vieira*, 1º, p. 207. *Obras* de Antônio Vieira, na Bibl. da Academia das Ciências, 14º, p. 121. Biblioteca de Évora, cód. CXIII, p. 291, p. 2-14.

[221] "Também dizem que se não há-de meter mais no negócio dos cristãos novos com o fisco contra a Inquisição." Carta do prepósito da Casa de Lisboa ao Geral. 30 de dezembro de 1649, *Rev. de Hist.*, v. 11, p. 90.

tígio de Vieira, que a tinha inventado, incontestavelmente enfraquecia. Nas missões diplomáticas não fora afortunado: frustrara-se o desejado casamento em França; a proposta de acordo com Holanda tivera de ser abandonada ante a oposição geral; a esperança magnífica com que fora à Itália cerrara-se em desastre; seus êmulos eram os que agora triunfavam.

O revés da negociação de Roma imputou-o depois ele a traição de Sebastião César de Menezes, que, informado pela cópia de suas instruções que lhe foi dada, descobrira o intento aos castelhanos[222]. A acusação, proferida no fim da vida do padre, quando na Bahia saudoso e desiludido recordava os tempos da trêfega política, infama lamentavelmente um homem que, havia já largo tempo, repousava no túmulo das agitações de uma carreira, por igual cortada de triunfos e perseguições. Por suspeito na fidelidade, Sebastião César tinha passado anos em cárcere, até a morte de D. João IV; não se pode crer que Vieira explorasse em proveito de sua vaidade de diplomata infeliz essa má fama.

E todavia acode a desconfiança se nos lembrarmos que aquele seu êmulo, ilibado e liberto, fora um do triunvirato que o desterrou e perseguiu, quando assumiu a coroa D. Afonso VI, destituindo a mãe do governo.

Ao voltar de Holanda afiançara ele a Francisco de Sousa Coutinho o governo do Brasil; o marquês de Niza pretendia o da Índia; é possível que Antônio Vieira, quando menos por ostentar seu crédito, também por eles falasse. Nem um nem outro foram providos. Talvez nisso a razão das invectivas, que no sermão da primeira dominga do Advento, em novembro, lançou aos conselheiros da coroa na capela real.

Consulta-se em um conselho o lugar de um vice-rei, de um general, de um governador, de um prelado, de um ministro superior da fazenda ou justiça: e que sucede? Vota o conselheiro no parente, porque é parente; vota no amigo, porque

---

[222] Memorial ao príncipe regente, *Obras inéditas*, t. 3, p. 83.

é amigo; vota no recomendado, porque é recomendado; e os mais dignos e os mais beneméritos, porque não têm amizade, nem parentesco, nem valia, ficam de fora. Acontece isto muitas vezes? Queira Deus que alguma vez deixe de ser assim. Agora quisera eu perguntar ao conselheiro, que deu este voto e que o assinou, se lhe remordeu a consciência ou se soube o que fazia. Homem cego, homem precipitado, sabes o que fazes? Sabes o que firmas? Sabes que ainda que o pecado que cometeste contra o juramento de teu cargo seja um só, as conseqüências que dele se seguem são infinitas e maiores que o mesmo pecado? Sabes que com essa pena te escreves réu de todos os males que fizer, que consentir, e que não estorvar esse homem indigno por quem votaste, e de todos os que dele se seguirem até o fim do mundo?[223]

É de imaginar que a mesma pressão sobre o Geral que expulsou Vieira de Roma igualmente atuasse em Lisboa, e impusesse o seu afastamento, ao menos temporário, da política.

A carta de Roma a D. Teodósio ficara sem objeto, porque ele não fora ao exército; mas não faltaria quem precatasse o rei contra a doutrina; e ou por isso, ou por seus infortúnios diplomáticos, ou por darem os acontecimentos razão aos áulicos, que combatiam o jesuíta, sentiu este faltar-lhe a confiança da Majestade. Daí o arrefecer das expansões recíprocas, o seu amuo, a retirada. A determinação própria coincidia com as sugestões de fora. A idéia da missão do Brasil desabrochou novamente, floresceu, frutificou.

Quando foi pregado o sermão do Advento, a transição dera-se já. Volvia-se o político religioso outra vez, mas não deixava de atacar os adversários de antes, e defender o que da sua obra ficava em pé. Assim, pois, acomete os prelados que haviam protestado contra a decisão sobre os confiscos.

---

[223] *Sermões*, t. 2, p. 186.

Grande desconsolação é hoje para as igrejas de Portugal não terem bispos, mas pode ser que no dia de juízo seja grande consolação para os bispos de Portugal não chegarem a ter igrejas. De um sacerdote que não quis aceitar um bispado conta São Jerônimo, que aparecendo depois da morte a um seu tio religioso, que assim lho aconselhara, lhe disse estas palavras: "Dou-vos, padre, muitas graças, porque me persuadistes que não aceitasse aquele bispado; porque sabereis que hoje havia eu de ser do número dos condenados se então fora do número dos bispos". Oh! quantos sem saberem o que fazem, debaixo do nome lustroso de uma mitra, andam feitos pretendentes de sua condenação! A este e a muitos outros, que não quiseram aceitar bispados, revelou Deus que se haviam de condenar se chegassem a ser bispos. E quem vos disse a vós que estáveis privilegiado dessa condicional? De chegardes a ser bispo pode ser que não dependa a salvação de outras almas; e de não chegardes a o ser pode ser que dependa a salvação da vossa[224].

Nesse discurso se vê o homem que cercado, assim crê, de inimigos, a todos afronta e dispara seu golpe contra cada um deles. Depois dos bispos os religiosos. O orador trata do último juízo e da separação que nesse dia os anjos hão de fazer dos réprobos e escolhidos. Inimigos de Vieira eram os domínicos, seus rivais no púlpito, e amigos do Santo Ofício; eram os da sua religião, invejosos da sua influência e ofendidos do seu proceder desabusado; eram, em suma, todos que vestiam hábito monástico, inimigos naturais dos cristãos novos, que ele porfiava em favorecer. Então explica o que na ocasião do juízo sucederá:

Do lugar dos bispos passarão os anjos ao lugar dos religiosos, e entrando naquela multidão infinita das ordens regulares, sem embargo de resplandecerem nelas como sóis as maiores santidades do mundo, contudo haverá muito que separar [...] Não o digo por me tocar; mas por todas as razões me parece que será este o mais triste espetáculo do dia do juízo. Que vão os homens ao in-

---

[224] *Sermões*, t. 2, p. 177.

ferno pelo caminho do inferno, desgraça é, mas não é maravilha; porém, ir ao inferno pelo caminho do céu é a maior de todas as misérias. Que o rico avarento, vestindo púrpuras e holandas, e gastando a vida em banquetes, seja sepultado nos fogos eternos, por seu preço leva o inferno; mas que o religioso, amortalhado em um saco, com os seus jejuns, com as suas penitências, com a sua clausura, com a sua vontade sujeita a outrem, por ter os olhos nas migalhas dos do mundo, como Lázaro, vá parar nas mesmas penas, brava desventura! O secular distraído, que lhe não veio nunca à memória a conta que havia de dar a Deus, que a não dê boa e se perca, não podia parar noutra coisa o seu descuido; mas que o mesmo religioso, que por estes púlpitos nos vem pregar o juízo, possa ser e haja de ser um dos condenados daquele dia! Triste estado é o nosso se nos não salvamos[225].

Na corte, porém, era o seu campo de batalha; ali se via apertado dos contendores, ali provara a triaga das decepções. Por isso dizia ao rei, presente à oração: "Se os Cartuxos, se os Buçacos, se os Arrábidas, hão-de tremer no dia de juízo, as cortes, e a vossa corte, em que estado se achará?".

Esse é o sermão das restituições, já uma vez mencionado. Rei, conselheiros, ministros, funcionários, são todos chamados a contas: uns pecam por ação, outros por omissão. Dos funcionários diz que muitos viu governar e muitos viu morrer, que faziam mil danos, e os deixavam sem restituição: "Sou obrigado a crer que todos estão no inferno; assim o creio dos mortos, assim o temo dos vivos". O sermão termina pela condenação dos maus, separados à esquerda do supremo julgador. "Ide malditos ao fogo eterno!" Em seguida: "Abriu-se a terra, caíram todos, tornou-se a cerrar por toda a eternidade. Eternidade! Eternidade! Eternidade!".

Com esses três brados relega ao eterno das penas os bispos que contrariavam a lei dos cristãos novos, os frades escandalizados da liberdade de suas idéias,

---

[225] *Sermões*, t. 2, p. 178.

os palacianos que lhe contrastavam o crédito perante o rei. Para ele, que os proferia, tinha também um significado de pavor: a ruína para sempre do sonho em que vivera nos últimos anos, no deleite supremo de dominar os homens, de converter em realidades seus pensamentos pela mão régia. Chegara ao fim a sua carreira política. Nunca mais entraria no paço, chamado na humildade da sua roupeta a gizar planos em que o futuro das nações se decidia; nunca mais esperariam por seu voto para resolver sobre a guerra e a paz, as alianças, as nomeações e as leis. O favor do rei permanecia intacto, mas a sua influência enfraquecera. Ele mesmo se resignou a exercê-la em uma esfera de negócios menos espaventosos. O sermão era como a despedida da grande política, da qual saía cerceado de muitas ilusões e magoado no seu orgulho.

Despedido da política, não porém das graças do soberano, e assim com desvanecimento o publicava. Os êmulos o tinham despenhado da posição de relevo, porque "nas cortes, por cristãs e cristianíssimas que sejam, não basta só ter a graça do príncipe supremo se não se alcança também a dos que lhe assistem"[226]. Desse modo, em vésperas de deixar por longo espaço a corte e a Europa, explicava ao público a sua queda. Já antes, na Quaresma de 1651, outra vez deblaterara contra a corte, onde reinam os intrigantes e aduladores. Desse sermão é a picante descrição da aranha:

A aranha, diz Salomão, não tem pés, e sustentando-se sobre as mãos mora nos palácios dos reis. Bom fora que moraram nos palácios dos reis, e tiveram neles grandes lugares os que só têm mãos. Mas a aranha não tem pés, e tem pequena cabeça, e sabe muito bem o seu conto. Sobe-se mão ante mão a um canto dessas abóbadas douradas, e a primeira coisa que faz é desentranhar-se toda em finezas. Com estes fios tão finos que ao princípio mal se divisam, lança suas linhas, arma seus teares, e toda a fábrica se vem a rematar em uma rede para pescar e comer.

---

[226] *Sermões*, t. 3, p. 43.

Tais são (diz o rei que mais soube) as aranhas de palácio. Quem vir ao princípio as finezas com que todas se desenfadam e desentranham em zelo do serviço do príncipe, parece que o amor do mesmo príncipe é o que unicamente as trouxe ali; mas depois que armaram os teares como tecedeiras, e as redes como pescadores, logo se descobre que toda a teia, por mais fina que parecesse, era urdida e endereçada a pescar, e não a pescar moscas. E se não veja-se o que todos pescam: as melhores comendas, os títulos, as presidências, os senhorios, e talvez, diz o mesmo Salomão, que sendo a malha tão miúda pescam o mesmo dono da casa. As palavras brandas do adulador são redes que ele arma para tomar nelas o mesmo adulado. E este é o artifício sem arte dos aduladores reais. Servem lisonjeiramente aos príncipes, para os ganhar, ou lhes ganhar a graça, e para se servirem da mesma graça para os fins que só pretendem de seus próprios interesses. E como por declaração do mesmo legislador do nosso texto ninguém pode servir a dois senhores sem amar a um e ser inimigo do outro, provado fica sem réplica, e concluído, que quantos forem no palácio os amigos de seus interesses, tantos são os inimigos dos reis[227].

Contra tais inimigos a quem principalmente se devem "as catástrofes dos reinos e os fins mal afortunados dos reis", punha em cautela a D. João IV; contra "os lisonjeiros e aduladores de dentro, os que têm as entradas francas e as chaves tão douradas como as línguas". Tão veemente é a sátira que em certo ponto estremeceria talvez D. João IV, julgando-se pessoalmente atingido:

> Depois que o imperador Nero se esqueceu de si, e da temperança e compostura real em que fora criado, fez tão pouco caso da própria autoridade e decência que entre os citaredos e histriões saía no teatro público a competir com eles, em todas as baixezas ridículas daquelas artes, próprias da gente vil e infame.

---

[227] *Sermões*, t. 7, p. 195.

A esse espetáculo, continuava, assistiam todas as ordens do Estado, e principalmente os familiares do palácio. O imperador citaredo não seria ele, o *virtuoso* que escrevera a *Defensa de la música*, e se comprazia nos aplausos da sua coorte de tangedores e contrapontistas?

Foi no sermão de São Roque, pregado na igreja dos jesuítas, por ocasião da festa do santo, em agosto de 1652, que mais a mágoa do desdenhado válido se expressou. Falava São João aos bispos da Ásia no Apocalipse, desejando-lhes a graça de Deus Padre, dos sete espíritos que lhe assistem ao trono, e de Cristo, filho seu, príncipe dos reis da terra. Assim que, na própria corte celeste, entre o pai e o filho, mais poderosos que este, como a ordem da menção representava, os ministros. "Bem sei eu quem tem a graça do pai e mais a do filho; e se o seu desinteresse se não contentara só com a graça, pode ser que os ministros que se atravessam entre um e outro lha não deixaram em paz." Note-se a referência aos que se interpunham, isto é, semeavam a cizânia entre o príncipe e o rei. Ele tinha a graça do pai e a do filho, mas nada interesseiro afastava-se, para não lha porem em risco as invejas cortesãs. Eis o motivo porque então o viam missionário, e não dando alvitres no governo ao lado do soberano; eis porque desprezando as vanglórias do comércio dos homens, se afastava. Não, porém, sem um ressaibo forte de amargura.

Os homens quando mandam (e mais se têm o mando supremo) ou seja ingratidão natural ou soberania, nem estimam nem pagam os serviços que se lhes fazem, como deveram, porque cuidam que tudo se lhes deve. Pelo contrário, Deus, a quem devemos tudo o que temos e tudo o que somos, nenhuma coisa manda, a cuja remuneração se não obrigue como devedor [...] Os homens quando pagam ou cuidam que pagam os serviços que lhes fizestes, eles são os que os avaliam. O estilo de Deus em remunerar a quem o serve, vêde quão diferente é. Nós somos os que avaliamos, e ele o que paga [...] Os homens, se derdes por eles a vida, como tantos a estão dando nestas campanhas, ainda que sejam reis e monarcas, assim como eles vo-la não deram, vo-la não podem restituir. E Deus, sendo ele o que vos deu a vida, ainda que vós a não deis por ele, se a empregardes em seu serviço, dá-vos pela temporal a eterna [...] Os homens, quando vos hão mister, sois seu; quando os haveis mister, sois vosso. Assim o cantou ao som do Lima aquele grande e desenganado espírito que, por não ver as ribeiras do Tejo fugiu delas para longe. *Quando te hão mister és seu, quando os hás mister és teu, que não tens donos então.* E Deus pelo contrário é tão bom senhor, e tão bom dono, que não havendo mister a ninguém, quando nos faz mercê de se querer servir de nós, somos com grande honra seus, e quando nós o havemos mister (que sempre havemos) nunca deixa de ser nosso[228].

Sá de Miranda levava seus desenganos para a risonha paisagem do Minho; Vieira esconderia os seus no degredo remoto, onde viviam os bárbaros. "Pés reais não pisam nem magoam"[229], dizia ainda, traduzindo o queixume das ofensas e o arroubo da amizade. Assim, entre a cólera e a resignação súplice, flutuava como todas as afeições traídas. No fim vencia o despeito. São Roque deixara as cortes para ir servir a Deus, o rei que nem morre nem desconhece. "Ditoso ele e bem-aventurado que assim o fez; e nós também seremos ditosos e bem-aventurados se assim o fizermos."[230] Com essas palavras cerra a oração e o desabafo.

Suposto isto, não foi por certo sem pasmo seu que o convocaram ao palácio para um negócio importante. Desenganado do casamento castelhano, D. João IV não descansava de buscar noiva para o herdeiro da coroa e tentou novas diligências em França. Voltando ao projeto antigo da união com Mlle. de Montpensier, recebeu do duque de Orléans a formal recusa: Portugal estava pobre e metido em guerras; a idade da filha já lhe não permitia o contentar-se com o simples título de princesa; aspirava a uma coroa. Tinha-se então como certo que casaria com Carlos II, exilado em França. Ocorreu então considerar

---

[228] *Sermões*, t. 3, p. 59, 60, 63, 64.

[229] Ibidem, p. 44.

[230] *Sermões*, t. 3, p. 65.

de novo a idéia apresentada por Mazarini em 1648, abandonada em seguida, do consórcio com Luiza de Sabóia, prima do duque reinante, Carlos Manuel II, e filha do príncipe Tomás de Sabóia Carignano. Vieira refere que tencionara o rei mandá-lo a Turim a realizar os ajustes, e que ele não só recusara a missão senão que também reprovara o projeto, que não foi adiante[231]. As divergências que nas apologias do régio confidente se verificam entre o afirmado e a exatidão dos fatos permitem opor dúvidas ao caso. É crível ser tão verdadeira a oferta dessa embaixada, como a nomeação para suceder na de Sousa Coutinho em Holanda, de que igualmente se jactava o padre. Basta reparar em que não teria de se tratar o assunto em Sabóia, mas em Paris, residência do príncipe, pensionado do governo francês e general ao serviço dele, desligado da corte de Turim e em más relações com o soberano seu sobrinho, a quem na menoridade tentara despojar dos Estados. Chamado sim, provavelmente, a dar parecer sobre o consórcio, como quem já de outros dois se havia ocupado, e acaso mais por insinuação de D. Teodósio que por deliberação do rei. Como quer que fosse, pronunciou-se contra, alegando ainda a possibilidade do casamento castelhano, e de vir o príncipe a "herdar Espanha", esperança de que o não deveriam privar[232]. Mas não foi essa a razão decisiva, e outros votos que os do jesuíta inculcaram a recusa. Entre eles o de Francisco de Sousa Coutinho, já então embaixador em Paris, a quem mais particularmente a negociação incumbia. Além disso, nem entre os palacianos, nem no próprio D. João IV essa aliança mesquinha suscitou entusiasmos . Vieira, com motivos seus, concorria na decisão comum.

Contrário que fosse, o período da sua influência nas decisões da política cerrara-se antes disso. Agora em uma ilusão do momento, de que o principal motor era o despeito, já se cria indiferente às questões dos príncipes e a essa política, que foi sempre a suprema atração da sua vida. Desdenhoso

---

[231] Cf. Carta a D. Rodrigo de Menezes – último de março de 1664. *Cartas*, t. 1, p. 106.

[232] Memorial ao príncipe regente, cit., *Obras inéditas*, t. 3, p. 84.

dela, sua inteligência buscava outro rumo, que para mais longe o conduzia. Descortinava no horizonte dos tempos o destino último da humanidade, na paz perpétua, unidade das nações e adoração universal do mesmo criador: passagem da política à filosofia; interpretação da história pelo cristianismo.

Desde 1649, talvez antes, lançara no papel as primeiras linhas da *História do futuro*. Não aquilo que se imprimiu com esse título[233], que é a introdução, o *Livro Anteprimeiro*, como lhe chama, somente mais tarde escrito, mas o começo do que era propriamente a *História*. A página inicial, de sua mão, existe entre os papéis que lhe sequestrou o Santo Ofício. No alto da folha:

Depois:

JESUS, MARIA, JOSEPH

CAP. 1

Começando a tratar do Quinto Império do Mundo (grande assunto deste nosso pequeno trabalho) para que procedamos com a distinção e clareza tão necessária em toda a história[234], e muito mais neste gênero, a primeira coisa que se oferece para averiguar e saber é que impérios tenham sido ou hajam de ser os outros [...]

Pára o escrito a dois terços da página. Na folha imediata, com tinta diferente, mostrando assim ter sido escrito em outra ocasião, prossegue:

CAP. 2

Correndo os anos 2020 [emendado para 1860] *da criação do mundo,* 1415 [emendado para 3800] *antes do presente de* 1649 [emendado para 1664] *em que isto escre-*

---

[233] *História do futuro, livro anteprimeiro, prolegômeno a toda a história do futuro, em que se declara o fim e se provam os fundamentos dela. Matéria verdade e utilidade da História do futuro.*

[234] *Hystoria*, grafia usual de Vieira.

228   João Lúcio de Azevedo

vemos, depois que a confusão das línguas na torre de Babel dividiu seus fabricadores em diversas partes da terra [...]

Diz-nos como o primeiro Império, dos assírios, durou 1300 anos e teve 37 imperadores; o segundo, dos persas, 2300 anos com quatorze imperadores; e sobre o terceiro, dos gregos:

> *Começou este Império dos Gregos depois de criado o mundo 3672 anos, durou unido oito não acabados, e antes deles acabados se dividiu em três reinos, do Egito, da Macedônia e da Ásia, em que se continuou com desigual fortuna e duração [...]*

Chegava à metade da página. Aqui qualquer imprevista causa o interrompeu: visita, chamado, a hora de orar. Depôs a pena e ao cabo de quinze anos, emendando as datas, riscando as duas últimas linhas desde a palavra *reinos*, fechou o período:

> *[...] o da Ásia, o da Macedônia, o do Egito que foi o que mais durou [riscada a palavra durou e à margem: permaneceu] continuou com desigual fortuna trezentos anos, até que governado e não defendido pela celebrada Cleópatra o ajuntou Marco António à grandeza romana [...]*[235]

E daí continuou a obra de extenso plano, interrompido logo adiante interrompida. Durante os quinze anos, outros pensamentos, outros desejos, outros trabalhos o afastaram do manuscrito.

---

[235] Torre do Tombo. Processo do Santo Ofício, apenso t. 5, fol. 3.

TERCEIRO PERÍODO

O missionário
1651-1661

I. Vieira, desconsolado, opta pela vida nas missões. Discórdias entre os jesuítas pela divisão das províncias. Pleito sobre o engenho de Sergipe. Preparativos da missão do Maranhão. Embarque frustrado de Vieira, e embarque definitivo. Arribada a Cabo Verde. II. Missões do norte do Brasil. jesuítas e franciscanos. Padre Luís Figueira. Chegada de Vieira ao Maranhão. Relações de colonos e indígenas. Levanta-se a população contra os padres. Primeiro sermão de Vieira. Julgamento dos cativeiros. Ação dos missionários na cidade. III. Vieira visita as aldeias dos índios. Entrada no Pará. O rio Amazonas. Jornada ao Tocantins. Desaguisados no Pará. Sermão de Santo Antônio ou dos peixes. Partida para a metrópole. IV. Tormenta no Atlântico e milagre da Virgem do Rosário. Doença de D. João IV; e sua ressurreição em caso de morte predita por Vieira. Sermão da Sexagésima. Outros sermões notáveis. Liberdades do púlpito. V. André Vidal de Negreiros governador do Maranhão e do Pará. Novo regimento dos índios.

Partida súbita de Vieira para a colônia. VI. Distúrbios no Pará. André Vidal faz cumprir a lei sobre os índios. Estendem-se as missões pelo Amazonas. Vieira em jornada pelos rios. Viagem malograda à Bahia. VII. Jornada do ouro. Jornadas ao sertão e descimentos de cativos. Morte de D. João IV; representações no reino contra a Companhia de Comércio. O Quinto Império do mundo. Carta de Vieira ao bispo do Japão. VIII. Sermão nas exéquias de D. João IV. Carta ao novo rei. As mortes na família real, castigos do céu pelo consentimento dos cativeiros. D. Pedro de Melo governador do Maranhão. Missão aos Nheengaíbas. IX. Jornada ao Ceará. Morte do bispo do Japão. Polêmica de Vieira com a Câmara do Pará. Prisão do principal Copaúba. Sedição no Maranhão contra os jesuítas. Antônio Vieira preso no Pará. Os missionários expulsos do Estado. X. Antônio Vieira no reino. Intrigas na corte. Os jesuítas contra D. Afonso VI. Sermão da Epifania. D. Afonso VI assume o governo. Desterro de Vieira. Réplica deste às acusações feitas aos missionários.

Vieira chegara neste tempo a um ângulo da sua vida, em que a corrente agora seguia em outro sentido. Os seus desastres diplomáticos tinham demonstrado a D. João IV a falibilidade do conselheiro. Perdera a fé nele mas não lhe retirou a amizade. Vieira permanecia o mesmo confidente e amigo, não porém o árbitro ouvido nas coisas políticas. Ele é que se não consolava da mudança. Saiu do paço batendo as portas com estrondo, como despeitado. Desabafou no púlpito em queixumes, como no sermão da Graça, e um da Quaresma de 1651 na capela real. No primeiro, que todo versa sobre as várias espécies de graça, aludindo à dos reis, dizia: "Chama-se temporal, porque não dura muito tempo". À ironia seguia-se a queixa: "Ainda que deis a vida por eles não basta para a alcançardes". E também: "Ainda que façais por merecê-la nem por isso a conseguis; antes muitas vezes a logram mais os que a merecem menos"[1]. Tais frases evidentemente eram chascos em que o seu ressentimento se desafogava. No outro sermão, a que assistia o rei, falou com mais amargura ainda: "Não há vontades mais desamoradas que as soberanas, nem coisa mais oposta ao amor que a majestade". E em outro passo: "Como o amar dos vassalos é dívida, nem os reis ficam obrigados à

---

[1] *Sermões*, t. 4, p. 250 e 251.

paga, nem os vassalos têm ação para a desejar nem pedir"[2]. À volta do trono formavam os aduladores, verdadeiros inimigos dos reis. Esses representavam os quatro animais do Apocalipse que, com quatro rostos e quatro bocas, "nenhuma coisa diziam nem sabiam dizer senão amém". Por esse modo se desafrontava o pregador dos antagonistas que, ao lado do soberano, tinham suplantado o cortesão.

Espontaneamente deixava ele o recinto esplêndido de suas ambições, quando viu que já não era lá como antes acatado mentor. No seu despeito novamente lhe acudiu à lembrança o voto que, noviço inflamado de vivo entusiasmo, fizera aos quinze anos, e ao mesmo tempo lho recordaram os superiores. Aos selvagens devia pertencer daí por diante a sua atividade. Não depende na Companhia de Jesus do alvedrio ou inclinação de cada um o ser mestre, pregador ou missionário, permanecer nas cidades e cortes, ou partir de momento para regiões inóspitas e desabitadas de gente com civilização. Dá a lei o interesse da Sociedade, e os atos são determinados pelo preceito da obediência. No caso de Vieira, além do desejo próprio, fugaz e que nunca o levaria a tão completa renúncia da vida tumultuosa da política, em que se comprazia, foi a pressão de cima, dentro da Ordem, e a hostilidade de que se via rodeado, nela e na corte, que o arremeçou aos sertões do Amazonas. E o negócio da divisão das províncias, que antes quase lhe tinha custado a expulsão, parece ter sido o que definitivamente lhe decidiu o destino.

A questão tinha, nessa época, assumido feição grave, afetando, mais que o conflito de Évora, a amenidade de relações de D. João IV com a Companhia. Desde 1606, na congregação provincial, que então houve, se debateu o assunto entre os jesuítas portugueses. Uns entendiam que a extensão enorme da província, abrangendo os Açores, Madeira, Cabo Verde e Angola, era nocivo à conveniente administração do todo, e à frutuosa doutrina; outros opunham

---

[2] *Sermões*, t. 7, p. 178 e 179.

as despesas acrescidas e o conflito possível de poderes, com dois provinciais em Lisboa, como concludentes motivos contra a separação. O projeto partia a província em duas, cistagana e transtagana, ficando a pertencer à última as ilhas e a costa africana; ambas com a sede na capital do reino. O colégio de Santo Antão passava à província nova; que viria a chamar-se Lisbonense, Eborense ou do Alentejo; as demais casas de Lisboa permaneciam na outra, que tomaria o nome de Lusitana, Beirense ou Conimbricense. De alvitre próprio ou induzido por Antônio Vieira, D. João IV logo desde os primeiros anos de ser rei instou pela divisão. Sorria-lhe acaso a idéia de que a província do Alentejo, onde nascera, desse o nome a uma província jesuítica. Verdade ou não, assim o refere o cronista da Sociedade Padre Antônio Franco, dando os pormenores do litígio.

Dentro daquela era grande a oposição ao projeto. Jesuítas dos mais graves, o assistente em Roma, e o próprio Geral se manifestavam contrários. Era dividir a túnica de Cristo, diziam os padres de Lisboa. Alguns, que mais livremente se pronunciavam, foram afastados da corte por ordem do rei; o padre Baltasar Teles que havia de escrever a *Crônica* da Província de Portugal. Para de algum modo aplacar o ânimo de D. João IV, sem todavia ceder no essencial, não se dividiu a província, mas dividiu-se a administração, e foi nomeado um visitador para os colégios do Alentejo, não sujeito ao provincial. Isto, porém, não satisfez o rei, que rompeu com o Geral, ordenando que cessassem toda a correspondência com ele os jesuítas portugueses, e se recolhessem ao reino aqueles que em Roma estivessem. Aqui foi grande a consternação, e cederam os jesuítas, vindo de França o padre Brisacier, reitor do colégio parisiense, com comissão do Geral, para dispor a divisão. Tão acerada estava a contenda que não teve aquele licença para desembarcar em Lisboa, antes que fosse a bordo o secretário de Estado Pedro Vieira da Silva certificar-se que era a sua missão conforme aos desejos do rei. Passou isto em 1654. Capitulação transitória, porque onze anos depois, em 1665 – estava a viúva de D. João IV recolhida em Xabregas, e Antônio Vieira em Coimbra, processado pelo Santo Ofício – se restabeleceu a unidade antiga[3].

Se Vieira foi o que insuflou a cólera de D. João IV e lhe ateou o capricho de vencer a obstinação de seus confrades, não se pode com certeza asseverar. Muitos na Sociedade o acusavam disso. Que se declarou pela divisão não é duvidoso; quanto ao mais, bem se pode supor que o amor próprio e o gênio impetuoso o levassem a empregar, em benefício daquilo que tinha por profícuo à religião católica e à Companhia, seu crédito com o rei.

Foi outra semente de discórdia um pleito que desde muitos anos andava em juízo, entre os colégios de Santo Antão e da Bahia, sobre a posse do engenho de Sergipe, famosa propriedade fundada por Mem de Sá. Consistia o caso em que esse governador do Brasil, falecendo em 1572, deixara por testamento a têrça, em que entrava o dito engenho, ao colégio e Misericórdia da Bahia, e pobres da mesma cidade, se viessem a morrer seus filhos sem descendência, o que se verificou. Uma filha, a condessa de Linhares, falecida em 1618, legara o total de seus bens ao colégio de Lisboa[4], incluindo o engenho, que lhe provinha da herança de seu irmão. Desde essa época, a Misericórdia e o colégio da Bahia disputavam com o de Santo Antão, além dos herdeiros naturais, espoliados, que pretendiam anular o testamento da condessa. Derrotados os últimos, prosseguiu a contenda com os legatários da Bahia até 1659, quando terminou por um acordo[5]. Antônio Vieira patrocinava a causa da sua província, dando assim novo motivo de descontentamento aos padres

---

[3] Cf. Pe. Antônio Franco, *Synopsis Annalium Societatis Jesu in Lusitania*, p. 304 e ss.

[4] "Deixo por herdeira minha alma – reza o testamento – e minha igreja de Santo Antão a quem deixo todos os meus bens e nações, assim os que tenho neste reino como no Brasil." Arq. Nac., Papéis dos Jesuítas, Mº 11.

[5] Escritura de 13 de outubro de 1659, lavrada na Bahia, em que dizem as partes fazer o concerto "pela razão de ser a demanda tão dilatada, os gastos excessivos e o escândalo que havia de litigar um colégio com outro da mesma Companhia". Idem.

de Lisboa. Por uma e outra causa, alguns, mais encarniçados, voltavam a opinar que se expulsasse o fator de discórdias, para sossego da Sociedade[6]. Tudo isso lhe era motivo para Vieira se retirar da arena, tudo para que os superiores lhe incutissem a necessidade de se ausentar de onde a sua presença a tantos, dentro e fora da Companhia, escandalizava.

Como quer que fosse, em 1652 encontramo-lo ocupado em preparar a missão ao norte do Brasil. No ano anterior tinha ido como missionário a Tôrres Vedras, com o padre João de Souto Maior, férvido apóstolo que seria na América seu precursor e companheiro. Missão de prédica e penitências públicas; meio muito usado dos jesuítas para trazerem almas tresmalhadas ao redil da salvação; ensaio da obra grandiosa das conversões que ia encetar na América.

Nessa época, e muito de surpresa, surgem ainda a desviá-lo da vocação ascética as tentações da política. Dessa vez, porém, debalde. O convite para acompanhar à Inglaterra o conde de Penaguião, nomeado embaixador, não logrou seduzi-lo, e o religioso permaneceu fiel às suas inclinações de apóstolo[7]. Também, sabido quanto eram detestados naquele país os jesuítas, nenhuma eleição pareceria menos oportuna.

A missão, tal como se intentava ao Maranhão e Grão-Pará, não era criação nova da Companhia; já por vezes empreendida, perecera no desastre; de Pernambuco para o Norte a gentilidade permanecia terreno inculto para a fé. Ultimamente viera à Europa um emissário da província, no intuito de

---

[6] "Erant alia negotia non parum intricata quibus se immiscuerat vel immiscere credebatur, quae illum reddebant ingratum sententibus contraria; ut erat litigium Collegii D. Antonii cum Provincia Brasiliense, cui apud Regem plurimum adversus templum P. Vieira favebat. Major is erat momenti Provinciae divisio, quam ille urgere coram Rege multis fuit persuasum ob idque senten tiebant aliqui pellendum de Societate, tanquam ejus turbaret pacem." Franco, *Synopsis*, p. 304.

[7] Informação do Pe. André Fernandes, em carta de 15 de maio de 1652, para Luís de Sousa. Museu Britânico, cod. 15.171 dos Manuscritos Adicionais, fol. 12.

alcançar do governo os meios materiais para a empresa, e a idéia sorrira a Vieira, que com o ardor próprio do seu temperamento a coadjuvou, pondo em ação toda a sua influência. Desde então, abandonando as cogitações de ordem política, em que se tinha por tanto tempo absorvido, todo o seu pensamento pertenceu às missões. A parte econômica da fundação importava-lhe muito. Com a confiança usual fazia cálculos sobre a quantia e a aplicação das rendas; e, desinteressado e entusiasta, metia na conta os seus ordenados de pregador régio, de que em proveito da missão se despojava. Quando isso não chegasse, havia o recurso de se darem à imprensa os seus sermões, cuja venda se podia considerar socorro não desestimável.

Em carta ao padre Francisco Gonçalves, que viera de Roma com a patente de provincial e antes de concluídas as disposições havia partido para o Brasil, insere Vieira o elenco das rendas e despesas.

A primeira coisa em que entendemos foi em continuar o requerimento da fundação da missão, o qual Sua Majestade despachou na mesma forma em que lho apresentamos, ordenando que se nos dessem 350 mil réis para dez sujeitos, a razão de trinta e cinco para cada um, pagos a metade nos dízimos da Bahia, e a outra no contrato do tabaco desta cidade. Da parte tocante aos dízimos da Bahia se nos passou logo provisão, sobre a qual replicamos para que se fizesse cláusula que se nos pagaria independente dos governadores, como ao bispo e clero da Sé, e neste requerimento se trabalhou mais que no primeiro, porque tivemos quase todos contra nós, mas ao alfim se venceu como Vossa Reverendíssima veria do teor da provisão. A do tabaco não se passou logo porque achamos que estava consignado a outros pagamentos, e porque todos os do reino hoje são mui incertos; e assim nos pareceu o pedir estoutra a metade nos dízimos do Rio de Janeiro, como se concedeu, e também se passaram as provisões.

[...] Lembrado estará Vossa Reverendíssima que na consultinha que Vossa Reverendíssima fez no seu cubículo, sobre a côngrua que se havia de pedir para cada um dos missionários, em que nos achamos com Vossa Reverendíssima o padre

Francisco Ribeiro e eu, se resolveu entre todos que, para sustentar no Maranhão um sujeito, bastavam 20 ou 25 mil-réis, com que da sustentação dos dez fica sobejando para quatro ou cinco; acrescem mais os 50 mil-reis do meu ordenado, com que nos remediaremos dois; e como a renda se nos há-de pagar na Bahia e Rio de Janeiro, tomando-a os dois colégios em si, e mandando-nos açúcares da sua lavra, com que nos façam esmola dos melhoramentos da sua liberdade, empregando-se tudo nos gêneros mais necessários ao Maranhão, sempre virá a chegar lá muito acrescentado. Bem vejo que os riscos do mar são grandes, mas alguma coisa hão-de de deixar a Deus os que dedicam tudo a ele. No Maranhão, como de lá nos avisam, também temos ainda alguns escravos e criação de vacas, de que se poderão ajudar os daquela casa; e se nas outras, e nas missões, se fizer o fruto que se espera, logo Sua Majestade como tem prometido acrescentará mais renda, e não faltarão pessoas particulares e devotas que nos ajudem com suas esmolas. E quando não haja outras, resolver-me-ei a imprimir os borrões dos meus papelinhos[8].

Doze religiosos iriam de Lisboa; seis a oito devia mandar da Bahia o provincial, com que se dobrava a conta dos dez, que servira de base ao subsídio régio. À míngua de rendas, Deus ocorreria com a sua providência aos que, ocupados em o servir não reparavam em comodidades: "Um punhado de farinha e um caranguejo nunca nos pode faltar no Brasil, e enquanto lá houver algodão e tujucos também não nos faltará de que fazer uma roupeta da Companhia"[9]. Esta era a disposição com que partiam todos, este era o entusiasmo com que encetava o novo missionário sua carreira.

Os religiosos iam à custa do rei em um caravelão, acompanhando a frota da Bahia, que a 22 de setembro começou a sair do Tejo; mas por demora de passageiros graduados, os capitães-mores Baltasar de Sousa Pereira e Inácio do Rego Barreto, e desembargador João Cabral de Barros, que ia sindicar dos

---

[8] 14 de novembro de 1652. Ao Provincial do Brasil. *Cartas*, t. 1, p. 274.

[9] Ibidem, p.278

atos do precedente governador – por causa deles se decidira dividir o governo geral do Maranhão em duas capitanias autônomas – ficou o barco distanciado e teve de seguir sem escolta. Eram dos missionários oito sacerdotes, entrando Antônio Vieira; dois estudantes, um deles "o melhor humanista do páteo, anjo de condição e costumes", tal o dizia aquele, o outro "chamado vulgarmente o estudante santo porque realmente o é", mas que em viagem perdeu a santidade, pois logo chegando ao Maranhão foi despedido; e dois coadjutores temporais, oficial de carpinteiro um deles, o segundo do serviço comum. Um dos missionários, o padre Manuel de Lima, levava patente de comissário do Santo Ofício; Antônio Vieira a de superior, mandada pelo Geral.

Não admira que a outro fosse dado o encargo de velar na colônia pela fé. Desde muito suspeito, o superior da missão cada dia tinha mais comprometida no tribunal a sua fama. Nesse tempo, Manuel Fernandes Vila Real, então preso, tentava mandar-lhe do cárcere aviso de que indagavam os inquisidores de suas conversações com ele em Paris. Pouco a pouco a Inquisição ferida acumulava o material para a ruína, que tinha em preparo, do seu inimigo. O embarcar-se antes poupou a Vieira a pena, que haveria de experimentar a 1º de dezembro, na hora em que o dobrar dos sinos lhe anunciasse a procissão trágica, no meio da qual o vivo discursador, com quem versava em França o assunto da Inquisição e dos cristãos novos, caminhava para o cadafalso, em parte para expiar essas mesmas conversações. Ainda acaso a se pensar que o espetáculo de ferocidade celebrava a data da Restauração, que D. João IV o presenciava, e que o herético Vila Real fora daquela corte de escritores, que anos seguidos proclamaram perante a Europa os direitos da dinastia nova. Quem poderia dizer – alguns afirmavam já – que não chegasse também a vez dele, Vieira, algum dia?

Tinha ficado o superior para se embarcar à última hora, no seguinte dia, visto, pela razão dita, se achar retido o navio; mas nesse lance esfriou-lhe a resolução. É o que permite coligir a embaraçada narrativa, que dos sucessos da ocasião faz ao provincial. Através dos incidentes raros, entretecidos para justificar o não haver partido com os outros padres, descortina-se a verdade, que de outras cartas suas claramente sobressai. Com efeito, partir era romper com o passado definitivamente, renunciar ao afago dos príncipes, tão caro ao seu orgulho, despedir-se dos meneios da política, dos triunfos oratórios e do influxo que por eles exercia na opinião pública. A vida só tinha para ele significado nessas satisfações da vaidade, e perdê-las era deixar de existir. Ainda muitos anos passados, e quando já muitas vezes sentira o amargo das desilusões, confessava: "A maior lisonja de um pregador é a magnificência do teatro; condescende Deus com este afeto humano e representa-lhe a grandeza da imensa cidade e corte"[10]. Fazia referência a Jonas, que Deus mandara pregar a Nínive. A ele o tinha – quem sabe? – destinado igualmente para o teatro magnífico onde pregara até aí. O humano afeto da vaidade, com que o próprio Deus condescendia, não o respeitavam aqueles que tão distante exílio lhe impunham. Tudo isso lhe passaria na mente quando pela última vez subiu as escadas do paço a despedir-se do rei. Este leu-lhe no rosto o íntimo desconsolo. A verdade não confessada transpareceria nas feições convulsas, nas palavras dúbias que algum soluço embargava. D. João IV compreendeu, e mandou ordem ao mestre do navio que não recebesse o padre Vieira a bordo.

O jesuíta, por seu lado, seguro já de que não partiria, simulou o intento de contrariar as ordens régias e fazer viagem em uma nau que seguia para a Madeira, de onde buscaria meio de se ir juntar no Maranhão a seus companheiros. Com a chegada dele a bordo, o navio que estava para levantar a última âncora, deixou a partida para a manhã seguinte. Diz Vieira que, por se ter levantado um vento tão rijo, os sessenta homens da tripulação, todos ao cabrestante, não conseguiram dar-lhe a primeira volta. Se assim foi, nada melhor podia convir a seus desejos, que por outra parte eram facilitados por coincidências, a terem-se dado, realmente singulares.

---

[10] *Sermões*, Xavier dormindo, Sonho segundo, t. 13, p. 52.

Foi o caso que ao chegar a nau a Paço de Arcos me conheceu o provincial de São João de Deus, que passava por ali em uma fragata, e chegado ao convento foi visitar sua vizinha a condessa de Óbidos, onde achou ao padre Inácio Mascarenhas, e lhe contou o que vira. Mandou logo recado o padre ao conde de Cantanhede, o conde ao príncipe e Sua Alteza a el-rei, e informando-se Sua Majestade de quantos navios havia para partir no rio, e sabendo que só três, mandou logo três ministros da justiça com três decretos seus, que me os fossem notificar a qualquer navio onde eu estivesse. Ao amanhecer íamos já navegando por São Gião fora, quando chegou a nós um corregedor, o qual subindo à nau me meteu na mão um decreto, assinado por Sua Majestade, no qual lhe mandava me dissesse da sua parte que lhe fosse falar, porque importava; e que em caso que eu dificultasse o ir, notificasse ao capitão e mestre do navio que, sob pena de caso maior, desse logo fundo e não partisse. Como a ordem era tão apertada, e às torres se tinha também mandado outra, que não deixassem sair nenhum navio, sem constar que não ia eu nele, foi força obedecer e arribar antes de partir. No caminho tomei o navio do Maranhão, que também já ia à vela, a despedir-me dos padres [...] Enfim cheguei ao paço, onde Sua Majestade e Alteza me receberam com graças, zombando da minha fugida e festejando muito a presa; mas ajudou-me Deus a que lhes soubesse declarar o meu sentimento e as justas razões dele, que, afirmo a Vossa Reverência, foi o maior que tive em minha vida, com me ter visto nela tantas vezes com a morte tragada[11].

Dois padres da missão, que também se tinham demorado em terra, não chegaram a tempo e perderam a caravela, por mais que a tenham seguido, além da barra, em um barco pequeno. Mais esse acontecimento levava o superior a explicar que lhe frustrara a viagem a providência divina, que queria a fizesse em outras e melhores condições:

---

[11] Carta ao provincial do Brasil, cit. *Cartas*, t. 1, p. 282.

HISTÓRIA DE ANTÔNIO VIEIRA 241

O descobrir-se a minha jornada, o não se poder levar a âncora, o mandar-me el-rei tirar do navio, o ficar em terra o padre Manuel de Lima e o arribar depois, e tantas outras coisas particulares que neste caso sucederam, tudo foi ordenado pela providência divina, que queria que eu fosse, mas que fosse com aprovação e beneplácito de el-rei, e com tão particulares recomendações suas aos governadores e ministros daquelas partes[12].

Parece pois que se embarcava o padre a ocultas, sem conhecimento do rei, das pessoas da corte e dos membros do seu instituto, como era o padre Mascarenhas; asserção difícil de conciliar com a nomeação de superior pelo Geral, e a parte que havia tomado nos preparativos para a missão. De toda maneira, agora livre, precisava corar a deserção, que outro nome não tem, com pretexto que satisfizesse ao público e a excusasse ante os superiores. Da sua boa-fé não devia ficar dúvida. Para isso logo solicitou ao rei licença para partir na primeira ocasião, e para mais segurança, diz ele, por escrito, documento que mandou ao provincial, antes decerto como justificação que por lhe dar conhecimento das recomendações, de ordem demasiado geral para serem eficazes, que nela em seu favor eram feitas às autoridades do Maranhão.

Um colega de Vieira, o padre Francisco Ribeiro, procurador do Brasil, que com ele colaborara em dispor a missão, parece não lhe haver tomado muito a sério o desejo de embarcar. Foi ele que lhe alcançou passagem naquela nau, que o devia levar à Madeira; depois acompanhou-o à praia, e quando se discutiu se conviria desobedecer à ordem do rei para não fazer viagem, só *friamente* lhe reprovou a desobediência, o que Vieira compreendeu por incitamento a prosseguir; e após o desembarque, ao amanhecer do dia imediato, bateu-lhe à porta do cubículo, a dar notícia que dentro de 24 horas partia para a Madeira uma caravela, onde tencionavam seguir os dois padres que

---

[12] *Cartas*, t.1, p. 284.

haviam perdido a do Maranhão, à qual passariam lá; meio de lhe insinuar o valer-se da nova oportunidade, mas diligência sem efeito, porque Vieira não partiu, e, do que diz e se subentende na carta ao provincial, bem se vê quanto era escasso o desejo de o fazer.

Que necessitava de se desculpar o mostram de sobejo os termos da provisão de licença, verossimilmente incluídos a pedido seu. Lá o rei declara tê-lo mandado tirar do navio, razão de não partir antes, como que a esclarecer um caso duvidoso[13]. Agora não lhe queria estorvar mais o intento, manifestado tantas vezes; e para o cumprir lhe concedia facilidades, ordenando aos governadores e demais funcionários do Maranhão que em tudo relativo às missões lhe facultassem os meios precisos. Bastaria para os obrigar mostrar-lhes ele a provisão ou cópia da mesma. Outra comunicação não havia dessas ordens, que se não fossem utilizadas serviriam ao menos de demonstrar, quando enviado o documento ao provincial, que fora muito em vantagem da missão o ter-se detido em Lisboa o superior. Era a ação da providência, a que na carta aludia, comprovada; para os que somente de fatos positivos se contentassem, compensação aceitável; no fundo, o disfarce com que ocultava o recuo.

Nessa mesma carta de 14 de novembro anunciava o padre a viagem próxima e insistia em que mandasse o provincial mais religiosos para se completar o pessoal da missão. Abunda o escrito em notícias, traz conselhos, enuncia esperanças, somente não diz quem tão solícito fora em buscar a provisão de favor que, obtida a licença, ajustada a partida, ficara combinado revogar-lhe o rei à última hora o consentimento, e desembaraçá-lo assim do compromisso que aceitara imposto ou assumira por despeito, e agora como importuno

---

[13] "Tendo consideração ao que tantas vezes me representastes sobre a resolução com que estais de passar ao Estado do Maranhão, para prosseguir nele o caminho da Salvação das almas e fazer se conheça mais nossa santa Fé, me pareceu não estorvar tão santo e pio intento: e sem embargo do que antes tinha ordenado acerca da vossa viagem, mandando-vos tirar do navio em que estáveis, conceder-vos licença para o fazerdes, pelo fruto que dela devo esperar ao serviço de Deus e meu." Da Prov. de 21 de outubro de 1652. *Vida*, p. 38.

repelia. Enquanto não vinha a ordem libertadora, Vieira não descansava no afã de quem fazia viagem e se lançava a empresa tão importante qual a sua. Ficou o barco aparelhado para sair a 25 de novembro, e não se descuidou o padre de mandar ao paço o aviso. Ia decerto repetir-se a comédia de dois meses atrás, e essa era a opinião de muitos, principalmente jesuítas que, vendo frustrada a primeira viagem, pelo modo porque o foi, pouco criam na abnegação do missionário. Em uma carta ao príncipe D. Teodósio se encontram os pormenores.

Na véspera da partida fui avisar a Sua Majestade e a Vossa Alteza da brevidade com que se apressava, e que naquele dia descia a caravela para Belém, e Sua Majestade e Vossa Alteza me fizeram mercê dizer que logo da tribuna se mandaria recado a Pedro Vieira, e na mesma tribuna o tornei a lembrar a Sua Majestade: esperei todo aquele dia em casa por Pedro Vieira, ou escrito seu, e não veio; mas à noite recado que nos fôssemos embarcar em amanhecendo. Não tive outro remédio mais que fazer o aviso que fiz a Vossa Alteza, o qual enviei pelo primeiro portador que pude haver ao bispo do Japão, assim por não ser hora de outra pessoa falar com Vossa Alteza, como porque todo o outro recado, que fosse direito ao paço, seria muito suspeitoso naquela ocasião em que todos os incrédulos andavam espreitando as minhas ações e esperando o sucesso. Saí enfim indo-me detendo quanto pude, como avisei a Vossa Alteza; mas na praia soube que o procurador do Brasil tinha recebido um escrito de Salvador Corrêa, no qual lhe dizia que ele falara com Sua Majestade, que eu não ia para o Maranhão, e que o sindicante tinha ordem de me o notificar assim, quando eu fosse embarcar-me. Entendi então que Sua Majestade tinha mudado de traça, e com esta notícia e suposição me fui mais desassustado para a caravela, onde achei o sindicante; mas ele não me disse coisa alguma. As velas se largaram e eu fiquei dentro nela e fora de mim [...][14]

---

[14] 25 de dezembro de 1652. *Cartas*, t. 1, p. 291.

Com facilidade se concebe a dor de Vieira durante as primeiras horas, enquanto a caravela descia o Tejo, passava a barra e se atufava no oceano largo, deixando à pôpa o casario, os montes e, afinal, a névoa em que se desfazia no horizonte a terra onde lhe ficava o coração. Debalde alongava a vista procurando o barco, portador da mensagem que o chamasse de volta; debalde esperou o sinal das torres, para que se detivesse o barco e entregasse o forçado passageiro: as velas que enxergava pela alheta eram de pescadores navegando à sua faina; as torres permaneciam plácidas, guardando silenciosas seus prisioneiros e a barra. Vieira não compreendia, não queria compreender a realidade triste do abandono. Tudo lhe parecia um equívoco: tinha falhado uma ordem, um mensageiro tinha se atrasado; o rei e o príncipe esperavam-no risonhos, alegrando-se um tanto e mofando de sua incerteza e receios. Quando perdida a terra de vista perdeu também a esperança, grande deve ter sido a amargura sentida. De tantas desilusões que teve Antônio Vieira em sua vida, esta foi talvez a mais cruel. O rei, sua defesa e seu amigo, faltava-lhe naquele mesmo instante em que ele na sua defesa e amizade tinha posto a maior fé.

Não é possível averiguar porque razão D. João IV mudou de propósito, e deixou enredar-se o jesuíta no mesmo laço que havia preparado. Ou lhe pareceu indecoroso, após as ordens a seu favor, exaradas na provisão de licença, deixar entender que não passavam de um fingimento; ou deliberou afastar do herdeiro da coroa um valido que acordava nele assomos de independência, pouco do gosto do pai e do rei. É certo que entre D. João IV e o filho existia uma latente rivalidade; que Vieira era grande favorito do príncipe, e este parecia o mais interessado em lhe impedir a viagem. Acaso D. João IV recordando que ele fora colaborador entusiasta nos projetos de casamento que implicavam a abdicação, e reparando no empenho do filho em o ter junto a si, julgou de bom aviso usar da ocasião, que se lhe deparava, de separar os dois sem escândalo. O fato é que, surdo aos recados, indiferente ao desespero do jesuíta, não cumpriu o prometido.

Mais uma vez a viagem de Vieira foi de temporais, corsários e transtornos. O barco arribou à ilha de Santiago onde ele confessou, pregou, foi festejado, e conforme diz, de bom grado ficaria. Achava-se ali mais perto da corte e da Europa, grande teatro em que havia representado, e onde lhe ficava o pensamento. O pretexto era a muita população privada de socorros espirituais, que encontrava no arquipélago. "Com eu ser tão apaixonado pelo Maranhão" – escrevia da ilha ao seu consócio, bispo do Japão, confessor de D. Teodósio – "confesso a Vossa Reverência que não posso deixar de conhecer quantas vantagens esta missão faz àquela."[15] Apaixonado pelo Maranhão! A verdade estava na carta ao príncipe, a quem do mesmo lugar dizia: "Enfim, Senhor, venceu Deus! Para o Maranhão vou, voluntário quanto à minha primeira intenção, e violento quanto à segunda"[16] – a primeira intenção era a do despeito, desde logo desvanecida. Ou na carta seguinte, do Maranhão, quando alega: "Deus quis que com vontade ou sem ela eu viesse"[17], e alude às "circunstâncias fatais" da sua partida. Ainda então queria se convencer de que um acaso funesto interviera no final. Esperava o reiterar de uma ordem, uma reconsideração, um chamado, embora o pusesse isso em colisão com os seus. Expectação vã! Os superiores o haviam mandado às missões e ele lá estava: missionário havia de ser.

II

Ainda antes de estar o domínio português firmado no extremo do Brasil, junto ao Equador, haviam os jesuítas tentado a conquista espiritual – e também um tanto temporal, porque se não há de dizer? – daquela ignota região.

---

[15] 25 de dezembro de 1652. *Cartas*, t. 1, p. 297.

[16] Ibidem, p. 292.

[17] 25 de janeiro de 1653. Ibidem, p. 301.

Mandados pelo provincial Fernão Cardim, saíram em janeiro de 1607, de Pernambuco para o norte, os padres Francisco Pinto e Luís Figueira, que tencionavam continuar desde o Ceará, por terra, quando o primeiro foi trucidado pelos selvagens. Pôde escapar o companheiro abandonando por então o plano, que devia mais tarde também custar-lhe a vida.

Por alguns anos se não renovou a tentativa, até que, em 1615, na expedição que foi de Pernambuco, às ordens de Alexandre de Moura, a expulsar os franceses do Maranhão, seguiram dois jesuítas a requerimento do governador do estado, a fim de por eles obter o concurso dos índios de guerra que acompanharam a tropa. Foram esses os padres Manuel Gomes e Diogo Nunes[18], que, realizada a conquista, continuaram com mais êxito a catequese, iniciada pelos capuchos franceses, devolvidos à Europa com os invasores seus compatriotas. Ali se conservaram os dois quatro anos, retirando-se em 1619 desavindos com os colonos, por causa dos índios, de quem buscavam em vão defender as liberdades e vidas contra seus atentados. Sem resultado, igualmente foi a Madri o padre Manuel Gomes expor os acontecimentos e reclamar providências a Filipe IV.

À oposição dos colonos ia encontrar os jesuítas, quando voltassem, recrescida a de rivais monásticos, que já deixavam estabelecidos na colônia. Em junho de 1618 o governo do Maranhão foi declarado autônomo e separado seu distrito do Estado do Brasil. O mesmo decreto, que isso dispunha, determinava que a conversão dos gentios fosse encarregada aos franciscanos da província de Santo Antônio, dos quais partiram alguns com o primeiro governador, Francisco Coelho de Carvalho, sob a direção do custódio frei Cristóvão de Lisboa, pregador de nota, irmão do escritor Manuel Severim

---

[18] Outros nomes menciona sem exatidão o padre João Filipe Bettendorff na *Chronica da missão dos padres da Companhia de Jesus no Estado do Maranhão*, liv. 1, cap. 14, confundindo o acontecimento com outro de data posterior. Publicada a *Chronica* na *Revista do Instituto Histórico e Geográfico Brasileiro*. Tomo 72, parte 1.

de Faria[19]. Não podiam, porém, os jesuítas consentir se apossassem outros da tarefa que para si tinham ambicionado, e em março de 1622 chegavam à colônia dois padres, um deles Luís Figueira, que finalmente lograva o propósito interrompido em 1607. Já à chegada dos religiosos franciscanos houvera com eles o mesmo desacordo que com os da Companhia de Jesus; agora, com a vinda destes, exacerbava-se a irritação dos colonos, e foi sobre eles que recaiu, sendo a primeira impressão que se deveriam expelir da terra. Com mais ponderação, todavia, concordou-se que bastava assinarem os padres termo de se não haverem de intrometer em questões dos índios, e assim se fez. Cumprindo ou não à risca, permaneceram tolerados os jesuítas durante alguns anos na capitania; mais desconfiados, porém, que seus vizinhos, os habitantes do Pará não consentiram que lá fossem estabelecer-se os missionários, quando em 1626 tentaram fazê-lo.

Entretanto não eram de mais cordialidade as relações com os franciscanos, que insistiam em defender, como pudessem, a liberdade dos índios. Frei Cristóvão articulava contra os colonos: "São maiores estes perseguidores, que a Igreja cá tem, que os hereges no levante, nem os turcos em toda a Ásia"[20]. Até que por fim, desanimado de vencer a permanente hostilidade da população, retirou das missões os frades, que passaram a viver no cenóbio, e a exercer somente as funções comuns do sacerdócio. Era o que queriam os jesuítas, interessados em afastar os competidores, e que, segundo parece, faziam de sua parte o possível por lhes tornar espinhosa a existência. Pelo menos assim o dava a entender o custódio, queixando-se de Luís Figueira, a quem imputava criar-lhe desinteligências com o capitão-mor Bento Maciel Parente: "Luís Fi-

---

[19] Provisão, 20 de junho de 1618. Publicada na coleção *Documentos para a História do Brasil e especialmente do Ceará*, pelo barão de Studart. Ceará, 1909, v. II, p. 190.

[20] 20 de janeiro de 1627. Carta a Manuel Severim de Faria. Ms. da Bibl. Nac., fundo antigo publicado na col. *Documentos para a História da conquista e colonização da Costa de Leste-Oeste do Brasil*, Rio de Janeiro, 1903, p. 247.

gueira é o atiçador das mais destas coisas, só com o intento de ficar com as aldeias". A ele igualmente acusava de mandar fazer más práticas aos índios, para que se alterassem contra os frades, e de, com ditos malévolos, desfigurar-lhe seus atos, e os dos religiosos seus súditos, aos quais escrevia: "De tudo o que Vossas Caridades lá fazem, e eu cá, faz ele peçonha"[21]. Também o jesuíta havia no púlpito rompido em disputa com eles, sobre um preceito da Igreja: se em dias de magro era o jabuti[22] vianda permitida; o que o custódio contestava, e os jesuítas, ao que diziam com aprovação do papa, sustentavam, considerando peixe o animal[23]. Questões equivalentes têm mais de uma vez deslizado a conflitos graves entre a Sociedade e as Ordens rivais.

Após ter passado quatorze anos nessas contendas e a evangelizar no Maranhão, Luís Figueira pôde afinal ir ao Pará em 1636, onde lhe concederam hospitalidade aqueles mesmos religiosos de Santo Antônio, a quem ele, segundo o superior, tantas razões de desprazer havia dado. Já então os habitantes, menos receosos, lhe não embaraçaram que entrasse na capitania. Ávido de conhecer o distrito imenso onde meditava exercer a sua atividade de apóstolo, lançou-se a percorrer o Amazonas, e chegou, dizem, até o Xingu, onde deixou catecúmenos. Curta permanência, porque em agosto seguinte já estava desde algum tempo em Lisboa[24], tendo deixado no Maranhão dois padres e um irmão coadjutor, que com ele até aquela época haviam constituído a missão.

---

[21] Ibidem, p. 236. 239.

[22] *Testudo terrestris*, cágado muito usado como alimento na região.

[23] *Documentos para a História*, cit., p. 237.

[24] Erradamente diz o padre José de Morais (*História da Companhia de Jesus no Maranhão*. Rio de Janeiro, 1860, p. 207), ter ele partido para o reino em fins de 1637; e Bettendorff (*Chron.*, p. 490, que logo antes das guerras com os holandeses no Maranhão, o que nos leva a 1641 ou 1640). Os documentos desfazem um e confirmam o outro.

Seu intento agora era estabelecê-la com maior número de cooperadores, e a expensas do Estado, que lucraria de entrarem os selvícolas na vida policiada. Modestas pretensões por enquanto: uma praça de soldado a cada religioso, além das passagens. Isso obteve, porque, mandado o memorial, que sobre a matéria fez, aos conselhos de Fazenda e de Estado, consultaram favoravelmente, mediante informação do conde do Prado, que fora governador do Brasil. Apontava igualmente o missionário as necessidades espirituais daqueles povos, que se deveriam prover de um bispo e clero. A tudo foi dada satisfação, e em proveito dos jesuítas no ano seguinte. Missões entregues à Companhia de Jesus, com a administração não só espiritual senão também temporal dos índios; salário equivalente a um soldo de arcabuzeiro a cada religioso empregado nas missões; governo eclesiástico e poderes episcopais incumbidos ao superior da Companhia[25]. Nada importava que o provedor da Fazenda, arvorado em governador, Jacome Raimundo de Noronha, desde o Maranhão exaltasse os serviços dos franciscanos, e juntamente assegurasse que "os da Companhia não querem ir senão onde tiram proveito"[26]. O conde do Prado afirmava que "a administração dos índios depende de uma mecânica que só possui a Companhia de Jesus", alegava a sua experiência de quando governador, e foi quem prevaleceu, fazendo dar as missões aos jesuítas[27].

É de presumir que os preparativos, pelas usuais delongas, se dilatassem até a revolução de 1º de dezembro de 1640. Sobreveio a invasão da colônia pelos holandeses, que por lá ficaram mais de dois anos. Durante esse tempo faleceu um dos padres que Luís Figueira deixara, e também o coadjutor. O último, Benedito Amodei, italiano dotado de espírito profético e a cujas orações, tanto como às armas, a vitória final sobre os holandeses foi atribu-

---

[25] Alvará, 25 de julho de 1628. Studart, t. 3, t. 59.

[26] Carta ao rei, 29 de maio de 1637. Ibidem, p. 26.

[27] Consulta do Conselho de Estado, 8 e 10 de agosto de 1637. Ibidem, p. 36.

ída, pouco tardou que os seguisse. Afinal em 1643, em 19 de abril, partiu Luís Figueira, com mais quatorze religiosos, acompanhando o governador nomeado, Pedro de Albuquerque, que teve de ir tomar terra no Pará, por se achar a capital do estado ainda em poder do flamengo. Já perto da cidade deu o navio em um baixo, e, como ameaçasse soçobrar, o governador e parte dos passageiros, entre eles três jesuítas, salvaram-se nas lanchas; os restantes náufragos passaram a uma jangada, que na ocasião fabricaram os tripulantes. Deixando o navio, arremeçou-os o mar à ilha de Joanes, onde os selvagens tiraram a vida a muitos, entre eles do número Luís Figueira e os seus missionários, exceto dois que pereceram afogados.

Dos religiosos, escapados do naufrágio, perdeu-se a notícia de dois, os quais não parece que tenham permanecido no Maranhão; o terceiro e dois outros, idos em 1645 com o substituto de Pedro de Albuquerque, que sucumbira por doença a curto espaço de haver assumido o governo, morreram em 1649, igualmente às mãos dos selvagens, em um engenho, propriedade da Companhia, na terra firme do Maranhão. Eram os que tinham castigado cruelmente uma índia e incorrido na vingança dos parceiros. Desde aí faltaram no estado os jesuítas, até chegarem em 1652 os da turma que devia acompanhar Antônio Vieira.

Véspera de Santo Antão, 16 de janeiro de 1653, desembarcou Vieira em São Luís. Núcleo de cidade, por enquanto habitada de seiscentas famílias, com renques de casas ao longo das duas ribeiras, Coty (Anil) e Bacanga, na península situada na parte ocidental da ilha, onde os franceses, primeiros povoadores, se tinham estabelecido; ruas esboçadas para o centro, em direitura à mata, que, mal subjugada ainda, ameaçava sorver as habitações dos homens; casas rústicas, cobertas de palha a maior parte, com as do governador e da câmara, três conventos, o colégio dos jesuítas já então de pedra e cal, e a matriz, a sobressaírem da edificação humilde. Pondo o pé na praia, rodeado já dos companheiros, que, duvidando da sua vinda, agora convencidos, a festejavam com mostras de inocente júbilo, Vieira sentiu-se comovido da recepção. "Se a alegria de entrar no céu tem na terra comparação, foi esta", notava no canhenho de suas impressões, que guardou[28]. Alegria momentânea, logo afogada na consciência triste do irremediável.

A carta que daí a nove dias escreveu ao príncipe, representa bem o estado do seu espírito, que era o da resignação forçada. "Eu agora começo a ser religioso" dizia; e, o que era a condenação de toda a sua vida anterior, esperava que havia de então por diante ser "verdadeiro padre da Companhia"[29]. Isso lhe incutia a voz íntima da vocação antiga, tentando sobrepor-se ao tumulto das recordações recentes, enquanto a vontade somente a custo se submetia. O conflito, em uma alma apaixonada como a dele, incitaria quem o penetrasse à compaixão; sujeito de outra têmpera sucumbiria, cingido à tarefa mística, e desaparecendo de vez da cena do mundo, que era o que seus desafetos pretendiam. Vieira reagiu, e para isso, tanto como o seu esforço, concorreram as circunstâncias exteriores, salvando-o do abatimento a que poderia ceder.

Chegando ao Maranhão, o novo missionário entrava na atmosfera de luta, seu elemento próprio. Não lhe era novidade o antagonismo que entre a Companhia de Jesus e os colonos portugueses existia desde os primeiros tempos do descobrimento, nem a desconfiança que no Maranhão reinava contra a Sociedade. Versava a questão sobre os índios e quem havia de dispor deles e governá-los. Os portugueses queriam-nos seus escravos, para o trabalho; os jesuítas pretendiam-nos para si, impondo-lhes um jugo brando, segregando-os, até onde possível, dos europeus que com suas violências os destruíam. Era o sonho da Companhia reunir os catecúmenos, civilizá-los tanto quanto seu natural, ainda impregnado do bronco das selvas, lho permitisse, conservá-los em tutela, ao mesmo tempo defendidos dos impulsos do pecado e dos assaltos do homem de além mar, que com a superiorida-

---

[28] *Vida*, p. 49.

[29] 25 de janeiro de 1653. *Cartas*, t. 1, p. 301.

de das armas os subjugava e com o exemplo de seus vícios os corrompia. Conseguiu isso no Paraguai, onde as leis da Espanha mais benévolas, lho consentiram; no Brasil defrontou-se sempre com a incorercível oposição dos colonos. Todo o período da existência da colônia, desde que pisou na Bahia o primeiro jesuíta, em 1549, até à final expulsão em 1760, nunca as desavenças cessaram entre os dois bandos, que contendiam pela presa apetecida. Dessas desavenças derivou a introdução da escravaria de África, que, promovida pelos jesuítas, representava um acordo. Era a solução intermediária: os colonos tinham seus escravos, conforme queriam; os padres ficavam à testa dos índios. Em algumas partes tinha o elemento indígena quase desaparecido, sacrificado nas guerras incessantes de tribo a tribo e contra os brancos, e incapaz por débil de resistir aos maus tratos e duros trabalhos do cativeiro. Nessas partes os missionários tentavam conservar as relíquias ainda existentes, e os colonos resignavam-se ao inevitável, e a viver em aparente paz com seus adversários. Onde, porém, ele se manteve copioso e vivaz, como na região amazônica, a luta perdurou enquanto nela existiram jesuítas. Aí os colonos locupletavam-se do trabalho das duas raças conjuntamente: índios e africanos viviam sujeitos à mesma lei de opressão.

No tempo em que Vieira chegou ao Maranhão não se estava ainda nesse período. A floresta brasílica era para os moradores das comarcas do Norte a fonte única da escravidão. Ele partira de Lisboa com intuitos de concórdia. Assim, pois, havia rejeitado a proposta de se confiar a um dos missionários o emprego de *Pai dos cristãos*, que se ia criar à imitação da índia, emprego – dizia ele – "de mui dificultosa execução e mui odiosa"[30], por constituir o titular curador e nato defensor dos índios, a quem estes recorressem das vexações dos seculares. Além disso, e o que é mais significativo, desistiam das provisões antigas, que lhes entregavam a administração dos índios, como as

---

[30] Carta ao provincial do Brasil, cit., *Cartas*, t.2, p. 286.

levara o padre Luís Figueira, que, a não ter perecido em caminho, encontraria oposição séria dos colonos. Menos ambiciosos, pediam somente a concessão de terreno para igrejas e duas aldeias de indígenas, uma no Maranhão, outra no Pará, "para se valerem delas em seu serviço, embarcações e entradas do sertão"[31]. Nesse propósito de viver em paz com os moradores, iam os padres resolutos a não bulir na questão delicada dos cativeiros, e nisso assentaram logo que chegou Vieira ao Maranhão. Veja-se o que ele diz na primeira carta que de lá dirigiu ao provincial.

Passados os três dias de hóspedes entendemos logo começar ao que viemos, e a primeira foi assentar quotidianamente uma lição da língua da terra, indispensável até nos dias santos, para nos fazermos instrumentos hábeis da conversão dos índios. A esta lição ajuntamos outra de casos de consciência, duas vezes na semana, e o primeiro caso que se disputou foi que obrigação tínhamos os confessores acerca do pecado como habitual, em que viviam todos estes com os cativeiros dos índios, que pela maior parte se presumem injustos. Resolveu-se que a quem se não confessasse deste pecado não tínhamos obrigação de lhe falar nele, assim por não nos poder constar decerto de tal penitente em particular estar em má consciência, como por se presumir geralmente de todos que o mover-lhe escrúpulo em semelhante matéria seria sem nenhum fruto, que são os casos em que os doutores não só escusam mas obrigam os confessores a não perguntar. Sobre esta resolução assentamos três coisas muito necessárias ao serviço de Deus e à nossa conservação nestas partes: primeira que nas conversações com os seculares nem por uma nem por outra parte falássemos em matéria de índios; segunda que nem ainda na confissão se falasse em tal matéria, salvo quando a disposição do penitente fosse tal que se julgasse seria com fruto, principalmente na morte; terceira, que, se na confissão por escrúpulo ou fora dela por conselho, algum nos

---

[31] Bibl. Nac., Arquivo Ultramarino. Consultas, 20 de setembro de 1652, transcrita no Apêndice.

perguntasse a obrigação que tinha, lha declarássemos com toda a sinceridade e liberdade. E para que nisso não houvesse entre nós diversidade de pareceres, se praticaram também e resolveram todos os casos que se podiam oferecer; as quais resoluções se mandaram também ao Pará, para que em toda a parte *idem sapiamus idem dicamus omnes*, como diz o Apóstolo[32].

Afinal o propósito não passava de uma ilusão momentânea, porque o próprio intento a que vinham os missionários excluía a possibilidade da existência, para eles pacífica, entre os portugueses. Com a primeira turma de jesuítas tinha ido o capitão-mor, levando em suas instruções ordem positiva de pôr em liberdade todos os índios cativos. Guardou-a, porém, consigo e, acaso a pedido dos padres, seus companheiros de viagem, somente a fez publicar quando Vieira tinha chegado à capitania. Eram passados quinze dias desde que viera, e logo nesse lance reconheceu o jesuíta de que espécie haviam de ser as suas relações com os colonos. À publicação da ordem das liberdades levantaram-se eles em clamor bravo contra os padres, atribuindo o influxo destes à decisão régia, e apenas a intervenção do capitão-mor com armas impediu que os expulsasse da terra o povo sublevado. Vieira proclama falsa a imputação dos prejudicados: *nem em Portugal, nem no mar, nem no Maranhão*, até a hora de ser publicada a lei, tivera dela conhecimento[33]; o que aliás dificilmente se acreditará. É certo que logo em seguida a rejeitou, propondo atenuações; mas a razão foi que, chegando à terra, lhe mostrou a experiência o impossível de submeter a vida econômica da colônia a transformação tão radical. Ele mesmo, antes de partir, fizera ao rei uma exposição por escrito dos danos que resultavam do cativeiro dos índios, e o papel fora

---

[32] 22 de maio de 1653. *Cartas*, t. 1, p. 327.

[33] Resposta aos capítulos que deu contra os religiosos da Companhia e procurador do Maranhão, Jorge de Sampaio, cap. 6, Ms. da Biblioteca de Évora, impresso em Melo Morais, *Corografia Histórica*, t. 4, p. 200.

mandado ver no Conselho Ultramarino, que o aprovou[34]. O disposto era o mesmo que na Bahia tinha visto, e não admira, portanto, que o aconselhasse para o Maranhão; mas lá acudia-se à falta dos indígenas com o negro da África, substituía-se uma escravidão por outra, igualmente copiosa. Nas capitanias do Norte era diverso o caso; excluído o índio parava a máquina produtora; a gleba indômita repelia o hóspede, sôfrego do esforço alheio, incapaz por si de subjugá-la.

Publicada a lei por pregoeiro, ao som do tambor, nas ruas, afluiu o povo à Câmara em protestos. A primeira idéia foi que se obrigassem os jesuítas a retratarem-se. Fez-se às pressas um escrito ao capitão-mor, com o pedido que a lei se suspendesse enquanto se requeria para a corte a sua revogação. O Estado não podia sustentar-se sem índios; os atuais escravos eram legítimos, os cativeiros lícitos, os selvagens gente bárbara e inimiga, que convinha submeter por defesa e coagir ao trabalho por utilidade comum. Assinaram o papel todos os presentes, capazes de escrever: a nobreza, os plebeus, dois vigários gerais, sendo um o do Pará, em nome dos eclesiásticos, e os superiores dos carmelitas e capuchos que tinham seus conventos no Maranhão, contentíssimos de verem em aperto os seus rivais jesuítas. Faltava assinarem estes; assim o exigiam os protestantes, que, para esse fim, em tropel se dirigiram ao colégio.

Recusaram os padres, e era o que queriam os adversários. Levantou-se voz que, vindo eles com o fim de causar a ruína do estado, deviam ser expulsos. O procurador da Câmara, Jorge de Sampaio, bradava que os pusessem fora, no mar, em duas canoas rotas; os marinheiros da caravela em que tinha chegado Vieira viram-se assaltados pelo povoléu em fúria, que os queria matar; foi aqui que o capitão-mor acudiu.

---

[34] Cf. Consulta, 21 de agosto de 1653. Arquivo Ultramarino, liv. 3 de consultas mistas, fol. 61 v.

Com a petição, que não tinham assinado, os jesuítas votaram também uma proposta. O padre André de Barros lamenta não a poder incluir na *Vida* de Vieira por lhe ser desconhecida. Temo-la na *História* do padre José de Morais. Confessava que tinha a lei inconvenientes e por isso se não podia conservar; mas pretendia que se cumprisse naquilo que não afetava direitos reconhecidos por diplomas anteriores. Havia índios legitimamente cativos? Esses permanecessem com seus senhores. Eram outros conhecidamente livres? Que se lhes restituísse a liberdade. Acerca de muitos existiam dúvidas? Fossem submetidos a exame e retidos ou libertos, segundo se verificasse. Assim se respeitava o direito e se descarregavam as consciências. Em seguida, e como daí resultava a penúria, propunha-se o remédio. Resgates, entradas ao sertão e repartição dos índios livres a salário; com isso, recurso de todos o mais eficaz, que se mandassem vir escravos de Angola. Era o alvitre de sempre dos jesuítas: uma liberdade que se dava, por outra que aconselhavam arrebatar.

Consistiam os chamados resgates em expedições armadas, que se faziam ao sertão, com o pretexto de remir da morte os índios, prisioneiros nas guerras das cabildas, mas o objetivo real era granjear escravos, vendidos depois a bom preço ou distribuídos entre os colonos favorecidos pelas autoridades. Esses mesmos atos, na aparência piedosos, eram estímulo das guerras, que as tribos por fim faziam principalmente pelo interesse de vender os prisioneiros aos portugueses. Em muitas ocasiões, todavia, os mesmos que iam a resgatar cativos se volviam piratas, e o resgate em caçada aos selvagens: então prisioneiros e apreensores eram juntos trazidos dos matos, atados aos mesmos cepos e juntos metidos na escravidão. Destarte sucedeu inverter-se na língua corrente o sentido comum do vocábulo, e quem dizia resgate significava cativeiro. Assim se fez desde a primeira ocupação da terra pelos portugueses, e daí resultou o estado social e econômico existente, com todas as suas inconveniências e as perturbações conseguintes.

Às entradas, que não eram de resgate, dava-se por motivo o dever, que ao branco, criatura superior, compete, de conduzir ao cristianismo e à lei da civilização os povos bárbaros; e o efeito redundava na mesma escravidão, só com o disfarce do nome. Aqui pertencia aos missionários a captação. Persuadidos com dádivas, iludidos com promessas, estonteados por discursos, em que os padres na própria língua deles os convenciam de um futuro maravilhoso, que os aguardava no céu, e que, na sua inocência, tinham por imediato e palpável; instigados da curiosidade, e dóceis por timidez ou coagidos se refratários; vinham os selvagens em migrações numerosas, no encanto da vida nova, acampar em terrenos vizinhos dos povoados, de onde saíam para o serviço dos colonos, livres pela ficção de um salário que, afinal, raras vezes lhes pagavam; na realidade escravos temporários, enquanto esquecidos não ficavam em permanente cativeiro, o que era vulgar. Esses índios, distribuídos segundo as requisições dos moradores, serviam seis meses em cada ano; o resto do tempo eram livres, isto é, diziam-se tais, e o aplicavam a suas lavouras, nas chamadas aldeias da repartição que habitavam. Isso era a lei, a prática, porém, era muito diferente. Em uma carta a D. João IV, Vieira deixou-nos descrita a situação, qual era no seu tempo.

Os moradores deste novo mundo (que assim se pode chamar) ou são portugueses ou índios naturais da terra. Os índios uns são gentios, que vivem nos sertões, infinitos no número e diversidade de línguas; outros são pela maior parte cristãos, que vivem entre os portugueses. Destes que vivem entre os portugueses uns são livres, que estão em suas aldeias, outros são parte livres parte cativos, que moram com os mesmos portugueses e os servem em suas casas e lavouras, e sem os quais eles de nenhuma maneira se podem sustentar [...] Os índios que moram em suas aldeias, com títulos de livres, são muito mais cativos que os que moram nas casas particulares dos portugueses, só com uma diferença, que cada três anos têm um novo senhor, que é o governador ou capitão-mor que vem a estas partes, o qual se serve deles como de seus, e os trata como alheios, em que vem a estar de muito pior condição que os escravos, pois, ordinariamente os ocupam em lavouras de tabaco, que é o mais cruel trabalho de quantos há no Brasil. Mandam-nos servir violentamente a pessoas e em serviços a que não vão senão forçados, e morrem lá de puro sentimento; tiram as mulheres casadas das aldeias e põem-nas a servir em casas particulares, com grandes desserviços de Deus e queixas de seus maridos, que depois de semelhantes jornadas muitas vezes se apartam delas; não lhes dão tempo para lavrarem e fazerem suas roças, com que eles, suas mulheres e filhos, padecem e perecem; enfim em tudo são tratados como escravos, não tendo a liberdade mais que no nome[35].

Tudo isso acompanhado de espantosas violências da parte dos que iam ao sertão. Tal o caso, que se referia, de um que mandara atar morrões acesos aos dez dedos de um principal, ou cabo índio, até lhe dar os escravos que pedia. Nos habitantes a necessidade, nos funcionários a cobiça, impelia à exploração bárbara do indígena, que a olhos vistos se ia extinguindo, sendo preciso substituir constantemente nas aldeias os suprimentos de força viva. Dos que no Estado exercitavam a autoridade, dizia Vieira que alegavam tê-los o rei mandado lá em paga de seus serviços, e para que se remediassem; e assim, sendo os índios a única riqueza da terra, não podia ser-lhes vedado que dela se aproveitassem. Dissessem tal ou não, é certo que o praticavam, e não caluniava os funcionários quem, como os jesuítas, afirmava que eles, por seus interesses pessoais sofismavam as leis muitas vezes, outras abertamente as violavam. Baltasar de Sousa, que parecera primeiro determinado a cumprir as ordens régias, coacto ou conivente com os sediciosos, transigiu com eles e suspendeu a execução da lei, na verdade violenta, se violência se pode chamar ao restabelecer em um direito natural criaturas dele despojadas. O mesmo fez o capitão-mor Inácio do Rego Barreto no Pará, onde os prejudicados ameaçavam também sublevar-se; e em uma e outra cidade as câmaras deliberaram mandar ao reino procuradores a solicitar a revogação, os quais partiram pelos primeiros navios.

---

[35] 20 de maio de 1653. *Cartas*, t. 1, p. 219.

Entretanto, no Maranhão, a proposta dos jesuítas oferecia uma ponte, e é crível que Baltasar de Sousa, incapaz de reagir contra o povo, por outra parte receasse as conseqüências, contrariando de modo tão positivo as instruções recebidas. Temeria igualmente indispor-se de forma irremediável, com pessoa de tanto valimento na corte como o superior dos missionários. O caso é que, após leves dissentimentos por questões de precedência, o achamos poucas semanas depois dos tumultos, em fins de fevereiro, tratando com ele um acordo. Seriam aceitas as propostas de Vieira, que as exporia ao povo do púlpito, no domingo seguinte, o primeiro da Quaresma, obrigando-se este a fazê-las admitir pelo rei, e ficando, entretanto, a precedente anulação dos cativeiros revogada. Assim foi, e passados dois dias, a 2 de março, pregou Vieira pela primeira vez em São Luís.

O ato, na aparência de triunfo, não era na realidade outra coisa que uma capitulação. Não há dúvida que, vindo à América, o que ele queria, o que todos os jesuítas queriam, era a liberdade dos índios, com isenção da autoridade civil e sujeição incondicional aos missionários. Por mais que o negue Vieira, o regimento dos capitães-mores não conteria a disposição radical, que provocou os tumultos, se a não sugerissem os jesuítas. Conceda-se, porém, isso: o que de nenhum modo se crê é que, sem conhecimento deles, tal ordem fosse introduzida.

Suposto isso, não deixaria Vieira de sentir, subindo ao púlpito, uma ponta de humilhação. Tinha, porém, de sacrificar o amor próprio às conversões futuras e à segurança da empresa. Cedia agora o que pensava reaver depois. Em algumas das palavras que então proferiu, e através do que com efeito é retórica, não é difícil descobrir o constrangimento. Não ousa ele dizer aos ouvintes que espontaneamente e de moto seu ia falar-lhes nos cativeiros; mas, pelo contrário, solicitado, e após muito hesitar. Fora necessário para o decidir um toque de inspiração divina. Pedindo ao céu que o iluminasse, na ocasião de celebrar missa, a epístola do dia tinha lhe indicado o caminho. *Clama ne cesses* – brada pregador e não cesses – palavras de Isaías, que ele entendera como voz do Altíssimo, à qual obedecia. Por esse modo passou a mandado do céu o ajuste com o capitão-mor.

Grande seria no Maranhão a curiosidade de ouvir Antônio Vieira, e grande o alvoroço do público sabendo que ia pregar. Não haveria na mesquinha cidade funcionário, mercador reinol ou nativo, mestiço não de todo iletrado, a quem não houvesse chegado notícia do orador insigne, que tanto a corte apreciava. Todos estariam em ânsia de ouvi-lo – um bom sermão era o mais apreciado recreio dos espíritos – e ele esquivo, como parecia! Acaso no despeito do proceder hostil do povo o queria punir, recusando-lhe os tesouros da sua eloqüência. Quando, pois, se soube que ia ao púlpito o famoso orador, pejou a matriz o público, cobiçoso de o admirar.

Se bem que surpreenda, parece certo que, como assegura Vieira, saiu contente da prédica assistência. Tal a fascinação do orador! O assunto era o que menos grato achariam senhores de escravos e fautores de escravidões; o modo por que foi tratado asperíssimo; a proposta em que findou o discurso, limitação de direitos que feria interesses e costumes: sem embargo o efeito excedeu com certeza a expectativa do governador, e talvez muito a do padre. Escusava-se este, por princípio, das coisas desagradáveis que havia de dizer; tinha determinado não mais falar nelas e por isso nunca pregar no Maranhão; mas sendo rogado titubeou, até que enfim cedeu, disposto, porém, a dizer verdades, somente verdades, por duras que as pudessem julgar. Não fazer tal seria contrário ao seu ofício de pregador e à consciência cristã "principalmente em mim" – acrescentava – "que tenho dito tantas verdades, e com tanta liberdade, a tão grandes ouvidos"[36]. Destarte, anunciado o intento, não devia o tom da prédica fazer pasmo aos circunstantes. "Brada, ó pregador, e não cesses, levanta a tua voz como trombeta, desengana o meu

---

[36] *Sermões*, t. 11, p. 169.

povo, anuncia-lhe seus pecados." Texto que ele prendia aos fatos seguintes à sua chegada: "Já o pregão do rei se lançou com tambores, agora diz Deus que se lance o seu com trombetas". Como trombeta soava a voz do pregador, citando o passo de Isaías, tão adequado à ocasião, transferido do povo de Israel ao dessa colônia da América. O texto alude a jejuns, a prisões injustas e à libertação de oprimidos. Vieira traduzia a seu modo: "Sabeis, cristãos, sabeis nobreza e povo do Maranhão, qual é o jejum que quer Deus de vós esta quaresma? Que solteis as ataduras da injustiça, e que deixeis ir livres os que tendes cativos e oprimidos". E logo com acentos na voz que refletem a ira do céu: "Deus me manda desenganar-vos e eu vos desengano da parte de Deus: todos estais em pecado mortal, todos viveis e morreis em estado de condenação, e ireis direitos ao inferno!", Depois lembrava que por haver Faraó retido em cativeiro os israelitas, caíram sobre o Egito as pragas mais temíveis. Do mesmo modo: "Quem trouxe ao Maranhão a praga dos holandeses?" – dizia referindo-se à invasão de 1641 – "quem trouxe a praga das bexigas? Quem trouxe a esterilidade?". Resposta: "Estes cativeiros". Adiante, e após simular as objeções dos ouvintes, esta exclamação vingadora: "Ah! Fazendas do Maranhão, que se esses mantos e essas capas se torcessem haviam de lançar sangue!". Sobre a pretensão, que tinham levado os procuradores à corte, desenganava o auditório: "El-rei poderá mandar que os cativos sejam livres; mas que os livres sejam cativos não chega lá a sua jurisdição". Podiam contudo impetrar uma graça mais justa e era a que ia expor. Certo que, seguindo a palavra divina, todos os índios deviam ser livres, o que representava a ruína geral. Não importa, perca-se tudo, fique cada morador como um Jó; o indispensável é salvar a alma. Aqui acode o pregador ao desconsolo por tais palavras produzido com as proposições feitas antes, e ajustadas com o capitão-mor: "Bom ânimo senhores meus, que não é necessário chegar a tanto nem a muito menos; estudei o ponto com toda a diligência e com todo o afeto". E lhes assegurava, a troco de perda exígua, grandes bens temporais e da alma. Sem dúvida com o raciocínio especioso, iludia o preceito divino, que antes pela voz do profeta pregoara, mas a doutrina do provável, cara aos jesuítas, oferecia-lhe o recurso das "opiniões mais largas e favoráveis", por meio das quais a letra dura da lei cede e se amolda às conveniências do infrator. "Dai-me atenção", dizia ele, já paternal e benévolo.

Todos os índios deste Estado ou são os que nos servem como escravos, ou os que moram nas aldeias de el-rei como livres, ou os que vivem no sertão em sua natural e ainda maior liberdade, os quais por esses rios se vão comprar ou resgatar, como dizem, dando o piedoso nome de resgate a uma venda, tão forçada e violenta que talvez se faz com a pistola nos peitos. Quanto àqueles que vos servem, todos nesta terra são herdados, havidos e possuídos de má fé, segundo a qual não farão pouco (ainda que o farão facilmente) em vos perdoar todo o serviço passado. Contudo, se depois de lhes ser manifesta esta condição de sua liberdade, por serem criados em vossa casa, e com vossos filhos, ao menos os mais domésticos, espontânea e voluntariamente vos quiserem servir e ficar nela, ninguém enquanto eles tiverem essa vontade os poderá apartar de vosso serviço. E que se fará de alguns deles que não quiserem continuar nesta sujeição? Estes serão obrigados a ir viver nas aldeias de el-rei, onde também vos servirão na forma que logo veremos. Ao sertão se poderão fazer todos os anos entradas, em que verdadeiramente se resgatem os que estão, como se diz, em cordas, para ser comidos, e se lhes comutará esta crueldade em perpétuo cativeiro. Assim, serão também cativos todos os que sem violência forem vendidos como escravos de seus inimigos, tomados em justa guerra, da qual serão juízes o governador de todo o estado, o ouvidor geral, o vigário do Maranhão ou Pará, e os prelados das quatro religiões, carmelitas, franciscanos, mercenários e da Companhia de Jesus. Todos os que deste juízo saírem qualificados por verdadeiros cativos se repartirão aos moradores, pelo mesmo preço por que foram comprados. E os que não constar que a guerra em que foram tomados fora justa, que se fará deles? Todos serão aldeados em novas povoações, ou divididos pelas aldeias que hoje há, de onde, repartidos com os demais índios delas pelos moradores, os servirão em seis meses do ano alternadamente de dois em dois, ficando os outros seis meses para tratarem de suas lavouras e famílias[37].

"De sorte que" – concluía o orador – "todos os índios deste estado servirão aos portugueses." Em síntese, clara ou encobertamente, todos escravos: os que ficavam nas casas dos colonos, os que saíam delas para as aldeias, os que comprados ou resgatados se iam buscar ao sertão. Que mais podiam pretender os que queriam antes expulsá-lo? As soluções eram as mesmas do documento que motivara a exaltação do povo, e as ameaças de expulsão; mas com o tempo decorrido e a reflexão, os ânimos tinham sido aplacados. Não ousavam ainda os inimigos dos jesuítas como mais tarde, lançar-se em aberta rebelião contra a coroa. Vieira tinha, por seu turno, atenuado o que na lei mais feria os possuidores de escravos, que era a incondicional liberdade, e convinha em que, reconhecido o injusto cativeiro, ficasse o índio a servir, sendo vontade sua, os mesmos senhores. Não há dúvidas de que semelhante vontade, espontânea ou coagido, saberiam os interessados captar-lhes. Sem dúvida que de ambas as partes a mesma palavra grandiosa tinha por sentido um engano: de uma se pedia a liberdade, de outra a davam, e a escravidão permanecia. Sob a novidade das fórmulas era a situação a mesma anterior; somente a lei definitivamente libertadora se derrogava, como coisa inútil e perigosa.

Em uma carta de Vieira encontramos notícia da impressão que ele julgou ter feito no auditório.

Preguei na seguinte dominga, que era a das Tentações, e tomando por fundamento o *Haec omnia tibi dabo*, que era a terceira. Mostrei primeiramente com a maior eficácia que pude como uma alma vale mais que todos os reinos do mundo; e, depois de bem assentado este ponto, passei a desenganar com a

---

[37] *Sermões*, t. 11, p. 174.

maior clareza os homens do Maranhão, mostrando-lhes com a mesma que todos estavam geralmente em estado de condenação pelos cativeiros injustos dos índios; e que, enquanto este habitual pecado se não remediasse, todas as almas dos portugueses deste Estado iam e haviam de ir para o inferno; propus finalmente o remédio, que veio a ser em substância as mesmas resoluções da nossa resposta, mais declaradas e mais persuadidas, facilitando a execução e encarecendo a conveniência delas; e acabei prometendo grandes bênçãos de Deus e felicidades ainda temporais aos que, por serviço do mesmo Senhor, e por salvar a alma, lhe sacrificassem estes interesses. Nas cores, que o auditório mudava, bem via eu claramente os afetos, que por meio destas palavras Deus obrava nos corações de muitos, os quais logo dali saíram persuadidos a se querer salvar, e a aplicar os meios que para isso fossem necessários a qualquer custo[38].

Logo na mesma tarde houve uma assembléia em que o capitão-mor, a Câmara, eclesiásticos e pessoas gradas da terra, assentaram nos meios de resolver a questão dos cativeiros. Elegeu-se uma junta com o encargo de decidir quais índios eram escravos legítimos. Jesuítas e moradores seculares pareciam contentíssimos do resultado. Vieira, com simpleza notável, refere ter ouvido alguns dizerem: "Bendito seja Deus que nos trouxe à terra quem nos alumiasse e nos pusesse a caminho da salvação"[39]. Ele e os dernais jesuítas baixariam os olhos na confusão da modéstia. A junta funcionava a aprazimento de todos.

Vai-se executando o exame das liberdades na conformidade que se assentou, e são já muitos os índios que estão declarados por livres, e não só índios senão nações inteiras, sem haver quem o contradiga, nem se queixe, que é coisa que faz admiração; e só quem sabe quanto depende o remédio e ajuda destes homens do

---

[38] Carta ao provincial do Brasil, 22 de maio de 1653. *Cartas*, t. 1, p. 358.

[39] Ibidem, t. 1, p. 340.

serviço dos índios que tinham por escravos, e quem viu quão resolutos e obstinados estavam a defender seus cativeiros com o sangue, com as vidas e com as mesmas almas, poderá entender quanta foi a eficácia da divina graça, que contra a opinião de todos e a sua própria, os reduziu e rendeu; sinal sem dúvida de que tem Deus entre eles muitos escolhidos. Este o portentoso sucesso de 2 de março, primeira dominga de quaresma, pelo qual só, quando não houveram outros, se poderá dar por bem empregada toda esta missão e trabalhos dela[40].

Dessa sorte exultava o missionário, mostrando por fim que agora bemdiziam dele aqueles mesmos que por causa dos índios o tinham querido expulsar: "Oh forças de Deus! Oh portentosa providência do Altíssimo! *Quam incomprehensibilia sunt judicia Dei!*"[41]. E, entretanto, prosseguiam na junta os julgamentos. Os escravos de direito tornavam à casa dos senhores; os de iníquo cativeiro igualmente tornavam; como forros todavia, e com promessa de ganharem o salário usual de duas varas de pano em cada mês, que os senhores dentro de si tinham por extorsão clamorosa e decidiam não pagar.

O júbilo de Vieira, perante o acordo, era prematuro. Os colonos permaneciam irreconciliáveis, senhores do campo, prontos à defesa e ao ataque, como a ocasião se oferecesse. Ele igualmente esperava no futuro compensações do desastre de agora. Sacrificava os índios já afeitos à escravidão; liberdades já perdidas, número escasso em comparação aos milhares e milhares que se propunha preservar; e abria um novo ciclo na história dessas populações infelizes. Era o que tinha em vista quando em maio, chegada a monção de partirem para a Europa os navios, escrevia ao rei, recomendando, consoante o ajustado, a revogação da lei suspensa, e apontando o modo como se devia no futuro proceder.

---

[40] Ibidem, p. 341.

[41] Ibidem, p. 342.

O remédio que Vossa Majestade, Senhor, e os senhores reis antecessores de Vossa Majestade procuraram dar a esta tirania, foi mandar cerrar totalmente os sertões, e proibir que não houvesse resgates, e declarar por livres a todos os já resgatados, de qualquer modo que o fossem. Este remédio, Senhor, verdadeiramente é o mais efetivo de quantos se podem representar, mas é dificultosíssimo e quase impossível de praticar, como a experiência tem mostrado em todos os tempos, e muito mais nos motins deste ano, fundados todos em serem os índios o único remédio e sustento dos moradores, que sem eles pereceriam. O meio que parece mais conveniente e praticável (como já se tem começado a executar) é examinarem-se os cativeiros, e ficarem livres os que se acharem ser livres, e cativos os que se acharem ser cativos [...] E quanto aos resgates para o futuro, se se houverem de fazer entradas só a esse fim, será dar outra vez nos mesmos inconvenientes. Mas porque convém que haja os ditos resgates, ao menos por remir aquelas almas, o modo com que se podiam fazer justificadamente, é este: que as entradas do sertão se façam só a fim de ir converter os gentios e reduzí-los à sujeição da Igreja e da coroa de Vossa Majestade (como Vossa Majestade me tem ordenado) e que, se nessas entradas se acharem alguns índios em cordas ou legitimamente escravos, que esses se possam comprar e resgatar, aprovando-o primeiro os padres que forem à dita missão [...][42]

Com isso conviria igualmente que o governo dos índios ficasse aos missionários, e de todo independente das autoridades. Era o seu desforço e a segurança das liberdades futuras.

Entretanto, os padres da missão iniciavam as práticas com que em toda a parte tinham por costume suscitar uma atmosfera de misticismo, que era sua obra especial: doutrinação, prédicas, procissões. Pelo trato ameno e conciliador

---

[42] Maranhão, 20 de maio de 1653. *Cartas*, t. 1, p. 309, 310.

granjeavam amigos, insinuavam-se na familiaridade dos habitantes, compondo as desavenças, dando conselhos, distribuindo socorros aos necessitados.

Não havia na terra hospital; logo inventaram que se fundasse, com o concurso dos moradores abastados; o primeiro leito foi o de Vieira, que se despojou em proveito dos pobres; sacrifício ínfimo, porque passaria a dormir em rede, ao uso local, mas que nas inteligências simples produziria impressão. Desde os primeiros dias se abriu a escola; em pouco tempo eram mais de setenta alunos, dos quais alguns mostravam já inclinação para entrar na Companhia; "com esperanças" – dizia Vieira – "de que a sirvam muito bem, porque quase todos sabem a língua da terra"[43].

Enquanto não saíam a converter os índios do sertão, ensinavam catecismo aos da cidade, e, aproveitando a transitória paz com os senhores de escravos, incitavam estes a mandá-los à doutrina. Para isso, e para atrair concurso, faziam procissões vistosas todos os domingos da Quaresma que ia correndo.

Saímos da nossa igreja à uma hora; levamos adiante um grande pendão branco com a imagem do Santo Padre Inácio, que leva algum índio principal das aldeias, se o há na cidade, e se não por outro de respeito. Vão os nossos estudantes cantando a ladainha. Damos volta pelas ruas principais, levando os índios adiante e as índias atrás, pedindo aos portugueses, que estão pelas portas e janelas, que os mandem, e se é necessário compelindo os que ficam; e desta maneira com uma muito comprida procissão chegamos à Matriz, e ali, postos os índios de um lado da igreja e as índias de outro, lhes faz o padre a doutrina, e depois declarando-lhes os mistérios da fé, perguntando e premiando os que melhor respondem[44].

Depois disso iam com a mesma procissão da Matriz à sua igreja, onde já os portugueses esperavam, para serem também instruídos no catecismo. Os

---

[43] *Cartas*, t. 1, p. 352.

[44] Ibidem, p. 350.

índios, que por enfermos não saíam, recebiam em casa a doutrina, e como isso só em derradeira extremidade acontecia, não poucos sucumbiam logo em seguida, à moléstia e às misérias do cativeiro. "Destes foram alguns tão venturosos" – referia o catequista em regozijo – "que sendo tapuias pagãos, acabando de receber o batismo, morreram logo com evidentes sinais de sua predestinação"[45]. Psicologia de apóstolo, de que a cada passo, nas relações dos missionários, se depara com a expressão.

Dessa maneira, a vida do sacerdote palaciano, festejado orador, político absorvido em problemas da paz e da guerra, diplomata embrenhado em enredos nem sempre irrepreensíveis, inflectia por novo caminho. "Eu agora começo a ser religioso, e espero na bondade divina que [...] acertarei a o ser e o verdadeiro padre da Companhia", exclamava em carta a D. Teodósio, considerando a mudança[46]. Ai dele, que sempre o pensamento lhe havia de fugir para as cortes, para o aplauso dos grandes, para a política, e para as desilusões também! A mudança foi um passageiro intermédio, e esse mesmo não isento de amarguras.

III

Na ilha do Maranhão havia quatro povoações de índios, ali estabelecidos de tempo anterior, cristãos pelo batismo, mas, pela ausência dos missionários, deixados a si, sem guias, que lhes amparassem os incertos passos na vida civilizada. Desta, na verdade, conheciam somente alguns dos vícios, a servidão imposta e a tirania dos homens. Da religião conservavam uns ritos vagos; alguns sabiam benzer-se, proferiam retalhos de orações, palavras já descoordenadas, e das quais por certo não podiam apreender o significa-

---

[45] *Cartas*, t. 1, p. 352.

[46] Maranhão, 25 de janeiro de 1653. *Cartas*, t. 1, p. 301.

do. Em todo caso temiam o Deus dos brancos, senhor dos abismos de fogo em que por castigo são sepultados os incrédulos; amavam os padres, que de antes a espaços os visitavam, lhes faziam dádivas, e prometiam a liberdade e tempos melhores. Tinham vindo de seus matos, parte atraídos por doces palavras e brindes modestos, parte compelidos e amedrontados, para a escravidão que os esperava. Governados por um capitão, quase sempre mestiço, cuja missão consistia em evitar que fugissem, e determinar quais deles, a cada requisição, tinham de entrar no serviço das autoridades e moradores, decresciam em número progressivamente, sucumbindo ao trabalho excessivo, aos maus tratos, a moléstias adquiridas no contato com seus opressores, inócuas para estes, às vezes, e quase sempre fatais para os índios.

Desde a chegada desejou Vieira que as aldeias fossem, como na Bahia, entregues à direção dos missionários, e pôs logo seu cuidado em visitá-las. Tarefa penosa, pelos incômodos e fadigas que impunha; da qual, porém, ele aceitava de bom grado, pelo fruto, os trabalhos e as privações. Um dos incômodos maiores nestas jornadas era a perseguição dos mosquitos, encarniçados sobre os viandantes, de dia nas marchas, de noite no inquieto sono ao desabrigo. Para os novatos, ainda não aclimatados, a tênue picada, repetida mil vezes, chegava ao martírio. Vieira conta que a um padre se lhe puseram as mãos e o rosto em chagas; prostrou-o com seu veneno o dardo invisível, a ponto de inspirar grave cuidado aos companheiros.

Há os enxames deles ordinariamente nos esteiros, de que toda a terra é retalhada, e se acaso a canoa fica em seco, em que se espera a maré, são bem trabalhosas de esperar. Até as praias da costa do mar, onde não estão muito lavadas e assentadas dos ventos, são infestadas desta praga. Particularmente no inverno e de noite, são em algumas delas tantos, que os índios se enterram na areia até à cabeça, para poderem sossegar. No rio das Amazonas há uma nação, que chamam dos Esfolados, por andarem sempre assim por causa dos mosquitos; outros trazem sempre abanos nas mãos para os lançarem de si; outros têm umas casas na praia, em que vivem de dia, abertas e patentes, e, para de noite, têm outras casas no mato, escuras e sem porta nem janela mais que uma como gateira, rente com a terra, e mui bem tapada, pela qual entram a dormir. No Maranhão e no Pará, ordinariamente em lugares habitados, não se padece esta praga, mas em algumas viagens e missões é tal a multidão deles e tal a importunidade, a agudeza e continuação com que picam e desatinam, que dão muito maior matéria à paciência do que eles são. Das coisas que ficam ditas esta é a mais custosa que se lá padece[47].

Decerto ao caminhar por entre os bosques, com o séquito de índios, em cata das aldeias que pela primeira vez visitava, havia de recordar o missionário os dias distantes do noviciado, quando, no entusiasmo de adolescente, fizera o voto de consagrar às missões os anos que na terra passasse. Era chegado o tempo de o cumprir, coagindo à tarefa ingrata a alma recalcitrante. Para isso impregnava-se de ascetismo, como nos anos da provação. Humildes trabalhos, frugalidade, devoções contínuas, leituras místicas. E por esforço da imaginação chegava a iludir-se, parecendo-lhe que realmente era aquilo a sua vocação definitiva. Ao padre Francisco de Morais, seu condiscípulo que ficara na Bahia, dava parte da transformação.

[...] Sabei, amigo, que a melhor vida é esta. Ando vestido de um pano grosseiro cá da terra, mais pardo que preto, como farinha de pau, durmo pouco, trabalho de pela manhã até à noite, gasto parte dela em me encomendar a Deus, não trato com mínima criatura, não saio fora senão a remédio de alguma alma. Choro meus pecados, faço que outros chorem os seus, e o tempo que sobeja destas ocupações levam-no os livros da madre Teresa e outros de semelhante leituras. Finalmente, ainda que com grandes impressões, nenhuma coisa faço que não seja

---

[47] *Cartas*, t. 1, p. 399. Compare-se com as relações dos viajantes, particularmente, para essa região, Martius, *Reise in Brasilien*, t. 2, p. 884.

com Deus, por Deus e para Deus, e para estar na bem-aventurança só me falta vê-lo, que seria maior gosto, mas não maior felicidade[48].

Quão diferente vida da que levara durante doze anos, no tumulto das cortes, acolhido em palácios, embriagado de lisonjas, posto o pensamento em mil coisas de interesse mundano e desprezando o da salvação! Chegara-lhe a hora do arrependimento, e renegava tudo o que para ele, pouco antes era a expressão única da vida. E exclamava então: "Ah! "Quem pudera desfazer o passado e tornar atrás o tempo, e alcançar o impossível, que o que foi não-houvera sido!". Depois embebido no deleite do seu novo estado: "Amemos a Deus, e para o amarmos só a ele conheceremos que pouco merecem nosso coração todas as coisas do mundo"[49].

Nisto se reflete o que escreveu a virgem de Ávila, na história de sua vida, contando como vencera a batalha contra o mundo, que a retinha ainda: "Es otro libro nuevo de aqui adelante, digo, otra vida nueva"[50]. Outro livro novo, outra vida nova se desdobrava agora para Vieira. "Sea el Señor alabado que me libró de mi"; ele ao amigo ofertava este voto, como a melhor das venturas: "Livre-vos Deus de vós mesmo". E também: "Salvação, amigo, salvação, que tudo o mais é loucura". Do mesmo modo que a santa: "Todo es nada y menos que nada lo que se acaba y no contenta à Dios"[51].

Mais, porém, que a mística Teresa de Jesus obrava em seu espírito a dor íntima que o pungia, a desconsolação do abandono. Leia-se a carta inteira: de princípio a fim descobre o abatimento, ressuda tristeza. Que desengano fora a inesperada e forçada viagem! "Salvação, salvação, tudo o mais é loucura!" Tudo o mais queria dizer: ambições justas, aura das cortes, confiança no

---

[48] 26 de maio de 1653. *Cartas*, t. 1, p. 304.

[49] *Cartas*, t. 1, p. 303 e 305.

[50] Madre Teresa de Jesus, *Libro de su vida*, cap. 23.

[51] Idem.

afeto e reconhecimento dos príncipes. Renúncia do passado que fazia com veemência mas, no recôndito da alma, sem convicção; ao mais leve aceno correria a refugiar-se nele do presente importuno. O aceno, por mais que o tenha esperado, não foi feito; e o homem amadurecido na política teve de limitar o horizonte do seu pensamento às selvas que lhe limitavam o horizonte visual. O bárbaro nu, esquivo no coração delas, era quem o artífice de diplomacias havia de convencer agora.

Pouco a pouco, todavia, por infiltração contínua, se lhe instilava no ânimo a conformidade. Pouco a pouco se transmudava a resignação em vontade, o dever em gosto, e os acidentes, bem como o gênero da tarefa empreendida, o faziam desvelar-se nela, e dar-lhe todo o seu esforço e pensar. Dentro em breve ia ser o mais apaixonado dos apóstolos, igualmente que o mais ativo dos missionários. Estava a raiz disso na condição desse homem singular.

Submisso por automatismo à Regra, no interior da Companhia, como o soldado à disciplina, fora dela sentia-se bem somente contrariando e combatendo. A vida foi-lhe sempre um campo de batalha, e a passou guerreando a todo o mundo, qualquer que fosse a parte dele, entidade moral, grupo ou indivíduo, com que o punham em contato as circunstâncias. É um brigão a quem a estatura do adversário nada importa, e que não teme os mais poderosos. Ao som de guerra, e do mesmo modo, parte contra pessoas únicas e contra as nações. Guerra à Holanda e à Espanha; guerra ao Santo Ofício, aos rivais na corte, aos contraditores, aos inimigos da Companhia – que são muitos, e aos seus próprios, que são ainda mais numerosos, entre eles os invejosos, alguns também jesuítas, consócios seus. Até então, e em todo o tempo da sua vida, embrenhado em disputas de política, negócios, influência, ou doutrina; por derradeiro em um processo crime de homicídio, de que o fazem suspeito como um dos mandadores, decerto em vingança de ataques e impertinências que seriam o crime real: homem de guerra no trajo pacífico de religioso, turbulento, insofrido, amador de conflitos e pronto no desafio. Quando a vaga dos acontecimentos o arrastou contra vontade para as lides de missionário, ao cabo de pouco tempo estava afeito ao novo estado, porque este era também de combates e pedia coração valoroso, para afrontar os perigos pessoais, para o sacrifício dos cômodos, para a porfia contra a resistência de brutos intelectos, de obscuras línguas, de superstições, usos, temores, antipatias e inclinações, que uma após a outra tinham de ser superadas. Conflitos que eram somente de almas, mas a que iam suceder em breve outros, mais graves, com os homens, e que do domínio da psicologia passavam para o terreno objetivo dos fatos.

Nesses conflitos decorreriam os dez anos seguintes de sua vida, certamente os mais fecundos, aqueles em que se nos mostra como queria ser verdadeiramente religioso, e coroado da auréola dos que não temem fadigas nem riscos, no holocausto de si mesmo a um grande ideal. Entrando na vida nova a que o incitava a leitura de madre Teresa, já lhe apareciam as selvas como o único teatro futuro de suas ações, a messe infinita de almas no sertão ainda ignoto como a só ocupação digna do trabalhador de Cristo. Com esse fito foi preparando a sua primeira missão. Era esta ao rio Itapicurú, fronteiro à ilha do Maranhão, onde se dizia existirem índios descendentes de gente da Europa, antigos povoadores, e a que, por se acharem entre eles alguns com mais pêlos no rosto que o geral dos indígenas, designavam por nação dos *barbados*.

A empresa, de paz e doçura nos fins, tinha de ser organizada qual expedição de guerra. Era precisa a força, para a defesa em caso de agressão inesperada, e também um tanto para obrigar vontades que não persuadisse a palavra. Vinte ou mais canoas, índios para as tripularem, providos de suas armas, arcos, flechas e rodelas; soldados europeus com espadas e mosquetes, e o cabo militar no comando da frota. Embaixadores para tratar com os selvagens eram os religiosos, e por isso tinham vindo da Bahia mais padres, peritos na língua da terra. Pronto tudo o que dos missionários dependia, faltavam as embarcações e os índios, estes porque os tinha o capitão-mor ocupados em lavouras suas, de que fazia comércio. De março a agosto, se foi dilatando a expedição, até que por fim passou o tempo próprio, e uma junta, convocada para dar parecer, decidiu que já não havia lugar de se fazer neste ano, e ficasse para o seguinte.

As dificuldades, que desde o começo Vieira encontrava, o tinham levado a escrever ao rei, em 20 de maio, quando o projeto já agonizava nas delongas, pedindo não fosse consentido ao governador e mais autoridades empregarem os índios em lavouras próprias, de tabaco ou outras, e serviços não pertencentes ao Estado; assim como se tirassem os capitães, que governavam as aldeias, entrando nelas para os substituir, sempre que possível fosse, os religiosos. Na mesma carta insinuava o modo de se fazerem as expedições de resgate.

Ainda então mantinha Vieira esperanças de que se realizasse a expedição, mas, afinal, o desenganaram os fatos. Temos a relação deles na carta ao rei, de 4 de abril do ano seguinte, em que Vieira dizia indignado: "O Maranhão e o Pará é uma Rochela de Portugal, e uma conquista por conquistar, e uma terra onde Vossa Majestade é nomeado, mas não obedecido"[52]. Acerca do governador, referia:

> No mesmo tempo em que se havia de dispor a jornada, mandou ele fazer duas grandes lavouras de tabaco, as quais era força que se colhessem e beneficiassem no mesmo tempo, e pelos mesmos índios, que haviam de ir a ela, por não haver outros; e não é de crer que um homem que é pobre, e tem desejo de o não ser, quisesse perder a sua lavoura e plantar o que não havia de colher[53].

A mesma carta relata a malograda missão, que tentou em seguida na outra capitania.

As notícias que tinha do rio Amazonas, sua vastidão e cópia de nações selvagens de muito tentavam o missionário a dirigir-se ao Pará. Pode dizer-se que era este o principal atrativo da missão. Ainda quando empenhado na

---

[52] *Cartas*, t. 1, p. 422.

[53] Ibidem, p. 424.

jornada ao Itapicurú, pensava já na imediata, ao Curupá, na garganta do Amazonas, portal do enorme mar de águas e gentes que o fascinava. Adiante dele tinha ido, e de lá o chamava com descrições de apóstolo entusiasta o padre João de Souto Maior. Este, para o consentirem no Pará, tivera de tomar por escrito compromisso, assinado na Câmara, de se não intrometer em negócios de índios; promessa que era afinal a confirmação da renúncia oferecida em Lisboa, renúncia que esqueceria, e promessa que tinha em fito violar, logo que lho permitissem as circunstâncias. A lei das liberdades que fora suspensa, do mesmo modo que no Maranhão.

Vieira pôs pé no Pará a 5 de outubro. Viagem de muitos dias, trinta ou mais, por mar emparcelado, a remos, em canoa tripulada por índios; 150 léguas de caminho e 32 baías a contornar; uma, a do Turiassú, tão larga que, de uma ponta, não alcança a vista a outra; na última, deixando à mão direita as ilhas, que a fecham dessa banda, a cidade a romper da verdura, qual jardim ao longe, na planície das águas. A povoação pobre; com o nome de cidade, aldeia mediana, que dessangrava da população escassa, pelas veias fluviais, para os engenhos e lavouras, ou para o sertão remoto na caça aos índios. Matriz, pequenas ermidas, e quatro casas de religiosos; a mais recente dos jesuítas, ainda como habitação provisória: casa coberta de palha, a igreja um oratório "do tamanho de duas celas", com as paredes, nos primeiros tempos, também de palha, e só mais tarde de barro e varas[54].

Entrando no vasto estuário, ao norte, invisível, acenava-lhe a grande ilha dos Nheengaíbas, onde dez anos antes Luís Figueira e seus companheiros, os primeiros jesuítas idos diretamente ao Pará, tinham sido trucidados em seguida ao naufrágio. Olhando da sua pequenez, no barco exíguo, a imensidade das águas que afogavam as terras apartadas, da mesma sorte imensas, o missionário exultava na idéia do grande reino que ia conquistar

---

[54] Cf. Resposta aos capítulos, cit., *Corografia histórica*, t. 4º, p. 186.

para o Salvador. Léguas e léguas do território no misterioso das matas e da fluente estrada. Terra de maravilhas a respeito da qual se propalavam noções extraordinárias tomadas dos índios: montanhas de ouro e prata, tribos de anões, gigantes de dezesseis palmos, homens com os pés para trás, amazonas belicosas, e dois grandes rios, aquele a quem davam o nome as mulheres da fábula reaparecidas, e o da Prata, de que a designação indicava a opulência, gêmeos da mesma madre, a limitarem ao norte e ao sul a região prodigiosa[55]. O rio, um mar grandíssimo, *Maranã*, o mar que corre, lhe chamavam os indígenas, ou *Paraguassú*, o mar grande, que os nossos traduziam Grão-Pará, e também por um aumentativo, aproximando-se da língua dos selvagens, *Maranhão*[56]. No continente de extensão incalculável, povos sem conta, línguas mais que as produzidas na confusão bíblica de que dimanam as nações. Deixemo-lo exprimir na linguagem da eloqüência e com os usuais conceitos, seu entusiasmo:

> Pela muita variedade das línguas houve quem chamou ao rio das Amazonas rio Babel; mas vem-lhe tão curto o nome de Babel como o de rio.
>
> Vem-lhe curto o nome de rio, porque verdadeiramente é um mar doce, maior que o Mediterrâneo no comprimento e na boca. O mar Mediterrâneo no mais largo da boca tem sete léguas, e o rio das Amazonas oitenta; o mar Mediterrâneo, do estreito de Gibraltar até as praias da Síria, que é a maior longitude, tem mil léguas de comprido, e o rio das Amazonas, da cidade de Belém para cima, já se lhe tem contado mais de três mil, e ainda se lhe não sabe o princípio. Por isso

---

[55] Cf. Simão de Vasconcelos, *Crônica* XL, XLII

[56] A etimologia, se não exata, parecia tal a Vieira. "Os naturais lhe chamavam Pará, e os portugueses Maranhão, que tudo quer dizer mar e mar grande." *Sermões*, t. 5, p. 337. "Oh! Que bem empregados mares e que bem padecidos maranhões!" Carta ao Pe. Francisco de Morais. *Cartas*, t. 1, p. 304. Afinal a palavra não seria mais que a adaptação do nome dado pelos descobridores castelhanos no princípio do século XVI.

os naturais lhe chamam Pará, e os portugueses Maranhão, que tudo quer dizer mar e mar grande. E vem-lhe curto também o nome de Babel, porque na torre de Babel, como diz São Jerônimo, houve somente setenta e duas línguas, e as que se falam no rio das Amazonas são tantas e tão diversas que se lhes não sabe o nome nem o número. As conhecidas até o ano de 1639, no descobrimento do rio de Quito, eram cento e cinqüenta. Depois se descobriram muitas mais, e a menor parte do rio, de seus imensos braços e das nações, que a habitam, é o que está descoberto. Tais são os povos, tantas e tão ocultas as línguas, e de tão nova e nunca ouvida inteligência![57]

Isso ele dizia quatro anos depois, em 1657, quando a seu impulso férvido já uma parte considerável do sertão, desconhecida ao chegar, lhe havia sido desvendada. Mais intenso era, na primeira entrada, o mistério e a maravilha. Mas desde já sabia ele que em nenhuma outra parte da América havia mais gentilidade a converter, que em nenhuma a fúria destruidora do homem civilizado, tinha feito mais estragos. Logo após o descobrimento pelos portugueses rebentaram as guerras, e foram espantosas as carnificinas. Os números dados pelos cronistas dessas sanguinárias facções são sem dúvida alguma exageradíssimos; mas é pavorosa ainda a verdade a que se possam reduzir. Soldados de Índia e África, oficiais de Flandres, com armas de fogo, e capitaneando índios, de que industriavam com lições bárbaras a ferocidade nativa, ganhavam nas florestas do Amazonas batalhas navais e terrestres que, nas descrições dos combatentes, ofuscariam Salamina e Maratona, Jerônimo Fragoso de Albuquerque, Pedro Teixeira, Bento Maciel Parente, outros menos famosos, deixaram recordação de mortandades, que na lembrança das cabildas soavam com ecos de terror.

---

[57] Sermão do Espírito Santo, pregado na cidade de São Luís do Maranhão, em ocasião que partia ao rio Amazonas uma grande missão. *Sermões*, t. 5, p. 336.

Do último dizia um contemporâneo que, na expedição de 1619 por ele efetuada, vindo do Maranhão ao Pará por terra, acompanhado de índios e alguns soldados, passaram de quinhentos mil os mortos e cativos que fizera[58]. Não foram tantos, com certeza, mas a quanto iria o número para assim o engrossar a fantasia?

Vieira seguramente conhecia o escrito que isso menciona, opúsculo hoje raro, que é um ditirambo ao Eldorado, descoberto afinal aos portugueses; como conhecia as histórias da faina horrenda, conservadas na tradição. Mais de dois milhões de índios mortos, de quinhentas povoações, como grandes cidades, destruídas, era a obra de quarenta anos, segundo em 1657 exprimia em síntese Vieira. No cômputo do rebanho humano espalhado pelas selvas coincidiam todas as notícias, e muito provavelmente haveria chegado aos ouvidos do padre o dito, assaz significativo, de um dos que tinham ido na expedição de Pedro Teixeira a Quito, transmitido por um confrade seu, jesuíta: "Tantos são os índios que não cai uma agulha no chão"[59]. Chegando ao Pará, colheu testemunhos, de observação recente, que excediam a tudo quanto nos surtos mais audazes lhe podia a imaginação conceber: a narrativa, da própria boca de indivíduos que saindo de São Paulo com Antônio Raposo Tavares, denodado sertanejo, tinham do Tietê varado ao Amazonas, devassando matas, galgando serras, passando brejos, torrentes e catadupas, até o rio mar lhes aparecer. Três anos e dois meses de jornada, nos quais supunham ter feito três mil léguas de caminho. O que referiam da extensão do rio e das multidões encontradas era maravilhoso.

---

[58] Simão Estaço da Silveira, *Relação sumária das cousas do Maranhão*, Lisboa, 1624.

[59] Pe. Alonso de Rojas, "Descubrimiento del rio de las Amazonas y sus dilatadas províncias", Ms. publicado por M. Jimenes de la Espada no opúsculo *Viaje del Capitan Pedro Teixeira*, Madri, 1889, p. 83.

Quando a primeira vez entraram neste grande rio estavam na altura do Espírito Santo, que são 19 graus da banda do sul, e segundo os lugares por onde lhes demorava o sol afirmam que os primeiros seis ou sete meses caminhavam já a sul, já a leste, e que nos últimos quatro, como cansados de andar tanta terra, tomaram de carreira para o Norte e Nordeste a desembocar no mar. Daqui se colhe que este rio se estende pelas terras que há no interior da América, aonde ainda nem da parte do Peru chegaram os castelhanos, nem da parte do Brasil os portugueses, e que estas não descobertas terras têm sem dúvida muito maior latitude do que lhe mediram até agora os cosmógrafos e se pinta nos mapas. A multidão de nações de que são habitadas as ribeiras deste rio, ou para melhor dizer as praias deste mar doce, que assim lhe chamam os que o viram, nem eles o sabem contar sertão por admirações. A quinze dias de entradas no rio começaram a ver povoações e dali por diante nenhum houve em que não vissem alguma, e ordinariamente todos os dias muitas cidades viram em que [haveria][60], trezentos ranchos, que assim lhes chamam os sertanistas de cá. São umas casas ou armazéns mui compridos, sem distinção nem partimento algum, em que vivem juntamente muitas famílias, e algumas há tão capazes que agasalham quarenta e cinqüenta. Desta grandeza eram os desta cidade, e lançando as contas ao que poderia alojar, entre grandes e pequenos, julgaram que teria cento e cinqüenta mil almas. Já na jornada do descobrimento de Quito, que se fez no ano de [1637] por um braço deste mesmo rio, me disseram pessoas dignas de fé que viram lançadas junto à ribeira do rio povoações como Lisboa. O erro que falam os de São Paulo, pela coisa mais notável que viram neste gênero, foi um reino fechado, de uma e outra banda do rio, pelo qual atravessaram oito dias inteiros, e estavam e eram as povoações tantas e tão juntas que quase não havia distância entre uma e outra. E o que se deve notar que o que estes homens dizem é só o que está edificado à beira do rio, porque o que vai daí para dentro eles não viram coisa alguma: também não viram nem

---

[60] Palavra que supre a lacuna do texto.

dão notícia do que contém outros muitos rios que vêm entrar nele, tão largos e caudalosos que, se não correram tão perto deste, tiveram grande nome[61].

Campo vastíssimo a desatar em messe esplêndida, milhares e milhões de existências, que vegetavam na ignorância da alma, chamadas à vida racional, esse era o tesouro verdadeiro, de tantos que à cobiça dos homens apontava o maravilhado Simão Estaço, na *Relação sumária das cousas do Maranhão*, e outros que escreveram sobre as riquezas locais. Quem leu na obra de Martius a narrativa de sua primeira noite no Pará, noite insone, de naturalista apaixonado, na ânsia de penetrar no mundo novo de que sentia o pulsar no ambiente murmurejante; quem conhece as impressões dessa noite iniciadora, cuidadosamente notadas pelo sábio[62]; esse facilmente julgará as impressões de Vieira, o seu arroubamento de apóstolo, a iguais horas, 178 anos atrás. Situação idêntica na diversidade dos fins: um e outro à beira de um mundo misterioso e desejado; um e outro planeando obras grandes, e antecipando a meta, magnífica segundo a imaginação lhes representava. Quão diferentes naquela hora os propósitos, do missionário, dos que lhe atribuíram quando saiu de Lisboa. "Este Maranhão é maranha", diziam os incrédulos da sua conversão. E houve quem a sério lhe declarasse conhecer seu projeto: passar pelo Amazonas a Quito, e daí a Lima, a captar o vice-rei para que se rebelasse, entregando o Potosi e suas minas a Portugal[63]. Fantasias que autorizava o seu passado de audácia, e que ele agora acharia monstruosas.

Em breve todavia lhe começaram os desenganos que não teve o naturalista. Vieira, que tencionava remontar o Amazonas e desforrar-se pelo fruto dessa empresa a desilusão da primeira, trocou daí a pouco o projeto soberbo

---

[61] *Cartas*, t. 1, p. 412.

[62] 16 de agosto de 1819. *Reise in Brasilien*, t. 3, p. 889.

[63] Carta ao conde de Ericeira. *Cartas*, t. 3, p. 570.

por outro de menos ambição. O capitão-mor Inácio do Rego Barreto, que o tinha recebido como quem queria cooperar em seus desejos, propôs-lhe por mais conveniente uma expedição ao Tocantins, onde várias tribos estavam na disposição de baixar para junto dos portugueses. Vieira aceitou, desconfiado já, todavia, da sinceridade do capitão-mor, e os fatos lhe mostraram o acerto dessa desconfiança, pois viu, como no Maranhão, malograr-se a empresa, se bem que por modo diferente. Não faltaram dessa vez os preparativos da frota de canoas, tripulações e matalotagens; fez-se a viagem, baixaram índios, mas sem nenhum proveito para a missão.

Já antes entre Vieira e Inácio do Rego houvera debate sobre quem governaria a jornada. O capitão-mor tinha, como de costume, elegido um cabo, homem de sua confiança, ferreiro de ofício e sertanista afamado, de nome Gaspar Cardoso; Vieira, invocando as ordens régias, exigia para si a direção. Por fim cedeu o capitão-mor, modificando o regimento primeiramente dado, com a advertência de que em tudo seguisse o comandante o que ordenasse o religioso. De como as instruções foram cumpridas deu relação este último em carta ao soberano.

> Partimos para o rio dos Tocantins, eu e outros três religiosos, todos sacerdotes teólogos, e práticos na língua da terra, e dois insignes nela. Navegamos pelo rio acima duzentas e cinqüenta léguas, chegamos ao lugar onde estavam os índios que íamos buscar: e Gaspar Cardoso foi o que conforme o seu regimento governou sempre tudo, e o que em seu nome mandava embaixada aos índios, e a quem eles foram reconhecer depois de chegado, e o que lhes disse que os ia buscar da parte de Vossa Majestade e do governador, e o que lhes fazia as práticas por meio de um mulato que lhe servia de intérprete: e no mesmo tempo estávamos nós nas nossas barracas, mudos como se nos não pertencera aquela empresa, nem tivéramos línguas, nem tanta autoridade como o ferreiro para falar, nem fôramos aqueles homens a quem Vossa Majestade mandou vir ao Maranhão com tantos empenhos só para este fim, nem Gaspar Cardoso fosse secular, a quem Vossa

Majestade o proíbe sob pena de caso maior. Fiz por três vezes requerimento ao dito Gaspar Cardoso se não intrometesse no que lhe não tocava, e era próprio de nossa profissão, e para que Vossa Majestade nos mandara, mostrei-lhe e li-lhe diante dos padres e de oito ou dez soldados, que levava consigo, a ordem de Vossa Majestade e a do capitão-mor, e respondeu publicamente que a de Vossa Majestade não podia guardar, e que a do capitão-mor não queria. Bem entenderam todos que este modo de falar era de quem se fiava em ordem secreta que tinha encontrada, e assim declarou o mesmo Gaspar Cardoso por muitas vezes e a diferentes pessoas[64].

Contra o procedimento do cabo ajudado da força não tinham mais recurso os missionários que os protestos vãos. Sem poderem intervir assistiram à operação costumada, de burla e violência, com que se forneciam de escravos os mandões da colônia.

Gaspar Cardoso e os seus, parte com promessas, parte com ameaças, parte com lhes darem demasiadamente de beber e os tirarem de seu juízo, parte com lhes dizerem que os padres haviam de tirar aos principais as muitas mulheres que costumavam ter [...] arrancaram de suas terras metade dos índios que ali estavam, e seriam por todos mil almas, e os trouxeram pelo rio abaixo[65].

Alguns desses índios repartiu o chefe pelos soldados, que os vendiam, outros levou para si, e os demais deixou com guardas à margem do Tocantins, em sítio perto de onde tinha o capitão-mor lavouras de tabaco, nas quais os puseram a trabalhar.

---

[64] Maranhão, 4 de Abril de 1654. *Cartas*, t. 1, p. 427.

[65] *Cartas*, t. 1, p. 428.

Pela segunda vez a experiência fazia ver ao missionário que da parte das autoridades nenhum auxílio podia esperar. As ordens régias não se cumpriam; acima delas estava o interesse pessoal do governador, que pretendia voltar rico a Portugal após o triênio de sua gerência, o interesse comum dos colonos, que não sabiam viver sem o trabalho coacto das raças submetidas. Era necessário mudar o sistema adotado, tornar as missões autônomas, e a cargo só dos religiosos, sem ingerência da administração civil. Assim com bom resultado se estabelecera nas demais partes da província brasílica da Companhia, onde o governo dos índios estava, pode-se dizer, exclusivamente a cargo dos religiosos. O mesmo se podia fazer nos dois distritos do norte, e isso pediu Vieira em duas longas cartas, de 4 e 6 de abril, dirigidas ao rei, uma das quais constituía a narrativa de suas decepções, a outra a exposição dos meios com que os obstáculos suscitados à vontade do soberano e à sua se poderiam anular.

Duas cartas ao provincial referem os episódios de uma e outra das tentativas de conversão, cujos particulares de astúcia mesquinha e mesquinhas discussões, a tantos anos de distância, absolutamente perdem o interesse; não assim os passos descritivos em que o autor revela a sua admiração dos fatos novos da natureza, e episódios da vida das selvas, que este mundo surpreendente de bosques e águas a cada instante lhe deparava.

Não foi sem incômodos e algum perigo que travou o padre pela primeira vez conhecimento com esse oceano interior. Saía a expedição da cidade em dia de Santa Luzia, 13 de dezembro. O grosso das canoas seguiu o caminho mais freqüentado e de mais mansas águas; o mesmo que seguem ainda hoje os barcos de menor porte, e os que cada ano descem do alto Tocantins e centro de Goiás a negociar no Pará: pelo rio Mojú e o estreito corredor de Igarapémirim, que abre na foz do Tocantins; é o caminho chamado *de dentro*. A embarcação de Vieira passou *por fora*, isto é, saiu, pelo lado oposto, por entre as ilhas, à baía de Marajó, e foi seguindo a costa, com todos os riscos de um mar diariamente a hora certa encapelado, e coalhado de parcéis. Martius e Bates, ambos clássicos, descrevem de própria experiência as dificuldades de tal viagem. Vieira relata as suas, com a concisão de sujeito pouco acessível a sustos.

Partimos, finalmente, em dia de Santa Luzia, pela uma hora depois do meiodia, e posto que as demais canoas tomaram o caminho de dentro, que é por entre os rios, nós com as nossas três canoas (porque nos era necessário falar com o padre Mateus Delgado que estava na nossa aldeia de Mortigura[66]) tomamos por fora, que é um pedaço de costa de mar. Chegamos a esta já ao sol posto, a distância era de três léguas, as canoas pequenas, a noite escura, os mares grossos, que quebravam nos baixos de pedra de que tudo está cheio, mas levou-nos Deus a salvamento [...] No dia seguinte (14 de dezembro) partimos de Mortigura, com a maré da tarde, os padre, Antônio Ribeiro, Francisco Veloso, Manuel de Sousa e eu, cada um em sua canoa, e começamos a navegar por um mar de água doce. Derrotou-nos a escuridade da noite, e o padre Antônio Ribeiro e eu a passamos amarrados às árvores de uma ilha, que nos serviram de âncoras e amarras, que estas embarcações não trazem outras. Chamamos os companheiros, mas nem eles ouviram as nossas, nem nós as suas buzinas. Ao outro dia fomos aportar junto a um porto chamado Marapatá, aonde chegou também pouco depois o capitão com as suas canoas. Pasmaram todos de nos acharem ali, porque segundo os grandes ventos e mares com que tínhamos passado os rios a primeira noite da nossa partida, todos entenderam que era impossível atravessarmos a costa de Mortigura, nem atrever-nos a torná-la. Então nos disseram a grande temeridade que tínhamos feito, e nos contaram alguns naufrágios que ali tinham sucedido, e que aquela costa estava afamada pela mais arriscada de todos estes mares; e dos que nela se perdem poucos escapam, por causa dos baixos e todos de pedra. O mesmo nos disseram depois todos os que souberam a hora e maré em que tínhamos passado[67].

---

[66] Atualmente a vila de Conde.

[67] Carta, 5 de outubro de 1653. *Cartas*, t. 1, p. 363.

Na grande baía de Maratapá onde conflúem as águas de vários rios caudalosos, despeja o tumultuante Tocantins, vindo da região montanhosa do Brasil central, repleto de cachoeiras, atravancado de ilhas na parte inferior. A travessia para a margem ocidental, que se tem de seguir para Camutá, sede da capitania, é quase sempre dura; daí em águas bonançosas navegou a frota até as cachoeiras, que era necessário transpor para encontrar os índios. Nesse ponto viu o missionário pela primeira vez os índios na faina de construtores navais, e com justa admiração notou como a tudo supriam sem nenhum apetrecho mais que o material tirado das florestas.

O dia depois de São Tomé gastamos em espalmar e calafetar as canoas, e acabar de prevenir cordas para passar as cachoeiras, em que daqui por diante havemos de entrar. E não cause estranheza o calafetar das canoas, porque posto que aqui se fazem de um só pau, como no Brasil, são, porém, abertas pela proa e pela popa, e acrescentadas pela borda com falcas para ficarem mais altas e possantes, e assim as costuras destas, como os escudos ou rodelas com que se fecham a proa e popa, necessitam de calafeto. Os armazéns de que se tiram todos estes aprestos são os que a natureza tem prontos em qualquer parte deste rio aonde se aporta (o mesmo é nos mais) que é coisa verdadeiramente digna de dar graças à providência do divino Criador, porque indo nesta jornada trezentas pessoas (é o mesmo como se foram três mil) em embarcações calafetadas, breadas, toldadas, velejadas e não providas de abastecimentos mais que uma pouca de farinha, em qualquer parte que chegamos achamos prevenido de tudo a pouco trabalho. A estôpa se faz de cascas de árvores, sem mais indústria que despi-las. Destas mesmas ou outras semelhantes fazem os índios as cordas muito fortes e bem torcidas e cochadas, sem rodas, carretinhas, nem outro algum artifício. Os toldos se fazem de vimes, que alguns chamam *timbostitica*, e certas folhas largas a que chamam *ubim*, tão tecidas e tapadas que não há nenhuns que melhor separem do sol nem defendam da chuva, por mais grossa e continuada, e são tão leves que pouco peso fazem à embarcação. O breu sai da resina das árvores, de que há grande quantidade nestas partes, e se bream com ele não só as canoas senão os navios de alto bordo quando querenam, tão bem como o nosso, senão que este é mais cheiroso. As velas, se as não há ou rompem as de algodão não se tecem, mas lavram-se com grande facilidade, porque são feitas de um pau leve e delgado, que com o benefício de um cordel se serra de alto abaixo, e se dividem em tabuinhas de dois dedos de largo, e com o mesmo de que se fazem as cordas, que chamam *embira*, amarram e vão tecendo as tiras, como quem tece uma esteira, e este pau de que elas se formam se chama *jupati*, e estas velas, que se enrolam com a mesma facilidade que uma esteira, tomam tanto e mais vento que o mesmo pano. É um louvar a Deus! Tudo isto se arma e sustenta sem um só prego, o que se não vê em uma canoa para o intento; pois todo o pregar se supre com o atar, e o que havia de fazer o ferro fazem os vimes, a que também chamam cipós, muito fortes, com que as mesmas partes da canoa se atracam, e tudo quanto dela depende vai tão seguro e firme como se fora pregado[68].

O mesmo quanto às provisões de boca; para as maiores viagens um pouco de farinha e nada mais; o resto se tirava do caminho, como notava o padre. E para o alojamento em terra, quando desejado: esse depressa se construía com o material da floresta. Tudo trabalho dos índios, e, advertia ele, "sem paga alguma mais que o chamarem-lhes cães e outros nomes muito mais afrontosos".

A aguada vai debaixo da quilha, e em qualquer parte e em qualquer hora que se tira é fresca e muito sadia; em abicando as canoas à terra saem os índios, uns à caça, outros à pesca, e a pouca detenção trazem de uma e outra, muitas vezes em grande abundância, e sempre o que basta para todos. No mesmo tempo (sendo inverno) se ocupam outros em fazer as casas, que se fazem todos os dias, quando

---

[68] *Cartas*, t. 1, p. 373.

se não tem por melhor passar à sombra do arvoredo, que sempre é verde, alto e tapado. As casas são ordinariamente cobertas de palha, e, quando na jornada vai tropa de portugueses, se fazem tão largas e separadas que mais parecem para viver que para as poucas horas para que são levantadas[69].

Desde o undécimo dia de viagem se encontrou a frota na região hostil das cachoeiras, passadas com terrível trabalho dos índios, que a remo venciam as corredeiras, e a braço e corda arrastavam as embarcações no seco por entre os rochedos. Quase três séculos são passados, e ainda nos mesmos lugares, com iguais trabalhos, o homem se debate na confusão das penedias e águas turbulentas[70].

Amanheceu o dia 24, véspera de Natal, e depois do sol bem fora por ser muito necessária a luz, começamos a acometer a primeira cachoeira, em que houve grandes dificuldades; a primeira foi uma corrente de água tão viva e furiosa que para as canoas a vencerem era necessário descansarem primeiro os remeiros, comerem e tomarem novos alentos. Então se punha cada canoa por si como cavalo na carreira, enfiando a água com toda a força dos ventos, e não sendo o espaço que se havia de vencer mais que do comprimento de duas braças, nenhuma o fez sem grande detenção e resistência. Algumas canoas houve que tornaram atrás, e não levaram a corrente senão da segunda e terceira vez; e uma que era a maior e mais pesada, por totalmente não poder passar, a deixamos até a volta. Daqui atravessamos por entre pedras e redemoinhos de águas a umas penhas muito altas, que estão no meio do rio, e encostadas a elas se começaram a arrastar as canoas por um despenhadeiro de água tão estreito e tão íngreme que era necessário lançarem-se primeiro cordas à parte de cima, e puxando por elas uns índios, e

---

[69] *Cartas*, t. 1, p. 374.

[70] A linha férrea que atravessa a região das cachoeiras, não estava concluída, quando da primeira edição deste livro.

arrastando outros a canoa por cima das pedras, e quase sustentando-a, desta maneira, com grande vigor e excessivo trabalho, se foram subindo todas uma a uma. Aqui deu lugar o rio a que se remasse um bom espaço, até que demos em uma ladeira de pedra e água muito comprida, pela qual foi necessário irem subindo as canoas, como por uma escada, à pura força de cordas, de braços e de gente, já firmando-se sobre umas pedras, já encalhando e já virando-se em outras [...] Na subida deste muro, e na passagem desta escada tão intrincada de pedras, que achamos depois dela se gastou o dia todo, de maneira que, quando chegamos a tomar porto, era já quase ar pardo[71].

Tais eram os trabalhos que a viagem custava, e nos quais se não participava o missionário lhe cabia o desconforto da ocasião e a inevitável ansiedade. Além da décima cachoeira, a Itaboca, uma das mais perigosas — "ter vencido nesta viagem a Itaboca, é ter passado na Índia o cabo da Boa Esperança"[72] — Vieira teve a surpresa de ver um bando de porcos silvestres atravessando o rio, e os índios prearem neles, fazendo famosa caçada. Nessa carta, mais que em nenhum outro de seus escritos conhecidos, e contra o que, parece, era o pendor natural do seu espírito, ele recolhe fatos de observação pessoal, que no-lo mostram fora do mundo de seus pensamentos e atento a fenômenos da vida exterior, que em nada importam àqueles. Tartarugas que saem a desovar nas praias, e que os índios apreendem; os grandes sáurios, que, feridos de bala na água, saltam, mergulham e tornam à superfície até que um tiro derradeiro, mais certo, os afunda; uma alvorada de passarinhos, e a tribo numerosa das aves aquáticas nas ribeiras. Quiçá porque o espetáculo novo, e a expressão da vida das selvas, lhe descerra o cenário das ações que agora medita, e delas por isso faz parte. O certo é que o pitoresco, destituído de interesse prático, raras vezes achamos que o comova como aqui.

---

[71] *Cartas*, t. 1, p. 376.

[72] Ibidem, p. 380.

De regresso à sede da capitania encontrou o padre mais acesa a hostilidade dos colonos. Não era só no tocante aos cativeiros que se tornavam os jesuítas importunos. Cada dia surgiam desaguisados. Tinha-lhes a câmara consignado local para fundarem casa na cidade; desprezaram a concessão e foram edificar em terreno junto à fortaleza, da qual ficava padrasto a construção. Disto foi queixa ao Conselho Ultramarino[73], inútil como o tempo mostrou, porque ali se erigiu o colégio e permaneceu até o fim. Em janeiro requereu o procurador municipal que o superior ratificasse o termo, assinado pelo padre João de Souto Maior, de não intervirem os missionários em negócios de índios. Como isso era justamente o inverso de suas intenções, Vieira esquivou-se, a pretexto de doença, de comparecer na Câmara no dia determinado, preparou viagem, e logo que pôde ausentou-se para o Maranhão, onde pregava a 22 de março. Era o quinto domingo da Quaresma, chamado em linguagem litúrgica o domingo das verdades. Que verdade o orador se proporia dizer ao auditório, do qual, pela questão dos índios, tantas queixas tinha? "Não gastemos tempo" – respondia – "a verdade que vos digo é que no Maranhão não há verdade." Assim falando visava decerto os enganos do capitão-mor, que lhe tinham frustrado a missão, e as invenções malévolas dos portugueses, que atribuíam aos missionários intentos de cobiça e tenebrosas maquinações de domínio.

Se o império da mentira não fora tão universal no mundo, pudera-se suspeitar que nesta nossa ilha tinha a sua corte a mentira. Todas as terras assim como têm particulares estrelas, que naturalmente predominam sobre elas, assim padecem também diferentes vícios a que geralmente são sujeitas. Fingiram a este propósito os alemães uma galante fábula. Dizem que quando o diabo caiu do céu, que no ar se fez em pedaços, e que estes pedaços se espalharam em diversas províncias da

---

[73] Consulta, 19 de maio de 1655, sobre a comunicação de 27 de fevereiro do ano anterior.

Europa, onde ficaram os vícios que nelas reinam. Dizem que a cabeça do diabo caiu em Espanha, e que por isso somos fumosos, altivos e com arrogância graves. Dizem que o peito caiu em Itália, e que daqui lhes veio serem fabricadores de máquinas, não se darem a entender, e trazerem o coração sempre coberto. Dizem que o ventre caiu em Alemanha, e que esta é a causa de serem inclinados à gula, e gastarem mais que os outros com a mesa e com a taça. Dizem que os pés caíram em França e que daqui nasce serem pouco sossegados, apressados no andar e amigos de bailes. Dizem que os braços com as mãos e unhas crescidas, um caiu em Holanda, outro em Argel, e que daí lhes veio (ou nos veio) o serem corsários. Esta é a substância do apólogo, nem mal formado, nem mal repartido; porque ainda que a aplicação dos vícios totalmente não seja verdadeira, tem contudo a semelhança de verdade, que basta para dar sal à sátira. E suposto que à Espanha lhe coube a cabeça, cuido eu que a parte dela que nos toca ao nosso Portugal é a língua: ao menos assim o entendem as nações estrangeiras que de mais perto nos tratam. Os vícios da língua são tantos que fez Drexélio um abecedário inteiro e muito copioso deles. E se as letras deste abecedário se repartissem pelos Estados de Portugal, que letra tocaria ao nosso Maranhão? Não há dúvida que o *M*: *M* Maranhão, *M* murmurar, *M* motejar, *M* maldizer, *M* malsinar, *M* mexericar, e sobretudo *M* mentir: mentir com as palavras, mentir com as obras, mentir com os pensamentos, que de todos e por todos os modos aqui se mente. Novelas e novelos são as duas moedas correntes desta terra: mas têm uma diferença, que as novelas armam-se sobre nada, e os novelos armam-se sobre muito, para tudo ser moeda falsa[74].

Os novelos a que se referia eram os de fio de algodão que, à falta de moeda, serviam para as permutas na terra. Mal soariam tais palavras a ouvidos maranhenses, mas isso era o que queria o pregador, que exercendo funções de moralista castigava juntamente agravos seus. E isto não era ainda o máximo

---

[74] *Sermões*, t. 7, p. 8.

a que a sua audácia chegaria. Além de pessoalmente intrépido, contava com a docilidade do auditório; adiante se verá.

Se no tocante aos selvagens fora até então tolhida a ação dos missionários, nem por isso em outros respeitos careceu ela totalmente de eficácia. Como em toda a parte aonde os jesuítas chegavam, recebeu deles grande impulso a vida devota. As práticas de fervor católico, iniciadas durante a quaresma, não se tinham interrompido depois, e prosseguiram na ausência de Vieira. A mocidade atraída às escolas, onde ensinavam os padres as primeiras letras e o latim, concorria por obrigação às missas diárias, ladainhas, terços, procissões, prédicas e doutrinas. Os adultos, antes descuidados dos preceitos religiosos, seguindo o exemplo dos meninos, eram também exatos em assistir à missa e solenidades, e não faltavam com sua presença o capitão-mor e magistrados principais. A instrução dos índios escravos no catecismo continuava, e muitos deles eram assíduos ao serviço dominical, e ouviam práticas e explicações da moral cristã, na sua língua própria, por padre perito nela. Tudo isso em povoado insignificante, que presunçosamente tomava o nome de cidade, produzia efeito imenso, e incutia nas imaginações a idéia de um poder misterioso e vasto exercido pelos padres. Por isso mesmo, aquela parte da população que os hostilizava mais determinada estava a lhes nulificar a influência. A questão dos índios não chegava por nenhum dos lados a solução aceitável: nem os colonos desistiam do sistema de escravidão que tinham instituído; nem os jesuítas deixavam o propósito de lhes subtrair, ou pelo menos limitar, o domínio sobre os selvícolas cristianizados.

Em maio antecedente tinham, como se sabe, as duas câmaras de São Luís e Belém mandado à corte procuradores a requererem a revogação da lei que, proibindo totalmente os cativeiros, fora a causa dos distúrbios coincidentes com a chegada de Vieira. Feitas as pazes tinha o padre escrito a recomendar a pretensão das câmaras, e propondo o que, a seu juízo, convinha estabelecer. O rei atendera às reclamações, e de acordo com os procuradores instituíra as novas condições em que podiam os índios ser compelidos ao serviço, temperando os desejos dos colonos com as limitações sugeridas por Vieira. Comparando com a carta deste, de 20 de maio de 1653, a lei de 17 de outubro desse ano, verifica-se que as disposições principais são idênticas às da proposta do missionário e na sua mesma linguagem, o que significa ter sido a lei decalcada sobre a carta[75]. Essa nova fórmula de escravidão teve bom acolhimento na colônia; a lei ou provisão como indiferentemente a dizem, foi registada a 3 de junho de 1654 na Câmara do Pará, e, evidentemente em data anterior, logo que chegaram da Europa os navios desse ano, na de São Luís.

Os jesuítas é que, após a experiência feita do que valiam as determinações régias na colônia, se não contentavam já com o que antes tinham por bastante. Vieira protestava altamente, representando que a cláusula posta na provisão contra os que a violassem – "os que o contrário fizerem mandarei castigar com a demonstração que o caso merecer" – a ninguém amedrontava, tão vaga era nos termos, e nunca por qualquer modo efetiva. Devia ser a pena, pretendiam, a *de caso maior grande*, mas essa mesma insuficiente, porque nunca se aplicaria, como tantas vezes se tinha visto. O único remédio estava em se isentarem as missões e os índios de toda a interferência das autoridades. Assim dizia ao rei, em 4 de abril, Antônio Vieira. Mais tarde, esquecido do que escrevera ao soberano – "Vossa Majestade me faz mercê dizer que mandou se confirmassem os despachos com tudo o que de cá apontei"–, não hesitava em capitular de sub-reptícia a provisão, por não terem os índios procuradores no reino, quando foi passada, e só os colonos se acharem representados[76]; tão facilmente na paixão da controvérsia eliminava as recordações incômodas. Agora, em resposta ao rei, propunha que os governadores e capitães-mores não tivessem jurisdição alguma sobre

---

[75] Veja-se a Provisão em Barredo, *Anais históricos do Estado do Maranhão*, § 982.

[76] Comparem-se a carta de 4 de abril de 1654 e a Resposta aos capítulos, *Chorogr. Hist.*, v. 4, p. 187.

os índios, conversos ou gentios; e que somente aos missionários coubesse o dirigi-los. Trecho significativo é o que diz respeito à escolha destes últimos.

Só parece que faltava dizer aqui que religiosos ou que religião há de ser a que tenha a seu cargo os índios na forma sobredita; mas neste particular não tenho eu, nem posso ter, voto, porque sou padre da Companhia. Só digo que é necessário que seja uma religião de mui qualificada e segura virtude, de grande desinteresse, de grande zelo da salvação das almas, e letras mui bem fundadas, com que saiba o que obra e o que ensina; porque os casos que cá ocorrem são grandes, e muitos deles novos e não tratados nos livros. Enfim, Senhor, a religião seja aquela que Vossa Majestade julgar por mais idônea para tão importante empresa, e seja qualquer que for[77].

Ninguém podia afirmar melhor a modéstia. Os jesuítas desinteressavam-se, somente recomendando que se elegesse a religião mais idônea. Qual ela fosse sabia o rei, e tanto bastava a Vieira.

A disposição de ânimo em que então se achava o superior para com os capitães-mores resulta clara da resposta a D. João IV, que o consultava sobre o propósito de outra vez unir em um só governo as duas capitanias do Norte.

No fim da carta de que Vossa Majestade me fez mercê, me manda Vossa Majestade diga meu parecer sobre a conveniência de haver neste Estado ou dois capitães-mores ou um só governador. Eu, Senhor, razões políticas nunca as soube, e hoje as sei muito menos; mas por obedecer direi toscamente o que me parece. Digo que menos mal será um ladrão que dois, e que mais dificultosos serão de achar dois homens de bem que um. Sendo propostos a Catão dois cidadãos romanos para o provimento de duas praças, respondeu que ambos lhe

---

[77] 6 de abril de 1654. *Cartas*, t. 1, p. 439.

descontentavam: um, porque nada tinha; outro, porque nada lhe bastava. Tais são os dois capitães-mores em que se repartiu este governo. Baltasar de Sousa Pereira não tem nada, a Inácio do Rego Barreto não lhe basta nada; e eu não sei qual é maior tentação, se a necessidade, se a cobiça. Tudo quanto há na capitania do Pará, tirando as terras, não vale dez mil cruzados, como é notório, e desta terra há de tirar Inácio do Rego mais de cem mil cruzados em três anos, segundo se lhe vão logrando bem as indústrias [...] Se houvesse dois homens de consciência, e outros que lhe sucedessem, não haveria inconveniente em estar o governo dividido. Mas se não houver mais que um, venha um que governe tudo e trate do serviço de Deus e de Vossa Majestade; e se não houver nenhum, como até agora parece que não houve, não venha nenhum, que melhor se governará o estado sem ele que com ele [...][78]

Mas qualquer que fosse a solução, e as pessoas nomeadas, todo o mal se sanaria desde que estivessem os índios independentes dos governadores. "Arrancada esta raiz, que é o pecado capital e original deste Estado, cessarão também todos os outros que dele se seguem." Para conseguir isso resolveu, de acordo com os companheiros, deixar provisoriamente a missão, e ir ele próprio ao reino fazer os requerimentos necessários. Já ao regressar do To-cantins pensara nisso, mas foi a tenção abandonada no receio de que durante a ausência assumissem outra vez os colonos atitude agressiva contra a mis-são. Justamente quando dispunha a partida rebentou o conflito. Para melhor justificar o empenho a que ia à metrópole, quisera ele levar consigo as bases do que novamente se havia de determinar, em representação subscrita pelas pessoas principais, que fossem da afeição da Companhia. Quando o papel andava às assinaturas, alguém o levou à Câmara, onde a leitura despertou indignação. Os presentes, vereadores e colonos de categoria chamados a ou-

---

[78] Maranhão, 4 de abril de 1654. *Cartas*, t. 1, p. 416, 419.

vir, mais inflamado que todos o procurador do senado Jorge de Sampaio, prorromperam em protesto ruidoso; e com ameaças e epítetos afrontosos aos jesuítas, chamando traidores a quem os favorecia, aterrando a todos com o esboço de violências, impediram que a representação corresse. O tabelião, que tinha ido ao colégio legalizar umas certidões para Vieira, foi preso e metido na enxovia. Quieto, o capitão-mor não intervinha, deixando à solta contra os padres a parte turbulenta da população.

Vieira não era homem a quem o terror subjugasse. Ameaças e doestos saíam baldados com ele. O perigo pessoal era-lhe incentivo a provocar novas iras. A 13 de junho, na festa de Santo Antônio, subiu ao púlpito e proferiu o notável sermão dos peixes, violenta sátira, ao pé da qual a outra anterior, do domingo das verdades, não passava de um chiste anódino.

Nunca a veia cáustica do pregador foi mais acerada que nesse lance. Sob o tom de ironia benévola, quanta malícia! Todo o Maranhão passa à vista na alegoria aquática. O peixe roncador, o voador, o polvo, o pegador, são outros tantos tipos de colonos, como existiam na terra; alguns tão caracterizados que qualquer dos ouvintes, o mais ingênuo, poria o nome no retrato. O orador desafogava a indignação contra o povo maranhense em geral, mas certos tiros batiam em alvo determinado. O roncador é peixinho dos trópicos, muito abundante no Maranhão[79]. Insignificante no tamanho, mas fazendo ruído como de animal temível. Dele zomba o pregador às casquinadas, falando por santo Antônio, mas de quem realmente ri é dos oficiais da câmara e outros, que bravateiam contra ele.

Descendo ao particular, direi agora, peixes, o que tenho contra alguns de vós. E começando aqui pela nossa costa, no mesmo dia em que cheguei a ela, ouvindo os roncadores, e vendo o seu tamanho, tanto me moveram a riso como a ira. É possível, que sendo vós uns peixinhos tão pequenos haveis de ser as roncas

---

[79] *Pomadasis cro-cro*, fam. Emulidae; *piraçununum* na língua indígena.

do mar? Se com uma linha de coser e um alfinete torcido vos pode pescar um aleijado, porque haveis de roncar tanto? Mas por isso mesmo roncais. Dizei-me: o espadarte porque não ronca? Porque ordinariamente quem tem muita espada tem pouca língua. Isto não é regra geral; mas é regra geral que Deus não quer roncadores, e que tem particular cuidado de abater e humilhar aos que muito roncam. São Pedro, a quem muito bem conheceram vossos antepassados, tinha tão boa espada que ele só avançou contra um exército inteiro de soldados romanos; e se Cristo lha não mandara meter na bainha eu vos prometo que havia cortar mais orelhas que a de Malco. Contudo, que lhe sucedeu naquela mesma noite? Tinha roncado e barbateado Pedro que, se todos fraquejassem, só ele havia de ser constante até morrer se fosse necessário; e foi tanto pelo contrário que só ele fraquejou mais que todos, e bastou a voz de uma mulherzinha para o fazer tremer e negar. Antes disso já tinha fraquejado na mesma hora em que prometeu tanto de si. Disse-lhe Cristo no horto que vigiasse, e vindo daí a pouco a ver se o fazia achou-o dormindo com tal descuido que não só o acordou do sono senão também do que tinha blasonado: "Vós, Pedro, sois o valente que havieis de morrer por mim e não pudestes uma hora vigiar comigo? Pouco há tanto roncar e agora tanto dormir?". Mas assim sucedeu. O muito roncar antes da ocasião é sinal de dormir nela. Pois que vos parece, irmãos roncadores? Se isto sucedeu ao maior pescador, que pode acontecer ao menor peixe? Medi-vos, e logo vereis quão pouco fundamento tendes de blasonar nem roncar[80].

O polvo do sermão é o hipócrita vulgar, acomodatício na aparência para melhor lhe surtir o ato traiçoeiro; mas bem podia ser ele o capitão-mor Baltasar de Sousa, que enganara o pregador com promessas falsas, o vigário, ou algum dos prelados das ordens rivais.

---

[80] *Sermões*, t. 1, p. 50.

Mas já que estamos nas covas do mar, antes que saiamos delas temos, lá o irmão polvo, contra o qual têm suas queixas, e grandes, não menos que São Basílio e Santo Ambrósio. O polvo, com aquele seu capelo na cabeça, parece um monge; com aqueles seus raios estendidos, parece uma estrela; com aquele não ter osso nem espinha, parece a mesma brandura, a mesma mansidão. E debaixo desta aparência tão modesta, ou desta hipocrisia tão santa, testemunham contestemente os dois grandes doutores da igreja latina e grega que o dito polvo é o maior traidor do mar. Consiste esta traição do polvo primeiramente em se vestir ou pintar das mesmas cores de todas aquelas coisas a que está pegado. As cores, que no camaleão são gala, no polvo são malícia; as figuras, que em Proteu são fábula, no polvo são verdade e artifício. Se está nos limos, faz-se verde; se está na areia, faz-se branco; se está no lodo, faz-se pardo; e se está em alguma pedra, como mais ordinariamente costuma estar, faz-se da cor da mesma pedra. E daqui que sucede? Sucede que o outro peixe inocente da traição vai passando desacautelado, e o salteador que está de embuscada dentro do seu próprio engano lança-lhe os braços de repente e fá-lo prisioneiro. Fizera mais Judas? Não fizera mais porque nem fez tanto. Judas abraçou a Cristo, mas outros o prenderam; o polvo é o que abraça e mais o que prende. Judas com os braços fez o sinal, e o polvo dos próprios braços faz as cordas. Judas é verdade que foi traidor, mas com lanternas diante; traçou a traição às escuras, mas executou-a muito às claras. O polvo escurecendo-se a si tira a vista aos outros, e a primeira traição e roubo que faz é à luz, para que não distinga as cores. Vê, peixe aleivoso e vil, qual é a tua maldade, pois Judas em tua comparação já é menos traidor![81]

O peixe voador deve ser o inimigo petulante que, inconsciente da sua fragilidade, tenta medir suas forças com as do pujante atleta que era Antônio Vieira. Talvez o procurador da câmara Jorge de Sampaio, presunçoso de dotes intelectuais, principal autor e porta-voz de todas as queixas contra os jesuítas.

---

[81] *Sermões*, t. 1, p. 56.

Com os voadores tenho também uma palavra, e não é pequena a queixa. Dizei-me, voadores, não vos fez Deus para peixes? Pois porque vos meteis a ser aves? O mar fê-lo Deus para vós, e o ar para elas. Contentai-vos com o mar e com nadar, e não queirais voar, pois sois peixes. Se acaso vos não conheceis, olhai para as vossas espinhas e para as vossas escamas, e conhecereis que não sois ave, senão peixe, e ainda entre os peixes não dos melhores. Dir-me-eis, voador, que vos deu Deus maiores barbatanas que aos outros de vosso tamanho. Pois, porque tivestes maiores barbatanas, por isso haveis de fazer das barbatanas asas? Mas ainda mal, porque tantas vezes vos desengana o vosso castigo. Quisestes ser melhor que os outros peixes, e por isso sois mais mofino que todos. Aos outros peixes do alto mata-os o anzol ou a fisga; a vós sem fisga nem anzol mata-vos a vossa presunção e o vosso capricho. Vai o navio navegando e o marinheiro dormindo, e o voador toca na vela ou na corda e cai palpitando. Aos outros peixes mata-os a fome e engana-os a isca; ao voador mata-o a vaidade de voar, e a sua isca é o vento. Quanto melhor lhe fora mergulhar por baixo da quilha e viver, que voar por cima das antenas e cair morto! Grande ambição é que sendo o mar tão imenso lhe não basta a um peixe tão pequeno todo o mar, e queira outro elemento mais largo. Mas vêde, peixes, o castigo da ambição. O voador fê-lo Deus peixe, e ele quis ser ave, e permite o mesmo Deus que tenha os perigos de ave e mais os de peixe. Todas as velas para ele são redes como peixe, e todas as cordas laços como ave. Vê, voador, como correu pela posta o teu castigo. Há pouco nadavas vivo no mar com as barbatanas, e agora jazes em um convés amortalhado nas asas. Não contente com ser peixe quiseste ser ave, e já não és ave nem peixe; nem voar poderás já nem nadar. A natureza deu-te a água, tu não quiseste senão o ar e eu já te vejo posto ao fogo. Peixes, contente-se cada um com o seu elemento. Se o voador não quisera passar do segundo ao terceiro, não viera a parar no quarto. Bem seguro estava ele do fogo quando nadava na água, mas porque quis ser borboleta das ondas vieram-se-lhe a queimar as asas[82].

---

[82] Ibidem, p. 54.

Lançado por esse modo o cartel, passados poucos dias, talvez no imediato, Antônio Vieira partiu para a Europa. Disseram seus antagonistas que clandestinamente, o que não causa estranheza. O furor popular, acirrado pelas malícias do sermão e suspeita de que iria à Europa buscar meios de se desafrontar da oposição a seus projetos, era de temer lhe tentasse impedir a viagem, ou molestar o embarque com algum desacato. O próprio Vieira, declarando ter se despedido do governador, do vigário-geral e de outras pessoas principais, não oculta que, por efeito das violências praticadas com o tabelião e outros, deixara de fazer mais pública a sua partida[83]. Os que dela sabiam guardaram reserva, para evitar possíveis tumultos.

IV

Ainda dessa vez teve Antônio Vieira ruim fortuna no oceano. Com sessenta dias de viagem, e já na altura dos Açores, esteve o navio, batido de áspera tormenta, a ponto de soçobrar. Quase em árvore seca, só com o traquete largo, tanta era a fúria do vento que adernou, e por algum tempo correu de borda por baixo de água, o convés submerso até a metade, tripulação e passageiros seguros, como melhor puderam, à outra amurada, e cavalgando o costado, para não serem precipitados. O perigo era extremo, e o que havia de religião em todas as almas saía aos lábios em brados de misericórdia e votos dirigidos ao céu. Na conjunção apertadíssima remédio humano não se podia esperar, mas não faltou a confiança no socorro divino. A viagem, como todas em que havia jesuítas a bordo, tinha sido uma espécie de romaria piedosa. Missa quando permitia o tempo, pregação aos domingos, confissões, ladainhas, e o terço do rosário todas as noites rezado em comum;

---

[83] Resposta aos capítulos, *Chrorogr. Hist.*, v. 4, p. 190.

"tudo em grande silêncio, ordem e campa tangida, como se fora convento ou noviciado", recordava mais tarde, ufano de si, Antônio Vieira[84]. E assim entre a companha e os passageiros – quatro destes eram religiosos do Carmo – se mantinha um ambiente de missão. Na angústia dos terríveis instantes, os padres exortavam ao final arrependimento; Vieira, o mais graduado, pronunciou as palavras da absolvição geral. Em seguida uma curta prece, e oh! maravilha!... deixemos-lhe, porém, a palavra:

A quem aconteceu jamais depois de virado o navio, e depois de estarem todos fora dele, sobre o costado, ficar assim parado e imóvel por espaço de um quarto de hora, sem a fúria dos ventos o decompor, sem o ímpeto das ondas o soçobrar, sem o peso da carga e da água, de que estava até o meio alagado, o levar a pique; e depois dar outra volta para a parte contrária, e pôr-se outra vez direito, e admitir dentro em si os que se tinham, tirado fora? Testemunhas são os anjos do céu, cujo auxílio invoquei naquela hora, e não o de todos, senão daqueles somente que têm à sua conta as almas da gentilidade do Maranhão. "Anjos da guarda das almas do Maranhão, lembrai-vos que vai este navio buscar o remédio e salvação delas. Fazei agora o que podeis e deveis, não a nós que o não merecemos, mas àquelas tão desamparadas almas que tendes a vosso cargo. Olhai que aqui se perdem também conosco." Assim o disse a vozes altas, que ouviram todos os presentes, e supriu o merecimento da causa a indignidade do orador. Obraram os anjos porque ouviu Deus a oração. E não podia Deus deixar de a ouvir porque orava nela o mesmo perigo. Sabe o mesmo Senhor que por nenhum interesse do mundo, depois de eu o ter tão conhecido e tão deixado, me tornara a meter no mar senão pela salvação daqueles pobres tesouros, cada um dos quais vale mais que infinitos mundos. E como o perigo era tomado por amor de Deus e dos próximos, como podia faltar a segurança no mesmo perigo?[85]

---

[84] Defesa do livro *Quinto Império do Mundo. Obras inéditas*, p. 1, p. 48.

[85] Sermão de Santa Teresa, na ilha de São Miguel. *Sermões*, t. 7, p. 112.

Não a intercessão dos anjos da guarda invocados, e o interesse das almas dos gentios, mas a Virgem do Rosário, por um voto que lhe foi feito, operou o milagre, segundo testemunho posterior do mesmo protagonista: "Fizemos voto em voz alta de rezar todos os dias da vida o terço do rosário, se a Senhora nos livrava das gargantas da morte [...] no mesmo ponto se tornou a voltar e endireitar o navio"[86]. O biógrafo André de Barros coordena as duas versões, primeiro a súplica, a promessa em seguida. No espírito do orador variava a explicação do prodígio, consoante o interesse que na ocasião nele predominava.

O risco de soçobrar a embarcação já então foi menos iminente, se bem, quanto parecia, ainda provável. Perdidos os mastros, rotas as enxárcias, e o balanço enorme a desconjuntar os costados, apenas flutuava. Sobre o convés vinham quebrar-se com ruído espantoso os vagalhões, e em torno, à vista, dir-se-iam serras convulsas, negras na base, coroadas de espuma, correndo ao assalto de um ponto invisível, longínquo, na direção do vento implacável. Nisto lobrigou-se uma esperança, uma vela no horizonte; podia ser a salvação; mas desceu a noite e o barco entrevisto, batido da tormenta, perdeu-se no escuro da procela. Longas horas deviam ser essas, em que a esperança de todo se afogara, até com o dia lhes aparecer o navio da véspera; amainara um tanto o vento, e o mar parecia cansado da fúria; chegaram à fala, e pôde arrear-se o batel. Era um corsário holandês, que tomou a bordo a gente do navio destroçado, e os lançou, passados nove dias, no porto da Graciosa, destituídos de tudo e sem mais provimento que a roupa do corpo. Foi Vieira que do seu bolso, ou melhor dos recursos da missão, que bens próprios não podia ter, a todos forneceu vestidos, mantimentos e meios para se transportarem a Lisboa. O barco abandonado dos náufragos, carregado de açúcar, era presa de valor; levaram-no os captores para a Holanda. Nele tinha ficado,

---

[86] Maria rosa mística, sermão 26º, *Sermões*, t. 15, p. 343.

302   JOÃO LÚCIO DE AZEVEDO

com a minguada bagagem, o mais precioso que possuía o padre: seus papéis e alguns livros. Na primeira ocasião escreveu a Jerônimo Nunes da Costa, o agente, seu conhecido antigo, em Amsterdam, pedindo que a qualquer preço lhos resgatasse; e para Lisboa deviam ir, por maior segurança, só pelas fragatas de comboio. Na Graciosa permaneceu dois meses; passou depois à Terceira e São Miguel. Nesta ilha pregou a 15 de outubro, festa de Santa Teresa; a 24 continuou a viagem para Lisboa em um barco inglês.

Não foi ainda feliz na curta travessia; sua presença a bordo parecia concitar as cóleras do oceano. Com razão, na velhice, recordando as viagens, notava quantas vezes lhe correra nelas risco a vida. Chegou a Lisboa em novembro; em 14 de março, quinto domingo da quaresma, contava ao auditório numeroso da capela real como lhe passara a viagem. No barco, vinham em muitas gaiolas aves das ilhas, para recreio de Lisboa, como era então costume; para recreio dos ouvintes ele as introduziu também na prédica.

[...] o navio era de hereges, e hereges o piloto e marinheiros: os passageiros éramos alguns religiosos de diferentes religiões, e grande quantidade daqueles músicos insulanos, que com os nossos rouxinóis e pintassilgos vem cá a fazer o coro de quatro vozes, canários e melros. As tempestades foram mais que ordinárias, mas os efeitos que nelas notei verdadeiramente admiráveis. Os religiosos todos estávamos ocupados em orações e ladainhas, em fazer votos ao céu e exorcismos às ondas, em lançar relíquias ao mar, e sobretudo em atos de contrição, confessando-nos como para morrer uma e muitas vezes. Os marinheiros, como hereges, com as machadinhas ao pé dos mastros, comiam e bebiam alegremente mais que nunca, e zombavam das nossas que eles chamavam cerimônias. Os passarinhos, no mesmo tempo, com o sonido que o vento fazia nas enxárcias, como se aquelas cordas foram de instrumentos músicos, desfaziam-se em cantar. Oh! Valha-me Deus! Se o trabalho e o temor não levasse toda a atenção, quem se não admiraria neste passo de efeitos tão vários e tão encontrados, sendo a causa a mesma? Todos no mesmo navio, todos na mesma tempestade, todos no mesmo perigo, uns a cantar, outros a zombar, outros a orar e chorar? Sim. Os passarinhos cantavam, porque não tinham entendimento; os hereges zombavam, porque não tinham fé; e nós que tínhamos fé e entendimento bradávamos no céu, batíamos nos peitos, chorávamos nossos pecados[87].

Ao desembarque esperava-o não outra tempestade imediata, mas uma possível causa de cuidados e temor. Nenhuma ocasião menos propícia ao intento que o trouxera a Lisboa. D. João IV, enfermo em Salvaterra, achava-se, diziam já, na agonia. Um acesso urêmico como o de que veio a falecer depois. Os médicos – provavelmente entre eles o sábio Morato Roma, autor do livro *Luz da Medicina*, físico da casa dos Braganças desde o tempo do duque D. Teodósio – desesperavam de salvá-lo. Dentro do paço mais de uma pessoa se lembraria do soldado taumaturgo que no exército do Alentejo curava todas as moléstias com palavras misteriosas, e a quem por isso o soberano, agora à beira da morte, concedera uma pensão. Seria chamado? Não há memória disso, mas, fato mais relevante ainda, Vieira declarou à rainha que não podia Sua Majestade morrer porque lhe restavam grandes coisas a realizar na terra; e morrendo, para as cumprir, haveria de ressuscitar. O mesmo disse aos cortesãos, saindo do camarim régio, o mesmo repetiu pregando dias depois na festa em ação de graças, que se fez em Salvaterra quando, preenchida a primeira parte do vaticínio, já tinha o doente sarado.

Isto dizia autorizando-se com o Bandarra cujos textos, na solidão mental por entre as solidões da natureza, na América, durante as viagens, havia longamente meditado. As palavras do profeta não ofereciam dúvida, e se cumpririam como se tinham cumprido aquelas outras relativas à Restauração. D. João IV havia de vencer os turcos, resgatar os lugares santos, estabelecer o império universal. Se o não executasse em vida, sua morte não podia ser mais

---

[87] *Sermões*, t. 8, p. 326.

que transitória. Superior às leis cegas do mundo material está o destino, que se exprime nas profecias traduzindo a vontade divina. O sermão, segundo anos depois declarou, não foi nunca escrito; improvisou-o no púlpito, o que aliás não era seu costume. O mesmo afirmou do sermão das exéquias, no Maranhão, por D. João IV, em que predisse a ressurreição do monarca; e é fato que das notas para esse sermão, encontradas em seus papéis, nenhuma àquele ponto se referia; ou porque nunca existissem ou porque as tivesse destruído, quando no tempo de D. Pedro II, suas esperanças no quinto império do mundo se fitavam já nos vivos, abjurando o passado.

O período que até regressar ao Maranhão Vieira passou em Lisboa, foi um dos mais ativos de sua existência, aliás em nenhum outro ociosa, nem mesmo descansada. Espaço curto qual foi, abundante de episódios de luta, revindita e desafio. Lisboa atônita e todas as atenções convergiram para o jesuíta inesperadamente reaparecido. O sermão de Salvaterra era discutido nas conversações, e, é admissível crer-se, sem respeito excessivo pela fama do orador. Quatorze anos passados desde a Restauração, o culto inviolável do Bandarra ficara só com os sebastianistas endurecidos; aos oportunistas de 1640, o correr dos acontecimentos tolhia a esperança de que viesse D. João IV a realizar o império universal. O apelido místico de *Encoberto* perdera a magia e já era tido por superstição ou puerilidade. Foi preciso virem as vitórias do reinado seguinte para outra vez despertar a crença magnífica. Por enquanto pareciam tais sonhos de grandeza prematuros, e a boa razão molestada não pouparia ao escárnio as audácias do pregador.

Por outra parte não era a sazão a mais apropriada ao seu crédito. Fazia um ano que o Brasil holandês voltara definitivamente à posse de seus primeiros conquistadores. A notícia chegara a Lisboa em 19 de março de 1654, no mesmo dia em que se festejava o aniversário de D. João IV. As luminárias e repiques de sinos, de uso na data festiva, publicavam simultaneamente a glória de João Fernandes Vieira e mais patriotas do Brasil: os mesmos contra que tanto deblaterara o padre diplomata. O *Papel forte*, desfeito por eles, disseminava-se ao vento, em partículas ínfimas, vencido, como papel que era, pela força positiva dos fatos. Aqueles que Vieira outrora nomeava desdenhosamente os *valentões de Portugal* haviam tido um triunfo, e decerto não ocultavam seu júbilo. Alguns lembrariam o apodo de *Judas do Brasil*, lançado em 1648 ao jesuíta e aos seus amigos. Razões de sobejo para ele se sentir inquieto e despeitado. Quiçá por isso saiu à teia contra tudo e contra todos, campeão sôfrego que desafia o mundo inteiro.

Fosse porque fosse, a sua atitude desse tempo traduz um desejo intenso de excitar cóleras e se medir com elas. Já fica dito que lhe não desprazia ter inimigos; ninguém igualmente possuiu mais do que ele o talento de os adquirir. Era gozo seu. Onde quer que chegasse a pouco espaço rompia a batalha. O curso liso da existência, como rio sossegado, sem o prazer das catadupas, e o embate da vaga nas rochas, não tinha para ele encantos. Amava os recontros e não descurava oportunidade de satisfazer a inclinação.

Começou pela provocação aos pregadores, seus êmulos, no sermão da Sexagésima, em fevereiro seguinte. A ordem dominicana era o tradicional adversário dos jesuítas. Decorava-se com a familiaridade do Santo Oficio, de que tinha sido o seu patriarca o fundador, e onde, por decreto dos Filipes, lhe pertencia um lugar perpétuo no Conselho Geral. No seu claustro de Lisboa se efetuava quase sempre o espetáculo suntuoso e terrível, que por um eufemismo sacerdotal se denominou *ato da fé*. Na sua igreja se viam adornadas as naves das pinturas bárbaras, que pretendiam ser as efígies dos indivíduos sacrificados no patíbulo à pureza do catolicismo. Com esse tribunal, onde era a Ordem preponderante, tinha Vieira contas em aberto, e ele, como toda a gente, o sabia. Tudo isso dava aspecto não destituído de grandeza ao repto que lhe lançava do púlpito.

Os dominicanos, que se vangloriavam de haver percorrido outrora, em pregações, a Índia e a Tartária, e povoado de mosteiros a Pérsia, a Arábia, a Etiópia, tinham, parece, nos últimos tempos, muito arrefecido o zelo apostólico. Pelo menos não eram para comparar no fervor aos jesuítas, cujos mártires enriqueciam de seus nomes os anais da Ordem. Mais se aplicavam aqueles a emendar os erros das cristandades existentes que a buscar neófitos de que formassem outras novas. Eles e, em geral, todo o clero. Já em 1653, chegando ao Maranhão, o padre repreendia o desleixo em que andava a catequese –"havendo tantas religiões nesse reino e tantas letras ociosas"[88] notava – sem reparar que ele próprio, durante mais de dez anos, vaguera de corte em corte, na Europa, esquecido dos deveres gerais, que como religioso assumira, tanto como do voto particular da sua adolescência entusiasta. Agora mais ainda se sentia cheio de autoridade. Aos que ficavam no conforto das cidades, e combatiam a ele, que as deixara pelas incomodidades e perigos das missões, tornava os golpes com ironias, comparando seu trabalho, e o dos companheiros, de que eram salário a penúria, o risco da vida, estorvos e perseguições, com o trabalho desses outros, fácil e aplaudido por todos. E para mais o censuravam por ter abandonado a missão. Nisto consistiu o exórdio ao qual pertence o trecho a seguir:

> Entre os semeadores do Evangelho há uns que saem a semear, há outros que semeiam sem sair. Os que saem a semear são os que vão pregar à Índia, à China, ao Japão; os que semeiam sem sair são os que se contentam com pregar na pátria. Todos terão sua razão, mas tudo tem sua conta. Aos que têm a seara em casa pagar-lhes-ão a semeadura: aos que vão buscar a seara tão longe hão de lhes medir a semeadura, e hão de lhes contar os passos. Ah! Dia de juízo! Ah! Pregadores! Os de cá achar-vos-eis com mais paço, os de lá com mais passos. Mas daqui mesmo vejo que notais (e me notais) que diz Cristo que o semeador do Evangelho saiu, porém não diz que tornou, porque os pregadores evangélicos, os homens que professam pregar e propagar a fé, é bem que saiam, mas não é bem que tornem [...] Mas pergunto: e se esse semeador evangélico, quando saiu, achasse o campo

---

[88] Carta a D. Teodósio, 25 de janeiro de 1653. *Cartas*, t. 1, p. 301.

tornado; se se armassem contra ele os espinhos; se se levantassem contra ele as pedras e se lhe fechassem os caminhos, que havia de fazer? Todos estes contrários que digo, e todas estas contradições experimentou o semeador do nosso Evangelho. Começou ele a semear (diz Cristo), mas com pouca ventura. Uma parte do trigo caiu entre espinhos e afogaram-no os espinhos. Outra parte caiu sobre pedras e secou-se nas pedras por falta de humidade. Outra parte caiu no caminho e pisaram-no os homens e comeram-no as aves.

Ora vêde como todas as criaturas do mundo se armaram contra esta sementeira [...]

Grande desgraça! Mas ainda a do semeador do nosso Evangelho não foi a maior. A maior é a que se tem experimentado na seara aonde eu fui, e para onde venho. Tudo o que aqui padeceu o trigo padeceram lá os semeadores. Se bem advertirdes houve aqui trigo mirrado, trigo afogado, trigo comido e trigo pisado [...] Tudo isto padeceram os semeadores evangélicos da missão do Maranhão, de doze anos a esta parte. Houve missionários afogados, porque uns se afogaram na boca do grande rio das Amazonas; houve missionários comidos, porque a outros comeram os bárbaros na ilha dos Aruans; houve missionários mirrados, porque tais tornaram os da jornada dos Tocantins, mirrados da fome e da doença, onde tal houve que, andando vinte e dois dias perdido nas brenhas, matou somente a sede com o orvalho que lambia das folhas [...] E que sobre mirrados, sobre afogados, sobre comidos, ainda se vejam pisados e perseguidos dos homens![89]

Aqui volta-se para os acusadores que o argüiam de ter abandonado a missão. Qual seria o dever do semeador vendo tão mal logrados os seus trabalhos? Desistir e ficar na expectativa? Isso é que não! "Mas se tornasse muito depressa a casa a buscar alguns instrumentos com que a limpar a terra das pedras e dos espinhos seria isto desistir? Seria isto tornar atrás? Não por

---

[89] *Sermões*, t. 1, p. 249, 250, 251.

certo." Trazia então o texto de Ezequiel, onde diz o profeta que os cavalos que tiravam o carro da glória divina – e esses eram os pregadores do Evangelho – iam e tornavam como um raio ou corisco. Assim faria ele. "Ir e voltar como raio não é tornar é ir por diante." E raio entendia ser na presteza; raio em assombrar os inimigos.

Com os deste lado do oceano ajustava contas, principiando com os da sua mesma classe, os pregadores, aos quais crivava de sarcasmos. Mofava da linguagem, carregada de tropos e obscura, de que usavam. "É possível que somos portugueses, e havemos de ouvir um pregador em português, e não havemos de entender o que diz? Assim como há Lexicon para o grego, e Calepino para o latim, assim é preciso um vocabulário do púlpito." Notava o defeito de complicarem o discurso pela acumulação de temas vários, estabelecendo a confusão. "Usa-se hoje o modo que chamavam de apostilar o Evangelho; em que tomam muitas matérias, levantam muitos assuntos, e quem levanta muita caça e não segue nenhuma não é muito que se recolha com as mãos vazias." Reprovava a adoção do tom brando da conversação, impróprio para a tribuna sagrada, que requere efeitos de voz: "Antigamente a primeira parte do pregador era boa voz e bom peito, e verdadeiramente como o mundo se governa tanto pelos sentidos podem algumas vezes mais os brados que a razão". Condenava-os por deturparem o sentido dos textos, levianamente e por justificarem agudezas: "Nesses lugares, nesses textos, que alegais para prova do que dizeis, é esse o sentido em que Deus as disse? É esse o sentido em que o entendem os padres da Igreja? É esse o sentido da gramática das palavras? Não, por certo, porque muitas vezes as tomais pelo que toam e não pelo que significam, e talvez nem pelo que toam"[90].

Assim vinha esse padre, que cuidavam relegado, talvez para sempre, através do mar, de um mundo distante, repreender e provocar aqueles que na sua

---

[90] *Sermões*, t. 1, p. 264, 270, 273.

ausência triunfavam senhores do terreno. Fora e voltara como raio. Palavras cabalmente justificadas na aplicação a seus adversários. Como o raio, feria poderosamente e de súbito.

O efeito foi enorme. Os domínicos, sentindo o golpe, tocaram alarma, saindo a dar combate ao ousado. Logo na seguinte dominga abriu o prélio frei Domingos de São Tomás, grande luzeiro da Ordem, mestre na universidade dominicana, e também pregador régio, desafrontando a classe com um ataque direto ao confrade, dissidente dos métodos consagrados. Os sermões impressos, desse religioso de sobra justificam as críticas do seu rival jesuíta[91]. Seguiram-se outros oradores da Ordem, e por toda a quaresma nas igrejas de Lisboa soaram dos púlpitos remoques ásperos e alusões não veladas ao agressor. A cidade inteira divertia-se e cada domingo esperava a resposta de Vieira. Esta, porém, não veio, e somente a tradição guardou, como eco da contenda, um epigrama que o vinga. Referiam ao jesuíta que tinha dito em um discurso frei Domingos, falando de São Tomás, que era ele o morgado das letras e ciências. Observação de Vieira: "Por isso ficaram seus irmãos, os dominicanos, tão pobres delas"[92].

---

[91] Da eloqüência desse pregador se julgue pelo trecho abaixo da obra *Predica sacramental e Hymno eucharístico*, 2 v., Lisboa, 1675, no Sermão 2º do v. 1, p. 53: "Que entendimento haverá logo (seja ou humano ou angélico) que ouse a discorrer onde não corre, que ouse a entender onde não entende? Por mais que se esforce, que se alente, que se abalance, que se arrebate, será sempre nos avanços curto, nos discursos fraco, nos elogios covarde, nos conceitos pedante. A pé e mui pé ante pé caminha quem assim discursa: e ainda é dita grande que possa tomar pé um mar de amor tão alto, tão imenso e tão profundo, que não só o não vadeiam, nem ainda o nadam, nem o navegam, os querubins mais cientes nem os mais flamantes serafins; uns e outros amainam as velas, humilham as asas, param as ousadias; que tal seria a minha se como sumilher de cortina pretendesse correr a daquelas espécies nevadas. a daquelas neves divinas? Não para descobri-las discursivo, mas para venerá-las respeitoso, me valha o favor da graça, e valha-me para alcançá-la o favor da Ave-Maria". O sermão contra Vieira não existe entre os impressos.

[92] Memória muito precisa para cabal inteligência da carta que Antônio Vieira escreveu ao provincial de Andaluzia. Ms. Bibl. Nac., *Maquinações de Antônio Vieira jesuíta*, v. 3, p. 334.

No terceiro domingo da quaresma apareceu Vieira no púlpito da capela real. Pensavam muitos, pensavam todos, que iriam assistir ao prosseguimento das hostilidades entre as duas Ordens rivais. A execução pública de frei Domingos era para os admiradores do jesuíta sucesso infalível. Não sucedeu assim. Frustrou-se a expectativa, o que, para alguns dos ouvintes, foi certamente penosa surpresa. Assim aconteceria quando sobre o tema da confissão se dirigiu o orador aos grandes da corte presentes.

Quem sou eu? Isto se deve perguntar a si mesmo um ministro, ou seja Arão secular, ou seja Arão eclesiástico. Eu sou um desembargador da Casa da Suplicação, dos Agravos, do Paço. Sou um procurador da Coroa. Sou um chanceler-mor. Sou um regedor da Justiça. Sou um conselheiro de Estado, de Guerra, do Ultramar, dos Três Estados. Sou um vedor da Fazenda. Sou um presidente da Câmara, do Paço, da Mesa da Consciência. Sou um secretário de Estado, das Mercês, do Expediente. Sou um inquisidor. Sou um deputado. Sou um bispo. Sou um governador de um bispado etc. Bem está, já temos o ofício: mas o meu escrúpulo, ou a minha admiração não está no ofício senão no *um*. Tendes um só desse ofícios ou tendes muitos? Há sujeitos na nossa corte que têm lugar em três e quatro, que têm seis, que têm oito, que têm dez ofícios. Este ministro universal não pergunto como vive nem quando vive. Não pergunto como acode a suas obrigações nem quando acode a elas. Só pergunto como se confessa[93].

Adverte como, ordenando o mundo, repartiu o Criador entre dois astros a tarefa de o iluminar: de dia o sol, de noite a lua. Porque não a um só astro, ao sol?

Porque ninguém pode fazer bem dois ofícios ainda que seja o mesmo sol. O mesmo sol quando alumia um hemisfério deixa o outro às escuras. E que haja de

---

[93] *Sermões*, t. 2, p. 300.

haver homem com dez hemisférios! E que cuide, ou se cuide, que em todos pode alumiar! Não vos admiro a capacidade do talento, a da consciência sim.

Talvez a gente áulica mais ainda estremecesse de cólera, ao chegar o sermão à última parte. Sátira fina e pungente, painel verídico. Aqueles da assistência, que viam retratados fatos de que tinham padecido o molesto, deviam da sua banda exultar de os ver castigados.

Antigamente estavam os ministros às portas das cidades; agora estão as cidades às portas dos ministros. Tanto coche, tanta liteira, tanto cavalo (que os de a pé não fazem conto nem deles se faz conta): as portas, os pátios, as ruas rebentando de gente, e o ministro encantado, sem se saber se está em casa, ou se o há no mundo, sendo necessária muita valia só para alcançar de um criado a revelação deste mistério. Uns batem, outros não se atrevem a bater; todos a esperar e todos a desesperar. Sai finalmente o ministro quatro horas depois do sol, aparece e desaparece de corrida; olham os requerentes para o céu e uns para os outros; aparta-se desconsolada a cidade, que esperava junta. E quando haverá outro *quando*? E que vivam e obrem com esta inumanidade homens que se confessam, quando procediam com tanta razão homens sem fé nem sacramentos! Aqueles ministros, ainda quando despachavam mal os seus requerentes, faziam-lhes três mercês. Poupavam-lhes o tempo, poupavam-lhes o dinheiro, poupavam-lhes as passadas. Os nossos ministros, ainda quando vos despacham bem, fazem-vos os mesmos três danos: o do dinheiro, porque o gastais; o do tempo, porque o perdeis; o das passadas, porque as multiplicais[94].

É de crer que tempo e passadas perdesse o próprio orador em adiantar o negócio a que vinha à Europa, e por isso, queixoso do seu mal, acusava o mal

---

[94] *Sermões*, t. 2, p. 324.

312   João Lúcio de Azevedo

de todos. O efeito seria imenso. Estava-se em quadra de penitência, e cada um examinava suas ações e pensamentos; o orador não excedia o direito da tribuna; a severidade cabia realmente no molde em que se construía o discurso; mas o estranho, e que movia as atenções, consistia na aparição súbita do pregador, vindo do seu exílio, que muitos sabiam não ser voluntário, e o certeiro dos botes pessoais, que, por meio das generalizações transparentes, todos perceberiam.

No calor do ataque usou Vieira um dos seus mais detestáveis trocadilhos. A propósito da deserdação de Esaú: "Quantas vezes rende mais a Jacó a sua Rabeca que a Esaú o seu arco?"[95]. Rabeca instrumento e Rabeca mãe de Jacó. E o público estrebuchando de gozo perante a agudeza! Nesse mesmo sermão se encontra a descrição da escultura do ídolo, tirado de um cepo, que é curioso aproximar, pela identidade do processo literário, e até dos vocábulos, da famosa descrição da estatuária, que anda nas antologias, em outro sermão do ano seguinte. Ídolo: "Alisou-lhe uma testa, rasgou-lhe uns olhos, afilou-lhe um nariz, abriu-lhe uma boca, ondeou-lhe uns cabelos ao rosto, foi-lhe seguindo os ombros, os braços, o peito, e o resto do corpo até aos pés; e feito em tudo uma figura de homem pô-lo sobre o altar e adorou-o"[96]. A estátua de mármore:

> Ondeia-lhe os cabelos, alisa-lhe a testa, rasga-lhe os olhos, afila-lhe o nariz, abre-lhe a boca, avulta-lhe as faces, torneia-lhe o pescoço, estende-lhe os braços, espalma-lhe as mãos, divide-lhe os dedos, lança-lhe os vestidos; aqui desprega, ali arruga, acolá recama; e fica um homem perfeito, e talvez um santo que se pode pôr no altar[97].

---

[95] *Sermões*, t. 7, p. 195.

[96] Ibidem, p. 324.

[97] Sermão do Espírito Santo no Maranhão. *Sermões*, t. 5, p. 345.

É o mesmo trecho anterior amplificado. Intencionalmente? Talvez não. Inadvertência? Custaria a crer. Antes fenômeno verbal que demonstra o bem ordenado do cérebro em que se produziu. Nele cada idéia se contém na expressão exata e única, que definitivamente a traduz. À idéia paralela ou idêntica corresponde a paralela e idêntica forma verbal. Tente-se em qualquer dos quadros substituir palavras, inverter a ordem do período: logo o efeito é outro; a imagem tolda-se e o movimento desaparece.

Orador de tais recursos não se repetia por impotência nem descuido.

Mais vezes ainda subiu Vieira ao púlpito durante a Quaresma. Os discursos no mesmo tom de severidade. No da quinta dominga, em certo ponto, uma investida contra a fidalguia dissipadora, endividada e com o sestro da rapina. Acaso algum dos incidentes batia em alvo conhecido, mas o caráter de generalidade do todo não permitia que se julgasse ninguém visado em pessoa.

O escudo desta portada em um quartel tem as quinas, em outro as lizes, em outro águias, leões e castelos; sem dúvida este deve ser o palácio em que mora a fé cristã, católica e cristianíssima. Entremos e vamos examinando o que virmos, parte por parte. Primeiro que tudo vejo cavalos, liteiras e coches; vejo criados de diversos calibres, uns com libré, outros sem ela vejo galas, vejo jóias, vejo baixelas; as paredes vejo-as cobertas de ricos tapizes; das janelas vejo ao perto jardins, e ao longe quintas; enfim, vejo todo o palácio e também o oratório, mas não vejo a fé. E porque não aparece a fé nesta casa? Eu o direi ao dono dela. Se os vossos cavalos comem à custa do lavrador, e os freios que mastigam, as ferraduras que pisam, e as rodas e o coche que arrastam são dos pobres oficiais, que andam arrastados sem poder cobrar um real; como se há-de ver a fé na vossa cavalhariça? Se o que vestem os lacaios e os pajens, e os socorros do outro exército masculino e feminino, depende das mesadas do mercador que vos assiste, e no princípio do ano lhe pagais com esperanças e no fim com desesperações o risco de quebrar; como se há-de ver a fé na vossa família? Se as galas, as jóias, e as baixelas, ou no reino ou fora dele foram adquiridas com tanta injustiça e crueldade, que o ouro e a prata derretidos, e as sedas se se espremeram, haviam de verter sangue; como se há-de ver a fé nessa falsa riqueza? Se as vossas paredes estão vestidas de preciosas tapeçarias, e os miseráveis a quem despistes para as vestir a elas estão nus e morrendo de frio; como se há-de ver a fé nem pintada nas vossas paredes? Se a primavera está rindo nos jardins e nas quintas, e as fontes estão nos olhos da triste viúva e dos órfãos, a quem nem por obrigação nem por esmola satisfazeis ou agradeceis o que seus pais vos serviram; como se há-de ver a fé nessas flores e alamedas? Se as pedras da mesma casa em que viveis, desde os telhados até os alicerces, estão chovendo o suor dos jornaleiros a quem não fazieis féria, e se queriam ir buscar vida a outra parte os prendieis e obrigáveis por força; como se há-de ver fé, nem sombra dela, na vossa casa?[98]

Não foi este o último repto aos poderosos. No sermão da Sexta-Feira Santa, chamado do Bom Ladrão, levou o padre ao extremo a audácia, e como que se excedeu a si mesmo na veemência do ataque. Acaso reconhecendo o excesso não quis pronunciar o sermão na capela real: reservou-se para sítio onde menos a mal lhe podiam tomar as liberdades, e foi no templo da Misericórdia que pregou. Na verdade principiou por dizer que era a capela real o lugar próprio; porque ia tratar de coisas pertencentes à majestade régia, e não da matéria de piedade, tocante à Misericórdia. O tema foi as palavras de Cristo ao ladrão remido: "Hoje estarás comigo no paraíso". Isto deviam ter todos os reis em lembrança. E terminou com esta audácia o exórdio: "Nem os reis podem ir ao paraíso sem levar consigo os ladrões, nem os ladrões podem ir ao inferno sem levar consigo os reis. Isto é o que hei-de pregar"[99].

Com tal propósito, é fácil conceber até que ponto a intrepidez nativa, a vontade de ferir, o conduziu. Perante um auditório onde se viam os maiores funcionários, juízes, ministros e conselheiros da coroa, todo o tempo o

---

[98] *Sermões*, t. 8, p. 344.

[99] *Sermões*, t. 1, p. 63.

orador falou de ladrões e suas obras. Devia ser grande o regabofe em uma parte do público. Choviam os epigramas, e intercalavam as exortações com anedotas jocosas. A conhecida aventura de Alexandre com os piratas desfechou neste conceito: "O roubar pouco é culpa, o roubar muito é grandeza; o roubar com pouco poder faz os piratas, o roubar com muito os Alexandres". Um epigrama de Sidônio Apolinário: "Seronato está sempre ocupado em duas coisas, em castigar furtos e em os fazer. Isto não era zelo de justiça senão inveja; queria tirar os ladrões do mundo para roubar ele só". E aquele caso de Diógenes: "Viu que uma grande tropa de varas e ministros de justiça levavam a enforcar uns ladrões, e começou a bradar: lá vão os ladrões grandes a enforcar os pequenos". Sobre o que concluía, decerto pensando em si: "Ditosa Grécia que tinha tal pregador!".

Até aqui a sátira, acerba talvez em demasia, suposta a qualidade do auditório, abrangendo a muitos na sua impersonalidade, era até certo ponto inofensiva. Sucessivamente os tiros se aproximam até dar em escopo visado. "Dom Fulano (diz a piedade bem intencionada) é um fidalgo pobre; dê-se-lhe um governo." Chegamos aonde realmente o lanço era apontado. Aos governos de ultramar, àqueles dois capitães-mores que o tinham desatendido e ludibriado. Recorda agora o apóstolo Xavier, com quem porventura se cria em paralelo na América; a oposição por ele encontrada nos poderosos, os desmandos das autoridades. Destas dissera o santo a D. João III que conjugavam por todos os modos o verbo *rapio*. Na Índia somente? Não, tornava o pregador; também em outras partes. E encetava a enumeração, risonha para alguns, cruel para os que no passado tinham alguma capitania ou governo e, no fundo da consciência, um remordimento.

O que eu posso acrescentar pela experiência que tenho é que não só do cabo da Boa Esperança para lá, mas também das partes de aquém, se usa igualmente a mesma conjugação. Conjugam por todos os modos o verbo *rapio*; porque furtam por todos os modos da arte, não falando em outros novos e exquisitos, que não conheceu Donato nem Despautério. Tanto que lá chegam começam a furtar pelo modo indicativo, porque a primeira informação que pedem aos práticos é que lhe apontem e mostrem os caminhos por onde podem abarcar tudo. Furtam pelo modo imperativo porque, como têm o mero e mixto império, todo ele aplicam despoticamente às execuções da rapina. Furtam pelo modo mandativo, porque aceitam quanto lhes mandam; e, para que mandem todos, os que não mandam não são aceitos. Furtam pelo modo optativo, porque desejam quanto lhes parece bem; e gabando as coisas desejadas aos donos delas, por cortesia sem vontade as fazem suas. Furtam pelo modo conjuntivo, porque ajuntam o seu pouco cabedal com o daqueles que manejam muito; e basta só que ajuntem a sua graça para serem, quando menos, meeiros na ganância. Furtam pelo modo potencial, porque sem pretexto nem cerimônia usam de potência. Furtam pelo modo permissivo, porque permitem que outros furtem, e estes compram as permissões. Furtam pelo modo infinitivo, porque não tem fim o furtar com o fim do governo, e sempre lá deixam raízes, em que se vão continuando os furtos. Estes mesmos modos conjugam por todas as pessoas; porque a primeira pessoa do verbo é a sua, as segundas os seus criados, e as terceiras quantos para isso têm indústria e consciência. Furtam juntamente por todos os tempos, porque do presente (que é o seu tempo) colhem quanto dá de si o triênio; e para incluírem no presente o pretérito e futuro, do pretérito desenterram crimes de que vendem os perdões, e dívidas esquecidas de que se pagam inteiramente; e do futuro empenham as rendas e antecipam os contratos, com que tudo, o caído e não caído, lhe vem a cair nas mãos. Finalmente, nos mesmos tempos não lhe escapam os imperfeitos, perfeitos, mais-que-perfeitos, e quaisquer outros, porque furtam, furtavam, furtaram, furtariam, e haveriam de furtar mais se mais houvesse. Em suma, que o resumo de toda esta rapante conjugação vem a ser o supino do mesmo verbo: a furtar, para furtar. E quando eles têm conjugado assim toda a voz ativa, e as miseráveis províncias suportado toda a passiva, eles como se tiveram feito grandes serviços tornam carregados de despojos e ricos; e elas ficam roubadas e consumidas[100].

---

[100] *Sermões*, t. 7, p. 77.

Quantas cóleras, quantos rubores no auditório, quantos abafados risos e indignações mal contidas, ante a lista, jocosa, exata como todos sabiam, das malversações, que eram a chaga incurável da administração colonial! Adiante computavam-se as ganâncias: "Assim se tiram da Índia quinhentos mil cruzados, de Angola duzentos, do Brasil trezentos, e até do pobre Maranhão mais do que vale todo ele". Isto, do Maranhão era o que doía ao pregador, e aquilo que requeria remédio, que era a restituição. Tire-se aos ladrões o mal-adquirido. E então aquele brado ameaçador: "Reis e príncipes mal servidos, se quereis salvar a alma e recuperar a fazenda, introduzi sem exceção de pessoa as restituições"[101]. Isto é: arranque-se a Baltasar de Sousa o que extorquiu do suor dos índios que para ele trabalhavam quando deviam ir à expedição dos Barbados; tome-se a Inácio do Rego o que produziu o tabaco lavrado pelo gentio do Tocantins, descido não para isso, mas para a conversão. Primeiramente esses, os outros em seguida. Desejo baldado. O temor do inferno não moveu o monarca, não converteu os magnatas. Nem mesmo quando o orador, como em delírio, no excesso das invectivas, exclamava assim:

> Em qualquer parte do mundo se pode verificar o que Isaías diz dos príncipes de Jerusalém: *os teus príncipes são companheiros dos ladrões*. E por quê? São companheiros dos ladrões, porque os dissimulam; são companheiros dos ladrões, porque os consentem; são companheiros dos ladrões, porque lhes dão os postos e os poderes ; são companheiros dos ladrões, porque talvez os defendem; e são, finalmente, seus companheiros, porque os acompanham e hão-de acompanhar ao inferno, onde os mesmos ladrões os levam consigo[102].

---

[101] Ibidem, p. 89.

[102] *Sermões*, t. 7, p. 85.

Voz acusadora, voz terrível, mas de insuficiente autoridade, porque nela falavam despeitos pessoais: o despeito antigo da oposição dos áulicos, o recente do ludíbrio nas missões.

V

A muito devia ascender a confiança de Antônio Vieira na amizade de um rei absoluto, para em público e na presença dele se exprimir de semelhante modo. Grande era então a liberdade do púlpito. No tempo dos Filipes soava neles o protesto contra o domínio intruso, às vezes mesmo diante daqueles que o representavam. Mas talvez nessa ocasião foi mais moderado o tom do discurso, e acomodado depois à intenção do pregador, quando os sermões se imprimiram. O sermão das exéquias de D. Teodósio, que ficou por acabar, descobre-nos que Vieira não escrevia de antemão tudo aquilo que ia dizer no púlpito. Há extensos trechos de composição completos; outros curtos para introduzir em lugar próprio; assuntos anotados para desenvolver segundo a inspiração do momento; cláusulas avulsas; citações e referências destacadas. A obra, deste modo em fragmentos, entrava depois no cadinho, e saía a peça fundida em um todo, ligadas as partes, os contornos polidos, e, onde convinha, aguçado o estrepe, ou limada a aresta viva. Nem sempre as palavras proferidas seriam aquelas que na estampa se vêem. Pode ser que ao imprimir a oração de que se trata metesse aquilo que achamos demasia. O que de nenhum modo lhe tira a realidade que para o caso importa: a intenção e o pensamento exato do orador.

Como quer que fosse, não manifestou D. João IV o mínimo ressentimento do cáustico moralista, que a ninguém poupava nas suas investidas. Às pretensões que o haviam trazido à Europa foi dada satisfação cabal. Estava de partida para a colônia o novo governador. O monarca assentira com Vieira em que, aceitando a realidade, menor mal seria, em suma, um ladrão que dois, como ele dissera quando consultado. Os procuradores vindos do Pará e Maranhão a tratar da questão dos índios, pediam também um governo comum. André Vidal de Negreiros estava desde agosto último nomeado para o cargo[103].

Era o governador um daqueles a quem Vieira, anos antes, em mofa apelidava de valentões que, parecendo-lhes serem poucos para inimigos os castelhanos, queriam também ter como tais os holandeses. Fora dos que tinham feito a guerra desde o começo e vencido. Assistira a toda a campanha de Pernambuco, comandando, nas primeiras escaramuças, um dos troços mandados pelo governo da Bahia em socorro dos revoltosos; e entrara afinal em triunfo no Recife, passados nove anos em combates e dúvidas, em exortações aos tíbios do Brasil e súplicas aos de Portugal, dos quais o mais hesitante fora sempre o rei. Mas já antes da rebelião, esse brasileiro – pois nascera na Paraíba – que queria a sua terra liberta do flamengo, andara em Pernambuco espertando o patriotismo nos portugueses, incitando-os ao levante, prometendo em nome de D. João IV mercês aos que se pronunciassem. Em prêmio disso, tinha, desde 1644, a patente do governo do Maranhão, para quando vagasse[104], e com o diploma na bagagem viera a Lisboa, em julho de 1654, requerendo então para ser provido no cargo. Foi talvez o principal motivo de se restabelecer a administração conjunta do Pará e Maranhão, como antes tinha sido. Não ficou somente nisto a munificência régia, que na mesma ocasião decorou o caudilho pernambucano com mais dois governos: o de Angola na sucessão de João Fernandes. Vieira, o de Pernambuco quando

---

[103] O despacho dado à consulta do Conselho Ultramarino sobre a matéria era do teor seguinte: "Torne-se ao governo antigo sem alteração alguma, e vá servir André Vidal. 25 de agosto de 1654". Arquivo Ultramarino. Liv. 2º de consultas de partes, fol. 241.

[104] "Por serviços que fez no Brasil e Arraial de Pernambuco desde que os holandeses ocuparam aquela praça." 11 de agosto de 1644. Chancelaria de D. João IV. Arquivo Nacional. Liv. 17, fol. 63 v.

Francisco Barreto, então governador, findo o triênio, passasse ao do Brasil. E não foram só estas as graças dispensadas ao herói de Pernambuco. A ele e aos mais, que tão bem o tinham servido na América, recompensou largamente o soberano.

Supostas as anteriores opiniões de Vieira, que ainda agora, no fim, atribuía a vitória não ao valor e à constância dos revoltosos, mas a um milagre do céu, parece que seria dificultoso haver entre ele e o governador unidade de pontos de vista, e que por idéias antigas deviam ser um ao outro antipáticos. Foi muito pelo contrário. André Vidal era não somente um valoroso soldado senão também um nobre caráter. Nele encontrava o rei o *homem de consciência* que pedia Vieira na carta de 4 de abril. Dez anos tinha passado, sem vir reclamar o prêmio, que afinal era uma dívida, preferindo a guerra e seus riscos às vantagens do governo prometido. Firme nas idéias, reto nas intenções, probo e judicioso. Não ia ao Maranhão para enriquecer como os outros, mas servir o seu rei e a terra, o melhor que pudesse. Acaso palpitava nele inconsciente o amor do solo nativo da América, a inspirar-lhe sentimento mui diverso, daquele do reinol, que só para a exploração o prezava. O certo é que Vieira, incontestavelmente sincero nos seus bons desejos, logo desde o princípio o aplaudiu, e o julgou capaz das maiores coisas, escrevendo ao rei a seu respeito: "Digo a Vossa Majestade que está André Vidal perdido no Maranhão, e que não estivera a Índia perdida se Vossa Majestade lha entregasse"[105]. Pérola afogada em tremedal de vícios e torpezas, qual ele considerava a colônia.

Reunidos em junta o governador, Antônio Vieira e os procuradores das câmaras do Estado assentou-se sobre o regime definitivo dos índios livres. Haviam de servir em cada ano seis meses mediante o estipêndio mensal de duas varas de pano; o mesmo que Vieira, ao pregar pela primeira vez no Maranhão, tinha apontado e que era já praxe antiga. Com instruções para

---

[105] 8 de dezembro de 1655. *Cartas*, t. 1, p. 447.

se fazer assim, partiu André Vidal, levando também ordem de suspender os resgates e manter o disposto em 1652 até a chegada de outra lei, que ficava em estudos. Para o fim se convocou nova junta, de letrados, a que presidiu o arcebispo de Braga, presidente também do Desembargo do Paço. Tomaram parte lentes da universidade, vários religiosos, entre eles os provinciais do Carmo e Santo Antônio, ordens que tinham casas na colônia, e, como era indispensável, o fautor da reforma, Antônio Vieira. O escrivão era Gaspar Dias Ferreira, aquele mesmo da proposta da compra de Pernambuco aos holandeses, que escapara da prisão a que por traidor fora, em Haia, condenado. Dos pontos discutidos resultou a Provisão de 9 de abril de 1655, em que nos pontos seguintes, venciam a causa os jesuítas: não se fazer guerra ofensiva aos selvagens sem preceder ordem régia; serem os índios convertidos governados pelos chefes da sua nação, denominados principais, com a superintendência dos párocos, isto é, propriamente pelos últimos, que eram os jesuítas; quando houvesse expedições de resgate, indicarem os missionários o cabo de escolta militar. Com isso passava às mãos de Vieira e seus consócios o domínio real do gentio em todo o Estado, exceto os cativos, estes mesmos daí por diante somente com o seu voto como tais reconhecidos.

Depois de haver partido André Vidal com o novo regimento, ainda os delegados do Pará e Maranhão representavam, buscando soluções mais próprias a lhes assegurarem a sujeição dos índios, como a pretendiam. Vieira, a quem foram passadas as representações, insistiu em que se não mudasse coisa alguma nas disposições recentes, e assim aconteceu[106].

Portador da lei saiu o padre, passados poucos dias, a 16 de abril, para o Maranhão. A resolução da partida deu ocasião a cenas que lembravam as de 1652, com a diferença que dessa vez era real no missionário o intento da viagem. Empenhado na luta e triunfante, não era homem que dispensasse o libar, ante os adversários, a satisfação da vitória. André de Barros conta, e é

---

[106] Cf. parecer sobre a conversão e o governo dos índios e gentios. *Obras inéditas*, t. 3, p. 101.

crível, que se opuseram grandes influências à partida de Vieira: altos funcionários, os donatários das capitanias, muitos mercadores, finalmente "todos os interessados no Maranhão e Pará"[107]. Conhecida a compleição belicosa do jesuíta eram de esperar conflitos e perturbações de ordem, prejudiciais àqueles que tinham na colônia interesses econômicos. Fariam por isso valer a razão ante o soberano, e este a aceitaria, menos persuadido que pelo gosto de conservar perto de si o homem singular, que tanto domínio tinha em seu espírito. Com a separação e o regresso revivera a sedução antiga. O fato é que, ao aproximar-se a hora de partir, o rei lhe proibiu a viagem. Em outra ocasião nada mais lisonjeiro para o amor próprio do jesuíta. Mas, nesse momento não: tinha de levantar na colônia o seu prestígio e o da Companhia, de levar a cabo a grande obra das missões, de subtrair à iniqüidade dos homens muitas mil existências. Tarefa iniciada, e que não podia abandonar: ia em tal, mais que a vaidade efêmera do triunfo, o seu pundonor. E não só isso. Vieira, como todos os impulsivos, era volúvel, mas pertinaz nas opiniões por vaidade; inconstante nos sentimentos, mas na inconstância fogoso, dando-se todo à nova inclinação como a única e verdadeira a que jamais tivesse obedecido. Era seu temperamento o mesmo daqueles homens sempre namorados, que vemos deslizarem de paixão em paixão, amando com ímpeto, e, a cada momento novo da vida sentimental, esquecidos do momento anterior. Assim o vemos, a deslizar de uma a outra das grandes paixões da sua vida, namorado hoje de uma idéia até o delírio, dela esquecido e cativo de outra, com ardor igual, amanhã. Agora não há lugar em seu espírito para outra preocupação que a dos índios; ficara para trás o negócio dos cristãos novos, o dos casamentos, o dos tratados de Holanda; neles já não pensava. Passado o período doloroso da adaptação à vida árdua de missionário, a corte de que estava saudoso não é mais que o lugar onde em última instância o

---

[107] *Vida*, p. 112.

destino dos selvagens se decide. Só por isso ela o interessa agora, e só por isso lá tornou. Eis porque insistiu nas súplicas e prodigalizou argumentos, replicando ao rei. Afinal conseguiu que o pleito fosse submetido a seus consócios. Era tempo da congregação trienal, e ali se debateu o caso, que o provincial expôs. Vieira, admitido ao capítulo, defendeu com ardor o seu propósito. Venceu, mas não por unânime sufrágio. Alguns padres, por serem daqueles a quem o conseguir Vieira seus fins incomodava, por lhes parecer que melhor serviria ele a Companhia, como familiar da corte, em vez de mil léguas distante, peregrinando entre selvagens, votaram pela negativa. Então os que o queriam no reino, ou melhor os que o não queriam nas missões, consideraram o alvitre de escrever ao provincial do Brasil, de quem ele e a missão dependiam, para lhe dar outro destino. Tanto em perigo se afigurava o futuro que Vieira não conseguiu levar consigo o contingente de novos obreiros, já propostos à empresa; os que a princípio mostravam mais entusiasmo, à última hora recuaram; na ocasião da viagem os fiéis eram somente dois[108].

Nem isso, nem as tardias diligências dos antagonistas lhe embaraçaram o embarque. Acostumado às decisões súbitas, Vieira estava a bordo, e no mar largo, quando muitos cuidavam ainda detê-lo. Inopinadamente, como tinha chegado, partiu para onde o chamava o dever. "Ir e voltar como raio" tinha dito no sermão da Sexagésima, em alusão a si próprio. O feito justificava as palavras.

Mais de um mês antes tinha ele exposto em público a sua inabalável resolução de partir. "Não foge uma só vez quem foge de coração"[109]. Por essas

---

[108] Cf. *Vida*, p. 112. Todavia o catálogo dos primeiros religiosos da vice-província do Maranhão (Ms. da Biblioteca de Évora, cod. CXV/2-14), menciona os seguintes: padre Salvador do Vale, padre Pedro Pedrosa, padre Francisco da Veiga, padre Bento Álvares, um noviço e um coadjutor temporal. O padre Antônio Franco (*Synopsis Annallia Soc. Jes. in Lusitania*, apêndice) refere terem sido somente dois, cujos nomes ignora. Bettendorff, na sua crônica, nomeia oito padres e um irmão (*Rev. do Inst. Hist. Bras.*, v. 62, P. I, 86).

[109] *Sermões*, t. 6, p. 5.

palavras começou pregando a 7 de março, quarto domingo da Quaresma, na capela real. Fugir do paço e da corte, e da companhia dos homens para o deserto, nisso consiste a verdadeira sabedoria e o meio mais seguro da salvação. Tinha pretendido o imperador Constantino que Antônio o Magno, anacoreta da Tebaida, deixasse o retiro para viver em Roma a seu lado, e o ajudar com seus exemplos e conselhos. Recusou o santo homem, preferindo o ermo e a humildade da sua condição à grandeza que lhe era oferecida. E tendo-se excusado com o soberano, desculpou-se com os seus à puridade com uma razão que ao parecer de Vieira foi de discreto político: "Se eu for ao imperador serei Antônio, se não for serei Antônio o abade". Comentário do orador: "Até nos desertos há razão de Estado". Aqui simulava ele oferecer ao eremita motivos em contrário:

> Mas dai-me licença, político santo, que nem como santo, nem como político me parece bem fundada a vossa resolução. Se chamado do imperador não ides, por não deixar de ser Antônio abade, ide e sereis muito mais. Se não fordes Antônio abade sereis Antônio bispo, sereis Antônio arcebispo, sereis Antônio presidente, sereis Antônio conselheiro de Estado; sobretudo sereis Antônio o valido, que sem nome é a maior dignidade, e sem jurisdição o maior poder: enfim sereis com Constantino o que foi José com Faraó, e o que foi Daniel com Nabuco: ele terá o nome de imperador, e vós o império da monarquia. E se acaso, como político do deserto, vos não movem estas ambições cá do mundo, ao menos como santo deveis lançar mão de uma ocasião do serviço e glória de Deus, tão grande e tão oportuna como o imperador e o tempo vos oferecem [...] Se até agora servistes a Deus no deserto com o silêncio, tempo é já de o servir também com a voz. Ide a Roma, pregai, confundi, convertei[...][110]

---

[110] *Sermões*, t. 6, p. 16.

Razões a que se não rendera Antônio o anacoreta, e a que se não rendia Antônio o missionário. Tornasse qualquer deles à cidade, à companhia dos homens, e volveria a ser o Antônio que dantes fora e não o Antônio que era já. Bem lhe importava ao abade o seu título! A perda que ele não queria era a do caráter da profissão. Com isso, voltando à corte muito mais, para um e outro, havia a temer que a esperar. Lá estavam os áulicos e a sua inveja que os destruiriam. "Se Constantino acaso se cansasse da austeridade de Antônio, logo os lisonjeiros de palácio haviam de seguir o mesmo ditame; e, desacreditado o pregador, que fruto podia fazer a sua doutrina?" Era o que ele, Vieira, tinha experimentado, e não se inclinava a renovar. Renunciava de boa mente, as honras. Assim, pois, como insinuara no princípio do discurso, quis mostrar que pela segunda vez fugia.

Tão repentina foi a viagem que nem do provincial se despediu. Pouco mais que a roupa do corpo e o breviário lhe bastaria por viático. Assim viajavam Xavier, Anchieta e os grandes apóstolos da Companhia. Porque motivo ele, Vieira, precisaria de mais? Momentos antes de embarcar escreveu a um padre, seu confidente, comunicando-lhe a decisão e as razões que o moviam[111]. Dessa vez é a resolução firme que exprime, e não, como nas cartas de 1652, a supresa e a dor.

Saindo de Lisboa, deixava constituído um novo organismo, em que os assuntos, que agora tinha a peito, seriam tratados com particular carinho, a Junta das Missões. À testa dele estava o seu grande amigo, bispo do Japão. A sede na casa dos jesuítas, de São Roque. Diz André de Barros que à idéia e às instâncias de Vieira se deveu a instituição[112]. Se assim foi, falta para o confirmar o testemunho do próprio, que aliás nunca deixou de publicar atos seus, os quais tinha por meritórios. Nem mesmo aparece a carta, men-

---

[111] *Cartas*, t. 1, p. 443.

[112] *Vida*, p. 106.

cionada pelo biógrafo, na qual o missionário se congratulava com certo ministro pelo estabelecimento da Junta. O certo é que a respeito dela lhe foi o silêncio regra permanente.

VI

Em viagem de trinta dias, e agora, excepcionalmente, com o presságio auspicioso do mar tranqüilo e vento a favor, alcançou o missionário porto no Maranhão, cinco dias somente após André Vidal. Logo à chegada cuidou este de dar execução às ordens que do reino levava. Expediu instruções para imediatamente recolherem as tropas de resgate, que no interregno anárquico em que se achava o Estado assolavam o Amazonas, e se pôr em liberdade os índios cativos, até que chegando as novas determinações da metrópole por outra forma se dispusesse.

Com isso é fácil de compreender como não teriam festivo acolhimento os jesuítas recém-vindos, nem desalterasse os ânimos a publicação da nova lei. Foi muito pelo contrário. Seculares e eclesiásticos, por prejudicados aqueles, estes pela perene emulação com os da Companhia de Jesus, não ocultaram propósitos de desobediência, nem se abstiveram dos costumados protestos. Em dia do Corpo de Deus, tendo vindo muita gente das roças à cidade para a festa, estava a sedição preparada. Não era o governador sujeito a quem tais meneios intimidassem. Acudiu à Câmara, de onde como de uso devia sair à revolta, acompanhado de tropa, e com a sua atitude convenceu os circunstantes de que era passado o período das desobediências; a uns aplacou falando-lhes com autoridade, a outros, mais ousados, reprimiu ameaçando-os de rigores. Tanto senhor da situação que, dentro em pouco e sem a menor resistência, prendeu e mandou para o reino o capitão-mor do Pará, que contra a lei autorizara os resgates recentes, e o capitão da fortaleza de Gurupá, culpado de violências contra os índios e de injustos cativeiros.

No mesmo sítio de Gurupá, ao ser publicada a lei, rebelaram-se os moradores e os soldados, e expulsaram o missionário jesuíta, que foram lançar nas vizinhanças do Pará, muitas léguas pelo rio abaixo. Em mal resultou o motim para os responsáveis que, submetidos a processos, foram sentenciados a degredo, e com a pena subsidiária de tratos os soldados, que mais se haviam distinguido nas violências, da qual todavia os livrou a intervenção misericordiosa de Vieira[113].

Com semelhante governo estavam decerto preenchidas as melhores aspirações dos jesuítas. Vieira, como superior, e segundo as ordens do rei, assumiu a direção das aldeias, onde se achavam os índios conversos, e distribuiu por elas religiosos que as governassem; juntamente cuidou dos preparativos para novas missões. A primeira em que pensou foi a da serra de Ibiapaba, distante e dificílima, de interesse mais político do que religioso, pois se tratava de captar os índios de Pernambuco, ali refugiados, em seguida à reconquista, os quais pela sua afeição aos holandeses podiam favorecer algum desembarque na costa indefesa. Ainda em maio partiu para lá, por ordem do governador, um índio com cartas suas e de Antônio Vieira, nas quais prometiam anistia completa e comunicavam terem chegado ao Maranhão os padres da Companhia, que em breve os iriam visitar.

Tanto que os ânimos serenaram na capital do estado, Vieira e o governador passaram ao Pará, que era o natural ponto da partida das expedições de resgate, onde se repartiam os cativos e onde, por isso, tinha de se verificar o direito que sobre eles alegavam os captores. Os últimos assaltos, livres de toda a fiscalização, tinham sido copiosos. Eram mais de dois mil casos a julgar; a maior parte nulos consoante a lei, pretendia Vieira. Reuniu o tribunal na pousada do governador, sob a presidência do mesmo. Juízes, os principais magistrados, ouvidor e provedor da capitania, o vigário da Matriz, os prela-

---

[113] Resposta aos capítulos, *Chor. Hist.*, t. 4, p. 203.

dos do Carmo, Mercês e Santo Antônio, e, finalmente, por parte dos jesuítas, Antônio Vieira. Chamados os índios, declaravam todos, pelos intérpretes, que eram cativos lídimos, tomados em guerra por seus congêneres, presos para serem comidos, e nessa situação resgatados. A resposta quase unânime surpreendeu a André Vidal: o número era enorme, e o dos guerreiros que possivelmente entrariam nas pelejas não dava para tantos cativos. Vieira, incrédulo, protestava. Indagou-se mais de espaço e soube o tribunal que os índios faziam as declarações ameaçados de açoites até a morte se o contrário dissessem. Alguns que muito instados, afinal confessaram isso, foram postos em liberdade; outros, mais broncos ou temerosos, persistiram no declarado, e voltaram a seus senhores. Era um destes autoridade do Estado: Antônio Lameiro da França, capitão do forte de Gurupá, a quem o governador, verificado o embuste, desterrou para o reino. Vieira em todos os casos votava pelas liberdades, os demais eclesiásticos pelos cativeiros. Com razão se queixava deles o missionário e dizia que faziam guerra a Jesus Cristo[114]. Alguns procediam, na matéria, do modo mais escandaloso. Certo frade, que andara nas tropas de resgate, com o falso intento de fiscalizar a legitimidade dos prisioneiros, segundo a lei anterior, só à sua parte trouxera 35 escravos, alguns deles ganhos em jogo com os soldados da expedição, e em que circunstâncias adquiridos bem se pode imaginar. E era este um religioso mercenário, "cuja profissão é remir cativos", sarcasticamente advertia Vieira[115]. Outra questão a ventilar era se os prisioneiros provinham ou não de guerra justa: no primeiro caso, escravidão perpétua para eles e seus descendentes, no segundo, serviço temporário como indenização do preço pago aos apreensores. Ainda nesse ponto os eclesiásticos, sem discrepância, votavam contra os índios; para eles

---

[114] *Cartas*, t. 1, p. 465.

[115] Informação que deu o padre Antônio Vieira sobre o modo com que foram tomados e sentenciados por cativos os índios no ano 1655. *Obras várias*, t. 1, p. 112.

todas as guerras em que havia prisioneiros eram segundo as determinações da lei; Antônio Vieira sempre a favor. Havendo empate, os votos tinham de ser remetidos ao reino para a decisão final; entretanto permaneciam os índios na escravidão; para sempre esquecidos nas secretarias de Estado os processos, e esquecidos eles por seus ocasionais defensores.

Tudo isso levantava em todo o Estado grande rumor contra os padres. Vieira, com as lições da experiência, antevia a renovação dos atos hostis. Ao mesmo passo, temia que as reclamações dos colonos, apoiados por influências da corte, alcançassem modificações na lei, que reputava de salvação para seus protegidos. Nesse pensamento escrevia ao rei suplicando que de nenhum modo se admitissem nos Conselhos requerimentos que sobre ela versassem. Da situação em que perante a gente da terra, e interessados nela, se achavam os missionários, referia: "Temos contra nós o povo, as religiões, os donatários das capitanias mores, e igualmente todos os que nesse reino e neste estado são interessados no sangue e suor dos índios, cuja menoridade nós só defendemos"[116]. Seus desafetos diziam já que André Vidal seria substituído, e então voltaria tudo à situação anterior. "E eu em parte assim o temo" – comunicava ele – "porque todos os que cá costumavam vir até agora traziam os olhos só no interesse, e todos os interesses desta terra consistem só no sangue e suor dos índios"[117]. Sabendo que o governador pouco, com efeito, se demoraria no estado, ansioso como estava de ir administrar Pernambuco, e receando que fosse o sucessor alguma das esfaimadas harpias que a metrópole de uso enviava, já se satisfazia de que o cargo passasse a Baltasar de Sousa Pereira, tão malsinado antes de avareza por se ter malogrado a expedição aos Barbados. Neste fito escrevera em agosto[118], e na desconfiança de não ser atendido, como não foi, em dezembro manifestava outra vez seus temores.

---

[116] 8 de dezembro de 1655. *Cartas*, t. 1, t. 452.

[117] Carta ao rei. 6 de dezembro de 1655. *Cartas*, t.1 p. 446.

[118] 5 de agosto de 1655. Id., t. 1, p. 444.

No meio deles, e aguardando o que lhe traria o futuro, não descurava da sua tarefa. Agora, em posse da autoridade, e com o apoio de quem governava, cuidou de estender do mesquinho centro, que era o seu cubículo, léguas e léguas pelo sertão acima, os tentáculos em que viria a presa apetecida, as almas cândidas a conquistar para Cristo. Logo nesse ano de 1655 a obra da conversão irradiou em todas as direções: ao sul pelo Tocantins, remontando o rio trezentas léguas, missionários os padres Francisco Veloso e Tomé Ribeiro; a oeste pelo Amazonas próprio, até onde entram no caudal barrento as águas negras do Tapajós, padre Manuel de Sousa e um coadjutor; ao norte, à ilha grande dos Joanes, terra feroz dos matadores do apóstolo Luís Figueira, Salvador do Vale e o suave João de Souto Maior, a quem as fadigas iam prostrar em breve, primeira vítima de tais labores: todos estes, menos o padre Salvador do Vale, dos que estavam na terra do primeiro troço. No Gurupi, entre o Maranhão e Pará, com os índios ali aldeados tinham ficado dois religiosos. Para o ano seguinte meditava mandar pela costa abaixo, até o Camocim e Ceará, o que era urgente, porque na terra acusavam os jesuítas de só quererem ir aonde houvesse proveitos temporais; e o próprio Vieira receava que, deixando ao abandono a missão, tomassem os frades conta dela, e por conseqüência também de outras, "porque não é justo que eles tenham só as trabalhosas e dificultosas"[119]; projeto que efetivamente realizou.

Entretanto para manter o começado e estendê-lo, necessitava de obreiros: seara vastíssima, messe copiosa a exigir quem as aproveitasse. Vieira escreveu pedindo mais padres na Bahia, ao Provincial, e ao rei, em lisboa. Ao Geral da Companhia, Vieira Solicitava que lhe mandasse padres estrangeiros, de outra língua, como nas pisadas de Francisco Xavier tinham ido para a Índia e para a China.

Pouco a pouco foram chegando de todas essas partes os auxiliares. Com os da Bahia veio o padre Francisco Gonçalves, que fora provincial, apóstolo

---

[119] Carta de Antônio Vieira ao provincial. 10 de junho de 1658. *Cartas*, t. 1, p. 481.

encanecido nas conversões, perito na língua da terra; tão modesto que por bagagem tinha uma única canastra, em que guardava o cilício, disciplinas e livros de casos de consciência que não dispensava para as dúvidas do confessionário: um dos prediletos do céu, que tinham prenunciado a aclamação de D. João IV[120]. Mais tarde alguns da província da Bélgica, enviados pelo geral; desses o padre João Filipe Bettendorff, de Luxemburgo, cronista difuso das missões do Maranhão e Pará, cuja história, no seu português incerto de estrangeiro, deixou interrompida, como os outros seus consócios a quem a empresa tentou.

Chegou também a Vieira a vez de se pôr ele próprio a caminho, visitar os distritos confiados a seus lugar-tenentes, ensaiar diretamente seu esforço nas conversões. Da cela, no tosco edifício de barro e varas, coberto de palhas, que era o colégio do Pará – "palácio da pobreza" o denominou o seu biógrafo – contemplava ele o seu reino, reino material, positivo, porque de feito, em toda a vastidão dele, pelos missionários, o seu mando dominava. O mapa, na acanhada livraria, expunha-lhe à vista o território mais ou menos conjectural: o rio tortuoso, duplicando nas sinuosidades a extensão, ao fundo São Francisco de Quito. Era o traçado de Cristóvão da Cunha, aquele padre da Companhia que deu primeiro a luz a descrição do grande rio, e o mesmo, esboçado, no Maranhão em 1637, à chegada dos franciscanos, que lançando-se ao acaso, como Orelhana, pelo rio abaixo, deram ocasião à viagem, em sentido inverso, de Pedro Teixeira. Não é crível fosse o mapa que, segundo o testemunho de Bettendorff, estava na livraria, algum daqueles que tinham a chancela dos cartógrafos; essa geografia de imaginação, de que a cidade de Manoa de Eldorado e o lago de Parimé eram a feição saliente, não podia servir aos intuitos práticos de Vieira. O desenho daria idéia de uma árvore, sem frondes, atirando para todos os rumos galhos multiplicados em ramos

---

[120] Bettendorff, *Rev. do Inst.*, cit., t. 72, p. 128.

sem fim. Entre as linhas coleadas os espaços onde vagueavam as tribos numerosas, sem Deus, sem leis, com as virtudes bárbaras e a amoralidade da existência animal, obedientes à paixão do instante e regidas pelo instinto unicamente. Quantas e quantas almas para buscar, recolher, instruir, salvar e introduzir na vida racional terrena, à espera da outra eterna e gloriosa, na ressurreição final!

Então principiou para ele o errar constante, de núcleo em núcleo de catequese; presente em toda a parte no momento próprio como se lhe houvera outorgado o Deus protetor dos selvagens a ubiqüidade. Onde quer que eles necessitassem de defensor lá estava: por isso lhe chamavam o *padre grande*; mais doce nome na expressão da sua língua, *payassú*. Viver como nômade; sem assento fixo; dias e dias em canoa, sob o sol ardente, sob o toldo rústico de palha; noites ao ar livre, para retemperar ao bafo úmido da mata o corpo abatido da calma. Horas e horas em lento deslizar sobre água, ao longo de arvoredos, com um só horizonte de águas e de outros arvoredos que se afogam; ora distante, no rio largo, vendo-se às vezes unicamente aqui e além as copas mais altas, pontos negros no limite onde se esbatem as cores diferentes da água e das nuvens em um mesmo tom; ora apertado nos esteiros – *igarapés*, caminhos de canoa – cortados de raízes que emergem, de cipós que pendem, ou fechados em ângulos de verdura espessa e ínvia. Árvores aquáticas, de que ao lume de água afloram as comas, árvores da várzea em um emaranhado de troncos, galhos, folhagem, espinhos e sarmentos; palmeiras flexuosas cuja crista se enreda nas árvores maiores; e sobrepondo as cúpulas, os gigantes da floresta, a maçaranduba, preciosa aos selvícolas pela rija madeira e fruto saboroso, a munguba a que cortam na casca sólidos calabres, e excelsa entre todas a sumaúma, de onde espiam os esculcas o distante inimigo, e que do cimo esparge a felpa tênue, saída de seus frutos; a espaços a seringueira, sem majestade ao pé dos colossos, mas airosa, rompendo para a luz em tronco esguio e folha clara, habitante obscuro das matas que, volvidos dois séculos havia de atrair, mais que os índios, mais que a fama das terras douradas, os fortes aventureiros, dominadores do sertão. Na larga correnteza ilhas em formação, nas quais de um ramalhete de plantas baixas alguma palmeira se erguia já; outras flutuantes, rasas, de mururés e canaranas, e nelas, viajantes sossegados, aves ribeirinhas, a garça esbelta e alva, o guará rubro, mais corpulento, grave e contemplativo, o jaburú; quando não um jacaré que dormitando se deixa transportar.

E léguas e léguas, sem descanso da vista, a mesma monotonia: o rio barrento, a margem verde, o azul do céu ofuscante de luz intensa. À tarde ordinariamente um sopro do terral que encrespa no largo o espelho plácido; nimbos pesados a correrem; um trovão súbito estrondoso, outros a seguirem, o espaço traçado de cortes azulados e a chuva em jorros despejando as nuvens. Interregno efêmero da luz cálida e da tranqüilidade ambiente. O negrume de cima dissipa-se, e o sol ainda brilha até desaparecer em raios de ouro, sem crepúsculo, nas franças dos bosques afastados. Com o escurecer, rápido transforma-se o cenário. Em contraste com o silêncio do dia, apenas quebrado pelo compasso dos remos, a queda de algum ramo, de arranco, na passagem, ou a matinada estrídula de um bando de papagaios em jornada, em vez disso, o murmúrio incerto, as vozes sem fim da floresta que a treva amplia: gritos de aves, coaxos, terras da ribeira que esboroam, rugidos de onça, o ulular longínquo dos bugios, o chapar na água do peixe perseguido, que salta do cardume. No ar, na terra, na corrente gorgolejante, a vida que o dia parece entorpecer. O céu engastado de lumes em latejos e, a caminho do zênite, o cruzeiro, insígnia do hemisfério; em baixo, a turba insolente dos insetos que acodem ao fanal, torneiam, caem no assalto, voltam, e sempre em falanges novas afinal o envolvem e obscurecem; vôos circulares de vampiros, lucíolas em tremores na folhagem.

É a hora do descanso; acampa-se à orla da mata, se o permite o lugar. O missionário, feita a prece em comum com os índios, deixa-os ao charlar e ao sono. Entra então em colóquio com Deus, ora por longo espaço, examina sua consciência; depois, satisfeito o dever, descansado, solta a vaguear o pensamento enquanto se lhe perdem os olhos na solidão estrelada. À memória afluem-lhe espontaneamente frases lidas, trechos de evangelhos, fragmentos da epopéia bíblica, o tesouro do orador sacro. Aproxima os textos, reflete, aplica-os à sua vida... A Escritura tudo previra! Ei-lo agora, como ambicionara um dia, portador da fé aos bárbaros. País ignorado dos antigos, gente crudelíssima, terra em parte submersa. Isaías o tinha dito, quando aludiu aos mensageiros divinos, em busca do povo terrível e conculcado a que roubaram os rios a sua terra[121]. Nenhuma dúvida de que se referia ao Amazonas. O que Vieira construiu em tais ocasiões na sua mente ele o diz na *História do futuro*.

Trabalharam sempre muito os intérpretes antigos por acharem a verdadeira explicação e aplicação deste texto; mas nem atinaram, nem podiam atinar com ela, porque não tiveram notícia nem da terra, nem das gentes, de que falava o profeta. Os comentadores modernos acertaram em comum com o entendimento da profecia, dizendo que se entende da nova conversão à fé daquelas terras e gentes também novas, que ultimamente se conheceram no mundo, com o descobrimento dos antípodas; e notaram alguns com agudeza e propriedade que isso quer dizer a energia da palavra: *Ad gentem conculcatam*. Gente pisada dos pés, porque os antípodas, que ficaram debaixo de nós, parece que os trazemos debaixo dos pés e que os pisamos [...]

Diz mais o profeta que a gente desta terra é terrível: *Ad populum terribilem*; e não pode haver gente mais terrível entre todas as que têm figura humana que aquela (quais são os Brasis) que não só matam seus inimigos, mas depois de mortos os despedaçam, e os comem, e os assam, e os cozem a este fim, sendo as próprias mulheres as que guizam, e convidam hóspedes a se regalarem com estas inumanas iguarias; e assim se viu muitas vezes naquelas guerras que, estando

---

[121] "Ite Angeli veloces ad gentem convulsam et dilaceratam, ad populum terribilem, post quem non est alius: ad gentem expectantem et conculcatum, cujus diripuerunt flumina terram ejus." Isaías, cap. 18, v. I.

cercados os bárbaros, subiam as mulheres às trincheiras ou paliçadas de que fazem os seus muros, e mostravam aos nossos as panelas, em que os haviam de cozinhar. Fazem depois suas flautas dos mesmos ossos humanos, que tangem e trazem na boca sem nenhum horror; e é estilo e nobreza entre eles não poderem tomar nome senão depois de quebrarem a cabeça a algum inimigo, ainda que seja a alguma caveira desenterrada, com outras cerimônias cruéis, bárbaras e verdadeiramente terríveis [...][122]

Em outro trecho se refere o profeta a uma terra situada além da Etiópia. Vários comentadores concordam que seja a América. Vieira decide particularmente pelo Brasil, porque "é a terra que direitamente está além e da outra banda da Etiópia"; e no Brasil, por sinais certíssimos, o Maranhão.

Diz pois o profeta que são estes homens uma gente a quem os rios lhe roubaram a sua terra: *Cujus diripuereunt flumina terram ejus*. E é admirável a propriedade desta diferença, porque em toda aquela terra em que os rios são infinitos, e os maiores e mais caudalosos do mundo, quase todos os campos estão alagados e cobertos de água doce, não se vendo em muitas jornadas mais que bosques, e palmares, e arvoredos altíssimos, todos com as raízes e troncos metidos na água, sendo raríssimos os lugares, por espaço de cem, duzentas e mais léguas, em que se possa tomar porto, navegando-se sempre por entre árvores espessíssimas de uma e outra parte, por ruas, travessas e praças de água, que a natureza deixou descobertas e desimpedidas do arvoredo; e posto que estes alagadiços sejam ordinários em toda aquela costa, vê-se este destroço e roubo, que os rios fizeram à terra, muito mais particularmente naquele vastíssimo arquipélago do rio chamado Orelhana, e agora das Amazonas, cujas terras estão todas senhoreadas e afogadas das águas, sendo muito contados e muito estreitos os sítios mais altos

---

[122] *História do futuro*, 1718, p. 295 e 299.

que elas, e muito distantes uns dos outros, em que os índios possam assentar suas povoações, vivendo por esta causa não imediatamente sobre a terra, senão em casas levantadas sobre esteios, a que chamam *juraus*, para que nas maiores enchentes passem as águas por baixo, bem assim como as mesmas árvores, que tendo as raízes e troncos escondidos na água, por cima dela se conservam e aparecem, diferindo só as árvores das casas em que umas são de ramos verdes, outras de palmas secas[123].

Até a luta das duas raças indígenas, tapuias e tupinambás, que tinham disputado o litoral, e a conquista pelos portugueses, se refere Isaías. Essas e outras circunstâncias, que bem assinalam a região, colhe Vieira do texto, cada palavra interpretada com a erudição copiosa da exegese em voga naquela época.

Sua vida passava-se em visitar os aldeamentos de índios neófitos, de que tinha agora a administração total. A primeira das povoações era Mortígura; daí passando a vasta baía, no estuário, todas as tardes encapelada, e entrando no Tocantins, Camutá. Buscando o Amazonas grande, por entre o dédalo de ilhas em formação perpétua no delta, chegava a Gurupá, atalaia do sertão na garganta do rio, passagem forçada de todas as embarcações do Pará. Aí deve ter sido o limite de suas viagens rio acima; quando muito a foz do Xingú, aonde tinha mandado súditos; o rio, na sua corrente íntegra, limpo de margem a margem, e antes de se dividir nos dois braços, entre os quais fica o arquipélago de Marajó, é duvidoso que jamais visse.

Na cidade, do colégio, em uma ponta de terra sobre o rio, no sítio mais alto, modesta elevação que não chega a ser outeiro, quase se enxergava, águas abaixo, a ilha do Sol, e a aldeia nela posta dos Tupinambás. Daí por diante o primeiro estabelecimento era em Gurupi, já dando no Atlântico. O trecho havia de ser, com o tempo, povoado por outras missões: Curuçá, Maraca-

---

[123] Ibidem, p. 301.

nã (Sintra atualmente), Salinas, de onde, como o nome indica, a colônia se abastecia, Caité (Bragança), ao longo da costa. A seguir, vencida a ponta de ltaculumi, deixando ao largo a pedra solitária, emergente na baixamar, de que se nomeia o morro na terra firme – Itaculumi, penedo *curumin*[124] –, no extremo ocidental do golfo onde vazam os grandes rios maranhenses, Tapuitápera (atual Alcântara), e afinal São Luís. Entre esses dois pontos, Gurupá e a ilha do Maranhão, com exceção da missão a Ibiapaba, que fez depois, e uma frustrada viagem ao sul, passou Vieira seis anos da sua vida, em contínua jornada, arrostando as calmas que tanto castigam sobre água, a ressaca dos baixios, as correntes rápidas, os vendavais súbitos, e o iminente naufrágio alguma vez. De saúde débil, prostrado amiúde por doenças e cansaço, sacramentado já e à espera do instante último, como em 1658 no Tocantins, e todavia sempre indômito e sem capitular com estorvos ou fadigas. Nas horas de repouso aprendia os dialetos dos índios e compunha catecismos em seis diferentes idiomas, para as lições de doutrina. Missionário tão completamente imerso na sua vida de apóstolo quanto antes na de cortesão e político. Predestinado, tal se julgava, cumpria o divino encargo.

Em janeiro de 1656 achava-se outra vez em São Luís, assistindo aos julgamentos finais, não concluídos no Pará porque muitos índios já tinham antes ido para São Luís. Dali tentou no mês de fevereiro, época da monção, ir à Bahia com o fim de persuadir o provincial, que era então o padre Simão de Vasconcelos, a mandar-lhe missionários em número suficiente para o seu plano grandioso; mas a providência dos selvagens, que o queria com eles, não lhe consentiu ultrapassar o limite geográfico da sua missão. Saiu em um barco latino, pensando que, por ser a estação própria, poderia vencer os conhecidos estorvos da navegação para o sul. A experiência fez que nos deixasse em uma página descritiva a regra de tais viagens.

---

[124] *Curumin*, o menino, o filho, em relação ao rochedo fronteiro.

Uma das mais dificultosas e trabalhosas navegações de todo o mar oceano é a que se faz do Maranhão até o Ceará por costa, não só pelos muitos e cegos baixios, de que toda está cortada, mas muito mais pela pertinácia dos ventos e perpétua correnteza das águas. Vem esta correnteza feita desde o cabo da Boa Esperança, com todo o peso das águas do oceano na travessa, onde ele é mais largo, que é entre as duas costas de África e América, e começando a descabeçar, desde o cabo de Santo Agostinho até o cabo do Norte, é notável a força que em todo aquele cotovelo da costa faz o ímpeto da corrente, levando após si não só tanta parte da mesma terra que tem comido, mas ainda aos próprios céus e os ventos, que em companhia das águas, e como arrebatados delas, correm perpetuamente de leste a oeste. Com esta contrariedade contínua das águas e dos ventos, que ordinariamente são brisas desfeitas, fica toda a costa deste Estado quase inavegável para barlavento; de sorte que, do Pará para o Maranhão, de nenhum modo se pode navegar por fora, e do Maranhão para o Ceará, com grandíssima dificuldade, e só em certos meses do ano, que são os de maior inverno. Navega-se nestes meses pela madrugada, com a bafagem dos terrenhos, os quais como são incertos, e duram poucas horas, todo o resto do dia e da noite e às vezes semanas e meses inteiros se está esperando sobre ferro, na costa descoberta e sem abrigo, sendo este um trabalho e enfadamento maior do que toda a paciência dos homens; e o pior de tudo é que, depois desta tão cansada porfia, acontece muitas vezes tornarem as embarcações arribadas ao Maranhão[125].

Foi o que sucedeu a Antônio Vieira. Com ele ia outro padre, para desembarcar no Ceará, em cata de novas, por não ter regressado o mensageiro que nove meses antes partira com as cartas, enviado por André Vidal. Consumidos muitos dias em bordos estéreis pouco lograram avançar para leste. Um barco saído no mesmo tempo, e em que iam outros dois jesuítas, para o Camocim, ao cabo de cinqüenta dias não tinha ido além do rio das Preguiças,

---

[125] Relação da missão à serra de Ibiapaba. *Obras várias*, t. 2, p. 64.

cerca de 25 léguas pela costa, e voltando atrás fez o caminho inverso em doze horas. Vieira refere que a sua embarcação venceu mais léguas: suponhamos o dobro; alcançaria o delta do Parnaíba. Desalentados, já faltos de mantimentos, decidiram tornar ao Maranhão. Estavam então ancorados, talvez na Baía da Tutóia, quando avistaram, a caminhar na praia, gente vestida de cores claras e um pequeno barco a navegar junto à terra. Cuidaram fossem estrangeiros, lançados à costa por naufrágio. E por fim o índio mensageiro, que voltava, acompanhado de outros, trajando estes vestidos europeus de cores vivas, alguns de seda. Vinha a resposta em cartas, "escritas em papel de Veneza e fechadas com lacre da Índia", testemunho de Vieira. Os índios que as escreveram tinham sido discípulos dos jesuítas em Pernambuco; o papel e o lacre eram como as roupas, relíquias flamengas, brindes dos invasores expelidos. A resposta dizia que fossem os padres sem detença aonde estavam os refugiados. Com tais novas, em um dia ou pouco mais, estava de volta o missionário a São Luís, contente em suma da jornada, embora o fim fosse outro e não cumprido. Logo designou para a missão os padres Antônio Ribeiro e Pedro Pedrosa – o primeiro era notável mestre da língua indígena –, os quais partiram por terra. Ele próprio tencionava segui-los mais tarde, o que com efeito realizou.

VII

Nesse tempo se efetuava no Pará a expedição trágica, que ficou designada nos anais da colônia com o título de deslumbramento, expresso nas palavras *jornada do ouro*. Mais um desengano sobre tantos que, quanto a produtos minerais, encontraram na região os aventureiros. Desde que Orelhana revelara ao mundo o grande rio e a fábula das amazonas, constituiu o metal insigne a atração suprema dos exploradores. Ninguém renunciava a supor que o mistério da floresta ocultasse outro mistério, maior ainda, de riquezas inexauríveis. Simão Estácio da Silveira, o primeiro que pela imprensa descobriu aos contemporâneos os tesouros do Maranhão, informava assim, em 1624, *aos pobres do reino de Portugal*, aos quais consagrou a sua obra: "Tem-se por certo que há minas de ouro, prata e outros metais nesta terra"[126]. À falta da realidade, contentavam-se as aspirações com a magia dos nomes: a lagoa Dourada, o rio do Ouro. No rio do Ouro, Pedro Teixeira lavrou em 1639 o auto de posse das terras que vindicava para a coroa portuguesa; a esse rio, em busca das imaginárias minas, tinha ido uma expedição em 1647. Agora corria-se menos longe; o Pacajá, novo rio do Ouro, não ficava nos confins do território; ainda no delta do Amazonas, a oitenta léguas da cidade, quase se podia dizer subúrbio dela.

O rio tinha uma tradição de sangue. Nos primeiros tempos da descoberta, os índios, seus habitadores, tinham saído em guerra contra os portugueses e seus aliados Tupinambás; quinhentas canoas só dos selvagens; pugna mortífera; o Pacajá, contavam os antigos, corria vermelho do sangue derramado.

Nessa ocasião o local manteve a sua tradição de pavor. A expedição fora ordenada pela metrópole. André Vidal trouxera instruções terminantes para buscar as minas e com ele tinham vindo dois mineiros de profissão para esse fim. Organizou-se o troço explorador com o máximo dos recursos da terra: muitas canoas, duzentos índios, mais de trinta portugueses. Como emissário de paz, o jesuíta João de Souto Maior, que voltara da missão aos Aruans, finda em desastre. Enquanto os mineiros se perdiam nos centros, na procura vã dos tesouros, o apóstolo percorria as povoações, ensinava a doutrina, unia os casais pela Igreja, iniciava o culto no templo majestoso da floresta. Atividade breve de mineiros e apóstolo, porque, mal apetrechada a expedição, faltaram os víveres. Baixando as águas do rio apareceram febres que fizeram muitas vítimas. Todos eram acometidos, não escapando os ín-

---

[126] Relação sumária, cit.

dios naturais que, atemorizados, se ausentaram para longe; os que tinham ido com os portugueses, por seu turno, igualmente desertavam. Não havia quem trabalhasse, nem buscasse os mantimentos, nem curasse os enfermos; somente o padre, que animava os poucos válidos restantes e tentava conter os gentios, para que o não abandonassem, até que por fim sucumbiu ele mesmo às febres e às fadigas. Também os mineiros tinham morrido. Assim, na míngua e na doença, mais uma vez se esboroava o sonho áureo.

Com pouco, levada certamente por algum dos trânsfugas, chegou a notícia à cidade, onde a mágoa foi geral. Em dia de Páscoa, 16 de abril, Vieira pregou na Matriz a consolar o povo do desastre de suas esperanças, pois todos contavam enriquecer de golpe com as minas. Será difícil conciliar pontualmente essa data com a demora de sete semanas que, no dizer de André de Barros, mais ainda segundo Vieira[127], ele tivera no mar. Saindo a 18 de fevereiro do Maranhão, estava, segundo a conta, de volta a 7 de abril, porém nove dias não bastavam para a viagem até o Pará, concedendo mesmo que se tornasse a embarcar logo, sem se deter nenhum tempo em São Luís. Ainda um século depois a viagem era de dezoito a vinte dias. Ou há erro nas datas, ou no cômputo do tempo no mar. Em todo caso a circunstância é mínima; passemos ao sermão.

O discurso dá a impressão clara do que Vieira pensava do sucedido: como sempre, ele se achava em contradição com os habitantes da colônia, exultando naquilo mesmo que os magoava até o desespero. O malogro de mil esperanças produzia-lhe júbilo.

> Que práticas são estas de que ides conferindo entre vós e de que estais tristes? Esta foi a pergunta que fez Cristo, redentor nosso, aos dois discípulos que iam de Jerusalém para Emaús. E se eu fizesse a mesma no nosso Belém, e perguntasse

---

[127] "Perseveraram mais tempo na mesma porfia." *Obras várias*, t. 2, p. 65. Mais tempo que os cinqüenta dias, durante os quais lutou o outro barco.

às vossas conversações porque estais tristes; é certo que me havieis de responder como eles responderam: *Nos autem sperabamus*; esperávamos de ter minas e estamos desenganados de que as não há; ou esperávamos que se descobrissem e não se descobriram. E se eu instasse mais em querer saber o discurso ou conseqüência com que sobre este desengano fundais a vossa tristeza, também é certo havieis de dizer, como eles disseram, que no sucesso que se desejava e supunha estavam livradas as esperanças da redenção, não só desta vossa cidade, e de todo o Estado, senão também do mesmo reino: *Nos autem sperabamus, quia ipsa esset redempturus Israel*. Ora ouvi-me atentamente, e (contra o que imagináveis e porventura ainda imaginais) vereis como nesta que vós tendes por desgraça consistiu a vossa redenção, e de quantos trabalhos, infortúnios e cativeiros vos remiu e vos livrou Deus, em não suceder o que esperáveis[128].

Continuando, mostrava nada haver de mais perigoso, para uma terra indefensa, que a fama de suas riquezas: descobertas as minas não faltariam tentativas de estranhos de se apossarem do Estado. Abundava em exemplos a história: por causa do ouro e da prata que os hebreus possuíam, as nações de Gog e Magog lhes fizeram guerra muito tempo, até que os submeteram; por causa dos tesouros de Ezequias foram os israelitas cativos dos babilônios; por causa das minas de ouro e prata sujeitaram Espanha os romanos. "Um dos maiores castigos que Deus podia dar a esta cidade e a este Estado era descobrirem nele minas", proclamava, enumerando as perturbações prováveis: os índios a sucumbirem à dureza do trabalho, as terras sem lavoura, as casas sem escravos, os braços todos na lida subterrânea. E sobre isso ainda a opressão por parte dos funcionários adventícios, terror perpétuo dos colonos.

Quantos ministros reais e quantos oficiais de justiça, de fazenda, de guerra vos parece que haviam de ser mandados cá, para a extração, segurança e

---

[128] *Sermões*, t. 5, p. 233.

remessa deste ouro ou prata? Se um só destes poderosos tendes experimentado tantas vezes que bastou para assolar o Estado, que fariam tantos? Não sabeis o nome do serviço real (contra a tenção dos mesmos reis) quanto se estende cá ao longe, e quão violento é e insuportável? Quantos administradores, quantos provedores, quantos tesoureiros, quantos almoxarifes, quantos escrivães, quantos contadores, quantos guardas no mar e na terra, e quantos outros ofícios de nomes e jurisdições novas se haviam de criar ou fundir com estas minas, para vos confundir e sepultar nelas? Que tendes, que possuís, que lavrais, que trabalhais, que não houvesse de ser necessário para serviço de el-rei, ou dos que se fazem mais que reis com este especioso pretexto? No mesmo dia havieis de começar a ser feitores, e não senhores, de toda a vossa fazenda. Nem havia de ser vosso o vosso escravo, nem vossa a vossa canoa, nem vosso o vosso carro e o vosso boi, senão para o manter e servir com ele. A roça haviam-vo-la de embargar para o mantimento das minas; a casa haviam-vo-la de tomar de aposentadoria para os oficiais das minas; o canavial havia de ficar em mato porque os que o cultivassem haviam de ir para as minas; e vós mesmo não havieis de ser vosso, porque vos haviam de apenar para o que tivésseis ou não tivésseis préstimo; e só os vossos engenhos haviam de ter muito que moer, porque vós e vossos filhos havieis de ser os moídos[129].

À vista e perto tinham os circunstantes o exemplo da Espanha, a que, de sua própria confissão, o Potosi e as outras minas não tinham servido mais que para a despovoar e empobrecer seus habitantes. "Eles cavam e navegam a prata e os estrangeiros a logram"; aguda observação cuja verdade mais tarde havia de verificar-se em Portugal. Em compensação da perda, que agora lamentavam, oferecia ele aos colonos outras minas e tesouros: as almas inúmeras dispersas na imensidade do sertão. "Rio das Almazonas lhe

---

[129] *Sermões*, t. 5, p. 243.

chamam alguns; rio das almazinhas lhe chamo eu", dizia em um dos seus piores trocadilhos; não por serem menores e de menos preço as almas dos índios, mas pelo desamparo em que se achavam. A elas, pois, a esses tesouros se vá, e quando granjeados, grandes minas se terão descoberto.

Os fiéis, que assistiam à solenidade da Páscoa, podiam tomar em dois sentidos o incitamento: na acepção restrita, espiritual, que pretendia dar-lhe o pregador, e na mais lata, dos cativeiros, que melhor admitiriam. Acaso não estaria alheio do jesuíta o pensamento de, pelo equívoco, acordar a miragem grata aos colonos, que só por interesses positivos de perdas igualmente positivas se podiam consolar.

O fato é que a máquina, aplicada a fabricar os cativos com o material das conversões e resgates, não interrompia o seu labor. Por Vieira temos o elenco da produção nos anos que seguiram. Em 1657, missão dos padres Manuel Pires e Francisco Veloso ao rio Negro, seiscentos escravos; em 1658, outra ao mesmo rio pelos padres Manuel Pires e Francisco Gonçalves, mais de setecentos; em 1659, pelos padres Manuel Nunes e Tomé Ribeiro, trezentos; em 1660, ao Amazonas, pelos padres Manuel de Sousa e Tomé Pires, trezentos. Sem contar os outros que, trazidos por forros e postos nas aldeias para trabalharem coactos e por estipêndio miserável, voluntariamente se metiam na escravidão. O Tocantins era o grande manancial; em 1655 tinham de lá baixado, com os missionários, 1200 Tupinambás, depois, em 1659, vieram cerca de mil. Agora tencionava Vieira persuadir os da grande ilha dos Joanes, que seriam, calculava ele, quarenta mil. Que minas mais ricas poderiam ter os colonos, que as desse ouro vivo convertido em trabalho?

Com o salário dos índios forros – duas varas de pano por mês, no valor de um cruzado; seis tostões nos tempos de maior carestia – e o custo ínfimo por que saíam os escravos – quatro mil-reis se estavam caríssimas as ferramentas que serviam ao resgate, informa Antônio Vieira – pondo essas multidões ao serviço de oitocentos portugueses, que a tanto montava a população, devia ser em extremo frutuosa a exploração do índio. Sucedia, porém, o contrário, exatamente. Poucos eram na colônia os opulentos; e a penúria geral, as lamentações constantes. No mesmo organismo social residia a causa disso. Como nas sociedades antigas, baseadas na escravidão, não havia na terra indústria alguma. Cada um tinha de suprir com seus escravos as próprias necessidades. "Cada família" – dizia Antônio Vieira – "há de ter o que tem uma república; porque para a carne há de ter caçador, para o peixe pescador, para o pano fiandeiras e tecelão, para o pão lavradores, e para os caminhos embarcações e remeiros, afora todos os outros serviços domésticos"[130]. Com isso, os que requeria a lavoura complicada do tabaco, as salinas, a cultura do açúcar e algodão, a extração na floresta das chamadas drogas, cravo, salsaparrilha, bálsamos e outros produtos, por fim e principalmente os serviços do Estado, que eram em suma os de interesse próprio do governador e funcionários; de sorte que, não sem razão arguiam os colonos serem os descimentos, como se levavam a efeito, insuficientes para as necessidades. Em cinco anos, de 1655 a 1660, tinham eles produzido dois mil escravos, quatrocentos por ano, de que, repartidos por oitocentos portugueses – fazia notar Antônio Vieira – "cabe meio escravo a cada um"[131]. Não era bem assim: na repartição tocavam muitos a alguns, a outros nenhum. Nem todos tinham os quinze a vinte mil-réis, que era o preço usual no Pará e Maranhão, e muito menos os setenta, equivalendo a duas e meia ou três vezes igual soma em moeda atual, que pediam os usurários do sinistro tráfico, quando a necessidade geral e a escassez, segundo a lei econômica, faziam subir os preços. E assim se mostrava a fatuidade do sistema. Os desfavorecidos, os humildes viviam na mais negra miséria; os abastados quase sem o indispensável, porque se freqüentes vezes reforçavam o rebanho trabalhador, em breve lho dizimava a lida sem descanso, os maus tratos, o

---

[130] Carta à Câmara do Pará, 12 de fevereiro de 1661. *Cartas*, t. 1, p. 580.

[131] Resposta aos capítulos. *Chorogr. Hist.*, t. 4, p. 248.

desespero e a saudade da criatura selvagem jungida à tarefa quotidiana. Só os que iam ao sertão prear e os funcionários é que realmente prosperavam. Por isso não se estranhe o descontentamento perene dos habitantes, nem a hostilidade contra os jesuítas, que lhes embaraçavam o remédio único de seus infortúnios, consoante criam.

A jornada do ouro terminara em decepção; outra, também por ordem do governador, tentada ao Camocim, a buscar âmbar, dera igualmente em malogro. Escravos, escravos era só o que podia remir da miséria o povo; mas escravos feitos em guerra, pagos com balas e flechadas e não os de resgate, caros, poucos, e parte deles libertos no exame pelos missionários, que os reconheciam por forros. Por essa razão se ordenara logo em 1655 a expedição ao Neengaíbas, com o pretexto de castigar as mortes, dez anos antes, do Padre Luís Figueira e seus companheiros, assim como alguns assaltos depois cometidos, aos brancos vizinhos, e o fim positivo de adquirir escravatura; expedição sem o êxito esperado, porque os selvagens se defenderam bravamente, e a tropa vingadora regressou descoroçoada e sem presas ao Pará.

Para ocorrer pelos resgates às necessidades proclamadas, determinou Vieira ir pessoalmente em missão ao Amazonas, neste ano de 1656; mas faltaram os recursos de gente e canoas, empregadas as que havia em recolher os restos da expedição ao Pacajá, e ficou adiada a viagem para abril ou maio seguintes. Foi a que realizaram os padres Manuel Pires e Francisco Veloso, que penetraram então no rio Negro, em lugar de Vieira, impedido de executar seu intento pelos superiores.

Pelos navios desse ano de 1656, ele escreveu a D. João IV, dando-lhe conta dos seus trabalhos, como costumava. Perdeu-se a carta, mas a súmula encontra-se em outra, de 20 de abril do ano seguinte, dirigida nominalmente ao rei D. Afonso VI, que tinha então quatorze anos, e a quem as correrias do rapazio no terreiro do paço, que contemplava das janelas, interessavam por certo mil vezes mais que os sucessos das missões. Insistia em que as disposições sobre os índios se não revogassem, e se lhe remetessem mais missionários, continuando com as referências desfavoráveis ao proceder das autoridades e das confrarias religiosas rivais. Três meses esteve o jesuíta detido, segundo diz, no Amazonas, à espera da escolta que o devia acompanhar na jornada; em que ponto não menciona; podemos escolher Gurupá, ou então, tomando menos à letra a referência, os aldeamentos no Tocantins, perto de Camutá, onde geralmente iam terminar seus apercebimentos as expedições. Devia ser de maio a agosto: em setembro tinha passado a monção; entrava o período da seca, da navegação custosa nos braços, dos ventos rijos e das borrascas na corrente principal. Convinha esperar pelo outro ano.

Esse começou de funesto presságio para o missionário. A nova de haver falecido D. João IV a 6 de novembro devia chegar logo nos primeiros dias. Sucedendo à morte de D. Teodósio era o golpe mais pungente com que o destino podia feri-lo no sentimento, e o que mais lhe punha em risco a obra empreendida. É de dúvida se no coração do apóstolo caberia uma afeição terrena. A dos parentes mandava a disciplina, em palavras do mesmo Cristo, que a desprezasse, como o amor de si mesmo: "Quem não tiver ódio a seu pai e mãe e a si próprio não pode ser meu discípulo". Dos estranhos lhe ensinava o mestre da perfeição espiritual Afonso Rodrigues: "Quem ama um mais que os outros mostra claramente que não ama aos outros perfeitamente". Se todavia tal sentimento existiu nele, certo ninguém a igual do rei defunto poderia merecer-lo. Tanto mais que em seu espírito facilmente brotaria a confusão da amizade com o interesse. Quando na carta de 1º de fevereiro de 1658, à rainha viúva, Antônio Vieira, significando a sua devoção às régias pessoas, afirma: "Eu, senhora, depois que deixei o lugar que tinha aos pés de el-rei e de Vossa Majestade, nunca mais me foi necessário nada, porque naquele sacrifício renunciei tudo", soa a frase oca, como lisonja de corte- são; quando muito exprimirá a saudade, viva sempre, posto que latente, nos recessos do seu coração, dos dias de influência política. Onde, porém, na mesma carta geme: "Com a falta de el-rei e do príncipe, que estão no céu, tudo me faltou", aí as palavras acusam sinceridade. E o porquê, ele o diz: "a benevolência que o seu respeito me conciliava se sepultou toda com eles". Era certo: desde o fatal sucesso pairavam sobre ele os ódios e a inveja de que em seguida, na mesma carta, falava. O interesse evidente e a afeição possível coincidiam, justificando a dor.

As mesmas antipatias obscuras, sem fundamento em agravos, cobravam ânimo para satisfazer a secreta aversão de que se alimentavam. Antônio Lameira da França, aquele capitão de Gurupá que André Vidal mandara desterrado para Lisboa, morrera a 23 de junho, em casa do prior da Madalena, Jerônimo de Araújo, com quem morava; e, no insaciado desejo de vingança, já nas últimas, lamentava-se de não ter ido ao Santo Ofício denunciar certos atos e proposições de Vieira, e dos jesuítas do Maranhão. Pôde, porém, deixar uma declaração escrita, testamento de desforra, que o hóspede piedosamente conservou para cumprir em oportuna ocasião. A morte de D. João IV lha proporcionou cinco meses depois, e a 20 de novembro foi o padre levar o papel aos Estaus. Apontoado de bagatelas, coligidas pelo ódio, somente merecedor de notícia pela circunstância de o ter guardado consigo o denunciante até julgar a sazão própria para o efeito maligno; sem utilidade imediata, mas que o Santo Ofício, com o zelo costumado, arquivou[132].

Algum dos consócios, o padre André Fernandes ou outro, daria notícia ao missionário do que na corte ia sucedendo. Tinha D. João IV falecido a 6 de novembro; a 23, o Conselho de Estado dirige à regente D. Luísa uma representação sobre o modo pelo qual melhor se há de governar o reino e um dos assuntos que mais apreensão causa aos conselheiros, o que eles mais recomendam, o que no escrito com mais extensão se considera, é o da Companhia do Brasil e a abolição dos confiscos em favor dos cristãos novos. Recorda o documento a morte prematura do príncipe, filho de D. João II, por ter este admitido no reino os judeus, expulsos de Castela; a de D. Sebastião, por fazer

---

[132] Veja-se a denúncia no Apêndice.

com eles trato semelhante ao que estabelecera D. João IV; e a morte deste, em seguida a ter perdido dois filhos, um deles o primogênito, infelicidades com que atestara o céu a sua reprovação[133]. Contra a Companhia alegava a opinião unânime dos povos: "O Brasil diz que ela o tem destruído; as ilhas se queixam do mesmo; o reino todo se queixa que nunca comprou o açúcar mais caro"[134]. Pouco depois, era o Conselho de Fazenda que representava, mostrando as condições precárias do tesouro público, e a situação aflitiva do país:

> Os leais vassalos de Vossa Majestade, cercados por todas as partes dos mais poderosos inimigos, se vêem sem exército na terra, sem armada no mar, experimentam que os remédios se converteram em sensíveis danos, como foi a Companhia do Brasil [...] Imaginam a reputação perdida, e que por falta dela nem os inimigos nos temem, nem os neutrais nos querem por amigos, nenhuns deferem às nossas causas, e somos tratados como gente, que vive no mundo à mercê de outras nações[135].

Compare-se com o quadro desenhado em 1643 por Vieira, quando pedia favores para os judeus e insinuava a criação da Companhia. Como remédio propunha o Conselho a expropriação desta por quatrocentos mil cruzados. Com isso coincidiram as diligências do Santo Ofício, agora mais arrogante, e aproveitando a timidez feminina. Não tardou em se lhe submeter a rainha, que antes de três meses revogava a dispensa dos confiscos, invocando necessidades da coroa, e a falta de cumprimento do ajuste pelos cristãos novos:

---

[133] "Era o príncipe, nosso senhor, que Deus tem, no tempo que se tomou aquela resolução, bem disposto; tinha Sua Majestade, que Deus haja, a melhor saúde que se conhecia em nenhum outro sujeito; a sereníssima infanta D. Joana, posto que já com achaques, não eram tais que desconfiássemos da sua vida. Ambos, pai e filho, começaram a ter achaques, cresceram os da infanta, e a todos perdemos [...]" 23 de novembro de 1656. Bibl. Nac., col. Pombalina. cod. 738, fol. 79. Original com as assinaturas dos Conselheiros.

[134] Ibidem, p. 76.

[135] 23 de janeiro de 1657. Bib. Nac., cod. 738, fol. 107. Original com as assinaturas.

"Os homens de nação de fora do reino não acudiram com dinheiro algum, e os do reino o fizeram com pouca quantia"[136]. Era a demonstração da quimera em que assentava o plano, e que mais seduzira os governantes: o afluxo de capitais, que anunciara Vieira, e com o qual nadaria o país em riquezas, não se tinha realizado. No ano seguinte, atendendo a reclamações de toda a parte do Brasil, era retirado à Companhia, que se arrastava a custo, o exclusivo dos quatro gêneros, farinha, vinho, azeite e bacalhau[137], de que extraía o principal de suas rendas. O mesmo que virtualmente destruir a criação do reinado anterior. Golpes sucessivos, que se julgaria dever sentir muito o autor do projeto e que afinal o deixavam impassível. A antiga idéia era como um filho muito desejado, que por outro, gênito de paixão nova, enjeitasse. Para trás ficava o interesse pelas prosperidades materiais da nação e pelos hebreus. Em outro pólo se achava agora a meta de suas ambições.

De toda a maneira isso podia ser lhe um aviso, e o lance era incontestavelmente de angústia, para quem, como ele, tinha tantos desafetos. Sem embargo do favor que sempre a rainha lhe manifestara, que lhe traria o futuro? Desde logo seu espírito se revoltava contra a idéia da derrota e da empresa abandonada. Isso era impossível e Deus ocorreria! Já três anos antes se lhe havia deparado a solução reparadora, quando em Salvaterra anunciara a ressurreição do soberano, se este acaso falecesse antes de concluído o ciclo das grandezas vaticinadas. Agora nas longas horas de solidão intelectual, em viagem pelos rios monótonos, rememorava os enigmas do Bandarra, trechos dos profetas, passos enredados da Escritura; e de os cotejar e combinar lhes arrancava o sentido obscuro. Compôs assim na mente o tratado, em que já antes cogitava, do *Quinto Império do Mundo*, fundado em textos de que saía provada a ressurreição de D. João IV.

---

[136] Alv. de 2 de fevereiro de 1657. Torre do Tombo, papéis dos jesuítas, pasta IV, 13, 3.

[137] Alv. de 9 de maio de 1658.

No reino, com a morte do monarca, tinha cobrado alentos o sebastianismo; ruíra a teoria adversa, demonstrando o acontecimento que não podia ser o Bragança o Messias prometido. Sobre isso o padre André Fernandes, inclinado a essa última opinião, escreveu a Vieira, que lhe contestou as razões repetindo as suas de Salvaterra. A última réplica foi o tratado completo, por ele enviado em 1659.

> Ao *sr. bispo do Japão*. Conta-me Vossa Senhoria prodígios do mundo, e esperanças de felicidades a Portugal, e diz Vossa Senhoria que todas se referem à vinda de el-rei D. Sebastião, em cuja dúvida e vinda tenho já dito a Vossa Senhoria o que sinto. Por fim me ordena Vossa Senhoria que lhe mande alguma maior clareza do que tantas vezes tenho repetido a Vossa Senhoria da futura ressurreição do nosso bom amo el-rei D. João o 4º. A matéria é muito larga, mas para se escrever tão de caminho, como eu o faço, em uma canoa em que vou navegando no rio das Amazonas, para mandar este papel em outra que possa alcançar o navio que está no Maranhão de partida para Lisboa, e resumindo tudo a um silogismo fundamental, digo assim: o Bandarra é verdadeiro profeta; que ainda o Bandarra profetizou que el-rei D. João o 4º há de obrar muitas coisas que não obrou, nem pode obrar senão ressuscitando; *ergo* [...][138]

A conclusão e a demonstração alongavam-se por grande número de argumentos e páginas. Quando teve a obra concluída, antepôs ao título de *Quinto Império* o outro, simbólico e mais significativo, de *Esperanças de Portugal*. Esperanças que eram também as dele, as do seu triunfo e da confusão definitiva dos que o deprimiam.

---

[138] *Esperanças de Portugal, Quinto Império do Mundo*, primeira e segunda vida de el-rei D. João o quarto, escritas por Gonçalianes Bandarra. *Cartas*, t. 1, p. 488.

VIII

A 19 de março, data em que antes se festejava o nascimento de D. João IV, celebraram-se em São Luís exéquias por sua morte. Pregou, como de razão, Antônio Vieira. Provavelmente no colégio dos jesuítas. Passados uns quinze dias, na semana da Ressurreição, repetiu-se a solenidade, que seria dessa vez na Matriz. Uma e outra data agouros felizes para o pregador. "Por mais que procuro encontrar com esta morte de el-rei" – bradava ele no exórdio – "sempre dou de rosto com a vida"[139]. Alusão ao dia do nascimento, em que pregou pela primeira vez. "O rei ainda depois de morto prodigioso, que quando vos busco morto sempre me apareceis vivo!" Nesse ponto fazia notar que, tendo sido adiada a solenidade, a data primeiro proposta, e a preferida depois, caíam ambas em dia da Ressurreição. De onde arrazoava: "Suposto, pois, que o meu rei e senhor D. João se me não quer representar morto, senão vivo, preguem-lhe outros as exéquias de defunto, que eu não quero nem posso". E assim foi: em lugar dos clamores trágicos da oração fúnebre o que se ouviu então era o hino triunfal do panegírico.

Dessa segunda oração não existe senão parte, e sempre no tom referido. A ressurreição somente no exórdio é sugerida; no que resta do sermão em parte alguma se afirma. Não assim no primeiro, que se não conhece, seja por se haver perdido ou ter sido destituído pelo o autor, seja porque nunca tinha sido escrito, como ele o declarou ao Santo Ofício. Nesse discurso prometera a ressurreição do monarca, tal qual no de Salvaterra, também, por coincidência singular, não escrito. Por isso não pasmariam os assistentes de lhe ouvir: "Nem a nova da não esperada morte de Sua Majestade me pode entristecer, nem esta mesma representação funeral, que ainda em casos ordinários costuma entristecer os ânimos por simpatia da natureza, me pode

---

[139] *Sermões*, t. 4, p. 62.

causar sentimento". Gênio peregrino o deste homem, em que se puderam ligar as mais vivas contradições: a fantasia irreprimível e a visão ponderada das coisas positivas; sonhador e prático; artífice de quimeras absurdas, e conselheiro de prudente aviso; todavia não de todo exorbitante da sua época, em que sem os mesmos clarões, esse misto de crédula fantasia e bom senso tantas vezes aparece.

Do efeito que o prodígio da ressurreição podia ter no espírito de quem escutasse, no templo, a declaração dele não restou notícia; é crível não fosse o espanto em demasia, suposta a mentalidade especial que ao povo português tinham criado as extravagâncias do sebastianismo. Arruído de opinião, se o houve, não durou muito; logo em seguida os colonos se abismaram na eterna preocupação dos escravos. Vieira, por seu turno, ruminando a quimera, não perdia de vista os interesses graves da missão. Em setembro retirava-se André Vidal para o governo de Pernambuco, que era a sua ambição. Apartamento mui diferente do entusiasmo cálido dos primeiros dias. Ele, à chegada, era capacíssimo para salvar a Índia, segundo os méritos que lhe descobriu o jesuíta; afinal tinha-o achado inepto administrador. Por culpa sua não houvera resgates copiosos com que os moradores se contentassem; três expedições que ordenara, contra o voto de Vieira, tinham falhado. Não fora o interesse do serviço régio mas a cobiça que as determinara: a dos Neengaíbas, guerra em vez de missão, cobiça de escravos; a do Pacajá, cobiça de ouro; a do Camocim, cobiça de âmbar. Nem mesmo a isenção, que no princípio do governo lhe exaltava, ultimamente reconhecia. "Assim que, Senhor," – dizia em carta ao rei – "a causa de não se haver feito resgate considerável nestes anos, foi porque o governador e os do governo do Maranhão, quiseram que as entradas se fizessem a outras partes, de onde esperavam maiores interesses"[140].

---

[140] 20 de Abril de 1657. *Cartas*, t. 1, p. 464.

Com a situação demudada em Lisboa pela morte do soberano, graves deviam ser os cuidados do missionário enquanto não vinha outro governador. Quem seria o eleito? A sugestão em favor de Baltasar de Sousa Pereira, acerca de quem tão inesperadamente variara de conceito, não fora atendida. Enquanto, na dúvida e temor, esperava o ignoto substituto de André Vidal, buscava inclinar a seus intentos o poder novo. Conhecido o pensamento de D. João IV, logo em abril escreveu à regente e ao soberano menor, solicitando-lhes as boas graças. No sermão panegírico celebrara a proteção concedida pelo rei falecido à propagação da fé e não descuidara de mencionar o Maranhão. Na carta a D. Afonso VI não usa do mesmo tom de veneração grata pelo desaparecido; lembra, pelo contrário, que por ter promulgado a lei de 1653, favorável aos cativeiros, incorrera na ira celeste, e o compara a Faraó. "A el-rei Faraó, porque consentiu no seu reino o injusto cativeiro do povo hebreu, deu-lhe Deus grandes castigos, e um deles foi tirar-lhe os primogênitos [...] neste mesmo ano tirou Deus a Sua Majestade o primogênito dos filhos e a primogênita das filhas"[141]. O castigo era em parte prematuro, porque a lei fez-se a 17 de outubro, e a infanta D. Joana faleceu em novembro.

D. Teodósio era o que desde maio tinha sido arrebatado às esperanças dos pais. Mas não embaraçava essa antecipação de vingança o padre, cujas palavras descobrem quanta crueldade cabe em um coração de apóstolo, desprendido das coisas terrenas. Assim falando, apontava como essencial que nada se modificasse nas disposições existentes, e, referida a punição do pai, fazia pairar uma ameaça aos olhos do filho, talvez da mãe, que em nome dele exercia o poder: "Senhor, se alguém pedir ou aconselhar a Vossa Majestade maiores larguezas que as que hoje há nesta matéria, tenha-o Vossa Majestade por inimigo da vida e da conservação da coroa de Vossa Majestade". Não

---

[141] Ibidem, p. 468. Na carta impressa lê-se 1654 em vez de 1653. Inadvertência possível de Vieira que freqüentemente confunde as datas.

ousava diretamente afirmar que em castigo tirara Deus a vida a D. João IV, como, por outro motivo, os conselheiros de Estado; o sucessor que o compreendesse[142]. Tal se mostrava aquele que no desespero da soledade pedia, para o aplacar, um prodígio.

Talvez isso porque nos últimos tempos do reinado não fossem os negócios da missão resolvidos como ele desejava. Deve ser desse período a carta de que ficaram fragmentos, aparentemente escrita em São Luís, para o padre André Fernandes, na qual o desgosto pela atitude hostil dos colonos, e o receio de que triunfem na corte certos sujeitos delinqüentes, expulsos do Estado, se exprime em termos sentidos.

[...] É isto um inferno abreviado, e é necessário serem os homens tão santos como os do céu, para terem paciência e constância entre tantas perseguições. Mil desesperações me escrevem os padres do Pará, vendo-se tão perseguidos por todas as partes, sobre tantos perigos, trabalhos, misérias, fomes, sedes, caminhos, mares, rios, e um perpétuo servir e lidar, e acudir a mil partes, sem momento de descanso, nem sossego, que verdadeiramente é necessário um espírito e uma fortaleza de São Paulo para não desmaiar.

[...] E se Sua Majestade julgar que se deve antes deferir a quatro homens degredados, e réus de tão enormes delitos, rebeldes, desobedientes a suas leis, e aos conselheiros e pregadores destes insultos, defira-lhes Sua Majestade e deixe-os a eles ficar no Maranhão: entregue-lhes o sangue e as vidas, e as liberdades e almas dos índios, e a nós deixe-nos lançar Sua Majestade, ou lance-nos fora, que não

---

[142] No Ms. da Bibl. de Évora – Segunda carta de notícias do Maranhão que o padre Antônio Vieira escreveu do Maranhão – (*Cartas*, t. 1, p. 383), quase no fim, lê-se: "Um dos últimos castigos que Deus deu a el-rei por cativeiros injustos foi tirar-lhe o primogênito, e porque não cessou, antes continuou, tirar-lhe por fim o reino mais a vida". Se o trecho não foi interpolado por algum copista, pode-se crer que Antônio Vieira o introduzisse, na cópia que guardou, pois a carta é de 1654, e só daí a dois anos morreu D. João IV.

faltará onde sirvamos a Deus, e onde salvemos as almas sem tantas perturbações e risco das nossas. Triunfe o vigário do Pará, triunfem os piratas de Gurupá, e triunfe o demônio, a gentilidade, a idolatria, a maldade, o escândalo, a abominação, o inferno![143]

Quatro degredados: Aires de Sousa Chichorro, capitão-mor do Pará, tinha autorizado as entradas ao sertão, feitas na ausência de Vieira com desprezo da lei; Antônio Lameira, capitão de Gurupá, já então falecido, o que Vieira ignorava, levara a exame os índios forros, que por ameaças, quando interrogados, se diziam realmente cativos; dois outros indivíduos, Lourenço Rodrigues, sargento-mor, e o capitão Manuel Carvalho que em Gurupá se tinham levantado com a guarnição do forte, e expulsado os missionários em 1655. Todos eles processados e remetidos para o reino por André Vidal de Negreiros; a esses certamente queria Antônio Vieira referir-se. Vigário do Pará era aquele mesmo que nos exames de 1655 se pronunciava sempre pelos cativeiros, inimigo natural dos missionários[144]. Pelo capitão-mor Chichorro intercediam mesmo alguns jesuítas; Antônio Lameira fora nas instâncias superiores absolvido de culpa; razão tinha o defensor dos índios para sentir-se magoado.

Nessa inquietação de ânimo, desde muito, e mais ainda após a morte do rei, o afligia o receio de não poder por falta de obreiros realizar o seu sonho magnífico. A todos e em todas as ocasiões pedia missionários, e para toda a parte deprecava em vão. Assaz significativo é o que, neste ano de 1657, data desconhecida, comunicava ao seu confidente André Fernandes.

Escrevi a el-rei pela Junta [das Missões], pelo Conselho do Estado, e pelo Ultramarino, mandando em papéis particulares todas as informações necessárias, e ainda as possíveis; escrevi ao bispo capelão-mor e ao padre Nuno da

---

[143] *Cartas*, t. 1, p. 459.

[144] Cf. resposta aos capítulos, *Chorogr. Hist.*, t. 4, p. 204, e *Obras várias*, t. 1, p. 115, 129.

Cunha; eserevi ao doutor Pedro Fernandes Monteiro e ao padre Manuel Monteiro, e ao doutor Martim Monteiro; e escrevi ao bispo de Portalegre, e escrevi ao conde de Odemira; escrevi a Pedro Vieira da Silva; escrevi ao padre geral, assistente, secretário, e procurador de Roma; escrevi ao padre provincial do Alentejo e ao da Beira; escrevi mais na Beira ao padre Mateus de Figueiredo e em Alentejo ao padre Francisco Soares, informando, rogando, protestando e importunando a todos sobre este negócio, que é o único que tenho e hei de ter em minha vida, e sobretudo cansando a Vossa Senhoria não com cartas, senão com resmas de papel escritas; e que, chegando todos estes papéis às mãos das pessoas para quem iam, e tais pessoas, e sendo tão extrema a necessidade que neles se representa, e tantos os milhares de almas que se estão perdendo, por falta de quem lhes aplique o remédio, que este remédio tarde tantos anos, e falte totalmente, e que não haja padres da Companhia que venham, e quem os solicite e mande![145]

Sem embargo, nesse mesmo ano lhe chegam do Sul três companheiros, sendo dois padres e um coadjutor temporal, mais dois no ano seguinte, e em 1659 cinco padres e um coadjutor da Europa. Mas ainda então escreve para Roma ao Geral, insistindo em que mande missionários, e reitera as instâncias ao bispo do Japão.

As almas que temos entre mãos, só na empresa dos Nheengaíbas, não nos contentamos com que sejam cem mil; e, para aplicarmos a eles um só padre com seu companheiro, é necessário tirá-lo de outra parte, de onde se não pode tirar sem grande escrúpulo, e risco de outras almas. Vossa Senhoria, por amor de quem nos remiu com seu sangue, nos valha neste aperto, que é à letra o de se nos estar indo a barquinha ao fundo, com o peso da muito pesca. Se não somos socorridos,

---

[145] *Cartas*, t. 1, p. 472.

e muito à pressa, não sei como nos havemos de valer. Eu faço de mim pedaços, e não há na missão ofício, desde superior a cozinheiro, a que não aplique parte do tempo e das forças, que já são mera fraqueza. Vivemos de milagre, e se não fora a providência particular do céu já todos estaríamos acabados[146].

Entre uma e outra carta tinham ocorrido, no regime da missão, fatos que alteravam a situação de Vieira. Segundo parece, deixara ele de ser superior dela, voltando à fileira como simples religioso. De uma carta sua ao provincial se vê que em junho de 1658 outro exercia o cargo[147]. Acaso porque os seus êmulos na Companhia, aproveitando a morte de D. João IV, e supondo-o desamparado, tivessem maquinado a desconsideração. Como quer que fosse, a sua autoridade diminuíra, se é que não se achava de todo anulada. No ano anterior, o padre Francisco Gonçalves, um dos que vieram da Bahia, trazia a patente de visitador geral; mas logo em 1658 chegou de Roma ordem para Vieira suceder àquele religioso, e assim voltou o mando a quem era realmente a alma da missão.

No intervalo não tinham os superiores maiores, na sede da província, desprezado ocasião de o agravar. Pode-se imaginar que entre ele e o cronista Simão de Vasconcelos, provincial, haveria inimizade. A missão à serra de Ibiapaba era assunto muito de seus cuidados; aqueles não somente deixavam sem despacho as propostas para a manutenção da mesma, senão que também a quiseram suprimir. Pretendia ele ir, como sabemos, em jornada ao Amazonas, para os resgates, e fora combinado que na primavera de 1657; não lho consentiu o visitador, e por disposição do provincial ordenou-lhe que fosse pondo em limpo os sermões, para se publicarem, e ser o produto aplicado aos gastos da missão. Vieira referia o caso em conceitos doridos, escrevendo a um padre de ignoto nome, seu amigo, em fevereiro de 1658:

---

[146] 12 de novembro de 1659. *Cartas*, t. 1, p. 547.

[147] "Consultamos o padre superior desta missão e eu o que se devia fazer." 10 de setembro de 1658. Carta ao provincial. *Cartas*, t. 1, p. 480.

Ordenou-me o padre provincial, e o padre visitador, que alimpasse os meus papéis em ordem à impressão, para com os rendimentos dela ajudar a sustentar a missão: e para isto estou desocupado do ministério dos índios, que era o que eu cá vinha buscar. Quando estava em Lisboa, em França e em Holanda, com as comodidades das impressões, das livrarias, e de quem me escrevesse e ajudasse, nunca ninguém pôde acabar comigo que me aplicasse a imprimir: e mais oferecendo-me el-rei os gastos, e rogando-me que o fizesse: e que agora no Maranhão donde falta tudo isto, e na idade em que estou, me ocupe em emendar borrões e fazer taboadas! Veja Vossa Reverendíssima quanto pode a obediência: e pode tanto que não só o faço, mas chega a me parecer bem que mo mandem fazer. Não há maior comédia que a minha vida: e quando quero ou chorar, ou rir, ou admirar-me, ou dar graças a Deus, ou zombar do mundo, não tenho mais que olhar para mim[148].

Ele, que à vista do pélago amazônico sentira despertar a vocação adormecida, que agora somente aspirava às viagens, a ir pelos rios descobrir-lhes o mistério das correntes e o das consciências selvagens, condenado à imobilidade do cubículo, ao tédio de limar períodos que nunca mais pronunciaria, de ressuscitar idéias já sumidas no passado! Só a disciplina austera da obediência, em que fora moldado o seu caráter nos dias do noviciado, lhe fazia aceitar o sacrifício.

Em breve, todavia, pôs de lado a tarefa displicente. No mesmo navio em que chegou no mês de junho o novo governador D. Pedro de Melo, lhe veio a nomeação de visitador. De subalterno, constrangido a um labor sedentário, regressou ao primeiro posto, e à vida de movimento que o ânimo lhe pedia. O recém-chegado era fidalgo de casa ilustre, soldado das guerras com Castela. Com ele entrelaçou Vieira relações cordealíssimas. Padre e governador pare-

---

[148] *Cartas*, t. 1, p. 473.

ciam querer-se em extremo, e reciprocamente se admiravam; o bom entendimento durou até quase terminar o triênio de D. Pedro. André Vidal fora, no conceito do missionário, apto para os maiores cargos; seu sucessor prestava serviços, merecedores de alto prêmio, e Vieira o recomendava para um lugar no Conselho Ultramarino, quando deixasse o governo. "Queira Deus que lá o saibam conhecer os que só têm os olhos nas fronteiras do Alentejo, e não consideram que o reino de Portugal não foi fundado para se estender por Castela, senão para dilatar a fé de Cristo e o reino de Deus pelo mundo", escrevia ele ao bispo do Japão[149]. O governador, de sua banda, multiplicava as considerações com o padre. Se lhe escrevia, no fecho, sempre o mesmo, dizia-se: "amigo e cativo D. Pedro de Melo". Não havia requerimento ou sugestão do missionário sem bom despacho, pelo que lhe reconhecia ele "zelo, cuidado, disposição e execução"[150] em tudo referente às missões. A abdicação, que era o só meio de contentar a Vieira, chegou ao excesso de lhe confiar folhas em branco assinadas, para preencher conforme lhe aprouvesse, como ordem do governador. Usando de uma de tais folhas mandou o jesuíta prender a Henrique Brabo de Morais, tenente do forte de Gurupá, por ter saído, tanto que tomou conta do ofício, a caçar índios, praticando nisso violências além do comum. Vinha esse oficial a caminho de São Luís, quando ao encontrar-se em Gurupá com o missionário se executou a prisão; e, suspeitando no caso trama dos jesuítas, desmandou-se irritado, em injúrias contra eles, e em particular contra o visitador, a quem infamou de ter violado uma índia[151]. É sabido quanto, na matéria de castidade, são meticulosos os jesuítas: devido à disciplina rígida e à vigilância contínua, as infrações, pelo menos as conhecidas, são raríssimas e descoberto o

---

[149] 4 de dezembro de 1660. *Cartas*, t. 1, p. 94.

[150] Ao rei. 4 de dezembro de 1660. *Cartas*, t. 1, p. 573.

[151] Consta da representação de Jorge de Sampaio e Carvalho contra os padres da Companhia de Jesus, na coleção *Documentos para a história do Brasil e especialmente a do Ceará*, publicada pelo barão de Studart, v. 4, p. 112.

delinqüente fica para sempre abominado. Vieira, por temperamento e elevação de pensar, estava acima de tais fragilidades. Seu biógrafo exalta-lhe a pureza, e aduz como prova um caso, em que ele quase, como José, abandonou a capa em mãos de uma desvairada. "Circe traidora, fera loba", lhe chama indignado o padre André de Barros. Vieira entrara na alcova de certa dama, que se dizia enferma, a ouvi-la de confissão. Na estância adjacente ficara o irmão coadjutor, que sempre em tais casos vai de escolta à virtude do sacerdócio. No momento embaraçoso não perdeu o tino e venceu a surpresa dos sentidos: fez rumor, pediu água e, recuperando a serenidade, despediu-se da penitente cabisbaixa. A anedota é trivial nas biografias de ascetas; nada implica, porém, com que a tenhamos por exata.

Com a calúnia agravou Brabo a situação própria. Os missionários não podiam, para seu crédito, deixar passar sem desforço o aleive, que aliás, de modo indireto, feria também as outras famílias monásticas, ainda que essas menos pontuais na matéria. Houve queixa e processo, e no foro especial foi o injuriador condenado pelo vigário do Maranhão a degredo para o reino, ouvindo antes ler a sentença na Matriz, em público, e de mordaça na boca. Nesse tempo Vieira, em artigo de morte, achando-se em Camutá, declarou perdoar ao caluniador; mas os padres do Pará, entendendo que nisso ia a fama da Sociedade, opuseram-se, consentindo somente que se dispensasse a parte afrontosa do castigo, a mordaça. O resto cumpriu-se. Igual pena e sorte teve João Nogueira da Costa, ajudante da praça do Maranhão, que se associara ao convício[152].

Com isso se assegurou o prestígio dos missionários que, descuidosos de inimizades, continuavam impertérritos a sua obra. Os moralistas rígidos podem-lhes exprobar o transigirem nos princípios, rubricando nas entradas e exames os diplomas da escravidão, a qual eles deviam totalmente repelir;

---

[152] De um documento do Conselho Ultramarino consta que Brabo voltou ao Maranhão em 1661, depois de ficar preso por três anos e perder toda a sua fazenda. Consulta de 29 de outubro de 1661.

mais ainda o alegarem benemerências em o número de cativos distribuídos, como por vezes o próprio Vieira. O fato é que, sem esse oportunismo, não poderiam salvar, pelas distinções sutis da casuística, milhares e milhares de indígenas da voragem fatal dos cativeiros, em que a raça se perdia. Mas não foi o único serviço. Tão arrojados como os caçadores de escravos, mas instruídos como eles não eram, sua penetração no continente foi o início das principais explorações. Não havia jornada de descobrimento em que não andasse um missionário. Foram os jesuítas os primeiros que, de observação própria, assinalaram por graus e minutos as distâncias dos rios. Desde o mapa que, segundo a informação do cronista Bettendorff, Antônio Vieira tinha no colégio do Pará, até o de Samuel Fritz, publicado em 1707 em Quito, os jesuítas foram os únicos cartógrafos do Amazonas. O que em toda a parte veio a lume, até a última data, e depois ainda, enquanto Lacondamine não percorreu a região, é uma geografia de conjecturas. Já na sua primeira viagem Vieira se lamentava de não ter instrumentos com que demarcasse a posição do Tocantins[153]. Isso realizaram em 1659 os padres Manuel Nunes e Tomé Ribeiro, chegando nessa ocasião, se acertaram nos cálculos, ao sexto paralelo, muitas léguas acima da confluência do Araguaia. Das outras expedições pouco a pouco se foram colhendo os elementos para a carta definitiva das missões, elaborada em 1753[154].

Entretanto a viagem, de que Vieira por imposição dos superiores desistiu, tinha sido encarregada aos padres Francisco Veloso e Manuel Pires, que saíram do Maranhão a 22 de junho de 1657. Foi certamente a propósito dela o notável sermão do Espírito Santo, um dos mais eloqüentes que pregou Vieira, e que na impressão não traz a data, mas tão somente a rubrica de que partia na ocasião para o Amazonas uma grande missão. Na jornada, que

---

[153] Carta ao provincial. "Muito desejamos trazer astrolábio para notar com certeza as alturas deste rio; mas como a este porto vem tão raros navios, e é mais rara ainda a curiosidade, não o achamos." *Cartas*, t. 1, p. 371.

[154] Original na Biblioteca de Évora, 1ª edição.

tinha por fim os resgates, participaram muitas canoas, trezentos índios, e 25 soldados. Domingo de Pentecostes, disposta a viagem para um dos dias próximos – "amanhã", diz Vieira, provavelmente em sentido lato, tanto mais que não era a precisão no tempo qualidade dessas empresas – o discurso era uma exortação aos que partiam: "Desceu o Espírito Santo em línguas para formar aos apóstolos mestres e pregadores". Como os discípulos do Cristo teriam eles de falar a gentes de palavra desconhecida. Aí se encontra o trecho famoso sobre as línguas, dos índios, e o da estátua, tão conhecido. Aos novos missionários aponta a dificuldade de se entenderem com os selvagens, mesmo com a intervenção dos intérpretes, consoante ele próprio experimentara.

Por vezes me aconteceu estar com o ouvido aplicado à boca do bárbaro, e ainda do intérprete, sem poder distinguir as sílabas, nem perceber as vogais ou consoantes de que se formavam, equivocando-se a mesma letra com duas ou três semelhantes, ou compondo-se (o que é mais certo) com mistura de todas elas: umas tão delgadas e subtis, outras tão duras e escabrosas, outras tão interiores e escuras, e mais afogadas na garganta que pronunciadas na língua; outras tão curtas e sutis, outras tão estendidas e multiplicadas, que não percebem os ouvidos mais que a confusão, sendo certo em todo rigor que as tais línguas não se ouvem, pois se não ouve delas mais que o sonido, e não palavras dearticuladas e humanas [...] De José, ou do povo de Israel no Egito, diz Davi por grande encareci-mento de trabalho que ouvia a língua que não entendia. Se é trabalho ouvir a língua que não entendeis, quanto maior trabalho será haver de entender a língua que não ouvis! O primeiro trabalho é ouvi-la; o segundo percebê-la; o terceiro reduzi-la à gramática e a preceitos; o quarto estudá-la; o quinto (e não o menor, e que obrigou São Jerônimo a limar os dentes) o pronunciá-la. E depois de todos estes trabalhos ainda não começastes a trabalhar, porque, são disposições somente para o trabalho[155].

---

[155] *Sermões*, t. 5, p. 337.

Mostrava o exemplo de santo Agostinho, "águia do entendimento humano", a quem as dificuldades do idioma grego desanimaram, e esse vulgarizado, com mestres, gramáticas e vocabulários: que será aprender as línguas nunca lidas nem escritas, "o nheengaíba, o juruuna, o tapajó, o teremembé, o mamaianá, que só os nomes parece que fazem horror?". Na sua bruteza rude o selvagem é quase uma pedra: por isso impossível de ensinar e polir, muitos dizem. Ao que replica o orador: "Concedo-vos que seja uma pedra"; vêde o que faz o artista: "Arranca o estatuário uma pedra dessas montanhas"... e os ouvintes aprendiam como dela se fabrica um santo. "O mesmo será cá se à vossa indústria não faltar a graça divina."[156] Da pedra rude, que é o índio, fareis um homem, um cristão, e pode ser que também um bem-aventurado.

A empresa, a que os missionários iam, desejava o pregador que a trouxesse Deus carregada de *despojos do céu*, as almas que se salvavam, e do *remédio da terra*, escravos em quantidade; e assim foi, porque baixaram os da escolta, com a chancela dos religiosos, seiscentas presas. No ano seguinte, outra expedição, que a 15 de agosto saiu da capital do estado, voltou com igual número. Isto não obstante, adquiriam sucessivamente intensidade maior as queixas contra os jesuítas, insuflada a hostilidade dos colonos pelas congregações êmulas. Pediam todos maior número de cativeiros, e que, nas aldeias onde se achavam os índios forros, deixassem de governar os missionários, guardas importunos, ficando-lhes somente a autoridade de párocos; nesse sentido requeriam então em Lisboa. Quiçá por essa causa decidiu Vieira ir pessoalmente em missão à ilha dos Joanes, projeto desde muito dilatado. Era a ilha, segundo as notícias, de grande população, e além dela, na costa fronteira, estendia-se um território desconhecido, de que poderiam também reduzir-se os habitantes. Quando essas nações, avaliadas em muitas mil almas, fossem persuadidas a vir para junto dos portugueses, cresceria consideravelmente o número de serviçais para a distribuição estipendiada.

---

[156] *Sermões*, t. 5, p. 345.

O intento do missionário só parcialmente contentava as aspirações do povo, que queria lhe viessem não índios forros, para colocar sob a vigilância dos padres, mas escravos sobre os quais não tivesse limitação o direito de posse. A expedição anterior à ilha, em som de guerra, redundara em fracasso, e com o pretexto de a vingar entrara em preparação outra, com poder superior. Interveio Antônio Vieira, e alcançou que a facção se adiasse, sem contudo se suspenderem os preparativos, que continuariam enquanto ele diligenciava reduzir pela persuasão os selvagens. Era também pretexto da guerra o receio de que favorecessem os índios algum desembarque dos holandeses, no braço setentrional do Amazonas, onde já se achavam estabelecidos, assim como invasores de nacionalidade britânica, no tempo em que os portugueses primeiramente foram ao Pará. Essa a informação de Vieira; os documentos dizem que a solução dilatória, sobre se oferecer paz aos selvagens, saiu do Conselho Ultramarino, quando lhe foi submetido o assento do governo do Pará, para se continuar a guerra em seguida à derrota da primeira expedição[157]. O assento fora tomado em junta do governador André Vidal, prelados das religiões, e Antônio Vieira, além de outras pessoas, usualmente convocadas a tais assembléias, e pode ter sucedido com o voto contrário do jesuíta; mas de toda a maneira não dependeu dele a resolução final.

Conhecida a vontade da metrópole, pelo Natal de 1658, mandou o padre dois índios de sua confiança em embaixada, com uma carta de seu punho – "carta patente a todas as nações dos Nheengaíbas", diz ele – na qual assegurava serem acabados os cativeiros injustos, e que daí por diante, nenhum agravo os índios teriam dos portugueses. Como pudessem certificar-se os selvagens de que o papel era autêntico, e dizia realmente aquelas coisas, não se sabe: com pouco se deslumbram as imaginações simples, e acaso bastaria

---

[157] Arq. Ultr. Ofício de André Vidal de Negreiros, 9 de dezembro de 1655. Consulta do Conselho Ultramarino, 28 de janeiro de 1657.

para lhes infundir confiança o mistério dos sinais escritos. O certo é que com os emissários, na volta, chegaram ao colégio do Pará sete maiorais nheengaíbas, que vinham render preito ao *padre grande*, e declarar propósitos de paz. Ali se acordou que tornassem em junho, quando com eles havia de ir o padre; mas adoecendo este no Camutá, de onde tencionava partir, somente a 16 de agosto pôde empreender a viagem. O cortejo foi numeroso: doze canoas, muitos chefes das tribos conversas, mas portugueses não mais que seis, e um sargento-mor, como pessoa de autoridade, para tornar mais solene o pacto. Seguindo o labirinto de canais do delta, a frota penetrou na ilha da banda de oeste, pelos rios Araman e Mapuá; deixando este foi talvez ainda ao Anajás. Aí era o assento das tribos que buscavam, dos Aruans e Anajases, aqueles os que haviam trucidado a missão de Luís Figueira, estes os que assaltavam os portugueses nos meandros dos canais; além de outras, subgrupos da grande família dos Nheengaíbas, *os de língua ruim*, assim chamados por ser a deles incompreensível aos outros índios. Dos termos em que descreve o sítio vê-se que o missionário não distinguia o que era propriamente a ilha grande do aglomerado de verduras, dividido por esteiros, que emergindo das águas constitui a parte sólida, adjacente ao trecho fluvial percorrido até lá.

É a ilha toda composta de um confuso e intrincado labirinto de rios e bosques espessos, aqueles com infinitas entradas e saídas, estes sem entrada nem saída alguma, onde não é possível cercar, nem achar, nem seguir, nem ainda ver o inimigo, estando ele no mesmo tempo debaixo da trincheira das árvores, apontando e empregando as suas flechas. E porque este modo de guerra volante e invisível não tivesse o estorvo natural da casa, mulheres e filhos, a primeira coisa que fizeram os Nheengaíbas, tanto que se resolveram à guerra com os portugueses, foi desfazer e como desatar as povoações em que viviam, dividindo as casas pela terra dentro a grandes distâncias, para que em qualquer perigo pudesse uma avisar às outras, e nunca ser acometidas juntas. Desta sorte ficaram habitando toda a ilha, sem habitarem nenhuma parte dela, servindo-lhes, porém, em todas os bosques de muro, os rios de fôsso, as casas de atalaia, e cada Nheengaíba de sentinela, e as suas trombetas de rebate[158].

Tal era a situação e tais os costumes das tribos que se tratava de reduzir, tão temidas dos portugueses que, dizia Vieira, viviam estes nas comarcas próximas como sitiados. Mas, apenas com a fama do seu nome a transformação foi total. Com maravilha sua encontrou o missionário, ao desembacar, a igreja de palma, construída pelos índios, e em poder deles, guardado com ciúme, um crucifixo, que lhes deixara quatro anos antes João de Souto Maior. Ao lado da igreja a casa, com seu corredor e cubículos, como se usava nas aldeias dos conversos, para os missionários. Não tardaram a chegar, de uma e outra parte, as canoas, com indivíduos das diferentes tribos, a que se mandou recado. Quando todos reunidos, no dia aprazado, concorreram os selvagens à igreja, celebrou-se missa com a pompa possível, e os chefes, largando arco e flechas aos pés do altar, postas as mãos nas de Antônio Vieira, juraram fidelidade ao rei de Portugal e à fé cristã. Em remate ajustou o padre com os índios que no inverno sairiam dos matos e fariam casas nas margens dos rios, onde os iria ver no verão seguinte e mandaria missionários que principiassem a doutriná-los. Concedendo que, ao narrar assim os acontecimentos, a imaginação do missionário em parte os embelecesse, não há negar, com tantos testemunhos existentes, a facilidade com que cediam os índios à sugestão. Como, pois, de um para outro instante, as feras bravas, domadas, recebiam o jugo que uma criatura inerme, somente com doces palavras, lhes impunha? Como aceitavam de chofre a fé católica, com a complicação de seus mistérios, doutrinas, ritos e orações, que sua inteligência rude de modo algum podia compreender? Vieira desvenda o segredo da atração, a que obedeciam as multidões, partindo no séquito dos padres e deixando a liberdade de suas brenhas, pelo que, sob o disfarce do aldeamento, era na realidade

---

[158] Carta ao rei, 11 de fevereiro de 1660. *Cartas*, t. 1, p. 557.

o cativeiro. Não é por meio da fé, dizia ele, "senão por razões, promessas e conveniências humanas"[159]. Em um regulamento para o governo dos índios, tratando do modo de se fazerem as entradas, aconselha: "Para os atrair os convidem com resgates, prometendo-lhes bom trato e companhia". Mas não querendo vir voluntariamente, e havendo a recear deles, circunstância sempre admissível, "os podem obrigar pelas armas"[160]. O método fica por essa forma esclarecido, e não era diferente do que empregavam os seculares: para ganhar os não convencidos nada melhor que a violência.

O temor dos portugueses, nas excursões de preia, afugentava os selvagens; os padres ofereciam-lhes defesa, invocando o poder distante e misterioso do rei, que eles diziam representar. Sobre isso se lhes proporcionava uma vantagem, de que mal podiam conceber o enigma, mas que devia ser realmente grande e maravilhosa: acompanhando aqueles e recebendo o batismo passavam a ser filhos de Deus e a salvar-se. Certo que algum, ensinando-lhe o missionário que está Deus em toda a parte, retorquia que em tal caso também no sertão se achava, e não havia mister, para o fim dos padres, sair-se de lá[161]; de onde se vê não ser a lógica exclusivo apanágio do civilizado. Depois havia o deslumbramento visual com que, por assim dizer, se hipnotizava o selvagem. Nas expedições não deixavam os missionários de levar consigo altar portátil, candeias, paramentos, imagens, tudo em suma que podia, pelo brilho e solenidade, tocar vivamente as imaginações singelas. Na *jornada do ouro* o padre João de Souto Maior celebrou a semana santa, e ele mesmo refere em um *Diário* que deixou: "Houve um sepulcro de luzes escondidas, que faziam sair as cores azuis, verdes, vermelhas e roxas de tafetás que se achavam no arraial (a ambição traz ao sertão essas alfaias), o remate era um

---

[159] Informação sobre as coisas do Maranhão. *Obras várias*, t. 1, p. 218.

[160] Resposta a uma consulta. Ibidem, p. 187.

[161] Resposta a uma consulta. Ibidem, p. 218.

crucifixo; nessa igreja houve mandato, Paixão, disciplina e Ressurreição". Isto em meio dos matos, em um improvisado templo de troncos e ramagens, no qual a exuberante natureza, posto que desonrada por tafetás e luzinhas, era o dossel condigno da divindade presente.

Houve procissão da Cruz, e também de Páscoa, com repetidas salvas de mosquetaria, música (que se achou quem cantasse) também gaitas e várias danças, com que saíram os índios das nossas aldeias, o que tudo causava grande admiração nos gentios, e muito mais quando viram as cerimônias com que, depois de instruídos, batizei meninos e meninas: os adultos, como mais ocupados e rudes, iam aprendendo pouco a pouco, até que depois de instruídos os batizei[162].

O que tal instrução valeria facilmente se imagina. Mal decoradas rezas, invólucro verbal de abstrações sem significado, o mecanismo dos ritos, e alguma idéia bárbara do inferno e paraíso, mais não podiam abranger, na estreiteza de seus dons mentais, os neófitos. Certo não vão além infinitos daqueles a quem uma longa hereditariedade de religião e incutida moral deveria ter preparado para mais ampla compreensão das fórmulas cultuais. Não se condene, portanto, tachado de vão, o labor dos catequistas: em outra circunstância consistia o inane. No ato da conversão, a plasticidade daqueles espíritos cândidos era tal que surpreendia os missionários. "Não há gentios no mundo que menos repugnem à doutrina da fé, e mais facilmente a aceitem e recebam que estes Brasís", notava Antônio Vieira. Mas também nenhuns mais volúveis e em que tão pouco durassem as impressões: "Há-de-se estar sempre ensinando o que já está aprendido, e há-de-se estar sempre plantando o que já está nascido [...]; esta é uma das maiores dificuldades que tem aqui a conversão"[163]. Eis

---

[162] Diário da jornada que fiz ao Pacajá em 1656. Ms. da Bibl. de Évora. *Rev. do Inst. Hist. do Brasil.* v. 77, p. 2.a, 168.

[163] Sermão do Espírito Santo, *Sermões*, t. 5, p. 330, 331.

a chave que nos descobre porque, apesar do esforço enorme, saiu a obra dos jesuítas estéril tantas vezes.

Deixando seus matos, os índios vinham para as aldeias, regidos pelos missionários, onde gradualmente transitavam dos costumes avitos para os de uma existência nova. Da habitação em comum, do grupo no falanstério primitivo para a separação dos sexos primeiramente; para a habitação das famílias, cada uma de *per si*, em seguida. Os homens, do lazer que quase só as guerras interrompiam, para o trabalho quotidiano, alternado de práticas religiosas. Desde a manhã, missa, confissões, doutrinas, procissões muitas vezes, à noite terço ou ladainha; lavoura de mandioca e outras para a manutenção da comunidade; construções, a começar pela igreja, palhoça humilde como as outras, mas com suas imagens e adornada interiormente de ouropéis, panos de cores vivas e pintalgados bárbaros; expedições à mata, a colher produtos que, vendidos, contribuíam para os gastos do culto e outros de interesse coletivo – daí a acusação de comércio, tantas vezes irrogada aos missionários –; com isto, prestes a toda a hora a requisições do governo e particulares. As mulheres eram mais poupadas ao trabalho que no estado selvagem: além das ocupações domésticas fiavam e teciam, passando aos homens a fadiga das plantações, mais duras, que antes lhes pertencia. Iniciada a vida cristã pelo batismo e doutrina, a grande dificuldade era dissolver a poligamia, ao que resistiam os neófitos, tendo isso pelo mais insofrível dos sacrifícios. Forçados a escolher uma das mulheres que tinham, para perpétuo matrimônio, hesitavam entre a mais linda, a mais laboriosa, a mais destra, a mais recente ou a mais jovem. As esposas rejeitadas tinham por seu turno de buscar marido entre os solteiros. Muitas contra vontade e sem nenhuma vantagem da moral, porque freqüentes vezes reatavam as relações antigas, com escândalo dos missionários, que não dispensavam da correção os adúlteros. Estes e outros delitos eram punidos pontualmente, porque os padres regiam ao modo patriarcal, e as prisões e os castigos corporais constituíam meios eficazes de disciplina. Um índio, com o título significativo de *braço dos padres*, aplicava a pena; o mesmo fazia a polícia, e vigiava que não faltassem os meninos à escola, nem os adultos ao templo.

Assim temperando com a severidade a benevolência, que atraía os selvagens, conseguiam os padres manter nos aldeamentos a fé vacilante dos neófitos e a embrionária civilização. Contudo, sem a sua presença, a obra ordinariamente ruía. Atrás deles como fato que guia o pegureiro, vinham de tropel as cabildas para onde definitivamente perdiam a liberdade. Mas era indispensável conduzí-las o missionário em pessoa; sem isso o ânimo volúvel, ou a desconfiança, os afastava, esquecidos de seus contratos. Foi o que sucedeu com os Nheengaíbas. Tinham ficado de sair em massa, durante o inverno. Seriam, na conta de Vieira, quarenta mil almas; cem mil, entrando os da costa fronteira da Guiana, ou Tucujús. Dois anos depois eles ainda permaneciam em seus recessos. "Sem serem de efeito para o serviço, de Sua Majestade, nem para a defesa da capitania", representava a Câmara paraense[164]. Entretanto jactava-se Vieira de um grande êxito. Do interior da ilha tinham passado para os rios do delta sete aldeias; isso era uma insignificante parcela das populações numerosas, quase uma invasão, que se esperavam.

Para compensar, nesse ano de 1659 descia do Tocantins a missão dos padres Manuel Nunes e Tomé Ribeiro, com mil conversos e trezentos escravos feitos em guerra. O visitador preparava a missão a Ibiapaba, que tinha desde muito em projeto e no ano seguinte realizou. Já antes, em junho de 1656, tinham ido dois padres explorar o sítio e tomar conhecimento das disposições dos selvagens; mas as dificuldades eram de tal ordem que não puderam os missionários manter-se no lugar[165].

---

[164] Berredo, § 439.

[165] Carta do padre Antônio Vieira ao provincial. Maranhão, 10 de junho de 1658. Publicada na *Rev. do Instituto do Ceará*, v. 42, 1928, p. 147 e ss.

IX

Dava o gentio da serra cuidado aos políticos, pela amizade que tinham com os holandeses os índios de Pernambuco; aos propagadores da fé, porque a esses mesmos índios tinha o estrangeiro ensinado o desprezo do catolicismo, e havia risco de o comunicarem aos demais. À capela que lá tinham erigido os missionários chamavam aqueles *igreja de moranga*, na sua língua, igreja falsa; à doutrina que ensinavam *moranduba dos abarés*, patranhas dos padres. Assim noticia Vieira, que assegurava estarem muito deles "tão calvinistas como se nascessem em Inglaterra e Alemanha"[166]. A tais danos, suscetíveis de alastrarem com perigo do Estado e da Fé, cumpria acudir sem demora. Tinha pois determinado partir em junho de 1659, e já no Maranhão se encontravam os índios mandados da serra pelos padres, para lhe fazer escolta, quando adoeceu no Camutá onde dispunha os últimos preparativos para a missão desse ano ao Amazonas. Deteve-se, por isso, ali até princípio de 1660. Fazendo caminho para a cidade visitou as aldeias onde começavam a estabelecer-se os seus Nheengaíbas, saindo da ilha Grande para o braço meridional do Amazonas, na de Aricurú (Melgaço) e em Arucará (Portel), defronte, na terra firme; depois, com pouca demora no Pará, passou a São Luís.

Era tempo de cumprir a promessa feita aos selvagens. Os que haviam ficado na serra cuidavam já que os companheiros, idos a buscar o *padre grande*, como não voltassem, estivessem retidos pelos portugueses, feitos cativos, e, suspeitosos, ameaçavam sublevar-se contra os missionários, cuja vida por tal motivo perigava. Mais acirrava a desconfiança não ter regressado ainda um mancebo, filho do principal mais graduado, o qual os padres tinham mandado a Lisboa, para ver o rei, correndo vozes que a viagem fora simulação, e o rapaz perecera, afogado no mar pelos portugueses. Agora tornava ele na

---

[166] Relação da missão da serra de Ibiapaba. *Obras várias*, t. 2, p. 84.

companhia de Vieira, e vestido à corte, com o nome fidalgo de D. Jorge da Silva, a contar maravilhas da terra afastada e o muito que em seu parecer cândido lá o tinham festejado.

Partiu, pois, o missionário para o Sul em 3 de março, com dois companheiros religiosos, o índio D. Jorge e mais cinqüenta de escolta. Viagem por terra: penosa de modo que nada eram em comparação os descômodos das longas jornadas pelos rios. Passando ao continente seguia-se a pé a costa anfracta. O contraste devia ser em extremo sensível ao missionário do Amazonas. Além, as infindáveis horas de imobilidade, no apertado da canoa, mas em suma sem fadiga; perto a vegetação que refrigera a subsistência acessível na mata e no rio; nas águas o sereno dos remansos, abrigo em horas de vendaval. Aqui o caminhar por muitos dias, ao sol que abrasa, com os pés na areia cálida; léguas seguidas sem uma árvore, não sendo os mangais, que dão sombra aos paúis unicamente; trepando aos cômoros de areia, alguns de altura considerável, *dunas mortas*, imóveis, que segura uma vegetação rasteira, *dunas vivas*, que em trabalho ininterrupto os ventos constroem e desfazem. Quando o sopro é rijo, a areia em turbilhões açouta os rostos, cega, avança em nuvens, ameaça sepultar o caminhante. E a região dos *Lençóis*, que assim chamam pelo aspecto de alvura e de extensão à vista infinita. De quando em quando um esteiro a atravessar, às vezes um rio caudaloso: já quase no termo da jornada o Parnaíba – naquele tempo Paraguassú como todos os grandes rios – que com o seu delta de 50 quilômetros dessangra por seis bocas; oito ou nove, "que vulgarmente se cuida são rios diferentes", contou Vieira[167], enganado pelos canais interiores entre as ilhas. Para passar esses rios, ia um barco do qual diz: "em umas partes se levava às costas em varas, em outras rodando pela areia, e quando era força ir pelo mar sempre ia alagado"[168]; travessias não raro perigosas pela rebentação dos baixos, que em alguns de-

---

[167] Informação sobre as coisas do Maranhão. *Obras várias*, t. 1, p. 216.

[168] Ibidem, p. 217.

les obstruem a foz. Mantimentos, a farinha da terra transportada às costas pelos índios, pouco peixe seco e os mariscos colhidos na praia. Transposto o último braço do Parnaíba, a marcha para o centro, o assalto à serra: total da jornada, 21 dias até à crista. Seja o próprio viajante que faça a narrativa.

Primeiramente pela experiência alheia, da jornada dos padres por ele mandados em 1656:

> Um dos perigos e trabalhos grandes, que tem este caminho, é a passagem de quatorze rios mui caudalosos, que o atravessam, e se passam todos por meio da foz, onde confundem e encontram suas águas com as do mar; e, porque não há nestes rios embarcação para a passagem, é força trazê-la do Maranhão com imenso trabalho, porque se vem levando às mãos por entre o rolo e a ressaca das ondas, sempre por costa bravíssima, alagando-se a cada passo, e atirando o mar com ela, e com os que a levam, com risco não só dos índios e da canoa, senão da mesma viagem, que dela totalmente depende. Muitas vezes é também necessário arrastá-la por grande espaço de terra e montes, para a lançar de um mar a outro, e talvez obrigam estas dificuldades a tomar a mesma canoa em peso às costas com toda a gente, e levá-la assim por muitas léguas, de modo que, para haver embarcação para passar os rios, se há-de levar pelo mar, pela terra e pelo ar [...] As outras moléstias e incomodidades, que padecem nesta viagem homens criados no retiro da sua cela, são muito para agradecer e louvar a Deus; porque o caminho, que é de mais de cento e trinta léguas pelo rodeio das enseadas, o fazem os padres todo a pé, e sem nenhum abrigo para o sol, que nas areias é o mais ardente; porque em todas elas não há uma só árvore, e até a lenha a dá não a terra, senão o mar, em alguns paus secos que deitam as ondas à praia. A cama era onde os tomava a noite, sobre a mesma areia, e também debaixo dela; porque marchavam no tempo das maiores ventanias, as quais levantam uma nuvem ou chuva de areia tão contínua, que poucas horas de descuido se acha um homem coberto ou enterrado; até o mesmo vento (coisa que parece incrível) é um dos maiores trabalhos e impedimentos desta navegação

por terra, porque é necessária tanta força para romper por ele como se fora um homem nadando e não andando[169].

Além desses incômodos, que eram comuns de todas as passagens, houve os particulares daquela em que ia Vieira.

Começou o padre esta viagem por mar, mas, começando a experimentar segunda vez as incertezas e as dilações delas, se pôs logo a caminho por terra, querendo também por si mesmo ver a grandeza dos rios, e o sítio e a capacidade das terras, por serem todas estas notícias muito necessárias a quem há-de dispor as missões. Os trabalhos da viagem foram os mesmos que já ficam contados, e puderam ainda ser maiores por caminharem no mês de março, que é o coração do inverno, mas foi Deus servido que fossem os dias enxutos como os do verão; só dois houve em que se padeceu alguma chuva, com que parece quis o céu mostrar aos caminhantes a mercê que lhes fazia; porque é qualidade destas areias que cada gota de água, que lhe cai, se converte em um momento em enxames de mosquitos importuníssimos, que se metem pelos olhos, pela boca, pelos narizes, e pelos ouvidos, e não só picam mas desatinam; e haver de marchar um homem molhado, a pé, e comido de mosquitos, e talvez morto de fome, e sem esperança de achar casa nem abrigo algum em que se enxugar ou descansar, e continuar assim as noites com os dias, é um gênero de trabalho que se lê facilmente no papel, mas que se passa e atura com grande dificuldade [...] Acrescentou muito o trabalho e incomodidades do caminho não quererem os padres ficar nele os dias maiores da Semana Santa; e assim se apressaram de maneira que acabaram toda esta viagem em vinte e um dias, que foi a maior brevidade que até agora se tem visto; e como vinham a pé e descalços, muitos dias depois de chegarem lhe não sararam as chagas que traziam feitas nos pés; mas o tempo era de penitência, e de meditar nas de Cristo[170].

---

[169] Relação, cit., *Obras várias*, t. 2, p. 69, 70.

[170] Ibidem, p. 95, 96.

A descrição da serra é uma das páginas mais formosas desse escritor insigne. Ela reflete a impressão que no seu espírito causou o espetáculo da natureza que contemplava, grandioso a ponto de acordar em um ânimo, de ordinário cerrado a essa classe de sensibilidade, aquela emoção viva que necessita comunicar-se.

Ibiapaba, que na língua dos naturais quer dizer terra talha[171], não é uma só serra como vulgarmente se chama, senão muitas serras juntas, que se levantam ao sertão das praias de Camuci, e mais parecidas a ondas de mar alterado que a montes se vão sucedendo, e como encapelando, umas após das outras, em distrito de mais de quarenta léguas: são todas formadas de um só rochedo duríssimo, e em partes escalvado e medonho, em outras cobertas de verdura e terra lavradia, como se a natureza retratasse nestes negros penhascos a condição de seus habitadores, que sendo sempre duras, e como de pedras, às vezes dão esperanças e se deixam cultivar. Da altura destas serras não se pode dizer coisa certa, mais que são altíssimas, e que se sobe, às que o permitem, com maior trabalho da respiração que dos mesmos pés e mãos, de que é forçoso usar em muitas partes. Mas depois que se chega ao alto delas, pagam muito bem o trabalho da subida, mostrando aos olhos um dos mais formosos painéis, que porventura pintou a natureza em outra parte do mundo, variando de montes, vales, rochedos e picos, bosques e campinas dilatadíssimas, e dos longes do mar no extremo dos horizontes. Sobre tudo, olhando do alto para o fundo das serras, estão-se vendo as nuvens debaixo dos pés, que como é coisa tão parecida no céu não só causam saudades, mas já parece que estão prometendo o mesmo, que se vem buscar por estes desertos.

Os dias no povoado da serra são breves, porque as primeiras horas do sol cobrem-se com as névoas, que são contínuas e muito espessas, as últimas escondem-se antecipadamente nas sombras da serra, que para a parte do ocaso

---

[171] Propriamente, o escarpado ou alcantilado, lugar onde a terra se levanta talhada a prumo.

são mais vizinhas e levantadas. As noites, com ser tão dentro da zona tórrida, são frigidíssimas em todo o ano, e no inverno com tanto rigor que igualam os grandes frios do norte, e só se podem passar com a fogueira sempre ao lado. As águas são excelentes mas muito raras, e a essa carestia atribuem os naturais ser toda a serra muito falta de caça de todo o gênero [...] [172]

Entraram os padres no povoado em quarta-feira de trevas, pela uma da tarde, e logo nesse dia deram princípio aos ofícios da semana da Paixão, que continuaram nos seguintes, com música de órgão e cânticos pelos índios de Pernambuco, em tempo passado alunos dos jesuítas. Depois disso, e enquanto Vieira permaneceu entre o gentio, despertou nele o sentimento religioso, convocando meninos e adultos para a doutrina, missa quotidiana, procissões, ladainhas e mais atos cultuais, como nas aldeias onde imperava rígida a disciplina dos missionários.

Vieira pouco mais de um mês se demorou na serra, de onde voltou por mar, embarcando em Camuci, que era o porto mais próximo, e onde havia o posto fortificado, estabelecido por André Vidal. Para que os índios de Pernambuco, ainda mal confirmados na religião antiga, não contaminassem do vírus herético os nativos, ficou determinado passarem ao Maranhão, como fizeram, indo já parte deles no séquito de Antônio Vieira. Os da serra obrigaram-se a acatar a autoridade dos padres; a batizarem-se aqueles a quem faltava o sacramento; a mandarem os filhos à doutrina duas vezes por dia, e, nas horas competentes, à escola; tudo sob a vigilância do parceiro, *braço dos padres*, que, como sabemos tinha por funções avivar o zelo aos remissos e punir os refratários.

Não está completa a relação da viagem, de igual modo que a da primeira missão ao Tocantins, pelo que se ignoram os pormenores do regresso. Sabemos, porém, que a 29 de junho Vieira se achava em São Luís e com breve

---

[172] Relação. *Obras várias*, t. 2, p. 71.

378 João Lúcio de Azevedo

detença passou ao Pará. Aqui era o centro de onde irradiava a conquista das gentilidades; também o foco principal da reação contra o regime dos missionários. Em janeiro a Câmara tinha convidado a da capitania vizinha para em representação conjunta requererem ao governador que o declarasse abolido. Não foi o propósito avante, se bem que o não rejeitasse a Câmara de São Luís: ficou a maturar o plano para ensejo mais propício, e se cumpriria em uma explosão súbita, no ano seguinte. Acaso motivou a dilação o temor de algum procedimento repressivo da parte do governador, que continuava nas relações mais afetuosas com os jesuítas, e particularmente com Vieira. Em dezembro, como o governo de D. Pedro terminasse no ano seguinte, escrevia sobre ele o visitador louvando-lhe muito o zelo, e apontando ao rei seus méritos, que o recomendavam para os mais altos postos[173]. Já se disse que ao bispo do Japão o indicava por capaz para um lugar no Conselho Ultramarino. A carta que exalta "o bom coração e fidelidade, o valor e honra" de D. Pedro, e o nomeia como "nosso governador e amigo", jamais a leu o destinatário. O padre André Fernandes tinha falecido dois meses antes de ela escrita, em outubro.

Antônio Vieira pensava ter tido nessa ocasião um presságio: três dias de tristeza naquele mês; cotejando as datas, verificou serem as mesmas da fatal doença e morte do seu grande amigo. Com ele se sepultou um grande segredo do Santo Ofício que importava a Vieira. Em abril desse ano o bispo fora chamado ao tribunal para entregar o escrito do *Quinto Império do Mundo*, que ficou apreendido. Sucesso magno na vida do jesuíta, à qual impôs mais tarde um rumo, plausivelmente diverso daquele que sem esse incidente haveria seguido. Pela terceira vez, desde que empreendera a lida das missões, lhe vibrava a morte um golpe, como se apostada a privá-lo de seus mais firmes amparos. Sucessivamente o príncipe D. Teodósio, D. João IV,

---

[173] 4 de dezembro de 1660. *Cartas*, p. 1, p. 572.

por derradeiro o bispo, seguro amigo, patrono indefectível da sua obra. Nas vascas dos minutos finais, tinha ele ainda o pensamento nas missões, a que legara parte das frugais riquezas da sua cela, imagens, relíquias, devocionários, e que, como em testamento, recomendava à rainha. Sucedeu-lhe na influência e no encargo de velar pelas missões o padre Manuel Luís. Em carta a este, Vieira, cônscio da imensa perda, em termos doídos exala a sua pena, afirma suas esperanças, narra o pressentimento, de que encontrava agora a explicação fatal.

Se a morte do padre bispo, a perda do reino, desta missão, e a minha, na suma dor, admite algum alívio, eu o tive com esta carta de Vossa Reverência, pela qual lhe dou as graças, e já as dei a Deus por nos deixar tal sucessor do nosso grande protetor. Ele está no céu como piamente creio da inocência de sua vida e de suas grandes virtudes. Ali nos socorrerá diante da majestade divina, como já o fez diante da humana. As honras que Sua Majestade fez ao doente foram conformes, assim à grandeza do ânimo real, como aos merecimentos do bispo, ao seu zelo, fidelidade e grandes serviços. Os que faltaram a ele morto bem mostram que a sua emulação nem com a morte se acabou.

Nesta missão se fizeram por sua alma os sacrifícios, que se oferecem, assim pelos que nela vivem, como pelos que nela morrem. Os mais indícios de dor, que não foi lícito sair a público se tiveram dentro nos corações. A imagem de São Francisco Xavier se porá onde viva perpetuamente a memória do padre André Fernandes, insigne benfeitor desta missão.

Não deixarei de contar a Vossa Reverência quão brevemente me penetraram no coração as tristes novas desta perda. Nos últimos dias de outubro próximo, estando no Maranhão, por espaço de três dias me molestou uma desacostumada tristeza, sem eu ver causa de onde nascesse. Afligiu-me tanto que logo ofereci alguns sacrifícios, pela intenção que Deus, que tudo sabe, sabia havia de ser tida por mim, e foram algumas delas pelos defuntos. Comunicando isto com um amigo, fiz com ele que observasse bem aqueles dias, que não podia ser sem que alguma coisa de desgraça sucedesse, ou contra Portugal, ou contra esta missão, ou contra mim, e depois alcancei que tudo foi porque aqueles três dias foram os últimos que teve de vida o bispo[174].

Não tinha aquele recebido as últimas cartas que lhe dirigiu Vieira. Essas e outras, endereçadas por seu intermédio ao rei, haviam desaparecido, por ocasião de tomar um corsário de Dunquerque, já perto de Portugal, o barco portador delas. As missivas continham as usuais participações de abusos em prejuízo dos índios, e o pedido para intervir o bispo a fim de serem punidos os infratores das leis. Não se tinham contudo perdido; por morte do destinatário saíram a público, e foi isso a mais funesta conseqüência do acontecimento, para as missões e para Vieira.

O ano seguinte, de 1661, trouxe da Europa à missão quatro novos colaboradores, entre eles o padre João Filipe Bettendorff, luxemburguês, que havia de escrever a história daquele distrito da Companhia até o seu tempo. A este encarregou Vieira a catequese em todo o curso do Amazonas, de Gurupá aos confins de Castela, na Aldeia do Ouro, onde Pedro Teixeira tinha lavrado o auto de posse para a coroa portuguesa. O sítio de nome atraente, pelo que prometia às ambições, e o padrão deixado pelo explorador, nunca Bettendorff os encontrou, e suspeitas são as notícias que aparecem posteriormente sobre eles. O ponto geográfico oscila no mapa em distância de quase sete graus. Bettendorff contentava-se de o colocar perto da boca do Japurá; mais tarde, quando conveio dilatar a fronteira pelo Amazonas acima, achou-se, segundo a versão oficial, em uma das margens do Napo, o padrão de madeira, plantado em 1638, que com rara fortuna nem o tempo arruinara de todo, nem o sorvedouro da vegetação circundante sepultara, no espaço de

---

[174] Carta vertida do latim na obra do padre Antônio Franco, *Imagem da virtude em o Noviciado da Companhia de Jesus na corte de Lisboa*, p. 604.

noventa anos[175]. Mais de 150 léguas, pela corrente do rio, que ganhavam os portugueses. O fato é que os sinais do auto do descobrimento não davam mais que uma indicação vaga: a foz de um rio entre mil de aspecto idêntico; um ponto na extensão de tantas léguas, em que o arvoredo sempre igual é só o que assinala a terra igual. Para tão larga empresa levou o padre, por total apercebimento, o que consta do rol exarado na sua "Crônica":

> Uma canoa meãzinha, já quase velha e sem cavernas bastantes, um altar portátil com todo seu aviamento, uma paroleira de vinho para as missas e necessidade de um ano, uma botija de azeite do reino, três paroleiras de aguardente, uns alqueires de sal, um machado, uma foice, meia dúzia de facas carniceiras de cabo branco de pau ordinário, uns poucos de anzóis, umas poucas de agulhas, uns macetes de velório preto e de outra cor, as quais juntas não faziam um meio maço ordinário, uns poucos de pentes e atacas do reino, uma caixa de matalotagem com seus pratos, facas e garfos para a mesa, um triângulo de pau para fazer casas e igreja, um boiãozinho de doce; e com isto mandou-me [Vieira] à Murtígura em busca de farinha para a viagem, e ao Camutá em busca de umas poucas tartarugas[176].

Tal era o viático com que saíam os apóstolos da Companhia a conquistar a imensidade do Amazonas.

Vieira meditava ir também ele próprio em missão demorada, pois que prévia ausentar-se, e não encontrar no regresso a D. Pedro de Melo, que tencionava recolher ao reino na monção próxima.

---

[175] "Quatorze léguas da aldeia do Ouro para a banda do Norte está a boca do rio Japurá" (Bettendorff, "Crônica", *Rev. do Inst. Hist.*, cit., v. 72, I, p. 54). O marco do rio Napo consta ter sido encontrado por uma expedição mandada a esse efeito por Alexandre de Sousa Freire, que governou o Pará de 1728 a 1732.

[176] *Rev. do Inst. Hist.* cit., p. 159.

Agora levo também a meu cargo as ordens de um notável descobrimento, de que se esperam ainda maiores conseqüências, pela comodidade dos rios, multidão e bondade da gente, e pela necessidade que tem dela estas capitanias da parte do Maranhão[177].

Dessa vez tencionava internar-se mais pelo Amazonas, para assentar missão entre os tapuias, habitantes do Tapajós, e assim contemplar, sem ser no mapa, a corrente majestosa, o tronco íntegro da árvore desenhada pelos cartógrafos, da qual somente vira, nos meandros do delta, o que representava as raízes. O novo descobrimento podia ser aquele de que dava conta à Câmara do Pará em fevereiro seguinte: o do rio Iguassú pelo Tocantins, provavelmente algum dos afluentes grandes da margem direita, um dos rios denominados de Manuel Alves, ou o do Sono, ainda que se não pode bem supor a comodidade dos rios, em um tão cortado de obstáculos, como o Tocantins.

Entretanto, dispondo as viagens, visitando as aldeias, contando os neófitos, separando os cativos, ensinando e pregando, algum tempo lhe restava ainda para o devaneio. Com a morte de D. João IV, o Quinto Império do Mundo, vagamente delineado em momentos de contemplação, tendia para criação definitiva; e isso o conduziu ao ponto em que deixara, esquecida pela aventura da América, a *História do futuro*. O livro gradualmente lhe surgia do cérebro, com o plano completo, pronto para a escrita; e se o texto de Daniel era a base da sua história e o fiador do Quinto Império, os profetas do Antigo e do Novo Testamento, na decifração justa, lha confirmavam a teoria, e davam a razão dos fatos do mundo, até os dias finais do Apocalipse. Destarte nas solidões da América, no Amazonas ainda ignoto, pela primeira vez o pensamento humano tenta encontrar a explicação da história. Para um espírito formado, qual o de Vieira, nos moldes do misticismo, a Escritura

---

[177] Carta ao rei, 4 de dezembro de 1660. *Cartas*, t. 1, p. 572.

continha a ciência toda. De lá ele extraia a sua teoria, e, prosseguindo nas reflexões, entrou a brotar-lhe na mente a grande obra, em que se ocupou até o fim da sua vida e que igualmente não concluiu, a *Clavis prophetarum*, que era o complemento e demonstração da *História do futuro*. Em uma ou outra dessas composições pensou sempre, daí por diante, de par com as preocupações mais graves e os mais sérios trabalhos; sonho que lhe iluminou a vida através de um destino inditoso.

O ano de 1661 principiou de modo a perturbar o sossego relativo, em que evolviam as ações do missionário e as lucubrações do filósofo. A 15 de janeiro, no Pará, foi entregue a Vieira no colégio uma representação da Câmara, em que se lhe pediam resgates com urgência. Os vereadores alegavam a miséria do povo, e todos os males atribuíam à falta de escravos: assim que, requeriam dessem os missionários cumprimento à lei de 1655, que ordenara as expedições para beneficiar os colonos[178]. Vieira respondeu com sobrançaria e, talvez porque se ausentasse, traça sua muito usada por ele, somente a 12 do mês seguinte.

> Li o papel de Vossas Mercês com o sentimento que deve quem é parte da mesma república, e quem sempre lhe desejou e procurou o seu maior bem, não só espiritual mas ainda temporal: conforme este zelo direi a Vossas Mercês tudo o que sinto e posso. Primeiramente Vossas Mercês atribuem as necessidades que padecem à falta somente de escravos; e segundo as notícias e experiências que tenho desta terra, é a primeira causa ser ela toda cortada e alagada de rios, com que o comércio humano fica dificultoso e de grande despesa, havendo de ser por mar. A segunda irem faltando no mesmo sítio os mantimentos naturais, que com a continuação do tempo sempre vão a menos, como é pesca e a caça, de que este povo se sustenta, coisa que é impossível durar, nem permanecer, e que sempre

---

[178] Documento publicado por Berredo. *Anais*, § 1028.

vai sendo mais custosa. A terceira a falta de governo político, não havendo praça nem açougue, nem outra coisa de venda ou aluguel, com o que necessariamente cada família há-de ter o que tem uma república; porque para a carne há-de haver caçador, para o peixe pescador, para o pano fiandeira e tecelão, para o pão lavradores, e para os caminhos remeiros, embarcações; fora todos os outros serviços domésticos. A quarta a mudança e guerra do reino, com que necessariamente cresceram os preços a todas as mercadorias de fora, e deram em grande baixa os açúcares e tabacos. A quinta, e muito notável, a vaidade, que cresceu grandemente nestes últimos tempos, não se medindo os gastos, como antigamente, com as despesas, senão com o apetite. E fora destas causas públicas deve de haver também outras, secretas em alguns particulares, reservadas à ciência e providência divina, pois as necessidades que Vossas Mercês representam não são gerais em todos; e vemos que alguns que não tinham escravos têm hoje muitos, e outros que tinham muitos carecem totalmente deles, porque lhes morreram por justos juízos secretos daquele Senhor, que o é da vida e da morte[179].

Rebatendo assim as razões da Câmara com a pintura de um estado econômico, que era a conseqüência da defeituosa organização social, baseada na escravidão, e com o remoque aos hábitos dissipadores dos colonos, os quais igualmente provinham desse mesmo estado, Vieira defendia-se da suspeita de adverso aos cativeiros, alegando que D. João IV os tinha mandado abolir totalmente, e em seguida, as instâncias suas, restabelecido. Mas improfícuo saíra o alvitre, por óbvio motivo: "por mais que sejam os escravos, que se fazem, muitos mais são sempre os que morrem". E repetindo o que oito anos antes insinuara no Maranhão apontava por só remédio a introdução de escravos de Angola, como sucedera no Brasil. "Isto digo a Vossas Mercês" – observava para dar força ao parecer – "como parte que também sou desta república e desejoso do seu bem".

---

[179] *Obras várias*, t. 1, p. 137.

Por último dizia-se pronto a executar o desejo da Câmara sobre os resgates: estava-se dispondo a missão do Iguassú e, querendo os colonos, poderia a expedição também penetrar no Araguaia, onde havia nações de que era fama terem muitos escravos, que se trariam com grande proveito da Igreja e do Estado.

A este escrito replicou a Câmara sem detença, e em termos mais sacudidos ainda que os do missionário, e sem faltar também neles a nota mordaz: "Já que Deus deu a Vossa Paternidade tão grande juízo e entendimento, que nos faça mercê, por serviço de Deus e de Sua Majestade, e remédio deste povo, dar-nos caminho para nos governar bem, e passar a vida sem vaidades". A respeito dos resgates: "Seja Vossa Paternidade servido não se mostrar avaro dos sertões, que Deus nos deu e nós conquistamos, sujeitamos e avassalamos a Sua Majestade". Quanto ao desinteresse dos padres, esse não esquivava a suspeita: "Vossa Paternidade lembre-se da promessa que os missionários fizeram a Sua Majestade de que não haviam tirar lucro dos índios forros, nem com eles fabricar fazendas, nem canaviais"; recordação que faziam como entendendo que fazendas e canaviais, fabricados pelos índios, teriam os missionários, o que aliás eles negaram sempre. Também eram os padres increpados de, na repartição dos escravos, não deixarem de tomar os que lhes tocavam, nem de contemplar na distribuição, de preferência, os da sua facção; destes favorecidos fora, por ocasião da última tropa, Manuel David Souto Maior, grande amigo de Vieira, noviço saído da Companhia, e irmão do defunto João de Souto Maior. Rematava o escrito por intimar aos padres a apresentarem na Câmara, para ser registrada, a autorização régia com que exerciam a jurisdição temporal sobre os índios[180]. O contexto foi notificado no colégio, pelo escrivão e procurador da Câmara a Antônio Vieira que, tendo-o lido, declarou que sobre os resgates não ocorria outra resposta que a já dada, e quanto à jurisdição dos índios desobrigou-se pela evasiva de pedir também ele que justificasse a Câmara os poderes com que fazia a exigência.

---

[180] Berredo, § 1032.

O resultado foi protestar a Câmara, por um emissário em São Luís, perante o governador, e despedir outro para a corte, a representar contra os missionários.

Entretanto surgiu novo conflito, suscitado por uma imprudência de Vieira, do qual tiraram seus opositores grande partido. Foi o caso que o principal da aldeia de Maracaná, a cargo dos jesuítas, no sítio onde hoje é a povoação de Salinas, no Pará, vivia de modo irregular, em concubinato com uma cunhada, exemplo ruim, que os padres não quiseram deixar impune. Primeiramente foi requerida a ação do governador, que recusou, indicando se desse o castigo no foro eclesiástico. Aqui, e para o efeito, Vieira usou de meios sem dúvida repreensíveis. Pelo menos revela-se neles o proceder de uma autoridade arbitrária. Atraiu o índio à cidade com uma carta amorável e, chegado ao colégio, lançaram-se a ele os coadjutores, que o desarmaram e prenderam em ferros, em uma cela, até que mais tarde foi passado a um calabouço do forte de Gurupá, remetido ao comandante com uma das ordens do governador, que tinha Vieira, assinadas em branco. Eis a carta do jesuíta:

Principal Guaquaíba[181]. Recebi a vossa carta, e, segundo o que nela me dizeis, dei crédito a ser vossa pela entregar Domingos Jacumá a quem ma deu. Sinto estejais tão falto de saúde, mas são achaques da velhice, e lembrança que Deus vos dá, para que disponhais a vossa alma como quem sabe que há outra vida; isto é o que desejei sempre de vós, e isto só o que deveis crer sempre de mim, sem dar crédito a outras *morandubas*[182] que são coisas que me não passam pelo

---

[181] Guarapaúba se lê na carta de Antônio Vieira de 22 de maio de 1661, *Cartas*, t. 1, p. 585; Copaúba nos *Anais* de Berredo e no Ms. da *Resposta aos capítulos* da Bibl. de Évora.

[182] Moranduba, por *poranduba*, história que os chefes das tribos transmitem aos filhos, relatando os feitos dos antepassados; por extensão, novidade, engano. Vieira menciona o vocábulo na Relação da missão da serra de Ibiapaba.

pensamento. A causa de me não deter mais tempo na aldeia foi por me importar chegar à cidade com muita brevidade, e suposto que por não saberdes escrever se fingem cartas em vosso nome, parece-me muito bem que nos ajustemos como desejais, e suposto que não tendes canoa podeis vir na do vosso padre Francisco Veloso, a quem peço vos queira trazer nela, e seja antes de eu me partir para o Gurupá, para que também me digais as pretensões que tendes daquela banda, porque em tudo o que for mister vos ajudarei como puder. Deus vos guarde e vos dê sua graça como desejo. Mortigura, 22 de janeiro de 1661. *Neendenceba*[183].

ANTÔNIO VIEIRA[184]

Certo que a lealdade do superior das missões não sai sem mácula da aventura, e não passaria sem reparo o sarcástico de oferecer ao índio ajudar-lhe as pretensões em Gurupá, quando meditava encerrá-lo em um ergástulo nesse mesmo lugar. O caso deu escândalo na cidade, e foi logo explorado pelos adversários dos jesuítas, os quais fabricaram uma representação dos índios, subordinados do preso, expondo ao governador do Estado a sua natural ou fingida indignação, e os danos que para o serviço do rei poderiam decorrer da ação precipitada e violenta dos padres. Toda a capitania, afeita de sempre a trazer os indígenas domados pelo embuste, ou pelo terror das sevícias que freqüentemente chegavam ao assassínio, se levantou a bradar contra o proceder refalsado e desumano de Antônio Vieira. Ao protesto dos índios seguiu-se o da Câmara, associando-se a ele as ordens monásticas; e no inquérito a que se procedeu pelo ouvidor geral, em São Luís, os prelados do Carmo, Santo Antônio e Mercês, que chegavam do Pará, depuseram em

---

[183] *Neendenceba*: teu amigo.

[184] Traslado do registro de uns papéis que em forma de instrumento vieram da cidade de São Luís do Maranhão, e se acha em um livro velho de registros da Câmara da cidade de Belém do Pará, os quais dizem respeito ao principal que Lopo de Souza foi da aldeia de Maracaná. Bibl. Nac., col. Pombalina, cod. 645, fol. 525.

concordância com a representação dos índios. Estes mesmos religiosos publicavam em conversações que a perseguição vinha de não querer o chefe indígena reconhecer a autoridade dos jesuítas em coisas temporais.

Como era de esperar passou o movimento de simulada indignação do Pará à capitania vizinha, onde ocorreu e se adotou a idéia de levar a representação à corte, e fazer que alguns principais de outras aldeias fossem, por solidariedade e agravados em suas regalias e na dignidade do cargo, expor pessoalmente na metrópole as queixas em que os inimigos dos jesuítas os industriavam. Entrementes havia outros sucessos, que menos afetadamente excitavam os ânimos e acirravam a indisposição contra os padres. Tinham chegado os navios do reino, e neles cópias das cartas de Antônio Vieira ao rei e ao bispo do Japão, desaparecidas em 1659, as quais mandava aos seus frades o provincial dos carmelitas – provavelmente o mesmo que dizia dele que Vieira com certeza era feiticeiro e tinha um demônio familiar[185] – passageiro na viagem em que o fato se tinha dado. Ele próprio as subtraíra, no tumulto de ser o navio abordado pelo corsário, e supondo contivessem queixas a propósito dos índios, rompeu os selos e verificou não se enganar. Povo, autoridades, religiosos estranhos à Companhia, e particularmente ele, provincial, a todos as culpas incluíam. Ao bispo, Vieira pedia que interferisse para alcançar a Companhia o governo definitivo dos indígenas, de modo que toda a intervenção do governador e dos capitães-mores cessasse; e lhe espertava o empenho, ao que parece, advertindo que o domínio dos índios tornaria a quem o possuísse verdadeiro senhor do Estado[186].

Lidas as cartas o frade sem escrúpulo guardou-as; e agora, falecido o bispo, as remetia, para no Maranhão, serem corpo de delito contra os jesuítas.

---

[185] *Cartas*, t. 1, p. 549.

[186] Representação da Câmara do Pará. Berredo, § 1104.

Foi a comprometedora correspondência transcrita nos livros da Câmara, espalhada em traslados e apresentada depois ao Conselho Ultramarino, em capítulos dados contra os padres, o fato de o frade ter se apossado de cartas dirigidas ao rei, e de as violar, não pareceu delito de que temesse as conseqüências quem dele se aproveitava, nem então, nem mais tarde na corte, se tentou descobrir ou punir o culpado. Que alarido faria na cidade o conhecimento de tais cartas facilmente se imagina; mas não era a única pedra do escândalo, que as naus traziam no bojo. Tinha sido impressa em Lisboa, ou por iniciativa dos jesuítas, ou por determinação da rainha a solicitação deles, desejosos de fazerem constar os serviços de seus missionários, a carta de Vieira ao rei, contendo o relatório das missões, relativo ao ano de 1659[187]. Nele o autor descrevia por miúdo, exaltando a sua obra, a missão aos Nheengaíbas; as vantagens que se esperavam da de Ibiapaba; os feitos de outros missionários em várias entradas pelo Amazonas; e rematava com o pedido de se lhe mandarem mais padres, muitos padres, ainda que fossem alguns estrangeiros; por cada um desses soldados de Cristo que viesse, prometia ele muitos milhares de vassalos para a coroa; os mesmos índios os pediam, porque, segundo a voz deles – é Vieira quem o afirma – os religiosos da Companhia lhes eram segura rodela contra o mau trato dos portugueses. Outras referências aos atos de opressão e aos injustos cativeiros decerto provocaram a ira dos colonos, ao mesmo passo

---

[187] *Cópia de uma carta para el-rei nosso senhor sobre as missões do Ceará, do Maranhão, do Pará & do grande rio das Almazonas escrita pelo padre Antônio Vieira da Companhia de Jesus, Lisboa, 1660.* Maranhão, 11 de fevereiro de 1660. Na Biblioteca de Évora, cod. CXV/2-13 a fl. 399, existe a mesma carta em manuscrito, datada do Pará em 28 de novembro de 1659. Rivara no *Catálogo dos manuscritos* da Biblioteca, t. 1, p. 41, dá a preferência a esta última data, que considera a verdadeira. Bem pode ser uma e outra, supondo-se a carta em mais de uma via, e esse era o costume: a primeira do Pará onde foi redigida, a outra da última hora, quando estava o navio a partir para a Europa.

que os assustaria o prospecto de verem aumentar a hoste dos missionários. Tudo isso produziu nos ânimos irritação enorme.

Ante a fermentação de revolta, de que já havia prenúncios, afrouxou o fervor de D. Pedro de Melo em prol dos jesuítas. Ordenou um inquérito sobre o caso do principal Copaúba, e escreveu a Vieira que o mandasse pôr em liberdade. Para isso devia contribuir o incidente das cartas, que já corriam em público, e a atitude do povo na cidade, resoluto, desde que delas teve conhecimento, a liquidar de vez a contenda com os jesuítas. Na Câmara foi, como sempre, que estalou a reação contra eles. A ordem para o inquérito é de 23 de abril; a carta do governador a Vieira de 26; a 14 de maio os procuradores do povo em sessão requerem assembléia popular. E, "se bote pregão para que toda a pessoa de qualquer qualidade que seja acuda à câmara", no dia imediato, domingo, a fim de se eleger quem vá ao reino dar conta a Sua Majestade e requerer sobre coisas tocantes ao bem comum. À hora aprazada, na manhã seguinte, afluiu a população ao chamado: nos trópicos semelhantes manifestações geralmente se realizam nas primeiras horas, antes que a calma meridiana abafe as energias. Reunida a vereação, com grande concurso de cidadãos, presentes os procuradores João Pereira Barbosa e Antônio Domingues, requereram estes ao Senado que se mandasse convite ao governador do estado e ouvidor geral para assistirem a suas representações. Assim se fez, mas, dizendo-se indisposto o primeiro, somente o ouvidor compareceu. Então fizeram outro requerimento: que o governador, como representante de el-rei fosse servido, segundo a petição que apresentavam, de abolir a administração dos índios pelos religiosos da Companhia, ficando-lhes unicamente a jurisdição espiritual.

Foi o escrito levado ao governador pelo tabelião Cristóvão de Brito Malheiro, escrivão da Câmara Pedro Rodrigues, procurador do conselho Antônio Gonçalves; um dos funcionários o leu, e o escrivão lavrou termo do ato, que teve assim o caráter de intimação. D. Pedro de Melo, fraco de ânimo e temendo já haver-se comprometido em desmesurada proteção aos missionários, demais sem confiança nos poucos soldados de que dispunha, deu-se por conformado e assinou o termo, que era, afinal, a capitulação definitiva com a revolta. Assistiu a isto o superior do colégio, padre Ricardo Careu, que se achava com D. Pedro, e, convidado a ir à Câmara, por seu turno assinou termo de que desistia da jurisdição temporal por si e seus companheiros, então e sempre, "assim por eles como por seus vindouros". Mais aceitável parece essa versão, dos documentos da Câmara, que a do cronista Bettendorff, segundo o qual o superior se recusara a assinar a renúncia, dizendo tocar o negócio ao padre Antônio Vieira, que tivera os poderes de el-rei D. João IV, e por isso só ele os tinha para a desistência[188].

Em comoções dessa espécie raro se conciliam as notícias de origens diferentes; cada uma das partes coage a seu modo a verdade, e não merecem os documentos mais que relativa fé. Aqui os atos da Câmara, os relatórios das autoridades, e as narrativas dos jesuítas divergem em pontos essenciais. Parece que nem todos os padres sancionaram a renúncia, e destes o missionário residente em uma aldeia de índios perto de São Luís foi quem fez a declaração atribuída por Bettendorff ao superior, juntamente ameaçando de se retirar com os neófitos para a serra de Ibiapaba; depois, sabido o caso, exigiu a Câmara que tirasse o ouvidor devassa contra o missionário, ao que ele se recusou. Nisso romperam os exaltados em vociferações, e, saindo à rua, apedrejaram o edifício da Câmara, onde com o magistrado se achava o superior do colégio; na refrega, a custo os vereadores lograram defender os dois do povoléu que os queria matar.

No seguinte dia, terceiro dos tumultos, os mesmos agitadores da véspera assaltaram o colégio e levaram os padres em detenção para uma casa no arrabalde. Isso debaixo dos olhos do governador: residência deste, Câmara e colégio, tudo estava na mesma praça. A resolução agora era deitar os jesuítas fora do estado. D. Pedro de Melo que, com sua fraqueza ou impotência, no primeiro dia alentara a

---

[188] *Rev. do Inst.*, cit., p. 165.

desordem – "ao domingo para os sossegar à razão lhe soltei a rédea"[189] – tentou nessa fase conter as demasias dos díscolos. Saiu de casa sem escolta de soldados, porque estes se haviam declarado pelos sediciosos, e vestido, em vez de couraça, de *uma capinha de São José*, santo de que aparentemente era muito devoto, para ver se com o aspecto inofensivo da insígnia desarmava a sanha popular – é ele a referi-lo – atravessou a praça, e da porta e janela da Câmara arengou à turba tentando acomodá-la. Era tarde: vereação e povo estavam firmes no propósito; os jesuítas definitivamente tinham que sair da colônia.

D. Pedro de Melo tudo descreve em uma comprida carta a Antônio Vieira, então em viagem para São Luís. Pormenorizando o sucedido, mais de uma vez se lamenta: "Quanto melhor era para mim, padre Antônio Vieira, andar às pelouradas com o inimigo!". Em outro passo: "E o coitado do patife" – falava de si, deve-se crer que não no pior sentido do vocábulo – "ouvindo tudo isto, tudo isto, mordendo-se sem poder morder!". A conclusão era como sempre por se confessar *amigo e cativo* do padre, a quem já então sem pejo abandonara. A carta revela a dobrez de um caráter incapaz de energias: com os padres pretendia ficar bem; aos amotinados não ousava resistir. A primeira relação dos acontecimentos, que mandou para a metrópole, na parte conhecida descobre-nos um indivíduo pouco indignado e que só constrangido os menciona. A revolta era para ele como os sucessos da natureza, fatais e independentes da vontade dos homens. Como pois se poderia impedir? "Perdeu muito o estado do Maranhão na docilidade de D. Pedro de Melo", diz, louvando-lhe a virtude, o analista Berredo[190], também governador, quando refere o termo do seu ofício: tais palavras assaz retratam o homem e a ação que na colônia exerceu.

---

[189] Carta a Antônio Vieira, 23 de maio de 1661. Berredo, § 1041.

[190] *Anais*, § 1079.

Ao declarar-se a sedição, Antônio Vieira tendo disposto a missão ao Tocantins, e despedido Bettendorff para a sua do Amazonas, fazia caminho a São Luís, de onde partiria para o reino pela via mais pronta, em direitura ou por Pernambuco, conforme se oferecesse. Apesar da vitória das linhas de Elvas, o ano de 1659 terminara com maus prenúncios para a monarquia bragantina, pela paz dos Pireneus, que deixava todo o poder militar de Castela desembaraçado para cair sobre o fraco reino da península e subjugá-lo. Em 1660 realizava-se o consórcio de Luís XIV com a filha de Filipe IV, que Vieira tinha pretendido para D. Teodósio, e preparava-se a campanha futura; regressavam as tropas de Flandres, e com elas o capitão famoso D. João de Áustria, de quem se esperavam maravilhas. D. Luísa e seus conselheiros temeram pela independência nacional recobrada e pela sorte da dinastia. Ocorreram então os planos do tempo em que D. João IV, negociando os casamentos para o filho, pensava em se retirar para o Brasil. Julgou-se chegada a ocasião de pôr em prática o projeto, transferindo a corte para a América quando a segurança da família real perigasse, como depois fez D. João VI, e se alvitrou durante a guerra de 1762; e, tendo sido Antônio Vieira principal confidente, porventura artífice daqueles planos, foi chamado a Lisboa a fim de ajudar na execução. No mesmo tempo se expediam ordens ao governador de Pernambuco, Francisco de Brito Freire, para as providências necessárias à recepção e ao estabelecimento da corte fugitiva. Esse motivo bastaria para induzir Vieira a preferir, à viagem direta, passar por Pernambuco, de onde podia levar o assunto ajustado com o governador, se é que não tinha para isso instruções[191].

---

[191] Cf. Petição de Antônio Vieira ao governador D. Pedro de Melo: [...] Ele, padre Antônio Vieira, tem negócios e notícias de grandíssima importância que comunicar a Sua Majestade, do que depende a conservação do reino e das mesmas pessoas reais, as quais notícias se perderam com a morte de el-rei D. João, que está no céu; e, sendo Sua Majestade advertido disso na ocasião das guerras presentes, mandou ordem ao dito padre Antônio Vieira, cuja primeira via comunicou a Vossa Senhoria para que, ou por via de Pernambuco ou em direitura

Ia pois ele navegando para o Maranhão quando, já perto da cidade, na baía de Cuman, lhe chegou a carta do governador, com a notícia da sedição, e a advertência de que de nenhum modo viesse a São Luís, mas se deixasse ficar em Gurupí, de onde, com igual facilidade, se podia comunicar com aquela cidade e o Pará, e lá se fizesse forte com o capitão-mor, que era de seus amigos. Ele mesmo escrevia aos capitães-mores recomendando-lhes mantivessem a ordem: a resistência a que, com o prestígio do cargo, se não atrevia o governador, deviam intentá-la os subalternos. Vieira aceitou o alvitre e retrocedeu; dali porém, antes de partir, deu conta da situação em carta ao rei.

Senhor. Ficam os padres da Companhia de Jesus do Maranhão, missionários de Vossa Majestade, expulsados das aldeias dos índios, e lançados fora do colégio, e presos em uma casa secular, com outras afrontas e violências, indignas de que as cometessem católicos e vassalos de Vossa Majestade. Os executores desta ação foi o chamado povo, mas os que a moveram e tramaram, e deram ânimo ao povo para o que fez, são os que já tenho por muitas vezes feito aviso a Vossa Majestade, que é os que mais deviam defender a causa da fé, aumento da cristandade, e obediência e observância da lei de Vossa Majestade. O motivo interior, único e total desta resolução (que há muito se medita) é a cobiça, principalmente dos mais poderosos, e porque esta se não contenta com o que lhe permitem as leis de

---

por onde lhe parecesse mais segura, passasse ao reino a levar-lhas"., *Obras várias*, t. 1, p. 150. Carta de 24 de junho de 1691 a Francisco de Brito Freire: "Lembro-me agora de quando a rainha mãe, por conselho dos condes de Cantanhede e Soure, enviou a Vossa Senhoria não só a governar Pernambuco, mas para prevenir a seus filhos uma retirada segura, no caso em que algum sucesso adverso, que então muito se temia, necessitasse deste último remédio. E também Vossa Senhoria estará lembrado de que Sua Majestade me mandou passar do Maranhão, onde então estava, para assistir a Vossa Senhoria, e se seguir o roteiro, que el-rei, que Deus tem, tinha precavido". *Cartas*, t. 3, p. 610. Como sempre, é difícil, nos pormenores dos acontecimentos, pôr Vieira de acordo consigo mesmo; entretanto a versão adotada no texto parece plausível.

Vossa Majestade, e não há outros que defendam as ditas leis e a liberdade e justiça dos índios, senão os religiosos da Companhia, resolveram finalmente de tirar este impedimento por tão indignos caminhos [...] A última ocasião que tomaram para o que se fez, escreve-me o governador que foi pelas três causas seguintes: primeira, por se publicar neste Estado a carta de relação que fiz a Vossa Majestade do que se tinha obrado nestas missões no ano de 659, a qual Vossa Majestade foi servido mandar que se imprimisse; e não se pode crer quanto com esta carta se acendeu a emulação dos que não podem sofrer que, havendo tantos anos que estão neste Estado, nunca se obrassem nele estas coisas, senão depois que vieram os padres da Companhia; segunda, virem também ao Maranhão e publicarem-se umas cartas que escrevi a Vossa Majestade por via do bispo do Japão, em que dava conta a Vossa Majestade das contradições que tinha neste Estado a propagação da fé, e quão mal se guardavam as leis de Vossa Majestade sobre a justiça dos índios [...]; terceira, a prisão do índio Lopo de Sousa Guarapaúba [...][192]

Em seguida, após referir que desistia do caminho ao Maranhão, e se tornava ao Amazonas, a ver se conseguia conter os índios, que amedrontados pela perseguição aos missionários muito provavelmente buscariam refúgio nas matas, desfazendo-se todo o trabalho dos catequistas, concluía pedindo mandasse el-rei restituir os religiosos a seus colégios e a suas missões, com a mesma autoridade que antes lhes pertencia; que, tendo ele sido o instalador da missão, e quem tudo nela dispunha por ordem de el-rei, a nenhuma proposta ou requerimento dos moradores se desse despacho sem ser ouvido ele próprio. A carta não chegou a seu destino, porque o jesuíta, missionário de Gurupí, portador dela, que pensava poder embarcar-se inadvertido para o reino, foi preso ao chegar a São Luís, e os sediciosos que usurparam o governo, tendo-se ausentado D. Pedro de Melo da cidade, lhe apreenderam os papéis.

---

[192] Carta datada das praias de Cumá, 22 de maio de 1661. *Cartas*, t. 1, p. 583 e ss. Ou essa data está errada, ou a da carta de D. Pedro de Melo (23 de maio), publicada por Berredo.

Vieira estava de volta a Belém a 21 de junho, com o capitão-mor de Gurupí, e séquito de canoas e soldados. Era seu intento, com o aparato da força e o auxílio de amigos que tinha na capitania, impor a tranqüilidade. Deles os principais Manuel David Souto Maior e o capitão Paulo Martins Garro, ambos irmãos seculares da Companhia.

Tem sido ponto de dúvida se no instituto jesuítico, como em outras ordens religiosas, existem filiados sem hábito. Mesmo entre os escritores da casa variam as opiniões. Pelo que toca ao Maranhão e Pará, o testemunho do padre Bettendorff parece afastar toda a dúvida. Além dos nomes acima, outros se encontram mencionados com igual caráter na "Crônica do Maranhão". Seriam dos famosos terciários, filiados ocultos, que muitos atribuem à Sociedade? "Irmãos seculares, nossos irmãos, irmãos de fora, irmãos com carta de irmandade", lhes chama indiferentemente o cronista. Também André de Barros dá notícia de uma índia, a quem, por ter valido a Antônio Vieira quando o prenderam, o Geral enviou carta de irmandade, e acrescenta: "fazendo-a participante de todas as orações e serviços que faz a Deus a religião toda", para significar o a que montava a regalia[193]. Dava-se a carta em recompensa de atos de obséquio, com o que não implica que trouxesse consigo obrigações. Quais fossem não se averigua; votos proferidos não haveria; mas provavelmente os substituía a promessa de defender os interesses da Sociedade, que por seu turno favorecia os do filiado.

---

[193] *Vida*, p. 203. Uma das vantagens era ter sepultura na casa dos jesuítas, como teve aquela índia. No livro de óbitos da igreja de São Roque, encontra-se um assento relativo a "Anna de Torres dona viúva, a qual por ser benemérita da Companhia pelas muitas e boas obras com que sempre ajudou esta casa não somente em vida, mas na morte deixando-lhe muita fazenda tinha privilégio e carta de Irmandade do nosso muito reverendo padre geral que então era para se enterrar nesta casa como está na cova dita, a qual faleceu ao derradeiro de janeiro de 1589". Vítor Ribeiro, *Obituários da igreja e Casa professa de São Roque*, p. 27. A lei de 28 de agosto de 1767 proibiu as cartas de confraternidade.

Com o intuito dito, Vieira logo ao chegar dirigiu à Câmara uma extensa representação que, expondo os serviços dos missionários ao Estado e à coroa e os danos que seguiriam de saberem os índios dos excessos havidos em São Luís, terminava requerendo que se impedisse toda a comunicação e passagem "assim como que se faz com os lugares apestados"[194] para que não viessem as notícias pôr em alvoroço as aldeias, nem induzir a delito igual os moradores do Pará. A espaços, o tom do documento parece cominatório; o missionário tentava amedrontar os camaristas com o sentimento da responsabilidade em que incorriam.

> [...] Pelo que da parte de Deus e do sangue de Jesus Cristo derramado por estas almas [dos índios], e da parte de Sua Majestade cuja consciência está obrigada à conservação delas, e pela qual encomendou a dita conservação aos religiosos da Companhia, e da parte dos ditos índios gentios e cristãos, como procurador e curador que é de todos, requer ele dito padre Antônio Vieira, e mais religiosos, a Vossas Mercês que com os olhos postos somente em Deus e em seu serviço, e na conta estreitíssima que Vossas Mercês lhes hão-de dar muito cedo, e com os corações muito limpos de qualquer defeito no respeito particular, considerem todas e cada uma das coisas que neste papel se lhe representam, e acudam logo ao remédio de tantos e tão irreparáveis danos, com o zelo, prontidão e eficácia que pede a qualidade deles, lembrando a Vossas Mercês que este caso está ainda em segredo, e se não tem divulgado nem chegado à notícia de pessoa alguma, com que será fácil dispor todas as coisas, e preveni-las como for mais conveniente, removendo todos e quaisquer impedimentos, que de algum modo possam obstar à paz e quietação da república, e à inteira observância e respeito das leis de Sua Majestade, pois a terra e o povo são pequenos, e são muito conhecidas as pessoas, os ânimos e os interesses de cada uma [...][195]

---

[194] Berredo, § 1044. Incompleta nas *Obras várias*, t. 1, p. 141.

[195] Ibidem, p. 145.

Empenho frustrado. Os da Câmara responderam que seria feito o preciso para manter a tranqüilidade, mas que, no tocante aos índios, se estavam satisfeitos dos padres como missionários, quanto à jurisdição temporal já se tinham queixado a el-rei do modo como nela procediam. Justamente fora este o pretexto invocado na outra capitania. Em ambas refervia sempre a questão. Menos de um mês passado, a 17 de julho, também no Pará rebentou a comoção contra os padres.

Bettendorff acusa o governador de ter mandado emissários por todas as partes, a incitar a revolta; mais crível parece os mandasse a Câmara de São Luís. Como lá, a da outra capital se constituiu também em única autoridade; como lá, o povo assaltou o colégio e pôs em custódia os jesuítas. Antônio Vieira ficou apartado dos companheiros em uma pequena igreja, de nome de São João Baptista. Os mesmos soldados com que cuidara intimidar à chegada eram agora seus guardas. No caminho não lhe faltaram os remoques do populacho. "Onde está a sua sabedoria, padre, que o não pode livrar deste conflito?", perguntavam. Outros gritavam: "Fora os urubús!"[196] Era um brado que os jesuítas sempre ouviam nas alterações populares, aludindo ao seu vestuário, negro como a ave a que os comparavam. Ninguém chegava a falar-lhe nem a levar-lhe o sustento; somente uma índia, Mariana Pinto, ou Pinta, nome que as crônicas da Companhia gratamente registram, se atreveu a buscá-lo, e pôde passar-lhe alguma ligeira refeição até que entre homens armados o embarcaram para São Luís. Foi essa a mulher favorecida com a carta de irmã.

O Maranhão continuava sem governo, ou por outra, a forma dele eram as revoluções anárquicas da Câmara e do populacho. O governador, coacto e sem vontade nem ânimo de reagir, cuidava de carregar o navio, em que

---

[196] *Vultur aura* L. (Martius). Ave necrófaga de cor preta, hóspede habitual dos povoados menos limpos e de lugares onde se encontra carniça.

transferia para a Europa o produto de percalços, legais e outros, adquiridos com o favor dos jesuítas, e de que, pela adesão silenciosa aos distúrbios, ninguém lhe contestava a justa posse.

A 28 de julho partiu uma caravela pela qual mandou D. Pedro dar parte à corte do sucedido. Carta breve, em uma lauda de papel, e só vagamente aludindo às *exorbitâncias e desobediências* de que fora teatro a sua capital[197]. O documento que faz cargo aos revoltosos é uma petição do ouvidor geral, a solicitar licença para ir ao reino dar conta dos desacatos que aqueles, por ocasião dos tumultos, lhe haviam feito. Pormenores devia dá-los no Conselho Ultramarino um irmão de D. Pedro, inquisidor em Évora, porque o governador não ousava confiar o seu juízo sobre os acontecimentos a uma correspondência que, denunciada pelo sobrescrito, poderia ser violada. Qual ele fosse não é possível averiguar, até se encontrarem os documentos, remetidos então e depois, no mês de setembro, ao mesmo intermediário, e de que somente a relação se conhece; mas, por ilação dos procedimentos anteriores, se pode suspeitar que nem seria abertamente desfavorável aos sublevados, nem com decisão a favor dos religiosos: aquele meio-termo em que a ausência de caráter se disfarça de imparcialidade.

Na mesma caravela, a qual, informa D. Pedro, partiu sem licença dele, foi de passagem o procurador eleito para levar à metrópole a representação do povo, e os capítulos contra os missionários; Jorge de Sampaio, aquele mesmo que em 1652, quando chegou Vieira, bradava que lançassem fora a todos em uma *canoa estroncada*. Tinha sido na colônia almoxarife, e provedor da Fazenda, e achava-se preso, para responder por abusos e prevaricações no ofício, quando o soltou a revolta. Causou pasmo a D. Pedro a eleição, achando-se o homem no cárcere e *tão criminoso*, dizia ele. A devassa existente, que mandou para o reino, não impediu os meneios do procurador na

---

[197] São Luís, 26 de julho de 1661. Arq. do Cons. Ultr., papéis avulsos do Maranhão.

corte, que afinal conseguiu dessa vez sair vencedor, e satisfazer seu ódio aos jesuítas. Ódio implacável que, vinte anos volvidos, o impeliu a outra revolta, e lhe custou a vida na forca, em companhia do Bequimão, tribuno inflamado como ele, porém virtuoso.

Entretanto os inimigos dos jesuítas descobriam novos delitos: agora o de tentarem chamar ao estado os holandeses, imputação ridícula, na qual ninguém de boa-fé e são juízo acreditaria. Mas a verdade é que o governador, lembrando-se então das firmas em branco entregues a Vieira, por instrumento público as declarou nulas, dando a entender que poderiam ser aplicadas a qualquer ato de traição, e renegando da sua parte todo o intento contrário à fé de vassalo[198].

A acusação surgira no Pará, e em razão dela mandaram os da Câmara levar o superior dos missionários ao Maranhão, para lá se lhe averiguarem as culpas. Excelente motivo com que excusar a revolta e a expulsão dos padres, e que D. Pedro soube aproveitar para excusa de sua fraqueza. Chegando Vieira não consentiu que desembarcasse e ordenou que fosse passado da canoa, onde vinha em captura, para uma caravela em aprestos de viagem para a Europa. Vãs foram as instâncias do padre para ser pessoalmente ouvido a Câmara e pelo governador: este não dava troco aos recados, e os da vereação respondiam em tom de mofa não querer negócios com um homem que evidentemente tinha tratos com o diabo[199]. Teve, pois, Vieira de, para sua defesa, se contentar com as razões escritas, e enviou ao Senado um protesto, no qual em termos brandos enumerava as violações de direito no proceder havido com ele e seus súditos, e repelia por fim a afronta a propósito dos holandeses; cada uma das razões começando por "Lembro a Vossas Mercês",

---

[198] Declaração, 23 de julho de 1661. Berredo, § 1059.

[199] *Vida*, p. 204.

palavras que, na aparente mansidão, ressudava o propósito de um desforço quando as circunstâncias mudassem.

[...] Lembro primeiramente a Vossas Mercês que são cristãos, e que não há exemplo nas histórias de que homens cristãos e católicos fizessem o que neste Estado do Maranhão se tem começado a fazer e vai continuando [...] Lembro a Vossas Mercês que no modo como se procede e se tem procedido contra os padres se têm quebrado e quebram todas as imunidades eclesiásticas, e que notoriamente estão excomungados por esta causa muitos moradores deste Estado, os quais não podem ouvir missa, nem confessar-se, nem receber o Santíssimo Sacramento, e se o fazem é com novo pecado [...] Lembro a Vossas Mercês que os padres da Companhia neste estado, além das suas imunidades comuns a todos os religiosos, são pessoas mandadas ao dito estado por Sua Majestade, e postas nos lugares em que estavam por Sua Majestade, e que sem ordem e autoridade do dito senhor, ainda que foram uns quadrilheiros, não podiam ser tirados dos ditos lugares [...] Lembro a Vossas Mercês que os padres que estão neste Estado vieram a ele com grandes despesas da Fazenda de Sua Majestade e da Companhia, porque nenhum padre há estrangeiro que até chegar ao Maranhão não faça de gasto mais de quinhentos cruzados; e a primeira missão em que eu vim fez de gasto dez mil cruzados, e a segunda cinco mil cruzados, e a do padre Manuel Nunes dois mil cruzados, e a do padre Francisco Gonçalves mil e quinhentos cruzados. E sendo os ditos padres ora embarcados para o reino é força que se façam outros muitos gastos; e se forem tomadas pelos turcos (como é possível) ainda serão excessivamente muito maiores. E Vossas Mercês devem considerar a quem pertence a restituição de tudo isto, e por cuja Fazenda se há de haver, tendo eles padres sempre requerido e protestado que vão violentamente, como é notório [...][200]

---

[200] 18 de agosto de 1661. *Obras várias*, t. 1, p. 229, tido erradamente como dirigido à Câmara do Pará.

Os navios que haviam de largar para o reino eram a nau *Sacramento*, propriedade de D. Pedro, e uma antiga caravela, "barco sardinheiro de Setúbal", diz Vieira, armada em patacho para a viagem. Foram os religiosos transferidos de uma prisão para a nau; Vieira ficava na caravela, que, tendo de ir primeiro aos Açores, devia atrasar-lhe a chegada, circunstância muito conveniente para o meneio das reclamações dos colonos em Lisboa. Também a D. Pedro não conviria o embarque do superior em nau de sua propriedade, o que poderia ser considerado adesão à revolta, à qual facultava, sendo a principal autoridade, o transporte; e já ante a câmara havia protestado contra o terem posto a bordo, sem audiência sua, os outros padres. A ele, requeria Vieira, ignorando o que se maquinava da suposta traição, que, por seu decoro, como o mais graduado missionário; pelo interesse da sua vida, em risco na ruim caravela; pelo das missões, de que lhe cumpria dar conta ao pontífice; e ainda pelo dos públicos negócios, a que fora chamado pela regente, lhe concedesse passagem na mesma nau em que iam os demais religiosos e outros passageiros. Alguns de tão baixa categoria, entre os nove quais eram ciganos, quando a ele o relegavam para um barco mal aparelhado e sem cômodos, e com risco de sua vida.

Corria o tempo, e a informação aberta de má vontade pelo ouvidor não dava o resultado que esperavam os inimigos dos missionários. Ou por isso ou pelo temor das conseqüências quando Vieira chegasse à metrópole, deferiu-lhe D. Pedro o protesto, permitindo que passasse à nau, e, por seu turno, acedeu também a câmara, ansiosa de se desembaraçar do importuno prisioneiro, e porque a caravela necessitava ainda de algum conserto que a deteria no porto. Segundo um escrito contemporâneo, de pessoa manifestamente desafeiçoada ao governador, foram alguns do povo, amigos de Vieira que, por terminarem com a situação incerta, e receando pela vida do padre, o transferiram da caravela, na hora de levar ferro o outro navio, a 8 de setembro. Qualquer das versões pode ser a verdadeira. Fosse como fosse, logo a seguir desfraldaram-se as velas, e o Maranhão viu partir aquele que fora seu íncubo por espaço de mais de oito anos. Não, porém, antes de mandarem os padres de bordo pagar por seu procurador, que deixavam em terra, o custo das passagens, 320 mil-réis, ao dono da nau, D. Pedro de Melo. Isso refere o mesmo panfletário[201].

X

O navio que transportava os religiosos deu fundo em Lisboa nos primeiros dias de novembro. Já perto de chegarem, a vista de um barco com a proa ao seu encontro fez cuidar aos passageiros que seria de mouros. No pânico geral lembrou-se Vieira de expor no convés as relíquias de São Bonifácio, que os padres traziam para fiança de boa viagem, e como tesouro de estima na expulsão; nesse ponto o suposto inimigo mareou-se em outro rumo; estava o milagre feito e o perigo desaparecido.

Prisioneiros em terra, a bordo tinham os missionários a usual consideração prestada ao seu hábito. Solícitos no ministério de levitas, sempre que o podiam praticar, faziam com os atos do culto diversão grata ao enfadonho das calmas, ao perene temor dos naufrágios e corsários, de que os passageiros bisonhos padeciam. Vieira não descansava nunca; nessa viagem compôs e proferiu um dos seus mais belos sermões, o do Rosário, que fez ouvir, no domingo 9 de outubro, a seus companheiros na aventura marítima, gente de bordo e passageiros. Se bem que publicado sem data, a nenhuma outra parece convir esse discurso. Era o evangelho do dia, de onde trouxe o tema, referente ao embarque de Jesus no lago de Genesareth, o de São Mateus, do décimo oitavo domingo depois de Pentecostes, e não há outra viagem

---

[201] *Notícia dos sucessos da expulsão dos padres da Companhia do Maranhão, autora a verdade.* São Luís do Maranhão, 8 de agosto de 1662. Ms. da Bibl. Nac., cod. 674, fol. 287. Cópia do século XVIII.

em que o orador passasse tal dia no Atlântico. "Dentro de quatro tábuas nos achamos todos no meio do vastíssimo oceano", diz ele, e designa a época: "Temos entrado nos primeiros dias de outubro, mês tão formidável a todos os mareantes por suas tempestades como memorável por seus naufrágios". Daí colhemos a impressão que dessa quadra perigosa tinham os homens do mar, fundamentalmente religiosos: "No princípio do mês, as grandes tempestades, que chamamos de São Francisco; no fim do mês, as maiores, de São Simão; e no meio dele as das Onze mil virgens"[202]. Mas sossegava o auditório a fé, que todos deviam ter, na proteção do Rosário, e o referir dos milagres com que por ela se tinham salvado outros navegantes, em lances de apertura. Tal o caso de D. João de Áustria, cujo galeão livrou de naufrágio iminente o ter-se introduzido um peixe, no rombo por onde entrava água em jorro, e tanto à justa, que até alcançar o porto, e ser querenado o barco, perfeitamente o vedou.

Entretanto tinha a caravela de Jorge de Sampaio chegado a Lisboa, e encetara o procurador o ataque aos jesuítas. Os índios, que trouxera consigo, insinuados e mal se exprimindo em vernáculo, eram pela inocência presumível testemunhas muito aceitas do Conselho Ultramarino onde o pleito se derimia. Ali entregara o representante da colônia o rol das queixas, ou capítulos, em 25 divisões, nas quais principalmente figurava como fautor da desinteligência o superior Antônio Vieira. Mas, com a vinda deste, logo se desvaneceram as vantagens que o procurador tivera com se adiantar na acusação. O primeiro efeito, que ele experimentou da mudança, foi terem apreendidos os papéis que do Maranhão lhe enviavam no mesmo navio em que o jesuíta era passageiro. Em seguida, remetidos ao Conselho os que vinham do governador, dispunha um decreto que, no caso de conter algum deles matéria concernente à vida, à religião e aos costumes dos missionários, se não publicasse, nem do mesmo se desse vista a pessoa alguma, devolven-

---

[202] *Sermões*, t. 14, p. 259.

do-se a Sua Majestade para a resolução que importasse[203]. Debalde Jorge de Sampaio requeria a entrega dos papéis: primeiramente, e antes que ele os visse, foram passados a Antônio Vieira para responder sobre o conteúdo. Os índios, que tinham acompanhado o procurador, igualmente sentiram diferença no tratamento. Em outubro, a requerimento de Sampaio, mandara o governo dar-lhes socorros para se manterem; em dezembro suspendia-lhos, porque – dizia a resolução régia – "se me representou que estes índios foram muito culpados nos motivos que houve no Maranhão contra os padres"[204]. Em vão representava o Conselho Ultramarino contra a decidida parcialidade da coroa, e, na consulta em que pedia se entregassem ao procurador os papéis apreendidos, fazia notar que não convinha ao serviço de Sua Majestade "exasperar mais aqueles povos com semelhantes procedimentos"[205]; o favor de que gozavam os jesuítas, e sobretudo Antônio Vieira, vencia, no paço, todo o escrúpulo.

Mais ainda quando a regente no embate das intrigas e paixões, em que a corte refervia, tanto necessitava do conselho e auxílio do homem tão experimentado como o missionário, recém-chegado do Maranhão. Já por esse tempo a turba dos políticos se dividia em duas facções: a do rei, insofrido da tutela que contra as praxes do reino, e o que pediam seus anos, lhe impunha ainda sua mãe; a desta, acostumada desde o tempo de D. João IV a participar nas decisões do Estado, e para quem seria custosa abdicação deixar o poder. Os partidários de D. Afonso, tecendo a inimizade com o infante seu irmão, insinuavam talvez já que a rainha o queria esbulhar da coroa em proveito de D. Pedro. Suspeita, que bem podia ser mais que invenção da malevolência; porque se o acanhado engenho, a ausência de senso moral do primogênito,

---

[203] Decreto de 22 de novembro de 1661. Consulta de 24 do mesmo mês. Arq. Ultr.

[204] 14 de dezembro de 1661. Ibidem.

[205] 14 de janeiro de 1662. Liv. 3 das consultas de partes, fol. 183 e 190.

406 JOÃO LÚCIO DE AZEVEDO

de fato o incapacitavam para o ofício de rei, a mãe, cedendo à razão, satisfazia nisso o desejo vivo, posto que talvez obscuro na sua consciência, de prolongar mais algum tempo, até se emancipar o filho segundo, o que outra vez podia prolongar-se até os dezoito anos, a volúpia do mando. Episódios de dentro de uma alma, não demonstráveis como a evidência dos atos mas verossímeis segundo o raciocínio.

Enquanto eles se davam, emancipava-se o soberano, sem autoridade nem intromissão na política, para a vida comum. Com seus validos, Antônio Conti, italiano de origem, filho de um mofino lojista, vendedor de bufarinhas no pátio da capela real; João de Matos, toureiro intrépido, moço de estribeira do paço; Bernardo Taveira, frade agostinho, corrido do claustro por vícios; e em cauda uma coorte de negros, mouros escravos e eguariços; com essa chusma à noite perambulava as ruas, desafiando os transeuntes, tomando de assalto os bordéis; de dia passava as horas em ensaios de touradas, de saltos a cavalo, em conversações baixas e obscenas chalaças, na familiaridade da estrebaria. Nesses desregramentos de estúrdio, com fumos de valentia, e despreocupado das leis, em mais de um lance ia perdendo a vida. Uma vez, em Azeitão, derrubou-o do cavalo um touro bravo, e aturdido e febril o trouxeram a Lisboa, onde por muitos dias esteve em cama, sangrado cinco vezes. Em outra ocasião, de noite, rente à cerca dos jesuítas na Cotovia, tirou da espada para um desconhecido, que devolveu os golpes, e o feriu de uma estocada em lugar delicado, junto à virilha. Andando a passeio com o séquito costumado, em uma rua estreita, criados seus travaram rixa com os do visconde da Assêca, que não o reconhecendo lhe disputou a passagem; aí, por defesa, puxou de uma pistola contra o fidalgo, que o ameaçava de perto, e ao ver que era o rei o contendor se pôs de joelhos, suplicante e na angústia de quem ia cometer um crime horrendo[206]. Tudo isso confirmaria a

---

[206] A *Anticatástrofe* relata a ocorrência como do tempo em que D. Afonso já tinha o governo.

mãe no propósito de lhe não entregar o governo, e no sonho desculpável de o reservar para outro mais digno.

Nas intrigas em que decorreu todo o período, entre o fim da menoridade e a deposição e divórcio de D. Afonso, não há negar que tiveram os jesuítas parte conspícua. Desde a Restauração tinham eles sempre predominado no paço, e as divergências com a corporação, no tempo de D. João IV, não implicavam com o favor de que alguns gozavam pessoalmente. Um dos mais influentes tinha sido, primeiro com o monarca defunto, depois com a regente, o bispo do Japão, padre André Fernandes. Por morte deste passara a confidente de D. Luísa o padre Antônio Fernandes, douto na ciência escolástica, e sujeito de virtudes preclaras, daqueles a quem a Sociedade não dispensa de um capítulo biográfico em seus anais. Homem de bom conselho e de voto atendido, a rainha o deu por confessor à filha, quando foi para Inglaterra. Menos estimado, porém, que o prestigioso Antônio Vieira, e por isso ela se privou de sua convivência espiritual, para lhe dar substituto mais prezado. Desse modo, o missionário expelido do Novo Mundo, ao regressar à corte, se viu triunfador, e de golpe recuperou a situação preponderante de outrora.

Foi com a autoridade proveniente desta que em dia de Reis de 1662 pronunciou na capela real o sermão célebre da Epifania, obra-prima de eloqüência agressiva. Tecido de hipérboles majestosas, de exclamações de veemência, dele saem como dilacerados, ao açoute da frase vingadora, os temerários que ousaram pôr mão violenta nos apóstolos da fé. À terra onde vivem, o pregador inflige a pena da sua indignação e desprezo. "Quem imaginara que aquele florão tão heroicamente adquirido nas três partes do mundo, e tão celebrado e esclarecido em todas as quatro, se havia de escurecer e profanar em um rincão da América?" E logo: "Levantou o demônio este fumo, ou assoprou este incêndio, entre as palhas de quatro choupanas, que com nome de cidade de Belém pudera ser pátria do Anticristo"[207]. Como por uso prati-

---

[207] *Sermões*, t. 2, p. 94.

408 João Lúcio de Azevedo

cava, Vieira trazia ao púlpito – o "pináculo do templo", assim lhe chamara em sermão, não menos famoso, o da Sexagésima, em 1655 – o seu pleito, e tal era o discurso, que o não renegaria o melhor dos causídicos. Toda a questão ali vinha: acusações dos colonos; a situação dos índios e agravos que padeciam; queixas e defesa dos missionários e serviços que haviam prestado; a violência que ele e seus consócios experimentavam, descrita em termos vivos; tudo, em suma, que convinha para pôr de seu lado as simpatias, e a repulsa sobre os que o tinham ofendido.

Treme e tem horror a língua de pronunciar o que viram os olhos; mas sendo o caso tão feio, tão horrendo, tão atroz e tão sacrílego que se não pode dizer, é tão público e tão notório que se não deve calar. Ouçam pois os excessos de tão nova e tão estranha maldade os que só lhe podem pôr o remédio [...] Quem havia de crer que em uma colônia chamada de portugueses se visse a Igreja sem obediência, as censuras sem temor, o sacerdócio sem respeito, e as pessoas e lugares sagrados sem imunidade? Quem havia de crer que houvessem de arrancar violentamente de seus claustros aos religiosos, e levá-los presos entre beleguins e espadas nuas pelas ruas públicas, e tê-los aferrolhados e com guardas até os desterrarem? Quem havia de crer que com a mesma violência e afronta lançassem de suas cristanda-des aos pregadores do Evangelho, com escândalo nunca imaginado dos antigos cristãos, sem pejo dos novamente convertidos, e à vista dos gentios atônitos e pasmados? Quem havia de crer que até aos mesmos párocos não perdoassem, e que chegassem a despojá-los de suas igrejas, com interdito total do culto divino e uso de seus ministérios: as igrejas ermas, os baptistérios fechados, os sacrários sem Sacramento, enfim o mesmo Cristo privado de seus altares, e Deus de seus sacrifícios? [...] E que a tudo isto se atrevessem e atrevam homens com nome de portugueses, e em tempo de rei português! [208]

---

[208] Ibidem, p. 94, 95, 96.

De quando em quando uma nota pitoresca. Sobre os índios:

A língua geral [dos selvagens] de toda aquela costa carece de três letras, *F, L*
e R; de *F* porque não têm fé, de *L* porque não têm lei, de *R* porque não têm rei; e
esta é a polícia da gente com que tratamos: Gente de tão pouco cabedal que uma
árvore lhe bastava para o necessário da vida: Com as folhas se cobrem, com o
fruto se sustentam, com os ramos se armam, com o tronco se abrigam, e sobre a
casca navegam.

Desenhados assim tanto ao vivo os selvícolas, em um rasgo de pincel retrata
os que os tiranizam: "Os povoadores, que se mandam para as mesmas terras,
são os criminosos e malfeitores, tirados do fundo das enxovias, e levados a
embarcar em grilhões". E os funcionários a quem incumbia cumprir e fazer
cumprir as leis: "Onde está el-rei? Em Portugal? Pois se ele lá está, nós estamos cá". Nessas breves sínteses, a que convém juntar a ação dos missionários,
moderadores da bruteza do índio, da violência do colono, do arbítrio das
autoridades, cabe toda a história da colonização do Brasil.

Das acusações defende-se o orador igualmente em termos curtos: sua
tática consistia na defesa pela ofensiva. Era falso que os padres se recusas-
sem a dar índios para o serviço dos colonos; era falso que não quisessem as
escravidões; era falso que ocupassem os índios em seus interesses. Presos e
desterrados, todos os seus haveres estavam em poder daqueles mesmos que
os tinham prendido e desterrado. "Digam agora o que acharam!", bradava
em desafio aos contrários. Ouro e prata, só a dos cálices e custódias: preciosidades, as relíquias e ornamentos do altar; nas celas de telha vã, livros, catecismos, cilícios, disciplinas e a tábua ou rede em que dormiam, tendo dado
as camas para o serviço dos hospitais; por fim, nos pobres guarda-roupas, as
sotainas de algodão tinto em lama e os mantéus remendados.

Acabado o sermão, o orador tinha ganho o ânimo do público para a sua
causa, como já antes havia convencido a rainha; e o procurador Jorge de

Sampaio, desanimado, escrevia para o Maranhão a repreender a má idéia de terem de lá mandado para o reino um homem que com sua influência anulava os efeitos de todas as reclamações.

Parece que a primeira resolução do governo fora a de castigar a revolta, enviar soldados e constranger pela força os colonos a receber outra vez os missionários; mas sobreveio melhor aviso, e a 8 de fevereiro partiu o novo governador Rui Vaz de Sequeira, com minguado acompanhamento em duas naus mercantes, levando por instruções persuadir a que se repusesse tudo no antigo, com a promessa de perdão geral. A isso talvez aludiam aqueles que contaram haver-se lançado Vieira aos pés da regente a suplicar o perdão dos que tanto o tinham agravado, ao que a soberana aplacada respondera: "Hoje ressuscita o Maranhão por amor do padre Antônio Vieira!"[209]. Historieta provavelmente mais da fantasia dos admiradores do jesuíta, que jactância do próprio. Nessa mesma ocasião escreviam para a colônia pessoas influentes, como o marquês de Marialva, recomendando moderação à Câmara. Em junho estava feito o acordo, mediante porém uma transação em que saíam vitoriosos os adversários dos jesuítas; e ela determinava que voltassem os padres com a condição de renúncia da autoridade temporal. Vingava assim o compromisso imposto quando da revolta. Era o que negociava em Lisboa o procurador do Estado, e Vieira a todo o transe combatia. De modo algum solução definitiva: quem vencesse na metrópole faria valer na colônia o seu ponto de vista. Isso sabia o novo governador, quando, contravindo às ordens, cedeu à vontade das câmaras. Entretanto seguia a própria inclinação, favorável aos adversários dos jesuítas. Já dera prova disso levando consigo para a colônia o alferes Henrique Brabo e o companheiro, que de lá tinham saído degredados para o reino por caluniarem Vieira. Na hora de levantar ferro, foram a bordo meirinhos procurá-los, para desembarcarem. Evidentemente

---

[209] *Vida*, p. 209.

a requisição do ofendido, a quem não conviria a presença deles no Maranhão: puderam todavia ocultar-se ou, o que é mais provável, ocultou-os Rui Vaz de Sequeira. Isso habilita a julgar dos sentimentos com que assumiria o governo.

Em Lisboa sucediam coisas que mal poderiam prever os habitantes do Maranhão. Despontava já para eles a vitória, quando suas reclamações, detidas por influência superior nos conselhos e secretarias, paravam no esquecimento. Para o mesmo Vieira passava a segundo plano o grande negócio da sua expulsão.

Em abril realizara-se o casamento da infanta D. Catarina que partiu para a companhia do marido, Carlos II, a 23 desse mês; acontecimento que talvez contribuísse para apressar o desenlace da luta entre os dois grupos na porfia do poder. Conti progredia em valimento com o rei D. Afonso, e tanto que os plenipotenciários ingleses, vindos para as núpcias, lhe prestaram honras como a grande da corte, e valido de um soberano realmente em posse da coroa. Concorreu isso para estimular os despeitos e incitar a procedimentos contra ele e contra o rei. O fato é que não tardaram estes. Em junho deu-se casa ao infante D. Pedro, então com quatorze anos, com seus dignitários e corte própria, em sítio que, não longe daquele onde habitava o rei legítimo, tinha já, como em vaticínio, por nome antigo Corte Real. Entre os nomeados figurou Vieira com o cargo de confessor. Ao lado um do outro, dois paços, dois bandos de despejados cortesãos, dois mancebos inexperientes e rodeados de aduladores, com os olhos fitos no regalo supremo da coroa, que de um contra o direito se retinha, com que a outro contra o mesmo direito se acenava. Da resolução tomada pela regente, em seguida a várias deliberações com seus conselheiros, brotou maior desconfiança de que na realidade ela maquinava afastar do trono o legítimo herdeiro. À boca pequena se dizia ser intenção sua encerrar em um mosteiro a D. Afonso, e aclamar o filho segundo.

Se com efeito assim era, pode-se assegurar que para tal contribuiriam sugestões dos jesuítas, e particularmente de Antônio Vieira. Em todo o tempo àqueles e a este veremos empenhados em se realizar a espoliação. De Vieira temos a confissão escrita, quando, muitos anos volvidos, dizia ao duque de Cadaval, um dos principais na conjura: "A Vossa Excelência é mais presente que a todos a parte que eu tive em procurar que el-rei que Deus guarde [D. Pedro] fosse preferido como era justo a seu irmão"[210].

Certo muito haviam mudado as circunstâncias desde aquele dia, aniversário primeiro de D. Afonso, em que o pregador da corte, no arroubamento da sua devoção dinástica, proclamava este quarto filho de D. João IV "o sexto planeta do nosso hemisfério, a quarta estrela dos nossos dois sóis"[211], hemisfério que era o recinto da corte, onde penetrara em êxtase, sóis que para ele eram os reinantes. O melhor que a Sociedade de Jesus podia conceber de um príncipe realizara-se no primogênito D. Teodósio, que a morte lhe tinha arrebatado. Não seria talvez certo ter ele aos quinze anos feito voto de castidade, de algum dia vestir o hábito religioso, e de ir pregar aos infiéis, como afirma um de seus biógrafos[212]; mas basta, para exprimir o conceito em que o tinham os jesuítas, dizer um deles, escritor de nota, que "para ser padre da Companhia só lhe faltava a roupeta"[213]. Com isso estudioso, grave, dócil, reflexivo; uma jóia que ao contato da Sociedade se tinha aperfeiçoado e polido. A esse modelo de príncipes se contrapunha um sucessor canhestro de entendimento e, por pouco, analfabeto[214], baldo de senso moral, insubmisso e ufano de seus desatinos. Em boa razão, e divididas

---

[210] 2 de agosto de 1684. *Cartas*, t. 3, p. 497.

[211] *Sermões*, 11, p. 136.

[212] João Baptista Domingues, *Vida do Príncipe D. Teodósio*, p. 71.

[213] Padre Antônio Franco, *Imagem da virtude em o noviciado de Lisboa*, p. 600.

[214] "Totalmente ignorava os princípios de ler e escrever" *Portugal restaurado*, t. 2, p. 490; provavelmente exagero faccioso. As assinaturas nos papéis públicos denotam, na falta de firmeza, pulso não afeito à pena.

as opiniões no país, não podiam os jesuítas declarar-se da parcialidade daquele que com seus desvarios ofendia o sentimento público, quando a esperança de melhor regime se entrevia em uma juventude ainda maleável, e mais acessível às admoestações. Com o desregramento velado pelo decoro transigiriam sem relutar; assim tinham feito sempre; mas com um impudente doudivanas, de todos reprovado, não queriam comprometer-se. Por isso davam à facção do infante todo o apoio, e bem pode ter sucedido que de algum de seus claustros surdisse a idéia da deposição.

Instalado o infante em seu palácio, e com o estado que convinha para, aos olhos do vulgo, lhe dar a autoridade de que pelos anos carecia, anunciado que em breve seriam as cortes convocadas, para o jurarem herdeiro da coroa enquanto por D. Afonso não houvesse sucessão legítima, declarou a regente o propósito de entregar o governo em agosto seguinte, quando cumpria o rei dezenove anos. Declaração a que não faltou o lastimar-se de ser o filho estouvado e inábil, e a que, como se de prévio acordo, responderam os protestos de muitos da nobreza, alegando a sua incapacidade mental, por efeito da doença, que tivera em menino, e o procedimento desregrado, que o impossibilitava para a dignidade. Representando isso insinuavam os dessa opinião que, se persistisse a regente no intento publicado, ao menos por enquanto o diferisse, até se verificar se no caráter de el-rei havia modificação e, entretanto, se afastarem dele as ilhargas que o perdiam. Assentou-se então em conciliábulo, de que participou com o duque de Cadaval, os marqueses de Gouveia e Arraiolos, e o secretário de Estado Pedro Vieira da Silva, igualmente Antônio Vieira, convocar uma assembléia dos tribunais do Estado, conselhos, Casa dos Vinte e Quatro, e principais fidalgos e dignitários, a qual fizesse conhecer ao rei o descontentamento da nação, e por uma pública reprimenda o incitasse a se corrigir e mudar da vida.

A intenção, porventura em alguns sincera, era também a mais adequada a destituir da indispensável autoridade o soberano, perante o elemento popular chamado à reunião. Realizou-se esta no dia 16 de junho: compareceu D.

Afonso, tão estranho a assuntos políticos e às combinações que em torno dele se enredavam, que à saída, por ver tão numerosa assembléia, perguntou *se aquilo era as cortes*; leu-se-lhe um papel em que se representava o desconsolo dos povos, por se não aplicar Sua Majestade ao meneio dos negócios, gastando o tempo em exercícios menos dignos de sua grandeza, e na familiariedade de indivíduos de baixa extração. Ao mesmo passo, e acaso para propiciar os Vinte e Quatro, e coonestar o destemperado da ação, introduziu-se no documento a queixa, que se dizia geral, de não ser administrada a justiça com igualdade, queixa que não tocava a D. Afonso, afastado como se achava das responsabilidades da governação. A representação, lida pelo secretário de Estado, passa por obra de Antônio Vieira, opinião rebatida pelo autor da *Catástrofe de Portugal*, que devia conhecer a matéria por miúdo[215]. Há igualmente quem diga ter ele assinado o escrito[216], asserção sem fundamento, pois se não averigua que assinaturas houvesse, nem outra em tal caso poderia caber que a do secretário de Estado, que fez a leitura. Vieira, por grande que fosse a sua influência, não tinha categoria para tanto; mas, embora não assistindo à reunião, não subscrevendo e nem mesmo compondo o papel, é infalível que tudo se fez com beneplácito seu.

Exposto assim publicamente ao desapreço aquele que tantos diziam inábil para a coroa, e a quem por isso até então a tinham recusado, fácil se tornava, em um lanço de mão, transferi-la a outra cabeça, quando menos prolongar por tempo indefinido a tutela. Conti, o valido principal, considerado o mais perigoso, estava a essa hora prisioneiro, e a bordo de um navio que o levava ao Brasil. Restava, se era a deposição o propósito, segurar a pessoa de D. Afonso. Este estava em palácio, rodeado de fidalgos, na maior parte de suspeita fidelidade. Ao voltar aos seus aposentos consta que, sensato uma vez

---

[215] P. 89: "[...]dizendo-se, ainda que enganosamente, que o padre Antônio Vieira escrevera a sentença, o secretário a lera, etc.".

[216] Assim afirma o bispo de Viseu, D. Francisco Alexandre Lobo. *Obras*, t. 2, p. 248.

em sua vida, vislumbrara a trama: "Conde, parece-me que querem fazer de mim o que fizeram de el-rei de Inglaterra", dissera ao outro valido, Castel-melhor. Se não foram dele as palavras, fez-lhe o conde a observação. Nessa mesma noite, ao galope de cavalos saíram os dois do paço para a quinta de Alcântara, segundo a *Anticatástrofe*, que é a promoção criminal contra D. Pedro. A *Catástrofe*, apologia do infante, e os outros escritos de fundo oficioso, relatam que em liteira, e quatro dias passados, a 23 de junho. Ali concorreram logo os fidalgos da sua facção; os outros, chamados por meio de recado pessoal a cada um, não ousaram negar-se. Aos que ficaram com a regente ocorreu um instante a idéia de trazerem o rei à força para a cidade. Era tarde: a trama, se alguma houve, estava de vez inutilizada. A corte passou da Ribeira para Alcântara, onde se achava o soberano. No sábado 23 de junho, uma semana depois da célebre sessão de censura, entregava a regente ao filho, com as solenidades de uso, os selos do Estado.

Tomou o rei por seus principais conselheiros o conde de Castel-Melhor, que o salvara, o de Atouguia despeitado com os ministros da rainha, e o irrequieto bispo de Coimbra Sebastião César de Menezes: a esse governo chamaram os desafetos triunvirato. Entrando, como aqueles de que tiravam o nome, nas proscrições, logo cuidaram de afastar da corte os sujeitos havidos por chefes da facção contrária. O primeiro de todos Antônio Vieira, desterrado para o Porto, em seguida o secretário de Estado e o duque de Cadaval; a outros, de menores responsabilidades, tocou a vez sucessivamente.

A primazia dada no castigo a Vieira, provinha talvez de o crerem autor da representação lida ao rei – exata ou não, essa crença era geral – além do que o tinham todos por fautor principal da conspiração. Não se apura a data em que saiu de Lisboa, mas sem receio de erro se pode fixar em princípios de julho. Do Porto escreveu ao marquês de Gouveia em 9 de setembro: é a primeira carta conhecida desse período; nela diz terem passado mais de quatro sextas-feiras, dias de correio, desde que se achava no desterro. Ali teve notícia de haverem chegado a Lisboa oito padres das missões do Pará; nove, os que restavam no estado, excetuados dois, à distância, na serra de Ibiapaba, tendo saído em outro navio, regressaram ao porto, forçado aquele a arribar de água aberta.

Com a mudança política tinham de assumir feição nova os negócios do Maranhão. Tudo quanto o nome de Vieira podia contra o procurador e seus amigos passava agora a favorecê-los. Do Conselho Ultramarino, onde aliás não tinha o jesuíta grande partido, saíra o conde de Soure, um dos seus votos seguros, igualmente desterrado. A 25 de agosto, em consulta conseqüente a um requerimento de Jorge de Sampaio, o Conselho, após sumariar as queixas do procurador pelos embaraços que desde a chegada ao reino se lhe haviam suscitado, opinava, que, "por serviço de Deus e de Sua Majestade", se desse breve solução ao negócio[217].

Vieira respondia nesse tempo aos capítulos de acusação pelo procurador. Eram 25, abrangendo todo o período desde a chegada do jesuíta à colônia; e no debatido assunto dos índios enxeriam as perfídias subsidiárias, tendentes a indispor a coroa contra os missionários. Que os jesuítas eram senhores absolutos do Estado; que diziam de Sua Majestade que no Maranhão era rei somente nas praias, além governavam eles; que não davam os índios para o serviço real, requisitados pelas autoridades: e nas conversações, quando solicitava para a sua causa os altos funcionários, não deixaria o procurador de aludir à devassa, tentada no Maranhão, sobre querer Vieira entregar a colônia aos holandeses.

A *Resposta* aos capítulos, de que se acha a cópia na Biblioteca de Évora, é mais ou menos a amplificação em muitas páginas do sermão de Epifania. Os mesmos tópicos desenvolvidos com maior largueza. A sorte miserável dos selvagens: "No Estado do Maranhão, senhor, não há outro ouro nem outra prata mais que o sangue e o suor dos índios: o sangue se vende nos que cativam, e o suor se converte no tabaco, no açúcar e nas demais drogas que com os ditos índios se lavam e fabricam". A tirania dos portugueses: "Desde o princípio do mundo, en-

---

[217] Arq. Ultr., Livro t. 3 de consultas de partes, fol. 210 v.

trando o tempo dos Neros e Dioclecianos, se não executaram em toda a Europa tantas injustiças, crueldades e tiranias como executou a cobiça e impiedade dos chamados conquistadores do Maranhão". Os serviços prestados pelos religiosos: "De maior utilidade, e para alcançar vitórias dos gentios, são e têm sido as armas espirituais dos missionários que as dos soldados e conquistadores". O seu desinteresse, e muito particularmente o do superior: em Paris lhe disse o marquês de Niza ter ordem de lhe dar da parte de el-rei, vinte mil cruzados para livros e não aceitou nem para um breviário; em Holanda teve à sua disposição créditos de que se não utilizou; e de tantos sermões nem como pregador, nem pelos que se estamparam jamais recebeu qualquer soma. Como na mensagem de fevereiro antecedente, à Câmara do Pará, mostrava não ser a oposição dos missionários aos resgates que produzia a penúria dos colonos; enumerava as causas econômicas, e sugeria o mesmo remédio de se introduzirem os negros de Angola.

Da argüição de violências no caso de Henrique Brabo, preso exorbitantemente por sua ordem, no do principal Copaúba, e de uma índia que, punida de açoites por viver amancebada com um português, se tinha suicidado, defendia-se apontando a justiça e o cuidado dos procedimentos, e o evidente exagero das imputações, que lhe eram feitas. Toda a história das missões do Maranhão, no prazo dos nove anos decorridos desde a entrada de Vieira, passa nos capítulos e sua réplica, desfigurada de um lado pela acrimônia do ataque, concertada do outro ao sabor da defesa. Aqueles, segundo Vieira, um amontoado de falsidades. Depois que no mundo há reis, justiça e tribunais – por essas palavras começa a *Resposta* – é certo que nenhum papel se apresentou nele, nem mais temerário, nem mais falso, nem mais airontoso, dos mesmos tribunais, que este que apresenta o chamado procurador do Maranhão. Particularmente, em carta, exprimia também a sua indignação: "Estes dias, posto que muito doente, estive respondendo aos capítulos que se apresentaram contra nós, nos quais não há palavra, nem sílaba, nem letra, que não seja manifesta mentira"[218].

---

[218] Para o marquês de Gouveia, 9 de setembro de 1684. *Cartas*, t. 2, p. 4.

Fosse como fosse, estava já naquela hora, somente pela qualidade dos litigantes, decidido o pleito. Ele mesmo sabia quanto Jorge de Sampaio ganhara em crédito com os últimos acontecimentos, e suspeitava que pudesse subornar as autoridades em prejuízo seu. Como lhe houvessem seqüestrado um maço de correspondência para a corte, notava naquela mesma carta: "Veio-me ao pensamento se seria isto força do tabaco do Maranhão, que me dizem estar muito valioso, por não dizer valido". Ganharam a demanda os colonos, não por estar com eles a justiça, mas por ser a parte adversa o padre. Um ano depois, segundo a usual lentidão dos conselhos decidiu a causa a provisão de 12 de dezembro de 1663. Por ela se aboliu a jurisdição temporal dos missionários, e foi determinado que da espiritual participassem todas as ordens religiosas estabelecidas no estado, cessando nesse ponto o privilégio dos jesuítas. Estes igualmente perdiam a iniciativa das entradas ao sertão, transferida às câmaras, e toda a interferência obrigatória que antes tinham nas mesmas e na repartição dos índios. Por essa forma ficavam os jesuítas completamente privados do domínio, quase exclusivo, que haviam exercido sobre os selvagens da região. Por último dispunha a lei que pudessem os religiosos da Companhia regressar às missões, mas com uma limitação: "Exceto o padre Antônio Vieira por não convir ao meu serviço que volte àquele Estado"[219].

Seria interessante saber o que, quando saiu publicada essa lei, sobre ela manifestou Antônio Vieira: mas ainda mal, nenhuma carta sua de então se conhece. O golpe devia feri-lo muito no íntimo, e causar-lhe extrema dor, tanto a derrota foi cabal. Com isso no drama da sua vida concluía o episódio do apostolado. Já outro em começo lhe prenunciava angústias novas. A ação evolvia para o trágico do desengano sumo em que findou.

---

[219] Berredo, § 1125.

Apêndice

I
Ascendência de Antônio Vieira
Assento de baptismo[1]

Aos 15 deste fevereiro de 1608 batisei eu Jorge Perdigão cura a Antônio filho de Christovão Vieira Ravasco escrivão das devassas e de sua mulher M.ª Dazevedo. Padrinho he somente Fernão Telles de Menezes.

Investigação do sangue pelo Santo Ofício[2]
Deprecada da Inquisição de Coimbra

Os inquisidores apostólicos contra a herética, pravidade e apostasia nesta cidade de Coimbra e seu distrito. Fazemos saber aos muito ilustres senhores inquisidores da Inquisição e distrito de Lisboa que nesta mesa se pretende saber averigüadamente da limpeza de sangue e geração do padre Antônio Vieira,

---

[1] Do Livro de Batismos da Freguesia da Sé.

[2] Processo nº 1664 da Inquisição de Coimbra, fol. 774 e ss.

religioso professo da Companhia de Jesus, natural dessa cidade de Lisboa da rua dos Cônegos, freguesia da Sé, e diz ser filho de Christovão Vieira Ravasco, fidalgo da casa de S. M., natural da vila de Santarém, e dona Maria de Azevedo natural da cidade de Lisboa, moradora na cidade da Bahia, e neto por via paterna de Baltasar Vieira Ravasco natural e morador da vila de Moura, e não sabe o nome da avó, e por via materna neto de Brás Fernandes de Azevedo, homem nobre natural e morador dessa mesma cidade de Lisboa, e não sabe o nome da avó, nem em que freguesia foram moradores, pelo que requeremos a Vossas Mercês da parte da Santa Sé Apostólica, e da nossa pedimos por mercê que sendo-lhe esta dada mandem Vossas Mercês vir perante si até oito ou dez pessoas, que melhor possam dar razão dos sobreditos Antônio Vieira e seus avós, e as perguntarão na forma do estilo do Santo Ofício, e o serão pelos interrogatórios seguintes: 1º Se sabe ou suspeita o para que é chamado, e se lhe disse alguma pessoa que sendo perguntado por parte do Santo Ofício dissesse mais ou menos do que soubesse e passasse na verdade; 2º Se conhece ao padre Antônio Vieira religioso professo da Companhia de Jesus natural da cidade de Lisboa, de que tempo a esta parte o conhece, e que razão tem de conhecimento e se sabe de onde é natural; 3º Se conheceu ou teve notícia de Christovão Vieira Ravasco e de dona Maria de Azevedo, pais do dito padre Antônio Vieira, de que tempo a esta parte os conheceu ou deles teve notícia, e que razão tem de conhecimento, e se sabe de onde foram naturais ou moradores; 4º Se conheceu ou teve notícia de Baltasar Vieira Ravasco e da mulher deste, avós paternos do dito padre Antônio Vieira, e se sabe como se chamava a avó paterna do dito padre, e de que tempo a esta parte os conheceu ou deles teve notícia, e que razão tem de conhecimento, e se sabe de onde foram naturais e moradores; 5º Se conheceu ou teve notícia de Brás Fernandes de Azevedo, natural e morador da cidade de Lisboa e da mulher deste, e se sabe como esta se chamava, avós paternos do dito padre Antônio Vieira, de que tempo a esta parte os conheceu ou deles teve notícia, e que razão tem de conhecimento ou notícia e de que tempo a esta parte, e se sabe de onde foram naturais e moradores; 6º Se sabe que o dito padre Antônio Vieira seja filho e neto legítimo de pais e avós, paternos e maternos, acima nomeados, e se por tal é tido e havido, e comumente reputado; 7º Se sabe que o dito padre Antônio Vieira, seus pais e avós paternos e maternos acima nomeados, todos e cada um deles sejam inteiros e legítimos cristãos velhos de limpo sangue e geração, sem raça nem descendência de judeu, cristão novo ou de outra infecta nação, e se por legítimos cristãos velhos foram sempre tidos e havidos, e comumente reputados, sem do contrário haver fama ou rumor algum; ou se pelo contrario tem parte de cristãos novos ou de outra nação infecta, quanta é, e por que via, e se de a terem houve fama ou rumor, de que causa se originou, de que tempo a esta parte teve princípio, e entre que pessoas corre, e que razão tem ele testemunha de o saber; 8º E se tudo o que tem testemunhado é público de voz e fama. E feita essa diligência com a brevidade possível com a mesma nos será enviada a própria. Com essa dada em Coimbra no Santo Ofício sob nossos sinais e selo dele, aos sete dias do mês de junho Simão Nogueira a fez, de mil e seiscentos e sessenta e seis anos. – *Alexandre da Silva – Manuel Pimentel de Sousa – Manoel de Moura.*

DEPOIMENTOS

D. Francisca de Castro, viúva de Fernão Telles de Meneses, primeiro conde de Unhão, moradora em Santarém:

[...] Disse que não tinha conhecimento dos pais do dito padre Antônio Vieira, somente ouviu dizer por vezes ao conde Fernão Telles, seu marido, que Baltasar Vieira Ravasco, avô paterno do dito padre Antônio Vieira, fora criado do avô do dito conde Fernão Telles, homem muito grave, sem dele se dizer nunca tivesse raça de mouro, mulato ou judeu, nem de outra infecta nação, mas que o dito Baltasar Vieira Ravasco, avô do dito religioso, tivera conversação com uma mulata, da qual nasceu um filho, o qual o dito Baltasar Vieira Ravasco mandou para o Brasil, onde ouviu dizer que casara, e que desse matrimônio nascera o padre Antônio Vieira.

424   João Lúcio de Azevedo

D. Rodrigo de Castro Telles, conde de Unhão, morador em Santarém:

[...] Disse que ouvira dizer a sua mãe que Baltasar Vieira Ravasco fora criado de seu bisavó; e que era homem de bem e honrado, e que governava a casa do dito seu bisavô; e que este dito Baltasar Vieira Ravasco tivera conversação com uma mulata de que houve um filho, que embarcou para o Brasil e lá se disse casara, e que desse matrimônio nascera o padre Antônio Vieira. E outro sim disse ele testemunha que escrevendo-lhe um irmão do dito padre Antônio Vieira, para lhe mandar fazer as diligências para efeito de ele tomar o hábito que el-rei lhe dava, e ele testemunha fora ter com seu tio Vasco da Silveira, e conforme sua lembrança também lhe parece jurou seu tio o conde de Sabugal, digo general (?) os quais juraram ser limpo de raça, de mouro, judeu, cristão novo, nem de outra infecta nação, só fora de juramento lhe disse seu tio Vasco da Silveira, que o dito irmão do padre Antônio Vieira, que *o que tinha era alguma coisa de mulato.*

Soror Margarida do Espírito Santo, que antes de religiosa se chamava D. Margarida de Vilhena, no Convento da Annunciada, em Lisboa:

[...] Disse que conhece o padre Antônio Vieira da Companhia de Jesus, o qual é natural desta cidade, e o conhece desde o nascimento, pelo haver criado em casa de Rui Telles pai dela testemunha, digo, desde o nascimento do mesmo, e ao contrário não disse do interrogatório [...] Não sabe nem ouviu que o dito padre Antônio Vieira tenha raça alguma das contidas no interrogatório, nem ouviu que houvesse fama ou rumor do contrário. Somente sabe que Baltasar Vieira Ravasco, avô paterno do dito padre Antônio Vieira, houvera o seu pai Christovão Vieira Ravasco de uma índia ou mulata de Vasco da Silveira, avô dela testemunha, e não sabe ou ouviu que a recebesse por mulher, nem que esta tivesse raça alguma das que trata o interrogatório, e que o pai dela testemunha lançou de seu serviço o dito Christovão Vieira por se casar mal, não sabe se por a mulher ser pobre, se por ter algum defeito.

Mendo Affonso Fragoso, homem nobre da governança da vila de Moura, nela natural e morador:

[...] Disse que ele conhece ao padre Antônio Vieira pelo haver ouvido pregar muitas vezes em Lisboa, onde ele testemunha assistiu doze anos, e haverá dez ou onze anos, ou o que na verdade se achar, vindo ele testemunha da cidade de Lisboa a esta vila, a tirar uma inquirição sobre umas demandas que trazia na dita cidade, quando quis ir para ela lhe disse Lourenço Abril do Pino que folgara de ir a Lisboa por falar com o padre Antônio Vieira, por lhe parecer que era seu parente, e indo ele testemunha a Lisboa com o dito negócio, foi buscar ao dito padre Antônio Vieira ao Colégio de Santo Antão, e aí falou com ele, e lhe disse que um homem nobre os principais de Moura, da família dos Vieiras, que parecia que era seu parente que folgara muito de o saber e de se ver com ele. E o dito padre Antônio Vieira respondeu a ele testemunha que ele procedia de Moura, mas que não era dos Vieiras senão dos Ravascos, porque um de seus antepassados, ou seu avô ou bisavô, procedia dos Ravascos de Moura, que esta é a notícia que tem do dito Padre, por ele assim lhe dizer no dito tempo, mas que não sabe de onde será natural.

[...] Ouviu dizer ao padre Antônio Rodrigues Ravasco, que é falecido haverá ano e meio, contando-lhe o que tinha passado com o dito padre Antônio Vieira, que sua mãe do dito padre lhe havia dito que um dos Ravascos desta vila se embarcara desta vila para a Índia, e arribara a não e se ficara nas partes do Brasil, e que dele descendia o dito padre Antônio Vieira.

[...] Disse que da limpeza de sangue e geração do dito padre Antônio Vieira não sabe coisa alguma nem o ouviu dizer; só sabe que se ele descende dos Ravascos de Moura, não tem por esta via raça nenhuma de judeu, cristão novo e mouro, porquanto sempre ouviu dizer que essa família era muito limpa de todas as sobreditas raças, e assim é pública voz e fama e o dirão todos.

Mais testemunhas foram inquiridas em Moura, mas nenhuma dessas pode dar notícias, do padre Antônio Vieira, ou de parentes seus. O comissário do Santo Ofício, que fez o inquérito, dava conta dele ao Tribunal de Lisboa na seguinte carta:

Recebi a carta de Vossas Mercês de 26 do passado e 3 do corrente, com a comissão e requisitório da Inquisição de Coimbra, e logo fiz a diligência, e não se pode averiguar coisa alguma, nem eu tenho notícia destas pessoas mais que haver dito o padre Antônio Vieira, alguns anos há, que seu avô era, desta vila de Moura, mas nem então nem agora se pode averiguar tal coisa, nem se acha notícia de homem que desta vila se fosse que pudesse ser seu avô, e assim se pode dar crédito às testemunhas porque o mesmo jurara eu. Nem se pode fazer caso do referimento do padre Antônio Rodrigues Ravasco do que disse ouvira a sua mãe, porque era homem fácil em falar, e se isto fora verdade alguma notícia houvera de haver. Deus guarde as muito ilustres pessoas de Vossas Mercês para aumento e defensão da nossa santa fé católica. Moura, 10 de julho de 1663. – O Comissário, *frei Diogo da Paschoa.*

Dr. Fr. Gabriel de Almeida, religioso da Ordem de São Bernardo, e Geral que foi da mesma, lente de Escritura da Universidade:

[...] Ouviu dizer vagamente, não sabe a quem, na cidade de Lisboa, haverá vinte ou vinte e tantos anos, não está certo no tempo, mas entende que foi no em que o dito religioso veio do estado de Holanda, onde tinha ido a negócios deste reino, que ele tinha parte de nação dos cristãos novos, sem dizerem quanta nem por que via, e esta murmuração entende ele testemunha que era neste tempo procedida de o dito religioso querer entregar o Estado do Brasil aos holandeses, e que os judeus viessem para este reino, e que a respeito desta coisa se falava então do modo que tem dito acerca do dito religioso. E que não sabe se este rumor, que então havia do dito religioso, era com fundamento ou se era murmuração, porque a este fim não sabe ele determinar, nem tão pouco a que pessoas ouvisse o sobredito. Porém, que depois de o dito religioso ser preso pela Inquisição, e se falar variamente sobre a causa de sua prisão, ouviu ele testemunha dizer também, vagamente, sem estar lembrado a quem, que ele não fora preso por cristão novo, sendo por proposições heréticas, nem lhe declararem que proposições eram; e que não era cristão novo em razão de se lhe haver feito diligência de sangue pelos seus mesmos religiosos da Companhia, e que ouviu dizer que o dito religioso era natural de Lisboa e do bairro de Alfama.

[...] Não sabe a causa porque a dita diligência de limpeza se lhe fizesse, nem se o foi antes ou depois de ser preso, e só sabe ouvir dizer depois de, ele ser preso, que a dita diligência se fizera.

INTERROGATÓRIO

Perguntas para maior clareza da genealogia do réu a fim de se poder achar mais notícias dela:

[...] Perguntado se era ele declarante lembrado dos nomes, pátrias e habitações de seus pais e avós paternos e maternos. Disse que como já referiu nesta mesa a seu pai chamam Christovão Vieira Ravasco natural da vila de Santarém, e a sua mãe chamam dona Maria de Azevedo, natural da cidade de Lisboa, não sabe de que rua, bairro ou freguesia, moradores na cidade da Bahia de Todos os Santos, onde ela faleceu haverá dois anos. E que seu avô paterno chamaram Baltasar Vieira Ravasco que vivia de sua fazenda, natural e morador da vila de Moura, conforme o pai dele declarante lhe dizia por muitas vezes, e é já defunto, e de sua avó paterna não tem notícia, nem lhe sabe o nome, pátria e habitação, nem se o dito seu avô paterno foi com ela casado ou não, e somente se lembra ouvir dizer por muitas vezes, ao dito seu pai que os mesmos avós paternos dele declarante foram casados, sem lhe declarar em que parte morreram. E que seu avô materno chamaram Brás Fernandes de Azevedo, homem nobre, e de sua avó materna não sabe o nome, nem pátria ao certo de ambos, mas entende foram naturais e moradores da cidade de Lisboa, não sabe em que rua ou freguesia nasceram, ou viveram.

[...] Que o dito seu pai, antes de casar, que seria haverá sessenta anos, não tinha outro ofício mais que servir el-rei nas armadas de soldado e cabo de guerra, que foi em um navio à ilha de Santa Helena, e depois de casado, quando se mandou no ano de seiscentos e nove a Relação para o Brasil foi o dito seu pai por escrivão dos agravos dela, e depois de extinta a mesma Relação ficou vivendo de sua fazenda na dita cidade da Bahia. E sendo pelos anos de seiscentos e onze veio o dito seu pai a este reino buscar a ele declarante e a dita sua mãe D. Maria de Azevedo, e os levou consigo para a mesma cidade da Bahia no ano de 1614, sem para isso haver outra ocasião mais que o ser lá o dito ofício, e querer viver em companhia da dita sua mulher e dele declarante, que até então era o único filho que eles tinham. E que não sabe em que rua o dito seu pai vivia, quando foi já casado para o Brasil da primeira vez, mas que da segunda, quando veio buscar a ele declarante e à dita sua mãe, viveram todos na freguesia de Nossa Senhora dos Martyres, no bairro do mosteiro de São Francisco, em umas casas que ficam perto das do conde de Vila Franca, e da mesma banda, não sabe de quem eram, nem lhe lembra outra confrontação delas.

[...] Não sabe nem tem notícia alguma de que tenha tias, primas ou parentes pela via paterna, e só se lembra ouvir por muitas vezes dizer a seu pai que os parentes que tinha eram em Moura da família dos Ravascos; e também ouviu ele declarante dizer na vila de Torres Vedras haverá vinte e três anos, ao prior de São Pedro da mesma vila, cujo nome não sabe e só lhe parece lhe chamavam Foão Telles, que era parente dele declarante pela via dos ditos Ravascos de Moura, sem lhe declarar em que grau, nem que razão tinha de o saber. E que por parte da dita sua mãe não sabe que tenha neste reino nem fora dele outro algum parente mais que Gonçalo Serrão de Azevedo, que vivia de sua fazenda e era capitão da infantaria, morador na vila do Fundão ora defunto, do qual ficaram alguns filhos, não sabe quantos, nem como os chamam, moradores na mesma vila, e o dito Gonçalo Serrão de Azevedo era sobrinho da mãe dele declarante, filho de uma irmã da mesma, cujo nome e do marido não sabe, nem donde ela foi natural e moradora por ser falecida há muitos anos.

[...] Nasceu na rua dos Cônegos, e lhe parece foi no ano de seiscentos e oito, vivendo casados na mesma rua os ditos seus pais. E depois disto até o ano de seiscentos e quatorze, no qual tinha seis para sete anos de idade e partiu para o Brasil, não sabe ele declarante nem tem notícia que vivesse sem a dita sua mãe ou pai em outra parte mais que nas sobreditas casas da freguesia dos Martyres e vizinhança do conde de Vila Franca.

[...] Aprendeu a ler e escrever com sua mãe, a qual o tinha sempre tão recolhido nas sobreditas casas que não saía fora delas senão ao dia santo a ouvir missa em companhia da dita sua mãe.

Assento do Conselho Geral

Foram vistos na mesa do Conselho Geral estes autos e culpas e declarações do padre Antônio Vieira, religioso professo da Companhia de Jesus, neles contidos, e assentou-se que é bem julgado pelos inquisidores ordinários e deputados em determinarem que contra o réu se deve proceder em sua causa como contra pessoa de cuja qualidade de sangue não consta ao certo. Mandam que assim se cumpra. Lisboa, 24 de junho de 1664. – *Pantaleão Rodrigues Pacheco, Diogo de Sousa, frei Pedro de Magalhães, Manoel de Magalhães de Meneses, Veríssimo de Lencastre.*

Empregos de Cristovão Vieira Ravasco

Eu el-rei faço saber aos que este alvará virem que havendo respeito a boa informação que me foi dada de Christovão Vieira Ravasco ei por bem e me apraz que ele sirva o ofício de escrivão das devassas dos pecados públicos desta cidade de Lisboa por tempo de dois anos, a qual mercê lhe assim faço em satisfação do alvará que tem de lembrança, com declaração que conforme ao procedimento que tiver nele lhe mandarei depois prorrogar mais o tempo que for servido, pelo que mando ao regedor da casa da suplicação lhe dê a posse da serventia do dito ofício e lhe deixe servir e dele usar pelo dito tempo de dois anos e haver o selário prós e percalços que lhe diretamente pertencerem e ele jurar em minha chancelaria aos santos evangelhos que bem e verdadeiramente o sirva, guardando em todo a mim, meu serviço e as partes seu direito, e da dita posse se fará assento nas costas deste alvará assinado pelo dito regedor. Antônio Rodrigues de Medeiros o fez em Lisboa a trinta de setembro de mil seiscentos e seis, e eu Pedro Sanches Farinha o fiz escrever[1].

Dom Felipe etc., faço saber aos que esta minha carta virem que, havendo respeito a ter feito mercê por um alvará de lembrança passado em nove de setembro

---

[1] Arquivo Nacional, Chancelaria de D. Filipe 2º, Liv. 16, fol. 209 v.

de seiscentos e quatro, a Maria de Azevedo, filha de Brás Fernandes que foi meu armeiro, por respeito dos serviços do dito seu pai e Gonçalo Fernandes seu avô, de um ofício da justiça ou fazenda que coubesse na pessoa que com ela casasse, e a ela casar com Christovão Vieira Ravasco meu moço da câmara, ei por bem e me apraz de fazer mercê ao dito Christovão Vieira, em satisfação do dito alvará de lembrança, do ofício de escrivão dos agravos e apelações civis da Relação que ora tenho mandado ir ao estado do Brasil, com o qual haverá todos os prós e percalços que diretamente lhe pertencerem, pelo que mando ao meu governador do dito estado ou ao chanceler da dita Relação ou que em seu cargo servir que constando-lhe por certidão nas costas desta de conto nos Registros do dito alvará de lembrança ficam postas verbas do conteúdo neste, dê-lhe ao dito Christovão Vieira a posse do dito ofício e lho deixe servir e dele usar assim e da maneira que o deve fazer, e haver com ele os prós e percalços como dito é, sem dúvida nem embargo algum, por quanto foi examinado, no conselho da Índia e terras ultramarinas e ávido por apto e suficiente, o qual ofício ele terá e servirá pela dita maneira em quanto eu houver por bem e não mandar o contrário com declaração que havendo eu por bem de lho tirar ou extinguir o poderei fazer, sem por isso minha fazenda lhe ficar obrigada a satisfação alguma, e ele jurará em minha chancelaria aos santos evangelhos que bem e verdadeiramente e as partes seu direito, de que se fará assento nas costas desta carta que mando se cumpra como nela se contem e ao assinar dela se rompeu o dito alvará de lembrança, a qual por firmeza disso lhe mandei dar por mim assinada e selada do meu selo pendente. Sebastiam Pereira a fez em Lisboa a 12 de setembro do ano do nascimento de nosso senhor Jesus Cristo de mil seiscentos e oito. Eu o secretário, Antônio Velês de Cimas a fiz escrever[2].

---

[2] Torre do Tombo, Chancelaria de D. Filipe 2º, Liv. 23, fol. 92 v.

2

Missão a Roma

Instrução que deu el-rei D. João IV ao Pe. Antônio Vieira para seguir
nos negócios a que foi a Roma[3]

Antônio Vieira. Demais dos negócios que vos mandei declarar na instrução
pública com que passais a corte de Roma, reservei para esta secreta os principais
para que mais particularmente vos escolhi, fiando da muita experiência, que tenho de vosso grande juízo, amor, e lealdade os encaminheis de maneira que passe
depois com o bom sucesso deles o mais pesado dos cuidados em que vivo, depois
da minha restituição à coroa destes reinos.

Aqui vos mandei comunicar o estado das coisas de Nápoles e o que sobre elas
mandei prover na instrução secreta da embaixada com que vai a França Luiz
Pereira de Castro: dar-se-vos a sua cópia dos capítulos que tocam a este negócio,
e esses guardareis como parte desta instrução em tudo o que se vos puder aplicar:
mas porque a execução dela pode ser de alguma indecência a vosso estado, e ter
inconvenientes para a vossa religião, e sobre tudo perigos para vossa pessoa, e
impedimentos para o negócio principal, de que logo se tratará, mando ordenar
a Manoel Rodrigues de Matos, que até agora me serviu com título de agente na
praça de Liorne, passe a Roma em vossa companhia.

Pode suceder que não tenha disposto da fazenda que estava à sua ordem, e
que por esta causa se não possa partir sem primeiro a entregar a pessoas de sua
satisfação, e neste caso lhe ordeno, e assim lho direis da minha parte, procure
com suma brevidade livrar-se deste embaraço, e ir em vosso seguimento. Logo
que seja em Roma falará com o Márquez de La Caya, e mais pessoas que declaradamente seguem o partido contra el-rei de Castela, e tomando notícia de
seus intentos, e das disposições e meios com que os determinam executar, não se

---

[3] Bibl. Nac., cod. 1461, fundo antigo, fol. 98 v. e ss. Cópia.

fiando só de suas informações, mas averiguando a verdade delas pelo modo que lhe for possível, e passando a Nápoles se necessário for, como parece será, a ver-se com o duque de Matalone, conde de Conversano, e mais pessoas que convier, e a tomar notícias pelo mais interior do reino, se for possível, do estado em que ele se acha; tudo com cautela e resguardo que a matéria pede por todos os respeitos vos dará conta do que achar.

E se as informações que vos der não forem bastantes para teres do negócio tantas notícias como se requere para se proceder nele, as tomará maiores, pelos meios que o mesmo negócio irá descobrindo, e conferidas entre ambos, depois que vos fizerdes capaz de tudo esperareis os avisos que se vos fazem de França, e sendo de que aquela coroa, ou em defesa dela o príncipe de Condé, querem tomar a empresa à sua conta, se para isso em França se tiver prometido algum socorro de minha parte o mandareis entregar, sendo dentro dos limites da instrução do bispo de Coimbra, e, quando nem para este negócio, nem para os mais, for aí necessário Manuel Rodrigues de Matos, então se poderá vir para o reino.

E se nem a coroa de França, nem o príncipe de Condé quiserem tratar da empresa, então parecendo-vos que com os meus socorros poderão os movimentos daquele reino inquietar e divertir consideravelmente a el-rei de Castela, o que julgareis das informações que já haveis de ter tomado quando chegar o aviso de França, então procurareis por meio do mesmo Manuel Rodrigues de Matos que os títulos de Nápoles se conformem em pessoa que seja cabeça da empresa, e a governe, porque sem isso parece se não poderá fazer coisa de importância, e disposto isto mandareis entregar para se começar a empresa o dinheiro que vos parecer, dentro dos limites que ficam apontados: advertindo que, como escreve Christovão Soares, estes mesmos homens pedirão a França para começar a empresa cinqüenta mil escudos somente, e conforme o estado que as coisas forem tomando, assim lhe ireis dando calor, e eu daqui com os avisos que me fizeres lhes irei dando o que os sucessos forem pedindo.

Se os napolitanos quiserem logo, sem se esperar aviso de França, os socorrais para começarem a mover as armas, lhes fareis dizer que porque meu intento não é só o de fazer mal a Castela senão o de os remediar a eles, e libertar o reino, e isto não poderá ser com tanta segurança pelo estado em que este se acha, se França, ou em seu defeito o príncipe de Condé, não entrar com calor no negócio, que poderá ser não terão se o virem começado, pois tem com isso já conseguido a inquietação de Castela que tanto lhes importa, sempre convém esperar em todos os casos resposta sua, que não pode tardar muito. E posto que parece se perderá pouco mais nesta dilação, que em começar sem primeiro ter resposta de França, se contudo pelo que lá achardes entenderdes que convém começar sem mais dilação, o podereis mais facilmente mandar fazer.

Advertireis, como coisa sobre todas importante, que nenhum dos títulos de Nápoles, nem outra algúa pessoa, a de saber que vós obrais ou aconselhais neste negócio, pelas razões que ficam apontadas, e por cautela falareis com Manuel Rodrigues de Matos só as vezes que forem necessárias para o negócio, e essas com a maior cautela que puder ser; porém a sustância de tudo o que se houver de fazer se não executará senão pelo que vós resolverdes, e isso cumprirá Manuel Rodrigues de Matos muito pontual e inteiramente.

Com o bispo de Coimbra vos comunicareis sobre este negócio por uma cifra que particularmente lhe remetereis para ele, usando da outra que se vos dará nos mais negócios que não forem desta qualidade, e se vos parecer conveniente comunicardes também alguma coisa desta matéria a qualquer outro ministro ou ministros, que se acham ou acharem fora do reino, o podereis fazer: porque mando ordenar se comuniquem convosco, e vos assistam e ajudem em qualquer negócio de que lhes derdes conta.

Quatro coisas (e entra o segundo negócio a que chamei o mais principal) parece trazem diante dos olhos el-rei de Castela e seus ministros como as mais importantes a sua conservação. A 1ª o casamento da infanta única esperança da descendência de seus príncipes, sem a qual foi sempre certa a ruiria nas monarquias, e como fêmea é mais dificultoso e perigoso o acerto na escolha da pessoa a que se hão de sujeitar os vassalos, tão grandes pelo sangue e pelas casas como são os donatários daqueles reinos, e o governo de tão diferentes nações e condições, como são as que avassalou a coroa de Castela, a que é necessário contentar, pois de estarem sem safisfação tem nascido os inconvenientes que tanto à custa da monarquia se experimentarão nestes tempos.

A 2ª reduzir e unir Portugal, pois a desunião em que tão justamente se pôs é a causa total, ou quando menos a mais principal, de suas ruínas, não só por lhe faltar sua tão grande parte, mas porque com esta guerra se impossibilitou o melhor de Castela, que são as províncias que confinam com este reino, e de mais dos danos que tão viva, cruel e lentamente se lhe fazem, não podem, por se acudirem e defenderem a si, socorrer, como faziam nos tempos passados com grandes quantidades de dinheiro, soldados, e cavalos as outras necessidades da monarquia; e sobre tudo falta o mais que se despende nesta guerra, e os cabos, soldados e munições tão importantes para as outras. Daqui nasceu a vantagem que as armas de França fizeram às de Castela neste tempo, não a tendo, nos passados, e os mais danos que se consideram melhor do que se referem.

A 3ª sossegar e assegurar o reino de Nápoles, que consideravelmente suponho alterado pelo que fica dito, e convirá muito o esteja quando se tratar deste segundo negócio, porque como Nápoles é o principal e mais substancial que Castela tem em Itália, e de que em todo depende o provimento de Milão, e grande parte da conservação de Sicília, é isto mais de recear agora em que, como doença do tempo, estão tão usados os movimentos e mudanças dos reinos.

A 4ª contrastar seus inimigos, cobrar o que lhe tem tomado em tão diferentes tempos e partes, fazer-se-lhe superior em todas elas, e segurar-se, para o diante. Estes são todos os cuidados daquele rei, e de seus ministros e os que pelo sentimento do estado em que se vem, e pelo receio que prudencialmente devem de ter, de irem crescendo os danos, assim como vão, crescendo as causas deles, lhes devem tirar continuamente o sono, o gosto, e em conseqüência a saúde e a vida.

Com um só remédio se podem curar tantos males presentes e futuros, tão fácil que não depende de mais que de o querer tomar o mesmo enfermo, que padece: este é casar a infante de Castela com o príncipe meu muito amado e prezado filho, sobre todos único desvelo de todo o meu cuidado, arbítrio em que primeiro se começou a falar pelos castelhanos, como tendes entendido, e vos dará a entender mais por menor Pedro Vieira, e os estrangeiros falam nisto tão vulgarmente que tem por certo nascer desta causa o não se querer admitir em Castela el-rei da Hungria, que estava capitulado para casar com a infante, e mandar-se voltar intempestiva e inopinadamente não só do caminho mas das terras de el-rei de Castela onde já estava; e isto apesar das desconfianças do imperador seu pai, e da nova rainha de Castela sua irmã a quem ia acompanhando; e posto que cuido que esta resolução dos Conselhos na volta de el-rei não foi muito conforme à vontade de el-rei de Castela, assim por querer seguir o costume de seus passados na estimação e união da Casa de Áustria, como por se encontrar com o que antecedentemente tinha disposto com sua filha, não pode contudo prevalecer ao comum consentimento do reino, que se bem se não atreve a apontar-lhe o casamento do príncipe pelas razões que facilmente se alcançam, entendem todos que se faltar el-rei, como cada dia prometem seus achaques, o pedirão, indubitavelmente, e parece lhes será forçado de mais das razões apontadas pelos apertos em que se hão de ver se el-rei lhes faltar.

Porque D. João de Áustria é altivo naturalmente, acelerado nas ações, muito moço, e acha-se com o governo de armas, o imperador e seus filhos com aquele costume de casarem e governarem em Castela, e de consumirem a tantos anos nas guerras e despesas próprias o cabedal daquele reino, que foi a primeira porta por onde se começou a empobrecer e destruir, correndo seus tesouros de Espanha a Alemanha e outras partes, com grande sentimento dos naturais que sempre experimentarão e sentirão esta união da Casa de Áustria ruína própria e conservação alheia. E se isto era quando os reis de Castela nasciam em Madri, que será se o vier a ser um que nasceu em Alemanha? Os ministros de França estão com os olhos em Castela, ou para a sucessão, ou para o casamento; e os grandes com a natural e justa desafeição a estrangeiros que, demais de não conhecerem, amarem e estimarem os vassalos como os príncipes naturais, costumam governar pouco sujeitos à razão, e muito levados da altiveza; e o comum dos reinos de Castela sem ver em nenhum destes casamentos e partidos conveniência para o como se verá por cada uma destas partes combatido e afligido, pobre, despovoado, com os inimigos antigos certos, e com os que até agora eram amigos encontrados entre si. O que convém é aceitar, e buscar o remédio antes que o impossibilitem os mesmos danos, preveni-los, e atalha-los com tempo, pois Deus neste pôs todas as conveniências, e a ocasião primeira o está oferecendo.

Quando a sucessão das coroas está em fêmeas é máxima de estado recebida e seguida de todos casá-la com o maior homem do reino, por livrar dos inconvenientes que nascem de trazer a ele príncipe estrangeiro que não é necessário referir, porque são notórios, como também as leis que há nos reinos mais bem governados que provêm particularmente neste caso. O príncipe meu sobre todos muito amado e prezado filho, ainda abstraindo-me da qualidade de rei, pelo parentesco que tem com a infante por sua ascendência, e por senhor da Casa de Bragança de que descendem todos os Príncipes da Cristandade, e sem controvérsia de ninguém o maior príncipe que vive em Espanha, é parente em graus muitos conjuntos de quase todos os grandes de Espanha, fala quase a sua mesma língua, e há os de tratar com a maior humanidade; e há os de honrar e beneficiar com muita vantagem a todos os outros que podem ser escolhidos, pois de direito se não pode duvidar, como também das outras conveniências do casamento. Quem deixará de conhecer e de confessar que convém efetuá-lo sem dilação, e dar sucessores legítimos a tantos Reinos antes que os Reinos venham a buscar sucessores, ou eles entre si os dividam e despedacem?

A união de Portugal a Castela, que é o segundo cuidado daquele Reino, se consegue por este caminho não, só com suavidade mas com sumo gosto de todos, cessando a guerra e as conseqüências que traz consigo, descansando os vassalos, aliviando e separando os Reinos verdadeiramente cansados com tão contínuos trabalhos, e é este só o único caso por onde a união se pode conseguir, que falar em outros não só he cegueira mas deslealdade, porque não parece verossímil que o julgue assim nenhum juízo pelas razões seguintes.

Há dez anos que estou de posse desta Coroa, e tendo em quase todos eles guerra com Castela e com Holanda, achando o Reino e suas Conquistas tão exaustas de tudo, como o mundo sabe, não só me conservei no reino, sem perder uma ameya, mas entendi, e dilatei seus limites, tomando praças em Castela, umas que mandei arrasar, outras que conservo, e nas conquistas cobrei muita parte do que os reis de Castela perderão com todo o seu poder. Tive-o para mandar socorrer França uma e outra vez, também o tive para mover, e tenho-o para conservar Nápoles, e estão os grandes daquele reino tanto à minha devoção, que não reconhecerão jamais el-rei de Castela. Tenho uma armada real no Brasil dos mais fortes e poderosos navios que se viram no mar, estou fazendo aqui outra, e tenho mais a da Companhia do Comércio que se formou com obrigação de me valer dela se a houvesse mister, que partiu daqui a poucos dias tão poderosa que passou de 70 navios os mais deles de muita força. Acrescentei o comércio de maneira que, sendo poucos os anos antes de minha restituição que as alfândegas rendessem o necessário para o pagamento dos juros e mais obrigações com que as carregarão os reis de Castela no tempo de sua intrusão, hoje não há ano nenhum em que os rendimentos de pouco mais de meio ano não bastem para inteira satisfação de tudo, ficando tudo o mais livre para despender, e o que mais é, que sendo nos anos passados incógnito neste reino o comércio dos de Suécia, hoje tem os homens daquela nação feito sua Companhia de Comércio com esta, navegando as drogas da Suécia em frotas para Portugal, e as deste reino para Suécia, e costumam vir duas cada ano, em que não vem navio nenhum que não seja de força.

Tenho celebrado acordos com aquela Coroa, com a de França, com a de Inglaterra, com os estados do duque de Sabóia, com os de Holanda, e se os quisera com os mouros, como el-rei de Castela os quer com os turcos, também os tivera, porque dois são já os enviados de el-rei de Fez e de Marrocos, que aqui vieram com cartas suas. Tenho o reino fortificado, bem provido de armas, e munições, e com tais cabos pela experiência destes dez anos de guerra, de mais da que muitos deles tinham de antes, que lhes não fazem inveja os maiores do mundo. A união, e conformidade entre meus vassalos para o fim de sua conservação é a que o mundo viu nas ocasiões que se oferecerão, e também o é o amor e lealdade com que me servem. Estão muito certos que não duram mais suas vidas e suas honras que enquanto tem valor e resolução para se defender de seus inimigos, cujas promessas experimentarão tantas vezes falidas em cabeça própria, e experimentam agora na alheia dos napolitanos, a que não valeu o perdão com que os enganaram, sendo tanto menor a ofensa que deles receberam, do que é a que na sua opinião tem recebido dos portugueses.

Em resolução os inimigos de Castela, que sempre os há de ter maiores, ou menores, segundo for maior ou menor sua grandeza, têm entendido que o que sobretudo lhe convêm é a conservação e desunião deste reino, como padrasto mais vizinho e poderoso, para dele inquietarem, divertirem, e consumirem a Castela, metendo-lhe quando for tempo no mais interior de seus reinos a guerra que até agora padeceu em partes tão remotas; e posto que Portugal é reino estreito, como aqui querem e hão de vir a meter os interessados em que dure esta guerra, muito mais estreitos são os estados unidos de Holanda, e estiveram tão longe de os destruir a guerra, que essa os fez ricos e poderosos, e o mesmo experimentam os lugares destas fronteiras, que com a continuação do dinheiro que ali vai, e gente que as habita, se acham grossos e ricos. Se Castela advertir quão vizinhos são os portos de entre Douro e Minho dos de Galiza, e os do Algarve de Andaluzia, poderá ser que lhe pareça mais horrível a guerra de Portugal. Prazerá a Deus, e assim o espero, que não será necessário usar de tantos meios.

A redução e quietaçao de Nápoles poderá ter fácil remédio, como também o cobrar Castela o que lhe tem levado seus inimigos, e ultimamente contrastá-los, que são os últimos dois cuidados de Castela. Para prova disso, deixadas outras, bastará dizer que se os infantes, cavalos e navios que este reino ocupa na guerra contra Castela, e os que Castela ocupa na guerra contra Portugal, se puserem, senão todo o grosso a substância de tudo, em Flandres, Itália, ou Catalunha, é certo, segundo o estado em que está o cabedal e as forças dos inimigos de Castela, que nenhum tem para se defender tanto poder.

Essas considerações se vos referem tanto por menor, porque ainda que todas e outras mais vos sejam presentes, convêm que fiquem por escrito para o que pode suceder, pois tudo é necessário escrever e prevenir em negócio tão grande.

Procurareis introduzir nos ministros de Castela que estiverem ou forem a Roma, e particularmente no cardeal Albornos que, de mais de grande confiança que dele se tem, faz hoje o ofício de embaixador de Castela naquela corte, e não lhe será nova essa prática, posto que o sejam muitos dos fundamentos apontados; e se vola admitir em alguma das ocasiões em que com a cautela, destreza e indústria que muito fio de vós lhe falhardes, e quiser dar conta a Castela para que o faça com todos os fundamentos, lhe dareis um papel com a sustância dessas razões, e as mais que se vos oferecerem; e dando-a for lá tão bem admitida, e ou em Roma ou em Madri, ou qualquer outra parte aonde ireis, se quiserem, com o passaporte, e salvo-conduto necessário para vossa segurança desde a estada e volta, quiserem saber a forma em que se poderá fazer esse casamento e união do reino, podereis responder o seguinte:

Que vós falais nessas matérias como particular sem terdes para isso ordem alguma, que é o que sempre haveis de dizer e procurar persuadir, mas pelo que sabeis do reino tendes por certo que a prática se admitirá e abraçará nele com geral satisfação e contentamento de todos; que a forma vos parece a vós ficarem com o casamento o príncipe e infante reis de Portugal e de Castela, se el-rei não tivesse filho barão; e se o tivesse ficaria o príncipe e a infante reis de Portugal, cessando desde logo as guerras para se seguirem do casamento às utilidades apontadas. E ainda que nesse último caso se não uma em todo Portugal a Castela, hão de ter entre si tal união de armas e de ânimos que virá a ser o mesmo ou igualmente útil esse segundo caso que o primeiro, para o que se poderão capitular e conceder todos os socorros que o reino puder tirar de si, que não serão pequenos. Supondo, porém, que o matrimônio se há de logo de contrair e consumar, e que o príncipe e infante viverão no lugar que parecer mais conveniente e se assentar de ambas as partes: e se vos repararem em se haver de fazer esse assento e capitulações comigo com o título e decoro de rei, respondereis, depois de fazerdes tudo quanto puderdes por vencer essa dificuldade, que se poderá fazer com o reino, em que para eles não há inconveniente algum.

Pode lhe parecer grande o haver de ficar o príncipe, e infante os anos que Deus for servido dar-me de vida privados do título e governo de reis, e ficá-lo eu logrando. Será, pode ser ainda mais duro de tragar a el-rei de Castela e seus ministros; porém é tal o amor que tenho ao príncipe, e tal a confiança que tenho do seu, e desejo tanto ver a meus vassalos o descanso da paz, que facilmente vencerei esse inconveniente, renunciando-lhe a coroa, com tal condição que assim ele como a infante hão neste caso de viver no reino sem saírem dele nem irem a Castela.

Se com esse grosso se vos admitir o tratado, procurareis entender os mais particulares com que o querem celebrar, que como menores é provável se acomodem, e com inteira notícia de todos pedireis licença, ou para virdes ao reino dar conta deles, ou para ma dar por escrito, e ou com vossa vinda, ou com vossa carta, tomando o negócio o caminho que convém, darei dele conta aos Conselhos e Estados do reino, para com aprovação de todos se fazer o que mais convier à bem de meus reinos, que é só o de que trato sem fim particular, como mostra o que fica referido no capítulo antecedente.

Para vos introduzires na comunicação do cardeal Albornos poderão ser pretextos corados os requerimentos que os cabidos e bispos de Badajoz e Ciudad Rodrigo tiveram com el-rei de Castela, sobre assentar com este reino diferente modo de guerra, porque de se andar de uma e outra parte em contínuas escaramuças, matando, roubando, queimando e assolando tudo o a que se pode chegar de qualquer das partes, era mais guerra de bárbaros que de católicos, pois com isto se esterilizavam as terras em dano de todos, de maneira que até aos ministros da Igreja faltava havia muito limitado sustento para a poderem servir, como na verdade é assim da parte de Castela, em que os danos são incomparavelmente maiores, e que se reduzisse a guerra a exércitos e batalhas, ou sítios de praças, quando qualquer das partes entendesse que lhe convinha fazê-lo. Não se reduziu isto a forma, ou porque el-rei de Castela não quis se falasse em seu nome nesta matéria, e em outro não o admitiu Portugal, por mais que aqueles prelados o escreveram e pediram por vezes a meus generais, e que vós como sacerdote e religioso, sentido de ver tanto derramamento de sangue cristão, assentareis com ele cardeal, a forma da guerra que parecer mais conveniente, afirmando que o fareis de vosso modo próprio sem para essa prática terdes faculdade alguma.

Galiza padece gravíssimos danos por falta de sal que lhe costumava ir de Aveiro por assento; depois da desunião do reino se não quis admitir de nenhuma maneira, procurando-se muito eficazmente pelos galegos, e com isto recebem também dano os lavradores das marinhas portuguesas que vendiam com mais comodidade aos galegos que a outros estrangeiros. Também podereis dizer ao cardeal lhe ofereceis assento sobre esta matéria, e assim em uma como em outra é Castela a mais beneficiada.

Presente vos é que as Índias padecem por falta de negros de Angola, em que el-rei é mais prejudicado por não haver quem trabalhe nas minas para o que só servem os negros daquela parte. Sobre isto podereis também oferecer conveniência ao cardeal. Mas como esses meios hão só de servir de pretexto, e não são a causa porque quereis comunicar ao cardeal, não vos cansareis por concluir nada em qualquer dos casos apontados: porque outros caminhos se podem oferecer mais breves e convenientes para ajustar aquelas matérias. Sobretudo vossa prudência, e o tempo, e as ocasiões vos poderão oferecer outros motivos de vos comunicardes com o cardeal, aqueles, que primeiro lhe mandareis comunicar por terceira pessoa, se vos apontam em falta de outros.

Negócio era este em que Sua Santidade se podera empenhar muito não só pela, obrigação, geral de procurar paz entre os príncipes cristãos, mas porque o estado presente da Igreja pede que todos se unam para se oporem à invasão do turco contra Veneza, e o que se cuida determina fazer em terras mais vizinhas a Roma, de que se podem seguir conseqüências dificultosíssimas, ou impossíveis de remediar ao diante.

De tudo o de Roma me ensina a desconfiar a experiência, e por isso vos não encomendo façais com Sua Santidade e com alguns dos cardeais de melhor coração alguma diligência sobre essa matéria. Se pelo que lá achardes vos parecer que será isto de importância o podereis fazer com o mais que convier para o bom sucesso do negócio, porque a melhor instrução que levais é a vossa prudência, que tenho bem provada em tantas e tão importantes ocasiões. Pantaleão Figueira a fez, em Lisboa a 11 de dezembro de 1649.

CARTA PARA O PE. ANTÔNIO VIEIRA[1]

Por carta do residente Chistóvão Soares de Abreu entendi o progresso de vossa jornada, e por outra que me escrevestes com data de 27 de fevereiro vossa chegada a essa corte, e tive contentamento de saber que nem o mar, nem o ruim tempo, nem a pouca saúde com que partistes vos foi impedimento à jornada, sempre o gosto de vos ocupardes em meu serviço foi o melhor remédio para vossos achaques.

Diferente conceito fazia das coisas de Nápoles antes de partirdes desta cidade e corte: porque eram diferentes as informações que me davam, e posto que receando as falências que podiam ter não quis mandar obrar nada, senão depois de vós irdes, verdes e pesardes cada um dos particulares de negócio tão grande. Se tivera entendido o que agora me avisais houvera de mandar proceder nele ainda com maior cautela do que se proveu nas instruções que levastes, que não foi pequena; porque fazendo juízo dos inconvenientes que apontais no princípio desta carta, me parecem mais certos que as utilidades com que me posso animar a mandar continuar essa empresa, cujo princípio me tivera dado grande cuidado, se a não houvera entregue a vosso juízo, amor e lealdade.

Com essa suposição vos digo duas coisas: a primeira que em nenhuma maneira se prometa da minha parte aos empenhados nesse negócio mais que o que eu nele houver de fazer (de que logo vos advertirei) em tal forma que não seja eu o que me empenhe com eles, senão eles com o negócio, devendo à sua escolha ou resolução o bom ou o ruim sucesso, dispondo tudo de modo que o que pode

---

[1] Bibl. Nac., cod.1641, cit., fol. 106 v. Cópia.

tocar pela reputação se não tenha nunca a empresa por minha, e eu fique ao diante desobrigado de remediar aos que nisto entrarem, se tiverem ruim sucesso. A segunda, que eu não posso socorrer estes homens com navios, com armas, nem cabos, nem com infantaria: porque apenas tenho disto o necessário para conservar e defender os reinos de que Deus me encarregou, e só os poderei socorrer com a quantidade de dinheiro que se limitou na vossa instrução, e quando com esta se consigam grandes efeitos, então avisando-nos para os considerar, e as utilidades que o reino tira dessa guerra, e o estado em que ele se acha naquele tempo, procurarei acrescentar os socorros a que chegar a possibilidade. Com essas duas coisas respondo a substancia do que refere a vossa carta, e a cinco dos sete casos a que fica respondendo o Márquez de Caya, a quem creio os mandastes remeter, não para prometerdes o que eles apontam de mais dinheiro declarado na instrução, mas para este se despender com mais acerto e utilidade. No do Castelhano de Aquila advertistes o que convinha na matéria, e, porque o ganhar este homem é tão importante para o intento, vos dou faculdade para lhe poderdes prometer de mais do que se lhe der em dinheiro (que prudentemente considerareis deve ser o menos que ser possa) de dois, até três mil cruzados de renda em sua vida; para o que vos vai firma em branco, e o que estes dois até três mil cruzados de renda valem mando despender de mais dos oitenta até cem mil cruzados, de que fala a vossa instrução.

Em se haver de nomear príncipe debaixo de cujo nome se haja de intentar a empresa fareis o que lá parecer mais conveniente; advertindo porém que em nenhuma maneira hei de ser eu, nem algum dos infantes meus filhos. Manuel Alvares Carrilho convém que se venha para o reino, assim lho mando escrever; e Manuel Rodrigues de Matos bastará para fazer o que lhe ordenares na matéria com o segredo que ela pede e aqui se vos terá, na forma que me representais. Fr. Manuel Pacheco não divirtio o caminho direito dessa para esta corte, segundo a informação que se me deu; agradeço-vos a lembrança que sobre ele me fazeis. Escrita em Lisboa a 16 de abril de 1650.

3
MISSÕES

SOBRE O QUE PEDEM OS RELIGIOSOS DA COMPANHIA DE JESUS, QUE VÃO PARA O MARANHÃO[1]

Havendo os religiosos da Companhia de Jesus que estão de partida para o estado de Maranhão feito a V. M. a petição inclusa, com que presentarão as cópias de duas provisões porque se concedeu a seus antecessores a administração geral dos índios daquele estado com as declarações nelas apontadas, de que dizem que desistem, e em substância pedem agora a V. M. lhes mande dar cartas para as Câmaras e capitães-mores do Maranhão e Pará lhes darem sítios convenientes para levantarem e fundarem igrejas, e que os ajudem e favoreçam em tudo, pois V. M. os manda continuar com aquelas missões em tanto benefício daquela cristandade; e que, pois desistem da administração dos índios em geral, lhes conceda V. M. uma ou duas aldeias para se valerem dos índios delas em seu serviço, embarcações e entradas do sertão, ainda para sua segurança manda V. M. que a sua pretensão se veja e consulte neste conselho. E dando-se em vista ao procurador da coroa respondeu largo e sobre muitos pontos, mas em substância diz que, como o intento desses religiosos deve ser bom e em serviço de Deus, que se lhes deve dar gente decente.

Sendo tudo visto em Conselho pareceu que V. M. (além do que estes religiosos pedem para a fundação e ereção de suas igrejas) lhes deve V. M. conceder uma aldeia no Maranhão e outra no Pará, para o fim de sua missão e dilatação da fé, e que ao diante conforme ao fruto que fizerem se lhes limitará ou ampliará esta mercê, que sempre se deve entender pagando aos índios seu trabalho, ou tendo os a seu contentamento, sem por via alguma os cativarem, porque com esta declaração se fica acudindo a tudo, visto que a missão se não poderá fazer sem a mercê que pedem, que é uma grande limitação do que se concedeu ao padre Luis

---

[1] Arquivo do Conselho Ultramarino. Livro 3 de consultas mistas, fol. 20 v.

Figueira, que faleceu antes de chegar ao Maranhão. Em Lisboa, 20 de setembro de 1652.

(Nota): Assinaram todos.

(Despacho): Como parece. Lisboa, 20 de setembro de 1652. Rei.

4

Inquisição
Denúncia sobre os jesuítas[1]

Aos vinte dias do mês de novembro de mil seiscentos cinqüenta e seis anos, em Lxa., nos Estaos e casa do despacho da Santa Inquisição, estando aí em audiência da tarde os senhores inquisidores, apareceu sem ser chamado Hieronymo de Araujo, prior da igreja da Madalena desta cidade, e sendo presente disse que ele pedira mesa para nela declarar certa coisa tocante ao Santo Oficio, e para o fazer na verdade e em tudo guardar segredo lhe foi dado juramento dos Santos Evangelhos em que pôs sua mão, sob cargo do qual lhe foi mandado que assim o fizesse, o que prometeu cumprir, e disse ser de idade de mais de sessenta anos. E logo disse que em sua casa morreu véspera de São João Batista próximo passado o capitão que tinha sido do Grão-Pará, Antônio Lameira da França, o qual vivendo disse a ele denunciante que o padre Antônio Vieira da Companhia de Jesus e mais padres assistentes no Maranhão diziam algumas proposições que lhe pareciam ásperas, algumas das quais referiu a ele denunciante, e estando já o dito capitão Antônio Lameira doente, e entendendo que morria, falando com ele denunciante nas ditas preposições se não desdisse, antes mostrava pesar de não haver dado conta delas na inquisição, e a Sua Majestade, para as remediar, e morrendo o dito capitão lhe achou num papel que apresenta nessa mesa, que tem por título: comissão que se há de fazer, digo que se há de pedir ao Santo

---

[1] Torre do Tombo. Inquisição de Lisboa, processo, cit., fol. 90.

Ofício, e acaba: *por não haver quem puxe por elas*; e por nele se conterem algumas proposições das quais o dito capitão lhe havia dado conta em sua vida e entender ele denunciante que conviria saber disso o Santo Ofício, o vem denunciar, e o dito capitão dizia a ele denunciante que da matéria das ditas proposições sabia Aires de Sousa Chichorro, preso no Limoeiro desta cidade, capitão-mor que fora de outra fortaleza daquele estado, e geralmente toda a gente do estado do Maranhão, principalmente os religiosos, e ao costume disse nada, e assinou aqui com os ditos senhores. José Cardoso notário que o escrevi, Hieronymo Dias de Araujo, Manoel de Magalhães de Menezes e Pedro de Castilho.

Traslado do papel atrás referido:
Comissão que se há de pedir ao Santo Ofício

De como pregarão que só os seus sacramentos são os bons, e válidos, e não os que fazem os clérigos e demais religiosos.

Assim mesmo outro sermão em que el-rei D. Sebastião por admitir os negros que fossem escravos estava no inferno, e de todos os moradores desta terra por terem negros escravos e que Cristo próprio lhe não podia perdoar.

De como dão a comunhão aos índios bêbados sem lei, nem fé, nem conhecimento dela.

De como um negro desses no Maranhão tornou a lançar a partícula na rua, e fazendo escrúpulo os brancos portugueses lhe disseram que não importava, que a dessem a um rapaz inocente.

De como nos inhaíbas dando guerra o inimigo, lhe entregaram ao mais feroz índio gentio um santo Cristo crucificado, e nunca mais apareceu, em que causou muito escândalo, dor e sentimento a toda a infantaria.

De como batizaram e fazem batizar aos filhos dos gentios, e logo os mandam com seus pais para o sertão, donde vivem como selvagens comendo carne humana, que é comer os pais aos filhos, e os filhos aos pais; coisa que causa muitas pessoas ignorantes duvidarem na fé de Cristo, por verem o pouco em que esses padres têm os sacramentos.

De como apartam os índios casados de suas mulheres, levando-os para as aldeias donde há mares de permeio, por dizerem que são forros e elas escravas, e não quererem que sirvam a seus amos delas por seu pagamento, dividindo nisto os sacramentos.

Também dá a conhecer outras coisas tocantes ao Santo Tribunal, como é uma mulher de quem se fez causa de feiticeira, com capa do Santo Ofício a condenaram em três mil cruzados, e ela a sair com uma vela nua e para tantos anos de Angola, e porque tem com que pagar a dita quantidade, não se executou a sentença mais que no dinheiro.

De que venha a comissão separada aqui ao vigário-geral, e não tenha jurisdição, nem ação o tal clérigo a quem se cometer, por ser o dito vigário que sentenciou pelo Santo Ofício, assim que para isto, como para outras muitas coisas que sucedem nestas partes, por não haver quem puxe por elas.

Foram transladadas as denunciações atrás, e papel de que em uma delas se faz menção, bem e fielmente das próprias com que concordam, e a que me reporto, em presença do promotor, e não consta dos ditos originais que fossem ratificados e tudo concertei com o notário aqui comigo assinado, em Lisboa, nos Estados, em 30 de junho de 1665.

5
SOBRE O CASO DO ÍNDIO COPAÚBA[1]
PETIÇÃO AO GOVERNADOR

Todos os índios em geral da aldeia de Maracanã representam a V. S. que, estando nela quietos e pacíficos como sempre, chegou a ela o reverendo padre Fran-

---

[1] Col. Pombalina, cod. 645, fol. 525 e ss.

cisco Velloso da Companhia de Jesus, e ao principal deles, Lopo de Sousa, deu o escrito que com esta oferecem do reverendo padre Antônio Vieira, no qual se mostra mandara o dito principal que se avistasse com ele na cidade do Pará onde estava, distante da dita aldeia quarenta e tantas léguas, o qual vendo a eficácia das palavras do dito escrito, como leal e fiel vassalo assim da Igreja como de S. M., se abalou logo sem dilação alguma, em companhia do dito padre Francisco Velloso, por obedecer ao que o dito padre Antônio Vieira lhe ordenava no referido escrito, não reparando nos muitos achaques que por sua velhice padecia, e sendo chegado à dita cidade, indo ao colégio dela buscar e falar ao dito padre Antônio Vieira, e entrando da portaria para dentro os aplausos com que o receberam foi com o desarmarem de suas armas, lhe tirarem o hábito de Cristo, de que S. M. lhe fez mercê, e fazendo de uma cela cárcere privado o meteram nela com um grilhão aos pés, onde esteve alguns dias, e dali foi levado para o forte de Curupá, donde eles suplicantes até o presente não têm notícia do mais que lhe tem feito, e do referido não sabem a causa nem rezam porque se lhe fez semelhantes agravo e injustiça, por não ter incorrido em culpa alguma do serviço de S. M., do qual foi sempre grande servidor, assim na conquista e restauração deste Estado em que se achou, como no zelar todas suas coisas, tanto assim que as salinas que há na dita sua aldeia as beneficia, e delas se provêem todas aquelas partes circunvizinhas, donde o dito senhor tem grandes direitos, que todos perderá pela vexação que se fez ao dito principal, como também à navegação, destas partes para o Pará e da do Pará para estas, porquanto na dita aldeia faziam escala todas as canoas que de uma e outra parte navegavam, e onde concertavam se era necessário, e se lhe faltavam remeiros se proviam deles, e de sustento e de tudo o mais de que necessitavam; e outro sim por ter notícia das necessidades que a infantaria de Sua Majestade que assistem na fortaleza e capitania do Pará padecia, se oferecera a socorrê-la de farinha, peixe e carne a sua custa, o que tudo fizera pela falta que o dito principal fará na dita aldeia, com razão de toda a gente dela, e de outras mais quatro aldeias em que tem parentes se quererem ausentar para os matos, como já vão fazendo algumas aldeias por verem as injustas afrontas que lhe fazem ao dito seu principal, sem causa, nem razão, nem delito algum que tenha cometido contra a Igreja de Deus; e quando, dado caso e não sucesso que caíra em alguma ignorância, tocava o conhecimento e castigo dela ao reverendo padre vigário-geral deste Estado; e quando fora contra o serviço de Sua Majestade tocava a Vossa Senhoria, a cujas ordens sempre obedeceu como é notório, e também. o de mais que relatam em seu favor que provarão sendo necessário. Em razão do que, prostrados aos ilustríssimos pés de Vossa Senhoria, como súditos e leais vassalos de Sua Majestade, pedem que havendo respeito ao que representam lhe faça mercê ordenar por suas ordens, assim para a infantaria como justiças do Pará e Curupá, que donde quer que for achado o dito seu principal seja trazido perante Vossa Senhoria, com as culpas que dele houver ou sem elas, para contra ele mandar proceder como lhe parecer justiça, e por esta via evitar os inconvenientes que podem resultar assim ao serviço de Deus como de Sua Majestade, porque protestam por não verem ao seu principal e o considerarem molestado em justiça e forçosamente. E receberão mercê.

DESPACHO

Ordeno ao ouvidor geral que logo, logo, se informe das pessoas que vieram do Pará, assim religiosos como seculares, da maneira que estavam os índios do Maracanã, sobre a prisão do seu principal, e se podia por este meio a fazenda de Sua Majestade e este Estado ter algum detrimento, e isto em modo que faça fé, para deferir a estas duas petições, a saber uma desta Câmara e outra dos ditos índios da dita aldeia, dando também o dito ouvidor geral seu parecer para que eu defira como me parecer justiça. São Luís, 23 de abril de 1661. Mello.

CARTA DO GOVERNADOR D. PEDRO DE MELLO A ANTÔNIO VIEIRA

Senhor meu. Por outra via tenho escrito a Vossa Paternidade mais largo, e esta não serve de mais que de pedir a Vossa Paternidade com todo o extremo que Vossa Paternidade me faça mercê querer entregar o principal da aldeia de Maracanã Lopo de Sousa, preso para se meter no forte dessa cidade, pelas razões e protestos que se me tem feito, como Vossa Paternidade verá pelo traslado dos papéis que com esta vão, onde será castigado por quem competir, e este meu intento não é mais que a fim de evitar os danos que do contrário podem resultar, dando se lhe o castigo que merecer, e se acaso estiver no forte do Curupá ordeno ao capitão Pauto Martins Garro o entregue, para ser preso no dito forte dessa cidade, e castigá-lo como merecer. Por agora não se oferece outra coisa mais que torno outra vez a pedir a Vossa Paternidade isto por mercê, por evitar o que relato. Deus guarde a Vossa Paternidade como pode e eu desejo, São Luís, 26 de abril de 1661

Amigo e cativo

Dom Pedro de Mello.

Esta carta ordenei ao capitão-mor Marçal Nunes da Costa e aos oficiais da Câmara me mandassem o traslado dela, de que faço aviso a Vossa Paternidade.

6

REVOLTA NO MARANHÃO
REPRESENTAÇÃO À CÂMARA

Requerimento que os procuradores do povo desta cidade de São Luís do Maranhão fazem juntamente com o mesmo povo todos abaixo assinados; e as causas e o fundamento de seu requerimento são os seguintes[1]:

---

[1] Arqu. do Conselho Ultramarino. Original. Documentos avulsos da capitania do Maranhão.

1º – que vindo a notícia deles ditos procuradores e do mais povo mandarem se pelo reverendo padre Antônio Vieira informações ao reino temerárias e contra a verdade sabida, dirigidas a ministros e pessoas poderosas mui chegadas e afetas a Sua Majestade que Deus guarde e a rainha nossa senhora, para tudo lhe representarem com certeza afirmativa, dizendo que os povos deste estado obram e executam muitas coisas em prejuízo da missão, e contra as ordens do dito Senhor que para bem dela se passarão, procurando para esse efeito ordens mui apertadas em grande dano do bem comum; e outro sim que aos índios, os livre, que se repartem pelo povo lhes não pagavam seu trabalho, ajudando-se de seu sangue para suas negociações e interesses, pela qual razão, para que a verdade fosse sabida e se provesse no caso como convém para os remediar, pareceu justo e acertado se soubesse dos mesmos índios como o dito povo procedia e se havia nesta matéria com eles, para que ouvindo suas queixas e informações se lhe fizesse comprimento de justiça, mandando pagar aos que lhe devesem e castigar aos de quem tivessem recebido agravos.

2º – que os procuradores em nome do povo fizeram uns capítulos para que os índios das aldeias dessas capitanias do Maranhão e do Cuma a seu requerimento fossem perguntados judicialmente, examinados por intérpretes ajuramentados para que dissessem e declarasem os agravos e as moléstias que tinham recebido dos moradores desses povos, e outro se declarassem os que se haviam servido deles sem lhes pagar, e quem era a causa de viverem desgostosos enfadados e lhe impedia a comunicação e trato com os ditos povos.

3º – que os índios mais abalizados e práticos foram perguntados sobre a matéria, a saber: principais, sargentos-mores, capitães, alferes e mais oficiais e cavaleiros das aldeias, como das mesmas perguntas constará, e pelo que disseram defirindo as perguntas se mostrará o contrário do que nas cartas e informações se dizia e escrevia nas ditas cartas ao reino, mas antes dos mesmos índios pelo que disseram se provara ser tudo pelo contrário, e que somente se queixam todos uniformemente dos reverendos padres da Companhia, que os administram no temporal e espiritual, do mau-trato e escândalo que com sua companhia e residência atual nas aldeias recebem.

4º – que os mesmos índios requerem em seus depoimentos por termo que assinaram não quererem nem lhes está bem serem administrados e governados no temporal pelos ditos padres, porquanto se servem deles sem lhes pagar seu trabalho, e lhes impedem e proíbem que não sirvam aos portugueses por seu pagamento, e que não tenham tratos nem comércio com eles, e que os não consentiam em suas aldeias, nem eles vão a suas casas como de antes faziam, de que resultavam andarem vestidos e providos do necessário para o uso humano, dizendo mais que no temporal como vassalos de Sua Majestade queriam ser governados pelos ministros do dito senhor, e que no espiritual querem ser visitados de quaisquer religiosos das religiões deste Estado, e que não seja de uma somente, porque repartido este trabalho por todos e trabalhando todos nesta vinha de Cristo lhes fique mais suave para se lhe acudir com prontidão a todas as aldeias sem haver falta.

5º – que porquanto outro se lhes veio de novo a sua notícia que por prender o padre Antônio Vieira injustamente ao principal da aldeia de Maracanã Lopo de Souza, cavaleiro do hábito de Cristo, e o enviou em ferros para a fortaleza do Curupá, se retiraram para o mato a maior parte dos índios de sua aldeia, então movidos do grande desgosto da avexação feita a seu principal, do qual desamparo resulta notável dano assim para a fazenda de Sua Majestade, por serem os que fabricam as salinas do dito senhor, como para o provimento dos navegantes que dessa capitania para a do Pará, e do Pará para esta navegam, fazendo escala na dita aldeia para se proverem do necessário: porquanto as salinas de Sua Majestade que fabricam são de consideração, e de que se tira maior rendimento para sua fazenda, com que se acode a maior parte dos dispêndios da dita capitania do Pará.

6º – que querendo e tendo vontade os ditos índios de trabalharem aos portugueses por seu interesse e estipêndio, os ditos padres lho não consentem e impedem, castigando-os e descompondo-os para que o não façam, e a prova dessa verdade seja que ordenando Sua Majestade que Deus guarde em o regimento dos governadores deste estado que no princípio de cada ano se faça lista dos índios e portugueses que houver, para serem repartidos por eles com tanta igualdade que grandes e pequenos, pobres, ricos, seculares, eclesiásticos gozem e alcancem esse bem, repartindo-se-lhes o índio ou índios que lhes couberem para seu serviço, por não querer o dito senhor que seus povos pareçam, e os ditos padres até o presente lhe não tem dado cumprimento como Sua Majestade manda, porque se algumas repartições se têm feito foram sempre aparentes, fantásticas e como por cerimônias, e não conforme a obrigação que tinham de o fazer, e a razão é que mandando o dito senhor que se faça lista dos índios (como dito ficou) nunca os ditos reverendos padres quiseram consentir que o árbitro que a Câmara nomeava tal fizesse, nem por si só nem junto com o árbitro religioso que os ditos padres elegeram, mas antes sentiam muito de que o árbitro nomeado pela Câmara reparasse na limitação dos índios que lhe apresentavam por lista, dizendo-lhe e desculpanado-se-lhes que não havia índios, e que andavam espalhados e estavam doentes e outras coisas semelhantes, sabendo e sendo patente assim ao árbitro como a este povo todo que os havia, pois os conhecemos e nos criamos com eles, e juntamente mandando Sua Majestade que a dita repartição dos índios se faça no princípio de cada ano, para que os índios trabalhem aos portugueses entremeadamente de dois em dois meses, os ditos padres o não fizeram nunca desses poucos índios que repartiram se não depois de cinco meses passados do ano, obrigados das muitas importunações que o árbitro e mais pessoas do povo que dos ditos índios necessitavam lhes faziam, e por que este presente ano se quis fazer a dita repartição e dar a execução como Sua Majestade ordena, assim em o tempo como em o número dos índios e índias de ambos os gêneros, teve o dito árbitro ou repartidor muitas dúvidas e castois, por razão de quererem fazer os ditos padres separações no dito gentio que Sua Majestade não faz, e interpretações que o dito senhor não quer, só assim de suas particularidades e interesses, que os obrigam tanto que antes quiseram deixar de fazer a dita repartição, como Sua Majestade manda, não concordando com o árbitro, que perderem os interesses que dos ditos índios continuadamente estão tirando, além do que dos poucos índios de que se fazia repartição contra a forma da lei os ditos padres não davam comprimento a essa repartição, porque indo os portugueses buscar as aldeias os índios que lhes eram repartidos não tão somente muitas vezes os não traziam nem achavam ordem para se lhes darem, mas ainda os poucos que se achavam nas ditas aldeias ao tempo que se iam buscar descompunham e escandalizavam de palavras as pessoas que os iam buscar, entre as quais lhes diziam que se haviam de servir daquele momento em diante sem eles, fosse desde logo tornando-se as ditas pessoas sem eles.

7º – que oferecendo-se assim mais muitas ocasiões urgentes que não pendiam de dilações, como são fugas de índios escravos dos moradores, vindos de umas capitanias para outras, visitas das religiões, diligências dos ministros de justiça, havendo nas aldeias muitos índios que se deixam de reserva, e outros que se não metiam na repartição, e muitos ansiosos os não querem dar, perdendo-se por esta causa assim o serviço de Sua Majestade como a fazenda dos moradores, e de toda a denegação dos ditos índios e mais repartição resulta não haver lavouras de mantimento em abastança, nem os engenhos de açúcar se podem beneficiar pela dita falta dos índios, o que tudo causa haver muito grande diminuição e quebra nos dízimos de sua majestade, e dos direitos que dos rendimentos das lavouras podiam proceder; e a prova dessa verdade é que estando nos em o mês de maio estamos morrendo de fome por falta de farinhas, e não se acha um alquere por mil-reis, sendo que o preço mui comum e ordinário foi sempre valer alqueire por dois tostões, e é causa esta esterilidade de não estarem os dízimos de Sua Majestade rematados nesse tempo, tanto por ela como pela muita perda que os rendeiros têm recebido os mais anos atrás nos ditos dízimos, pelas grandes falências que há nas repartições e adjutórios que se devem de dar de índios para suas solturas, e por atalhar a estes danos representados a Vossa Mercês, e a outros maiores inconvenientes que se podem seguir pelas sobreditas causas referidas, requeremos nos os procuradores do povo com o mesmo povo abaixo asinado a Vossas Mercês, senhores oficiais da Câmara, da parte de Deus e de Sua Majestade, logo em seu nome e do dito povo, requeiram e representem sem dilação ao governador-geral deste estado Dom Pedro de Mello que, como pessoa que representa a de Sua Majestade, mande suspender logo com efeito aos reverendos padres missionários a administração temporal de que violentamente usam, não consentida nunca por esses povos pelo grande prejuízo que na dita administração temporal se segue assim aos povos como aos índios, e só poderão usar para com eles da doutrina cristã; e toda a dilação que sobre esse particular houver causará grande perturbação nos moradores, e prometem grandes inconvenientes de consideração, porque na tardança que há de se avisar a Sua Majestade poderá haver grande perigo, e não provendo o dito governador na forma de nosso requerimento, suspendendo aos ditos padres da dita administração temporal, e que só usem do espiritual via andante, sem fazerem residência atual nas aldeias portestamos e todo o povo não prejudicar qualquer perturbação que no povo haja de se querer desforçar da violenta posse que os ditos padres têm tomado, e qualquer excesso e desordem que fizerem na dita causa.

(Seguem as assinaturas).

Em São Luís aos dezoito de maio de mil e seiscentos e sessenta e um anos.

Carta do governador D. Pedro de Mello[1]

Senhor – Pela petição inclusa verá Vossa Majestade de por maior o que tem sucedido nesse estado de 18 de maio até o presente, suposto que o que ele relata não é mais que apontar as mais circunstâncias, as fará presentes a

Vossa Majestade de meu irmão D. João de Mello, ou João Pires de Carvalho, e também o farão no Conselho Ultramarino; e sem embargo disso remeto a proposta inclusa que fiz, como também por maior as culpas de um Jorge de Sampaio que vai nessa caravela, o qual elegeu o povo por seu procurador, estando preso e tão criminoso. E certo, senhor, que receio muito que essas quatro regras não vão à mão de Vossa Majestade pelas exorbitâncias e desobediências que a petição relata; e porque esta caravela vai sem ordem minha, pela mandar o dito povo, e estar um

---

[1] Arquivo do Conselho Ultramarino. Papéis avulsos do Maranhão.

navio para partir por todo esse mês de agosto, me não alargo a mais. Deus guarde a real pessoa de Vossa Majestade para amparo de seus vassalos. São Luís, 26 de julho de 1661.

D. Pedro de Mello.

RELATÓRIO DO OUVIDOR-GERAL[1]

Maranhão, 26 de julho 1661

Do ouvidor geral Diogo de Sousa e Menezes, sobre o levantamento que contra ele fizeram a Câmara, povo, e infantaria, aperto em que os padres da Companhia têm posto aquele estado, por serem senhores dos índios, diminuição das rendas reais, e pouca fidelidade do padre Antônio Vieira.

Senhor.

Foi Vossa Majestade servido fazer mercê ordenar viesse servir a este Estado do Maranhão o cargo de ouvidor geral dele, de que tomei posse em 15 de janeiro do presente ano de 1661, juntamente com o de auditor geral da gente de guerra, fazendo ofício de corregedor da comarca, juiz dos feitos da coroa, justificações e Chanceler, e logo o governador deste estado Dom Pedro de Mello me proveu por serviço de Vossa Majestade no cargo de provedor da fazenda de Vossa Majestade, o que tudo com muito grande gosto fui servindo, vindo com grande espírito para este estado sem nenhum reparo fazer, desejando fazer-lhe esse limitado serviço.

Sucederão ao depois casos tanto fora de caminho e razão quanto a Vossa Majestade será notório, e de tal qualidade que tenho com instância requerido ao governador do estado Dom Pedro de Mello me desse licença para a Vossa Majestade lhe ir dar aviso do que ouço e do que vejo, que está já isto em tal estado que se não faz muito reparo em se tomarem cartas, ainda as que vão para Vossa Majestade.

---

[1] Original autografado. Arquivo do Conselho Ultramarino

Tenho eu notícia que o ouvidor que foi neste estado meu antecessor, Mauricio de Iriarte, não havia feito correção, e no dia que cheguei a este estado a havia mandado apregoar, e que era necessário fazer-se a daí a alguns dias; e estando nela, além das mais coisas em que Vossa Majestade ordena que os corregedores das comarcas façam, é dar comprimento à ordenação do lib. 1º tt. 58. § 4º e 17, e intentando dar à referida lei execução por não faltar a minha obrigação, os oficiais da Câmara o não levaram em paciência, e por me descomporem a mi se descompuseram a si, metendo mão às espadas alguns deles, em modo que por evitar escândalos me saí da casa da Câmara, donde me foram seguindo pela praça dessa cidade, e alguns descompostos sem chapéus, e o haver-me com eles com prudência foi causa de não haver maiores desconsertos. Fiz auto que remeti ao governador do estado para prover no caso como fosse justiça na forma de um capítulo de seu regimento. Diz que o remetia a Vossa Majestade.

Ficando com a mão folgada se lançaram com o povo que provocaram a se juntar, e ao depois de procederem grande quantidade de pedradas nas portas da Câmara, estando eu dentro nela e dois padres da Companhia de Jesus, movidos os ditos padres e eu por ordem do governador a lá ir, sucedeu que os fizessem sair do seu colégio fora, e ao depois de os haverem metidos como prisioneiros em casa de um leigo dessa cidade, dela os fizeram sair e meter na Nau do Governador Dom Pedro de Mello, que está para fazer viagem a esse reino, com notável violência e tal que tenho escrúpulo de os ouvir e fazer-lhes audiências.

Estando habituados nestes desconcertos se desenvolveram, e até o próprio governador em sua casa investiram, e com seu criados andaram às pelouradas, dizendo que haviam de matar a todos. Ao sargento-mor tiraram a berrigala da mão e pretenderam matar e roubar-lhe a casa, pondo escritos difamatórios na porta, e fizeram estar sem ela alguns dias em que esteve escondido em casa do governador por escapar com vida.

Em um dizendo vamos a casa de fulano e roubemos-lhe a casa não faziam grandes questões em lhe aprovarem o parecer, com que fizeram alguns desconsertos, entrando na casa dos que os não seguiam. E a em que vivia um Faustino Mendes tubarão, e o pretenderam matar, sem haver outro crime mais do que dizer ele lhe parecia que não era ajustado o lançarem aos padres fora da administração do culto divino e que governassem no espiritual.

Suspeitando que eu tiraria devassas dessas coisas, se juntaram alguns dias e noites para me irem à casa, de que fui advertido em maneira que os crimes, que tinha em meu poder conclusos, os retirei por não serem queimados, mas suposto que intentaram isto o não obraram.

Em 2 do presente mês de julho fizeram com que todos os soldados juntos armados postos em ala tocando caixa de guerra me fossem cercar a casa, e tendo a cercada, a vozes altas por mim disseram morra, morra; e não me achando nela, e indo perto de casa do governador, à sua vista dele e vendo-me todos com grande pressa me perseguiram, e pondo me os arcabuzes com as bocas nos peitos e mechas caladas lhes perguntei que queriam, ou que razão tinham de contra mim se conjurarem e porem em motim havia três dias, desempando os fortes e guardas, e não obedeciam ao governador, responderam que queriam lhes pagassem, e respondendo lhes que não tinha em meu poder fazenda alguma de Vossa Majestade, e oferecendo- lhe a capa me deixaram, mas não a quiseram; porém fizeram com que não ficasse praça para me pagarem nem ao governador e demais oficiais da milícia. Essa ação a meu ver não foi discursada pelos soldados, mas pelos demais, de que tendo notícia mais justificada a darei: tudo em ordem a que Vossa Majestade mande abrir sertões para haver resgates de gentio com que fabriquem as lavouras.

A notícia que tenho por papéis que me passaram pela mão e testemunhas que interroguei é que os padres da Companhia têm posto este estado em grande aperto: estão muito pobres, enraivecidos contra eles que lhes impedem o serviço dos índios querendo só usar deles, e por essa causa faltam os frutos, e faltando eles em conseqüência faltam os dízimos de Vossa Majestade, que é a fazenda que neste estado tem, que vai lá em muita diminuição, tudo por falta do gentio e causa dos padres da companhia, que causam a perdição do estado.

O padre Antônio Vieira se não representa bem afeto aos portugueses, nem dele se tem *boas presunções* e se diz que é mais *afeto às nações estranhas* do que à portuguesa, e sobre isto se dizem muitas mais coisas que a Vossa Majestade não relato enquanto com mais acerto e ajustado com a verdade não for. Em parte desculpo a esta gente enquanto à razão de queixa que contra os padres propõem; mas quanto ao mais e o perderem o respeito ao governador e à justiça de Vossa Majestade, e fazerem tais coisas que me moveram a pedir licença ao governador para a Vossa Majestade ir dar conta, é coisa rara, podendo eu afirmar a Vossa Majestade, como quem com todo o coração o deseja servir, que quando eu os não posso sofrer que serão muito raros os que o hão de fazer; que sofro muito, dissimulo muito mais, e com brandura vou compondo algumas coisas; mas do modo que hoje está o Maranhão, não se pode aturar nele nem obrar tão ajustado com as leis como dispõem. O que me parece é que Vossa Majestade por ora não torne a mandar para esse estado padres da Companhia, que de nenhuma maneira os hão de consentir, nem sofrer castigo em ordem ao que lhe fizeram, que não faltaram demasias; e o mais que me parecia sobre este particular é o dissimulalo Vossa Majestade, mandando escrever com alguma advertência para que se conserve. Castigo por ora nem falar nele, até se ver o que resulta de umas suspeitas que há sobre umas matérias, de que com notícias mais verdadeiras avisarei; só digo que fico com grande desconsolação por me não ser possível o obrar no serviço de Vossa Majestade como desejo, e se isto não toma outro caminho, mais serviço farei a Vossa Majestade o ir avisar de tudo e servi-lo lá no reino, ainda que fosse, com um mosquete, do que estar em parte em que me não deixam servir a Vossa Majestade em tudo o que tenho obrigação fazer. A Vossa Majestade governador de Deus muitos anos etc. São Luiz do Maranhão, 26 de julho de 1661.

Diogo de Sousa e Menezes.

460 João Lúcio de Azevedo

Rol de documentos
Lista dos papéis de que por resolução de S. M. de 17 de dezembro de 1661, em consulta de 24 de novembro, se dá vista ao padre Antônio Vieira por seu procurador o L.do Heitor Mór Leitão[1]

1 – Um auto que mandaram fazer os oficiais da Câmara do Maranhão, que serviram nela no ano de 1661, sobre o procedimento dos portugueses e dos religiosos da Companhia, que tem 37 meias folhas.

2 – Uma carta dos oficiais da Câmara da capitania do Pará, de 12 de abril de 1657, com uns apontamentos do que tem sucedido naquela capitania, em que se queixam dos mesmos religiosos quererem ser senhores do gentio, escritos em uma folha de papel e assinados.

3 – Uma carta de Antônio Fernandes do Amaral, ouvidor e provedor da fazenda do Maranhão, de 18 de março de 1658, sobre os ditos religiosos não quererem dar índios para o trabalho, impedindo que se não devasse deles se cometem algum crime, e outros particulares, com cópia de uma certidão do escrivão da fazenda, e um escrito do padre Pedro Velloso para o juiz ordinário Domingos Monteiro.

4 – Um treslado de um auto de 2ª via, que mandaram fazer os Oficiais da Câmara da cidade de São Luis do Maranhão, em 26 de abril de 661, com uma inquirição de testemunhas, tudo sobre a vexação que recebem os índios de serem governados pelos padres da Companhia, tem 32 meias folhas.

5 – Uma informação e inquirição de testemunhas, que mandaram tirar os oficiais da Câmara do Maranhão em 18 de junho de 1661, sobre os resgates que

---

[1] Original. Arquivo do Conselho Ultramarino Título exterior: Relação por menor do que se contém nos papéis que estão neste maço tocantes às queixas dos moradores do Maranhão contra os padres da Companhia. Não estão juntos os documentos, alguns dos quais se encontraram dispersos em outros maços relativos ao Maranhão.

faziam os padres da Companhia no gentio do sertão contra a provisão de S. M., tem cinco meias folhas.

6 – Uma carta do padre Bento Alves, de 23 de julho de 1661, em que dá conta como os moradores do Maranhão expulsaram os Padres da Companhia das missões que tinham a seu cargo.

7 – Uma carta da Câmara da capitania do Cumá, de 25 de julho de 1661, com um auto para se não admitirem naquela capitania religiosos da Companhia, pelos apertos em que põem os moradores e gentio forro, e sobre o preço por que se devem comprar os escravos, tem o auto três meias folhas.

8 – Uma carta dos oficiais da Câmara do Maranhão, de 26 de julho de 1661, sobre o miserável estado em que se acham por falta de índios, que os padres da Companhia não repartem igualmente, e pedem se guarde a provisão do ano de 1653.

9 – Uma carta do ouvidor-geral Diogo de Souza de Menezes, com um treslado de um auto que mandaram fazer os oficiais da Câmara do Maranhão em 26 de julho de 1661 sobre as desavenças que naquele estado houve entre o povo e religiosos da Companhia, tem 28 meias folhas.

10 – Uma carta do mesmo Diogo de Souza de Menezes, de 26 de julho de 1661, sobre o levantamento, que contra ele fizeram a Câmara, povo e infantaria, aperto em que os padres da Companhia têm posto aquele Estado, por serem senhores dos índios, e pouca fidelidade do padre Antônio Vieira.

11 – Uma carta do padre Ricardo Careu, de 26 de julho de 1661, em que dá conta como foram expulsados os religiosos da Companhia por respeito das missões que ali administravam.

12 – Uma carta da Câmara do Maranhão, de 26 de julho de 1661, sobre a opressão com que os Padres da Companhia tratam os índios, e mandaram prender a um principal, sendo senhores das aldeias, e pede se guarde a provisão do ano de 1663, com uma informação escrita em 4 meias folhas.

13 – *Uma carta do governador do Maranhão Dom Pedro de Mello, de 26 de julho de 1661, em que dá conta do motim que houve naquele estado, e as causas porque os moradores dele se dispuseram a isso, e como expulsaram os padres da Companhia*

por causa da administração dos índios, com uma petição que lhe fez o ouvidor geral contra aqueles moradores, tem duas meias folhas, uma proposta do do governador à Câmara, que tem duas meias folhas, um sumário de testemunhas das culpas de Jorge de S. Payo, que tem dez meias folhas, e termo de eleição de Procurador que fez a Câmara, e povo do Maranhão no dito Jorge de S. Payo, que tem dez meias folhas[2].

Uma carta do mesmo governador, de 26 de julho de 1661, sobre o padre Antônio Vieira mandar prender ao índio principal Loppo de Souza no forte do Curupá, com dois autos que se fizeram sobre a petição dos índios da aldeia de Maracanã e um escrito do padre Antônio Vieira, um auto tem oito meias folhas, e o outro onze.

Uma carta dos oficiais da Câmara do Maranhão, de 4 de agosto de 1661, sobre uma proposta que se fez em uma junta para se dar preço certo aos escravos do sertão, e ao algodão, moeda corrente daquele estado.

Uma carta de Dom Pedro de Mello, de 7 de setembro de 1661, sobre a licença que lhe pediu para se vir para o reino o ouvidor Diogo de Souza de Menezes.

14 – Uma carta do ouvidor Diogo de Souza, de 7 de setembro de 1661, sobre o requerimento que lhe fez o povo para se fazerem entradas pelo sertão e haver resgates, e outros particulares, e o papel do requerimento tem três meias folhas.

15 – Uma carta do mesmo ouvidor, de 7 de setembro de 1661, com um auto que mandaram fazer os oficiais da Câmara do Maranhão, por que se perguntaram testemunhas, tudo contra os padres da Companhia, e causas porque os lançaram daquele estado, e o auto tem trinta e cinco meias folhas.

16 – Uma carta do mesmo ouvidor Diogo de Souza, de 8 de setembro de 1661, com o treslado do requerimento que lhe fizeram os oficiais da fazenda sobre se fazerem resgates no sertão, e outros particulares, tem três meias folhas.

Uma carta do governador Dom Pedro de Mello, de 8 de setembro de 1661, em que diz que sumetia alguns papéis ao Conselho Ultramarino por via de seu irmão Dom João de Mello.

---

[2] Os textos em itálico, aqui e adiante, equivalem a trechos riscados no original.

17 – Uma carta do governador Dom Pedro de Mello, de 8 de setembro de 1661, sobre a vinda do padre Antônio Vieira.

18 – Outra carta do mesmo governador, de 8 de setembro de 1661, sobre a expulsão dos padres da Companhia.

19 – Uma carta do ouvidor Diogo de Souza, de 9 de setembro de 1661, em que dá conta do levantamento daqueles povos contra os Padres da Companhia, e como mandaram do Pará ao padre Antônio Vieira preso com guardas, por não sentirem bem de sua fidelidade, e envia um auto que de tudo fez por ordem do governador em 19 de agosto do ano de 1661, e tem 33 meias folhas.

Um despacho largo do Conselho para o procurador da Coroa ver o que se contem nas duas leis passadas nos anos de 1653 e 1655 sobre a liberdade dos índios, e a provisão, mais papéis e cartas, cujas cópias se lhe remeteram com o do despacho, de tudo declarado no rol incluso no dito despacho do Conselho e informação e resposta que deu sobre tudo o dito procurador da Coroa, tudo metido em um escrito que mandou ao secretário do mesmo Conselho.

20 – Um decreto de S. M. de 22 de novembro de 1661, com cartas e papéis vindos do Maranhão sobre o que ali sucedeu entre seus moradores e os religiosos da Companhia; as cartas e papéis são dez, a saber: cópia da carta que escreveu o governador do Maranhão Dom padre de Mello ao padre frei João das Neves, comissário de Santo Antônio, e resposta sua. Treslado de um requerimento que se fez da parte do mesmo governador ao povo, quando veio o padre Bento Alvares do Gurupy. Treslado de uma proposta e requerimento que o dito governador fez ao Senado, que tem duas meias folhas. Petição do ouvidor geral Diogo de Sousa de Menezes, que tem duas meias folhas. Treslado de uma petição dos índios da aldeia de Maracanã, e de um escrito do padre Antônio Vieira, que tem cinco folhas. Carta que Dom Pedro de Mello, governador do Maranhão, escreveu a seu irmão Dom João de Mello inquisidor em Évora, que tem cinco meias folhas. Uma inquirição de testemunhas das culpas de Jorge de Sampaio, assinada pelo ouvidor geral de Souza de Menezes, que tem oito meias folhas. Cópia de uma carta de requerimento e protesto, que escreveu o padre Antônio Vieira ao governador

Dom Pedro de Mello, que tem duas meias folhas. E carta do padre Antônio Vieira escrita a S. M. de 7 de junho de 1661, sobre a conjuração, que se fez contra ele.

21 – Uma carta larga do governador do Maranhão Dom Pedro de Mello, sem data, que tem quatro meias folhas, em que da conta das desavenças e causas delas entre aqueles moradores e os religiosos da Companhia, com dezesseis papéis inclusos na dita carta, sinalados com esta rubrica no fim Mnz., tudo cópia de certidões, autos, requerimentos, cartas, petições, de vários requerimentos entre os ditos moradores e religiosos.

Um rol das testemunhas que vieram no navio, que há pouco chegou do Maranhão.

22 – Uns capítulos que deu no Conselho Ultramarino Jorge de Sampaio de Carvalho, procurador dos povos do Maranhão, tudo contra os padres da Companhia, e do que tem feito naquele estado em razão da administração dos índios, e outros particulares, com outro papel incluso nos mesmos capítulos, assinado por ele, em que oferece prová-los.

7
Sobre o padre João de Almeida[1]
(Trecho inédito de Antônio Vieira)

O padre João de Almeida foi de nação inglês, natural da cidade de Londres, filho de pai herege. Passou-se sendo mínino a Portugal, perdendo a pátria para conservar a fé católica e de Portugal foi ao Brasil onde entrou na Companhia de Jesus e teve por mestre em parte do noviciado ao padre José de Anchieta, de quem como outro Eliseu recebeu o espírito dobrado, sendo herdeiro seu assim na graça dos prodigiosos milagres como do lume da profecia em que foi igualmente por-

---

[1] Fragmento que parece ser parte de um capítulo da *História do futuro*. Dos papéis anexados ao processo no Santo Ofício. Apenso 1.

tentoso: darei por exemplo só outro caso para que saiba Portugal quanto deve ao merecimento deste servo de Deus e a eficácia de suas orações. Havia sete anos que estava ocupada pelos holandeses a cidade de Luanda, cabeça dos reinos de Angola, e com ela os portos tomados e o comércio impedido, os portugueses antigos moradores daquele estado retirados pela terra dentro, e por falta das assistências do reino e socorros do Brasil reduzidos à última miséria e perigo de se entregarem de todo, e se acabar de perder com eles quanto Portugal conservava naquela conquista, que era pouco mais que o nome. A divisão das guerras de Castela não davam (sic) lugar a que se tirasse do reino tão poderosa armada que bastasse a arrancar do porto ao inimigo, o qual com competente número de navios no mar, com fortalezas e grossos presídios em terra, e sobretudo com liga e confederação estabelecida com os reis vizinhos, se achava tão forte e bem fundado que se tinha e era tido por seguro senhor de tudo. Nessa desesperação dos meios humanos recorria o padre João de Almeida aos divinos, batendo fortemente o céu com contínuas orações, e procurando render a misericórdia ou justiça daquele senhor que é o que retira os reinos e os defende ou entrega. Resolveu el-rei que se acudisse a Angola de algum modo, e que este fosse tomarmos naquela costa o posto ou sítio de Quicombo, que fica duzentas léguas; ao sul de Luanda para o cabo de Boa Esperança, e que ali se fabricasse uma fortaleza, da qual pudessem ser socorridos de Massangano onde os nossos se tinham retirado, abrindo-se juntamente por aquele posto a inteligência com os sobas nossos amigos [para] o comércio da escravaria tão necessária ao serviço e conservação do Brasil. Essa empresa encomendou Sua Majestade logo ao valor e prudência de Salvador Corrêa de Sá e Benavides, com título de general dela e governador de Angola, o qual no princípio do ano de 1648 chegou com poucos navios à cidade do Rio de Janeiro, onde se havia de ajuntar e fornecer de vasos, gente e mantimentos o resto de uma armada capaz daquele intento. Aparelhavam no mesmo tempo outra os holandeses de Pernambuco, com que tinham posto em cuidado todos os lugares marítimos daquela costa e mui particularmente do Rio de Janeiro, ao qual ameaçava mais a fama como sítio tão importante ao assédio da Bahia e conquista universal do

Brasil, com que a empresa de Angola se viu totalmente impossibilitada, julgada de todos por intempestiva, e os mesmos navios por mais bem empregados no soccorro e defesa da praça onde se achavam.

Comunicou o governador essa perplexidade em que se via com o padre João de Almeida, pela antiga vontade e conhecimento que tinha de seu espírito, para que a encomendasse a Deus, e o padre que já tinha feito aquela diligência e despachado o negócio com o mesmo senhor lhe respondeu logo resolutamente que não desistisse da empresa, porque Deus lhe queria dar uma grande vitória, em que livraria a cidade e reino de Angola do poder de inimigos de nossa santa fé, e que se aprestasse com toda a brevidade, de modo que aos doze de maio tivesse saído daquele porto, e por meio da Virgem da Assunção e do anjo da guarda e do arcanjo S. Miguel que tomaria por padroeiro daquela empresa, e que quando entrasse na praça lhe levantasse ali um altar e o dedicasse a seu nome. Assim o disse de palavra o padre Almeida, e poucos dias depois estando ausente da cidade o ratificou com a mesma segurança por um escrito, tornando a encarregar ao general o apresto e a brevidade. Este muito mais perpelexo com essa promessa por se encontrar com o intento e ordem do rei e com a disposição presente de todas as coisas, comunicou o escrito com o padre reitor do colégio, para que entendesse do padre Almeida em que fundava a resolução e segurança do que dizia. E perguntado e ainda estranhado do superior por se meter em matéria de tanto peso e risco, e mandado que dissesse os fundamentos que tinha para prometer uma coisa tão contingente e dificultosa, e que toda a boa razão julgava por impossível, respondeu ingenuamente que Cristo lhe significara assim estando dizendo missa, quando tinha a sagrada hóstia nas mãos, e que nenhuma dúvida havia de se haver de cumprir. Com essa resposta, que entendeu o general ser do céu por outras experiências que tinha do mesmo oráculo, resolve a viagem, apresta os navios, vence as dificuldades do tempo e o mesmo tempo que era a maior dificuldade, cerrando os olhos aos inconvenientes, os ouvidos às contradições e aos clamores dos que gritavam, que tudo se perdia, e com bastante armada para o intento do rei, mas mui desigual para as promessas do padre, no dia sinalado de 22 de maio em uma terça-feira dedicada aos santos anjos, deitou fora da barra do Rio de Janeiro e tomou sua derrota por aquela grande travessa. Não se passaram, muitos dias nem horas que se não começasse a confirmar a verdade da profecia, porque, pouco tempo depois de partir e desaparecer a armada, entrou pela mesma barra do Rio de Janeiro navio de Lisboa com novo aviso e nova ordem de Sua Majestade, que o general Salvador Corrêa de Sá desistisse por então da viagem de Angola, e ficasse governando e defendendo aquela praça cujo risco se confirmava pelas notícias de Holanda, e não parecia prudência diminui-la de mantimento, gente, munições e navios, quando mais necessidade tinha de tudo isto. Triunfaram com esse aviso e lamentavam-se por outra parte os que haviam sido de parecer (eram todos) de que a armada não saísse, e foi necessária toda a reverência que se tinha ao padre João de Almeida para que não condenassem de precipitado o seu conselho, mas o efeito mostrou que nem o Rio de Janeiro havia mister aquele socorro, por que não foram lá os holandeses, e que importava que ele partisse determinadamente até os 12 de maio, para que a nova ordem do rei não estorvasse as de Deus.

Aos 12 de julho avistou a armada a costa de Africa, e aos 26 molhou as âncoras na enseada de Quicombo. Saltou o general em terra com parte da infantaria para se dar princípio a fortaleza, mas a mesma terra o mar e o céu se armaram a desfaze-la antes que se lhe pusesse a primeira pedra; porque tomada informação se achou que por aquela parte não podia ser socorrida a fortaleza de Massangano, assim pela muita distância como por haver em meio, muitas gentes inimigas; o céu porque se conheceu ser o clima pestilentamente doentio e incapaz de viverem e se conservarem nele homens de Europa; e finalmente o mar, porque na maior serenidade do tempo (com prodígio, nunca antes nem depois jamais visto) e sem bolir bafo de vento, se levantou uma tal tempestade de ondas que comia sobre ferro a todos os navios, sendo tal sua fúria e grandeza que entravam os mares pelas proas e pelas popas, afogando-se os homens no mesmo convés sem valer força nem arte, nem se poder tomar conselho em tamanha confusão e caso tão novo. O galeão S. Luis que era Almiranta, e o mais forte de toda a armada, rotas as amarras e envolto no rolo do mar, foi em pedaços à costa, perecendo nela sem remédio mais de 250 homens, perda muito considerável em tão pouco número, porque os infantes não chegavam a oitocentos e os navios eram onze.

Acrescentava o prodígio e o temor ver que toda essa tormenta, como a de Jonas, era só no espaço do mar que cercava a armada, porque no mesmo tempo em distância de poucas braças estavam alguns batéis dela pescando em grande serenidade. Pôs o general em conselho o que se devia fazer, mas não esperou Deus que ele tomasse a resolução, porque não se atasse as ordens do rei, quando queria se executassem as suas; levantaram-se todos em um corpo e em uma voz dizendo: Luanda! Luanda! ou vencê-la ou morrer antes lá que aqui!

Partida ou levada com essa aclamação de Quicombo a armada aos 6 de agosto, aos 12 avistou Luanda, e tomada prática de terra se conheceu com segunda experiência quão bem antevistas tinha todas as oportunidades da empresa, e quão medidos os dias quem tantas instâncias fizera pelo da partida e tão sinaladamente o determinara: porque se soube que a melhor gente do inimigo era saída poucos dias antes contra a fortaleza de Massangano, e que as de Luanda estavam menos bem guarnecidas. Não perdeu o general um momento de tão boa ocasião, e tendo entrado no porto de Luanda aos 13, no mesmo dia mandou embaixada aos que com nome de diretores tinham a cidade pelos estados das províncias unidas, e amoestando-os a quisessem render em paz a obediência do rei de Portugal, pelas razões de justiça e conveniência que para isso alegava. Mas tendo eles respondido como soldados, e capitulado aquele dia e o seguinte de trégua, para poderem tomar se quisessem nova deliberação, que não tomaram, na madrugada dos 14 saltou o general com toda a infantaria em terra, marchando todo aquele dia até as trincheiras da cidade, que foram sem muita dificuldade rendidas, o inimigo se retirou à fortaleza principal de Morro e a outros fortes menores. No dia seguinte, que se contavam os 15 de agosto, dia da Assunção da Senhora, entrou o general solenemente com todos os seus oficiais e gente de guerra a tomar posse da cidade de Luanda, e alojar nela, sendo a primeira ação das graças que logo foram dar a Deus e à santíssima Virgem na igreja do colégio da Companhia de Jesus, a que se devia em tanta parte a felicidade do sucesso, pelo que nele tinha trabalhado a oração, o conselho, a promessa e as instâncias daquele grande oráculo da mesma religião. Gastados em guarnecer e fortificar os pontos mais necessários aquele e outro dia, na manhã dos 16 foi avançada a fortaleza do Morro a escala vista, com grande resolução e valor, mas sendo os nossos rebatidos com igual resistência, se retiraram com alguma perda de gente e desconfiança, tremendo com justo receio que o holandês fosse socorrido poderosamente de seus aliados, entre os quais não muito longe de Luanda traziam cinco companhias suas. Mas no seguinte dia, bem fora da esperança dos nossos, havendo já em alguns bem diferentes pensamentos, os holandeses da fortaleza atormentados com o primeiro assalto, e não querendo aguardar o vigor do segundo, fizeram chamada com uma bandeira branca, e se capitulou a entrega com muito honradas condições, que se firmaram em 21 de agosto, e se executaram aos 24, no mesmo dia de São Bertolomeu em que sete anos havia tinham os holandeses tomado Angola. O general, lembrado do voto, ou da recomendação do padre João de Almeida, levantou na fortaleza do Morro uma capela ao arcanjo São Miguel, e à cidade acrescentou o título de Assunção, em perpétua memória do patrocínio da Senhora, em cujo dia, festa e oitavario se começou, venceu e concluiu a empresa. A exemplo de Luanda e reino de Angola se sujeitou logo sem armas o de Benguela, e el-rei de Congo pediu nossa amizade, e o imperador Caçanje ofereceu a obediência, a rainha Ginga e mais potentados e sobas fizeram o mesmo, e por esse modo tão maravilhoso, contra as ordens do rei, contra o intento do general, contra a opinião do reino, contra a vontade do mesmo Brasil e contra esperança da mesma Angola, enfim contra todas as regras da guerra, da navegação, dos ventos, dos mares e da mesma natureza, cumpriu o autor e senhor dela a palavra do padre João de Almeida, em prova de que era sua.

Já estava cumprida e segura em Angola a profecia, mas ainda no Rio de Janeiro corria fortuna, e com ela a opinião do seu fiador, porque tardava a verdadeira nova, e como é costume nas coisas, que muito se temem ou desejam, se tinha espalhado outra, que o general era morto e a armada perdida; assim o disse ao padre João de Almeida, mui lastimada, uma mulher viúva, que tinha seu genro na armada, e ele repreendendo sua incredulidade lhe respondeu estas palavras: "Você vá se por de joelhos diante daquele altar (porque estava numa igreja) e dê graças a Deus, que não é morto o general, antes tem alcançado uma grande vitória dos inimigos de nossa santa fé". Outra vez lhe disseram outra coisa semelhante na igreja matriz do Rio de Janeiro, em dia de São Miguel, e o Padre acudiu: "Que é o que dizem?" e apontando para a imagem do santo anjo, acrescentou: "Boas fataxas tem lá feito aquele alferezinho de Cristo nos inimigos de nossa santa fé" (esta era a frase por onde sempre nomeava os holandeses). Mas o caso em que vacilou a confiança de muitos, e todos ficaram em grande suspensão, foi que havendo dito o padre João de Almeida que antes da festa das onze mil virgens viria a nova da vitória, passou o dia de 21 de outubro e passaram muitos dias depois sem haver nova de tal nova. Mas soltou essa suspensão o sucesso com muita graça, porque a festa das virgens, que é própria dos colégios da Companhia em todo aquele estado, se dilatou e trasladou naquele ano para os 8 ou 10 de novembro, por ocasião de certas obras que tinham descomposta a Igreja, e na véspera do dia em que com efeito se celebrou a festa das virgens, entrou navio de Angola e se dobrou a mesma festa com a alegria de tão desejada nova. Então se advertiu que o padre não tinha dito que havia de vir a nova da vitória na véspera do dia, senão na véspera da festa, como sucedeu. Tantas profecias concorreram e se cumpriram em uma só profecia.

Bastava a restauração de Angola para Portugal dever as orações desse grande servo de Deus não só a mesma Angola se não também o estado do Brasil que dela vive e se sustenta, podendo-se com muita razão dizer que o Brasil tem o corpo na América e a alma na Africa. Mas não se deve a restauração e conservação do Brasil ao padre João de Almeida só por essa conseqüência, senão por outros efeitos menos remotos e de mais custosa eficácia. Ouviam-se na igreja da companhia, nas horas mais secretas da noite, umas vozes temerosas, acompanhadas de muitos golpes, que acrescentavam mais o horror; vigiou-se o que aquilo podia ser, e achou-se que era o padre João de Almeida, o qual, despido na mesma forma em que Cristo esteve atado à coluna, dava em si aqueles cruéis açoites também por pecados alheios com igual crueldade, e as vozes que se ouviam a espaços no meio daquele sacrifício cruento eram estas: "Pernambuco, Senhor, em poder de hereges! As terras e as igrejas dos católicos em poder de inimigos de nossa santa fé! Quando se há de dar por satisfeita vossa justiça? Misericórdia Jesus, misericórdia Jesus!". Com esse aperto requeria no Rio de Janeiro o remédio de Pernambuco, o qual pouco depois se viu restaurado e livre, por modo tão maravilhoso e inopinado, atribuindo-se o rendimento de tantas praças e fortalezas inexpugnáveis não ao poder de nossas armas, que tão desenganado estava de tal vitória, mas a essas baterias tão fortes do padre João de Almeida. Tomado Pernambuco e sustentado havia tantos anos, tomada a Bahia uma vez e sitiada outra, e abrasados duas vezes os engenhos, as canas e toda a fertilidade e riqueza de sua campanha, temiam-se os mesmos e maiores danos ao Rio de Janeiro, onde residia o padre, aquele grande servo e amigo de Deus. Mas ele assegurou sempre a todos, ainda no meio dos mais apertados relatos e dos avisos do rei, e dos receios dos generais mais bem fundados, que o inimigo não havia de ir àquela praça, como com efeito sucedeu, sendo muito para notar que não há praça de nome, desde Rio de Janeiro até o Maranhão, em espaço de mais de seiscentas léguas, que o inimigo não intentasse por toda a costa com suas armadas, como foram o mesmo Maranhão, Ceará, Rio Grande, Paraíba, Tamaracá, Pernambuco, Cabo de Santo Agostinho, Cerinhaém, Porto Calvo, Lagoas, Rio de São Francisco, Cerigipe del Rei, Bahia, Espírito Santo; e seguindo-se a estas Rio de Janeiro ali parou sempre o raio, detido ao que se crê pelas orações do padre João de Almeida, com as quais não só mereceu alcançar de Deus a segurança da cidade, mas também a revelação do decreto porque estava seguro. Tão grande presídio é de um estado um homem santo...